시남집

이 책은 2020년도 정부(교육부)의 재원으로 한국고전번역원의 지원을 받아
수행된 '권역별거점연구소협동번역사업'의 결과물임.
This work was supported by Institute for the Translation of Korean Classics - Grant funded by the Korean Government.

한국고전번역원 한국문집번역총서 / 충남대학교 한자문화연구소

시남집 1

市南集

유계 지음
俞棨

이재숙
오승준 옮김

일러두기

1. 이 책의 번역 대본은 한국고전번역원에서 간행한 한국문집총간 117집 소재《시남집(市南集)》으로 하였다. 번역 대본의 원문 텍스트와 원문 이미지는 한국고전종합DB(https://db.itkc.or.kr)에서 확인할 수 있다.
2. 내용이 간단한 역주는 간주(間註)로, 긴 역주는 각주(脚註)로 처리하였다.
3. 한자는 필요한 경우 이해를 돕기 위하여 넣었으며, 운문(韻文)은 원문을 병기하였다.
4. 맞춤법과 띄어쓰기는 한글 맞춤법과 표준어 규정을 따랐다.
5. 이 책에서 사용한 부호는 다음과 같다.
   ( ) : 번역문과 음이 같은 한자를 묶는다.
   〔 〕: 번역문과 뜻은 같으나 음이 다른 한자를 묶는다.
   " " : 대화 등의 인용문을 묶는다.
   ' ' : " " 안의 재인용 또는 강조 문구를 묶는다.
   「 」: ' ' 안의 재인용을 묶는다.
   『 』: 「 」 안의 재인용을 묶는다.
   《 》: 책명 및 각주의 전거(典據)를 묶는다.
   〈 〉: 책의 편명 및 운문·산문의 제목을 묶는다.

차례

시남집 제1권

사부詞賦

화도시和陶詩

시詩

오언절구五言絶句

육언절구六言絶句

칠언절구七言絶句

시남집 제2권

시詩

오언율시五言律詩

시남집 제3권

시詩

오언율시五言律詩

오언 배율五言排律

시남집 제4권

시詩

칠언율시七言律詩

해제

시남 유계의 경세론과 학문

이재숙 | 충남대학교 한자문화연구소 선임연구원

1. 들어가며

유계(兪棨, 1607~1664)의 본관은 기계(杞溪), 자는 무중(武仲), 호는 시남(市南)이다. 유계는 송시열(宋時烈)·송준길(宋浚吉)·윤선거(尹宣擧)·이유태(李惟泰)와 함께 충청(忠淸) 산림(山林) 오현(五賢)으로 일컬어진다. 17세기는 임진왜란과 병자호란의 영향으로 인해 다양한 사회변화가 발생했던 시기이며, 사회경제 방면의 여러 정책과 예론에 대한 의견들이 제시되고 충돌했던 때이다. 유계는 이 시기에 현실지향적인 측면에서 사회 모순을 개선하며 학문적으로 오랜 기간 자신이 축적한 경세론과 사회 정책 등을 적극적으로 제시하고 방향을 모색하였다. 또한 역사와 경전 및 예설(禮說)에 조예가 있어 우리나라의 역사와 선현의 예설 등을 참고하여 《여사제강(麗史提綱)》·《가례원류(家禮原流)》를 편찬하였다. 주자(朱子)의 경전 및 《가례(家禮)》를 바탕으로 평생 경학과 예학에 몰두하고 정리하는 일에 힘쓰고 많은 저작을 남겼다. 아울러 유계의 《시남집》에는 예학과 경세학, 사학 및 문학에 걸쳐 괄목할 만한 글이 남아 있는데 그에 대한 연구는 여전히 미진한 편이라고 할 수 있다.[1]

1 한영우, 「17세기 중엽 서인 유계의 역사서술」, 『조선후기사학사연구』, 일지사,

이 글에서는 시남 유계의 생애를 간략히 서술하고 《시남집》의 내용과 특징을 소개하고자 한다.

2. 시남 유계의 삶과 학문 지향

유계는 1607년(선조40) 2월 25일에 태어났다. 할아버지는 정언·지평·수안 군수를 지낸 유대경(兪大敬)이고, 아버지는 참봉 유양증(兪養曾)이며, 어머니는 의령 남씨(宜寧南氏)로 병조 참판 이신(以信)의 딸이다. 부인은 세종대왕 9세손으로, 이산악(李山岳)의 딸 전주 이씨이다. 유계는 1623년(인조1) 17세 때와 1626년에 연달아 어머니와 아버지의 상을 당했는데, 형제들에게 말하기를 "한 가지라도 스스로 다하지 못한다면 나중에 후회해도 소용이 없다."라고 하고는, 김장생에게 나아가 상례(常禮)와 변례(變禮)에 대해 묻기도 하였다.[2]

상복을 벗은 뒤 1630년 진사시에 합격하였고, 1633년 문과(文科)에 급제, 승문원(承文院)에 선발되어 벼슬을 시작하였다. 1636년에 승정원 주서(承政院主書)에 천거 제수되었다가 시강원 설서(侍講院說書)

1989 ; 지두환, 「시남 유계의 생애와 사상」, 『한국학 논총』 25권, 국민대 한국학연구소, 2003 ; 지두환, 「시남 유계의 생애와 院·祠 配享」, 『시남 유계의 생애와 사상』, 한남대 충청학연구소, 2006 ; 변원종, 「가례원류의 구성과 시남의 예생 인식」, 위의 책 ; 최근덕, 「시남 유계 선생의 학문과 사상」, 위의 책 ; 이경동, 「시남 유계의 현실 인식과 경세론 - 〈강거문답(江居問答)〉을 중심으로-」, 『韓國史研究』 190호, 한국사연구회, 2020 ; 김문준, 「시남 유계의 도학적 경세사상」, 『儒學研究』 56집, 2021.

2 宋時烈, 神道碑銘.

로 옮겼다.

1636년(인조14) 12월에 청나라가 압록강을 건너 쳐들어와 병자호란이 일어나자 유계는 인조를 따라 남한산성으로 들어갔다. 유계는 〈급히 남한산성을 수리하여 분조를 만들기를 청하는 소〔請急修南漢爲分朝疏〕〉를 올려 척화를 주장하면서 나라를 그르친 신하들의 죄를 바로잡기를 청하였다. 1637년 1월 화친을 배격한 신하를 묶어 보내라고 청나라가 요구하자 유계는 이를 반대하고 적극적으로 싸울 것을 청하는 상소문을 올렸다. 결국 2월 19일에 유계는 척화죄로 임천(林川)에 유배되었다.

유계는 유배지에 도착한 뒤로 세상일에 마음을 끊고 오직 경서공부에 치중하였다. 우리나라의 여러 역사가 복잡하여 보기 어렵다고 여겨 고려 이후의 역사를 주희(朱熹)의 범례에 따라 엮어 《여사제강(麗史提綱)》[3]을 편찬하였다. 1639년 유배에서 풀려나자 임천군 남쪽에 터를 정하여 옮겨 살았고, 1641년에 가족을 이끌고 호남의 금산(錦山) 땅으로 이사하였다. 유계는 벼슬을 단념하고 마하산(痲霞山) 아래에 은거하며 '산천재(山泉齋)'를 짓고 기문(記文)을 남겼는데[4] 유계는 이곳에서 학문에 침잠하고 후학을 양성하였으며 윤선거(尹宣擧)와 함께 예서 《가례원류(家禮源流)》를 편찬하였다.

34세인 1644년에 조정에 다시 나아가 주서로 복직하였고, 36세인

3 유계가 1637년 《고려사(高麗史)》를 바탕으로 삼고 주희(朱熹)가 지은 《자치통감강목(資治通鑑綱目)》의 체제를 적용하여 편년체로 고려의 역사를 편찬한 책으로, 23권 23책이다. 1681년에 대구(大丘)에서 왕명으로 간행되었다.

4 《시남집》 권19에 〈산천재기(山泉齋記)〉가 실려 있다.

1646년 4월에 무안 현감(務安縣監)에 임명되었다. 39세인 1649년 인조가 승하하자 홍문관 부교리로서 왕의 장례절차를 상소하였다. 그러나 1650년 인조의 묘호를 정할 때 '조(祖)'자의 사용을 반대하고 '종(宗)'자를 주장하다가 이듬해 선왕을 욕되게 하였다는 죄로 온성(穩城)으로 유배되었다. 유계는 배소에 이르러 날마다 주자(朱子)의 책을 아침저녁으로 접하여 손수 《주례(周禮)》 한 질을 베껴 연구하고 읽었으며, 북쪽 지역 백성들의 비참한 생활을 목도하며 풍속과 윤리를 계도하는 데 많은 노력을 기울였다. 《시남집》 잡저에 실린 〈초화(貂禍)〉, 〈삼독(參毒)〉, 〈북승(北僧)〉, 〈변창(邊娼)〉, 〈잠상(潛商)〉, 〈엄졸(閹卒)〉 등의 작품은 이 시기에 지은 작품으로서, 북방 백성들의 풍속과 관리들의 횡포에 대해 직접 보고 들은 이야기를 바탕으로 신랄하게 비판한 내용이 포함되어 있다. 한편 북방 풍속의 교화에 힘을 기울여 백성들의 관혼상제와 충효와 예의를 직접 가르쳤는데 이후에 북관(北關) 선비들이 유계를 칭송하고 사모하며 훗날에 사당에서 제사 지냈다.[5] 1651년 영월군(寧越郡)으로 이배되었다가 1652년에 방귀전리(放歸田里)되었다.

유계는 42세에 유배에서 풀려나 다시 임천으로 돌아와 지냈다. 43세에 이이(李珥)의 〈동호문답(東湖問答)〉을 본받아 자신의 경세론을 정리하여 〈강거문답(江居問答)〉을 지었다. 〈강거문답〉은 15,365자에 달하는 장문의 글로서, 유계 자신이 연구한 그간의 국정 정책을 체계적으

5 함경북도 온성(穩城)의 충곡서원(忠谷書院)은 기준(奇遵, 1492~1521)의 학문과 덕행을 추모하기 위해 지어졌는데, 1702년에 김덕함(金德諴, 1562~1636)과 유계를 추가 배향하였다.

로 서술한 것이다. 치도(治道)와 공안 개정 및 대동법 시행, 군정 개혁 등에 대해 자신의 개혁안을 구체적으로 제시하고 있다.

이후 1657년에 유계는 송시열, 송준길(宋浚吉)의 추천으로 다시 조정에 나아가 시강원 문학이 되었다. 이후 물러나 낙향할 때까지 조정에서 국정에 참여하여 여러 관직을 거치면서 대동법의 확대 시행 및 제도 개혁, 경연(經筵)의 강조, 백성 구휼 등 다양한 사회 개혁 정책 등에 대해 적극적으로 건의하고 자신의 의견을 개진하였다. 1663년 10월 대사헌, 이조 참판을 역임하였고 병으로 사직한 후 1664년 58세로 세상을 떠났다.

시남 유계는 율곡 이이와 김장생의 학통을 잇고 예론의 입장은 송시열을 중심으로 하는 노론의 전위적인 역할을 담당하였다. 특히 유계는 "우리 동쪽에서 세상을 다스리고 백성을 도탄에서 구하는 경세제민의 학문은 율곡 선생이 가장 뛰어났다."라고 하여 율곡 이이를 우리나라에서 가장 본받을 만한 정치 사상가로 꼽았다.[6]

유계의 학문은 범위가 매우 넓고 다양한데 백성을 구제하고 왕도국가를 실현하는 유학의 도학정신에 입각하여 현실주의적 경세 대책을 강조하였다. 그의 학문과 저술은 경세(經世), 예론(禮論), 역사(歷史) 분야에 폭넓은 안목과 성과를 이루었다고 할 수 있고 관직 생활을 하면서 많은 개혁 상소를 올린 것도 주목할 만하다. 공안 개정, 대동법 시행, 군정개혁에 다양한 정책을 제안하면서 군왕의 애민(愛民)과 수양(修養)을 권면하고 백성의 모범이 되기를 강조하기도 하였다. 유계는 도학에 기반한 왕도정치 사상가이자 개혁실천가였다. 유계의 학문

6 지두환, 앞의 논문.

과 저술은 도학정신과 율곡의 개혁정신에 입각하여 위민(爲民), 안민(安民)에 바탕을 둔 것이라고 할 수 있다.

3. 《시남집》의 구성과 주요 내용

유계는 앞서 서술한 바와 같이 경학과 사학 및 예학에 정통하였으며, 《시남집》에는 그가 추구한 사회개혁 정책과 관련한 상소문과 예론, 경세론 등 유계의 학문과 사상을 확인할 수 있는 적지 않은 글이 실려 있다.

《시남집》은 원집(原集) 24권, 부록(附錄) 3권 합 11책과 별집(別集) 9권, 부록(附錄) 합 4책으로 총 15책이다. 서문은 송시열이 썼고 윤증(尹拯)이 발문을 썼으며, 별집 말미에는 유노환(兪魯煥)의 별집 발문이 실려 있다.[7]

1) 시남 유계의 한시 개관

《시남집》 권1에서 권7은 시로 약 800여 수가 실려 있다. 권1은 사부(詞賦)와 화도시(和陶詩), 절구(絶句)이고, 권2~3은 5언 율시 및 배율, 권4~6은 7언 율시 및 배율, 권7은 고시(古詩)에 해당한다. 이 시들은 대략 저작 연대순으로 배열되어 있는데, 시남 유계의 초년기 작품부터 임천(林川) 유배, 온성(穩城)과 영월(寧越) 유배 시기의 작품 및 임천과 금산 은거기에 산천재를 짓고 강학(講學)에 힘쓰던 시

7 저본에 대한 소개는 한국문집총간 《시남집》 해제에 자세하다.

기의 작품이 많다. 유배기의 작품은 주로 유배지로 향하는 암담한 마음과 유배지에서 겪는 지역 풍속에 대해서 읊었고, 유배를 원망하지 않는 연군지정에 대한 마음을 토로한 것이 보인다. 충청의 임천과 금산 산천재의 은거 시기 작품에는 주로 윤선거, 송시열, 송준길, 이유태 등과의 교유시가 많고, 윤선거 형제들과도 교유한 시도 대거 산견된다. 교유 인물과 주고받은 송별시, 차운시, 화운시 양식이 많고 시기별로 편찬되어 있기 때문에 때에 따라 지인이나 관련 인물에 대한 만시가 편차되어 있다. 송시열이 쓴 〈시남선생문집서(市南先生文集序)〉에는 "공은 젊어서부터 시(詩)와 술을 좋아하여 가는 곳마다 번번이 시로 읊은 것이 적지 않았다."[8]라고 하였는데, 일상생활에서의 교유와 회포를 담은 작품이 많다. 다음은 이러한 특징을 잘 보여주는 시이다. 말미에 두 편의 시를 소개한다.

〈윤효직,[9] 여임,[10] 백분,[11] 여망,[12] 길보,[13] 송명보,[14] 영보,[15] 신군필,[16]

8 송시열, 〈시남선생문집서(市南先生文集序)〉, 第惟公少喜詩酒, 遇境輒發於吟詠者不少.

9 윤효직(尹孝直) : 윤순거(尹舜擧, 1596~1668)로, 본관은 파평(坡平), 자는 노직(魯直)·효직, 호는 동토(童土)이다.

10 여임(汝任) : 윤상거(尹商擧, 1603~1668)로, 본관은 파평, 자는 여임이다.

11 백분(伯奮) : 윤원거(尹元擧, 1601~1672)로, 본관은 파평, 자는 백분, 호는 용서(龍西)이다.

12 여망(汝望) : 윤문거(尹文擧, 1606~1672)로, 본관은 파평, 자는 여망, 호는 석호(石湖), 시호는 충경(忠敬)이다.

13 길보(吉甫) : 윤선거(尹宣擧, 1610~1669)로, 본관은 파평, 자는 길보, 호는 미촌(美村)·노서(魯西)·산천재(山泉齋), 시호는 문경(文敬)이다.

이태지[17] 등 여러 벗에게 부치다〔寄尹孝直汝任伯奮汝望吉甫宋明甫英甫申君弼李泰之諸友〕〉[18]

머나먼 변경에 유배된 몸 그림자만 따라오니	絶塞纍形影獨隨
만년에 홀로 지내는 실정 못내 슬프구나	殘年離索事堪悲
멀리 떨어진 심기 곤궁 속에 보이고	心期契闊窮來見
얽매이지 않는 몸가짐을 움직일 때 알았네	身檢疏狂動處知
서책을 공부하자니 늙음이 한스럽고	黃卷工夫嗟晩暮
늘그막 위기에 처해 경계함이 부끄러워라	白頭顚沛愧箴規
지난밤 강호의 꿈 의연하구나	依然昨夜江湖夢
한 자리에서 맑은 술 마시며 회포 풀었네	一席淸樽話所思

〈사면령이 내려졌는데 공문[19]이 곧바로 북관으로 향했다는 이야기를 들었다. 이에 철령을 넘어 장차 함경 감사와 공문을 대조하고 돌아올 생각이다〔聞赦命旣下 公文直向北關 仍踰鐵嶺 將與北伯交關而歸也〉[20]

14 송명보(宋明甫) : 송준길(宋浚吉, 1606～1672)로, 본관은 은진(恩津), 자는 명보, 호는 동춘당(同春堂), 시호는 문정(文正)이다.

15 영보(英甫) : 송시열(宋時烈, 1607～1689)로, 본관은 은진, 자는 영보, 호는 우암(尤庵)·우재(尤齋), 시호는 문정(文正)이다.

16 신군필(申君弼) : 신익륭(申翊隆, 1602～1657)으로, 본관은 평산(平山), 자는 군필, 호는 호량(濠梁)이다.

17 이태지(李泰之) : 이유태(李惟泰, 1607～1684)로, 본관은 경주(慶州), 자는 태지, 호는 초려(草廬), 시호는 문헌(文憲)이다.

18 《시남집》 권5.

19 공문 : 《승정원일기》 효종 1년 4월 16일 기사에 유계를 석방하라는 내용의 비망기(備忘記)가 실려 있다.

가면 갈수록 남쪽 하늘 멀어지고 去去南天遠
오르면 오를수록 북쪽 가기가 고되구나 登登北上勞
냇물은 농수처럼 오열하고 川如隴水咽
고개는 촉산처럼 높아라 嶺似蜀山高
푸른 봉우리엔 운무 끼었고 霧靄蒼峯合
환한 대낮에 맹수들 짖어대네 熊羆白晝嘷
돌아갈 날 가까워짐을 아니 分知歸日近
절로 눈물에 옷자락 젖는구나 猶自一霑袍

2) 관직생활의 저작과 상소문

《시남집》 권8부터 권11에는 교서(敎書) 4편과 30편의 소차(疏箚) 및 계사(啓辭)가 실려 있다.

유계가 1636년 시강원 설서(說書)로 재직할 당시에 지은 〈급히 남한산성을 보수하고 분조하기를 청하는 상소〔請急修南漢爲分朝疏〕〉와 1637년에 올린 〈척화를 주장하는 여러 신하를 잡아 보내지 말기를 청하는 상소〔請勿執送斥和諸臣疏〕〉에 대해서 "국가의 위난에 강개하게 일을 논한 것은 의리가 밝게 빛나 일월(日月)과 빛을 겨룰 만하다."[21]라고 송시열은 평가하였다.

〈경연을 열기를 청하는 상소〔請開經筵疏〕〉에서는 임금이 밝게 경연을 열어 수양에 힘쓸 것을 강조하였고, 〈묘호를 논하는 소〔論廟號疏〕〉로 인해 효종의 노여움을 사기도 하여 결국에는 유배를 가게 되었다. 이이(李珥)와 성혼(成渾)의 종향을 주청한 〈양현 종사를 청하는 소〔請

20 《시남집》 권2.

21 송시열, 〈시남선생문집서〉, 當南漢危急之日, 慷慨論事, 義理昭炳, 可與日月爭光.

兩賢從祀疏]〉 등은 서인(西人)의 영수로 활동한 저자의 궤적을 살필 수 있는 자료이다.

권9의 〈군정을 변통하는 일을 논하는 상소[論變通軍政疏]〉에서는 군포(軍布)의 폐단을 지적하여 백성을 구휼할 것을 건의하였고, 이어서 1661년에 〈사직하면서 진구청에서 아이들에게 군병 수포를 발매하는 일을 논한 상소[辭職 仍論賑救廳發賣兒弱軍兵收布事疏]〉를 올려 적극적으로 군포의 폐단 개혁에 대한 주장을 진언하였다.

〈거두어들이지 못한 적곡을 면제하여 민심을 위로할 것을 청하는 상소[請免捧未收糴穀以慰民心疏]〉 및 〈조복양과 함께 연명하여 재해를 그치고 굶주린 백성을 진휼할 방책을 아뢴 다음 납부하지 못한 세금을 탕감해 줄 것을 청하는 상소[與趙復陽聯名陳弭災賑饑之方 請蕩滌逋負疏]〉는 백성을 위한 진휼책을 간곡하게 청하는 내용으로, 유계의 애민정신과 안민의식이 엿보이는 글이라고 할 수 있다.

3) 교류의 폭을 알 수 있는 서간문

권12~권13은 서간문(書簡文)으로, 약 80편의 편지가 인물에 따라 분류되어 있다. 스승인 신독재(愼獨齋) 김집(金集)께 유배를 가면서 안부를 여쭙는 편지가 있고, 송시열과는 나라에 대한 걱정과 수신(修身)에 대한 절목을 공유하기도 하였다. 특히 1664년 죽음을 앞두고 유서(遺書)의 형식으로 송준길, 송시열, 이유태 세 사람에게 당부하는 편지를 남겼다. 가장 많은 분량을 차지하는 서신의 상대는 윤선거로, 일상의 안부에서부터 예설과 경학, 후천설(後天說) 등 학문적인 토론 외에도 출처와 시사(時事)에 대해 수시로 편지를 주고받아 가장 깊은 교분을 쌓았음을 알 수 있다.

4) 유배기 북방 풍속에 대한 기록과 경전, 경세에 대한 글

권14는 1650년 온성(穩城)에 유배되어 있던 시기에 쓴 것인데, 〈족제비의 화〔貂禍〕〉, 〈인삼의 독〔蔘毒〕〉, 〈북쪽의 승려〔北僧〕〉, 〈변방의 창녀〔邊娼〕〉, 〈밀수상인〔潛商〕〉, 〈거세한 병사〔閹卒〕〉 등 6편은 유계가 북쪽 지역의 미개한 풍속과 가난한 백성의 궁핍함, 군역의 폐단 등을 자신이 보고 들은 것을 바탕으로 신랄하게 비판하며 저술한 수필체의 글이다. 북쪽 백성들의 생활상을 소재로 했으나, 그 이면에는 관리의 무책임함과 선비의 부재, 제도의 모순 등을 지적하고 있다. 아울러 북쪽 백성들의 풍속을 교화하고 계도할 필요성이 있음을 말하면서 당대 사회 제도의 모순을 직설적으로 언급하였다.

> 조금 있다가 갓을 쓴 자를 불러 앞으로 나오게 하고 "너희들은 모두 고을 향교에 속해 있는가?"라고 하니, 말하기를 "그렇습니다."라고 하였다. 묻기를 "고을 향교는 수리를 했는가?"라고 하니, 말하기를 "황폐함이 이미 심하여 거의 무너질 지경입니다."라고 하였다. "너희들은 모두 아침저녁으로 그곳을 지키고 있는가?"라고 물으니, 말하기를 "봄가을에 올리는 석채례(釋菜禮) 때 외관(外官)이 돌아가며 숙직을 서라고 명령했으나 각자 먹고 사는 것에 분주하여서 숙직을 실천하는 자는 거의 드뭅니다."라고 하였다. "향교에 경서를 소장하고 있는가?"라고 물으니 "있습니다."라고 하였고, "능통했는가?"라고 묻자, "저희들은 아직 어떤 책이 경(經)인지 어떤 책이 서(書)인지 알지 못하니 누가 감히 한 글자라도 살펴보았겠습니까."라고 하였다. "그렇다면 너희들은 무엇을 공부하느냐?" 하니, "나라에서 때때로 고강(考講)을 시행하기에 모든 향교에 소속된 자는 《대학》·《소학》에 종사하면서 고강에 응시할 뿐입니다."라고 하였다. "그 뜻을 통달한 자가 있는가?"라고 하니, "장구(章句)도 분별하지 못하는데 어느 겨를에 문의(文義)를 통달하겠습니까." 하였다.

내가 이에 한심스러워 다음과 같이 탄식하였다. "학교의 행정이 오래도록 폐해진 것이 어찌 다만 북쪽 지역뿐이겠는가. 성균관으로부터 거의 다 그러하다."[22]

그 중에 한 병사는 마침 내가 세 들어 사는 집 옆에 사는 사람이다. 내가 불러 그를 위로하며 말하기를 "너는 어찌 고통스러운데도 스스로 거세를 하였느냐."라고 하니, 병사가 대답하기를 "제가 이것이 좋아서 한 것이 아니라 어찌 할 수 없어서였을 따름입니다. 제가 군오(軍伍)에 보충되고부터 피나는 고생이 날마다 심하고 피부는 날마다 벗겨져 뼈와 심장이 벗겨지고 깎일 지경이었습니다. 죽을 때까지 고통스러울 것을 근심하여 하루도 살고 싶은 마음이 없었습니다. 이에 감히 신체를 훼손하여 한 번 면제됨을 바랐는데, 지금 그렇게 되지 못했으니 제 운명인 것을 어찌 한탄하겠습니까."라고 하였다. …(중략)… 지금 제 한 몸의 고통을 견디지 못하여 천하와 만승보다 중대한 것을 버리기를 마치 흙으로 빚은 인형만큼도 여기지 못할 뿐만이 아니니, 아, 슬프도다. 또한 혹독하도다. 여기에서 군역의 고통은 진실로 자세히 물어 볼 필요도 없이 이 두 가지를 들어 분명히 알 수 있다.[23]

22 《시남집》 권17, 〈북쪽의 승〔北僧〕〉, 旣而, 招冠者而進之曰, 若等皆繫籍州校者歟? 曰, 然. 問州校修否? 曰, 荒廢已甚, 殆於圮剝矣. 問若等皆朝夕瞻護之歟? 曰, 春秋釋菜, 外官有輪直之令, 而各生理於奔走, 蓋踐直者幾希矣. 問校藏經書否? 曰, 有. 曰, 能通之否? 曰吾等猶未知某書爲經, 某書爲書, 疇敢窺其一字也. 然則若等何業爾? 曰, 國家時有考講之擧, 凡籍於校者, 不過從事大小學以應講. 曰, 有通其義者否? 曰, 章句之不能辨, 奚暇於文義哉? 余乃喟然歎曰, 學校之政, 廢也久矣. 奚但北土爾? 自國學而槩然.

23 《시남집》 권17, 〈거세한 병사〔閹卒〕〉. 其一卒適有在市南子僦舍之傍者, 市南子招而慰之曰, 若何苦而至自宮? 卒對曰, 吾非樂此也. 蓋有所不得已焉爾. 自吾之補軍伍, 膏血日浚, 肌膚日剝, 至於刻骨剜心, 終身愁苦, 一日無生意, 玆敢殘身毁體, 僥倖其一

권15와 권16에는 시경과 서경, 주역 등의 경서에 대한 의문점과 연구 결과를 기록한 것으로, 〈독역쇄설(讀易瑣說)〉 5조, 〈독시쇄설(讀詩瑣說)〉 110조, 〈독서쇄설(讀書瑣說)〉 260조가 있다. 각 경서를 연구하면서 요점과 의문점, 단어와 경구의 풀이와 참고 주석에 대한 내용을 요약한 것이다.

권17의 〈강거문답(江居問答)〉은 1654년 유계가 당시의 시대적 문제에 대한 해결책을 제시하고자 율곡(栗谷)의 〈동호문답(東湖問答)〉을 모방하여 지은 것이다. 체제 역시 주객(主客)을 설정해 문답식으로 글을 구성하여 율곡의 것을 따랐고, 이이의 경세론을 기초로 다양한 사회경제 정책에 대한 유계 자신의 주장을 논한 것이다. 〈강거문답〉은 구성의 완결성뿐만 아니라 군주의 수신(修身)과 안민(安民)에 이르기까지 사회문제 전반에 대한 해결책을 제시하였다는 점에서 의의가 있으며, 17세기 중반 서인계의 경세론을 이해하는데 대표적인 저술의 하나로 평가할 수 있다.[24] 〈강거문답〉은 수기(修己), 임관(任官), 구민(救民)의 세 층위로 나뉘어서 구성되어 있다. 유계는 수기를 다스림을 시작하는 근본〔出治之大本〕으로, 임관을 다스림을 이루게 하는 가장 중요한 방법〔致治之要道〕으로, 구민을 다스림을 행하는 급선무〔爲治之急務〕로 규정하였다.[25] 당시 사회 경제정책으로 활발하게 논의되던 공납제 개혁과 군정 개혁에 대한 구체적 방안을 제시하고 있다.

免, 今而不中, 命也, 又何恨焉. …(중략)… 今不忍一身之苦而視殘棄重大於天下萬乘者, 不啻如土梗, 嘻噫亦毒哉. 是其卒役之辛苦, 固不暇詳問, 而據此二者, 居可見矣.

24 이경동, 앞의 논문 참조.

25 이경동, 앞의 논문 162면.

5) 산문의 내용과 개관

권18에는 지인에게 주는 송서(送序)와 〈기계 유씨 족보 서문〔杞溪兪氏族譜序〕〉, 〈당시유선 서문〔唐詩類選序〕〉, 〈간양록 서문〔看羊錄序〕〉이 있다. 권19에는 서재(書齋)와 객사(客舍), 서원(書院), 정자(亭子)를 대상으로 한 15편의 기문(記文)이 실려 있다. 논변류의 작품으로는 〈다리 부종을 치료하는 설〔治脚腫說〕〉과 〈윤윤의 자설〔尹掄字說〕〉 등 2편의 설(說)과 2편의 변(辯), 5편의 논(論)이 권20에 실려 있다. 권21에는 발(跋) 4편, 찬(贊) 3편, 악장(樂章) 1편, 표전(表箋) 2편, 상량문(上樑文) 4편이 있다. 권22에는 제문(祭文) 22편, 축문(祝文) 8편이 있고, 권23에는 묘갈지명(墓碣誌銘) 12편, 권24에 행장(行狀) 3편이 있다.

4. 《시남집》의 학술적 가치와 의의

17세기 중후반 조선은 양란(兩亂) 이전부터 내려오던 폐단과 양란의 영향으로 나라의 재정과 백성의 삶이 더욱 피폐한 상태였다. 유계가 활동하던 시기는 당대 시대적 문제에 대한 다양한 해결책이 요구되던 때였고, 현실정치에 적극적으로 참여했던 유계의 문집에는 경세사상과 민생에 대한 사회 정책 등의 고민이 여실이 담겨 있다. 다음은 윤증이 쓴 〈시남 선생 문집 발문〔市南先生文集跋〕〉이다.

> 대개 선생의 소장(疏章)을 보면 임금을 성군(聖君)으로 만들고 백성에게 은택을 베풀며 나라를 걱정하고 백성을 사랑하며 세상을 다스리고 백성

> 을 구제하는 본체와 작용의 심원함을 알 수 있다. 그리고 경전에 대한 설을 보면 깊은 의미를 탐색하여 이전 성현들이 했던 말의 실제를 발현하고 있음을 알 수 있다. 잡저(雜著) 여러 편을 보면 사물을 살펴 의리에 맞게 처신하고 시대를 걱정하여 폐단을 구제하려는 뜻도 또한 볼 수 있으니, 이것들을 어찌 문장으로 논할 수 있겠는가. 시(詩)의 경우 선생은 처음부터 깊이 힘을 들이지 않았고, 단지 어떤 경물이나 일을 대할 때 입에서 나오는 대로 진솔하게 읊어 일찍이 운율을 세세하게 따지는 데에 얽매이지 않았다.[26]

위의 글에서 윤증은 나라와 임금을 위한 충심과 백성을 구제하는 애민의식을 바탕으로 쓴 유계의 상소문과 경전에 대한 저술을 높게 평가하고 있다. 또한 유계가 저술한 잡저의 글에 대해서 함경도 백성에 대한 풍속과 교화는 시대를 걱정하고 폐단을 구제하려는 의식에서 기인한 것임을 언급하였다. 현재 시남 유계의 시문학 연구는 전무한 실정인데, 위의 서문의 언급처럼 《시남집》에 실린 작품은 경물과 일상을 진솔하게 읊고 있으며 특히 장편 고시 작품에서 더 자유롭게 시상을 펼쳐내고 있다고 여겨진다.

유계에 대한 연구는 현실인식과 경세론에 대해 약간의 연구가 시작되었을 뿐 여타의 다른 분야에 관심이 부족한 편이다. 시남 유계는 서인계 내부에서도 경세와 학술방면에서 크게 인정을 받았던 인물

26 《시남집》 권24, 〈市南先生文集跋〉, 蓋觀於疏章, 則其致澤憂愛經濟體用之蘊, 可見矣. 觀於經說, 則其探索微奧發揮前言之實, 可見矣. 觀於雜著諸篇, 則其觀物處義悶時救弊之志, 又可見矣. 此豈可以文章論乎哉. 至於詩, 則先生初不甚用力, 而對境遇事, 率口任眞, 未嘗屑屑於聲病之間也.

이다.

《시남집》 번역을 통해 조선 중기 현실주의적 경세가이며 역사학자, 시인으로서 인정받았던 유계의 학술적 연구가 활발히 진행되고 확대되기를 바라며, 아울러 유계와 학문적, 정치적 입장을 공유했던 충청 오현 교유 인물과 학술 활동이 더욱 면밀하게 재조명될 수 있기를 기대한다.

《시남선생문집》 서문 市南先生文集序

시남공(市南公)의 문집 몇 권은 그의 맏아들 정랑(正郎) 명윤(命胤)[1] 윤보(胤甫)가 모은 것이다. 윤보가 일찍이 문집에서 중요한 것은 남기고 불필요한 부분은 삭제해 달라고 내게 부탁하였는데, 내가 능력이 없을 뿐만 아니라 또한 겨를도 없었다. 얼마 안 되어 윤보도 세상을 떠난 데다 세상의 변고가 또 이러하여[2] 더욱이 꺼내어 남에게 보여주지 못하게 되었다. 그러다가 윤보의 아들 상기(相基)[3]가 상자에 깊숙이 간직하여 후대의 자운(子雲)과 요부(堯夫)를 기다리려 하니,[4] 언젠가는 반드시 알아주는 사람이 있을 것이다.

1 유명윤(兪命胤) : 1629~1669. 본관은 기계(杞溪), 자는 윤보(胤甫)이다. 1667년(현종8) 4월 이조 정랑(吏曹正郎)에 임명되었다. 《明齋遺稿 卷43 吏曹正郎兪公行狀》

2 세상의……이러하여 : 송시열(宋時烈)이 1674년 효종비 인선왕후(仁宣王后)의 상으로 인한 2차 예송(禮訟)에서 패하여 장기(長鬐)에 위리안치(圍籬安置) 되었을 때 〈시남집서(市南集序)〉를 지었다.

3 유상기(劉相基) : 1651~1718. 본관은 기계, 자는 공좌(公佐), 호는 기초재(祈招齋)이다. 《丈巖集 卷21 縣令兪公行狀》

4 자운(子雲)과……하니 : 훗날 유계를 알아줄 사람이 나타나기를 기다린다는 말이다. 자운은 한(漢)나라 양웅(揚雄)의 자(字)이고, 요부(堯夫)는 송(宋)나라 소옹(邵雍)의 자이다. 양웅은 《태현경(太玄經)》을 짓고서 "후세에 양자운(揚子雲)이 나면 반드시 이 책을 좋아할 것이다."라고 하였고, 소옹은 《황극경세서(皇極經世書)》를 지어 놓고 "요부가 후세의 요부에게 드린다."라고 하였다. 《朱書百選 頭注》

다만 생각건대 공은 젊어서부터 시(詩)와 술을 좋아하여 가는 곳마다 번번이 시로 읊은 것이 적지 않았다. 이것으로 비록 성정(性情)의 한 단면을 볼 수 있지만 대체(大體)에 관련된 것은 아니니 마땅히 간추려야 한다.

남한산성(南漢山城)에서 위급했던 때에 강개하게 일을 논한 것은 의리가 밝게 빛나 일월(日月)과 빛을 겨룰 만했는데,[5] 갑자기 유배되었다가 이윽고 방면되었다. 강호(江湖)에서 유유자적하면서 날마다 경적(經籍)으로 본원(本源)을 배양하자, 아는 것이 날로 더욱 밝아지고 보존한 것이 날로 더욱 견고해지고 확충(擴充)하는 것이 날로 더욱 원대해져 명망과 실제가 날로 더욱 높아지니, 조정에서 공이 한가롭게 즐기도록 내버려두지 않았다.

효종(孝宗)께서 처음으로 정사를 펴실 때에 뜻을 거슬렀다가 유배당하여 또다시 8, 9년 동안 물러나게 되었다.[6] 그러나 매우 위태로운 상황에서도 더욱 노력하여 이치가 밝아지고 의리가 정밀해진 것이 또 전날에 비할 바가 아니었다. 효종 말년에 지우(知遇)를 입어 임금께서 불러다가 가까이에 두고 중요한 일을 맡기시니, 공 또한 세도(世道)를 자임

5 남한산성(南漢山城)에서……만했는데 : 병자호란이 일어나자 유계는 어가(御駕)를 호종하여 남한산성으로 들어가 항전할 것을 주장하고 화의(和議)를 반대하다가 척화신으로 지목되어 임천(林川)으로 유배되었다.

6 효종(孝宗)께서……되었다 : 유계는 인조(仁祖)의 묘호(廟號)를 정할 때 인(仁)자를 다시 쓰는 것을 반대하다가 1650년(효종1) 선왕(先王)을 욕되게 하였다는 죄로 온성(穩城)에 유배되었다. 1651년 영월(寧越)로 양이(量移)되었다가 1652년 풀려났고, 1658년 9월에야 송시열(宋時烈)의 천거로 세자시강원 문학(世子侍講院文學)에 임명되었다.《孝宗實錄 9年 9月 12日》

(自任)하였기에 아는 것을 모두 아뢰면서 반드시 속마음을 남김없이 쏟아내었다. 세상 사람들이 바야흐로 큰일을 할 것이라고 기약하였는데 효종께서 승하하셨다.

공은 승하하신 임금을 장사 지내고 새로운 임금을 섬기면서 일에 따라 계책을 내고[7] 충성을 다하다가 죽기로 기약하였는데, 공이 병에 걸리고 말았다. 이 5, 6, 7년 동안 소장(疏章)으로 올린 계책 가운데 나타난 것은 강령과 조목이 매우 바르고 의리가 매우 밝아서 이미 실정에 어두운 진부한 담론이 아니고 또 공리(功利)를 따지는 비루한 논의도 아니었다. 비록 남의 마음은 내 마음과 같지 않고 일할 때는 말을 할 때와 같지 않은 법이기에[8] 모두 공적으로 이룰 수 없지만 그것이 모두 공적을 이룰 만한 것이 되기에는 무방하였다.

경자년(1660, 현종1) 종통(宗統)에 대해 올린 차자(箚子)[9] 한 편은 가장 명백하고 통쾌하였으니, 나라를 걱정하는 것이 깊고 원대하였다.

7 일에……내고 : 《소학(小學)》 〈입교(立敎)〉에 "마흔 살에 비로소 벼슬하여 일에 따라 계책을 내고 생각을 발하여 도가 맞으면 따르고 불가하면 떠난다."라고 하였다.

8 남의……법이기에 : 송(宋)나라 주희(朱熹)가 진량(陳亮)에게 답한 편지에 "일할 때는 말을 할 때와 같지 않고, 남의 마음은 내 마음과 같지 않다."라고 하였다. 《晦庵集 卷28 答陳同父書》

9 경자년……차자(箚子) : 《시남집(市南集)》 권10 〈옥당논윤선도권시소차(玉堂論尹善道權諰疏箚)〉를 가리킨다. 1659년 효종(孝宗)이 승하하여 1차 예송논쟁(禮訟論爭)이 일어났을 때 유계는 송시열(宋時烈)과 함께 기년설(朞年說)을 주장하였으며, 권시(權諰)와 윤선도(尹善道)를 공격하고 종통설(宗統說)을 반박하였다. 그 후 1674년 효종비 인선왕후(仁宣王后)가 운명하여 2차 예송논쟁이 일어나자 현종(顯宗)은 복제를 기년복으로 개정하고 서인 세력을 처벌하였다. 새로 즉위한 숙종은 과감히 서인을 조정에서 축출하고 남인을 등용하여 정국을 개편하였다.

그 가운데 "반드시 소인(小人)이 훗날 재앙을 일으키는 큰 단서가 될 것입니다."라고 하였는데 17년 뒤에 그 말이 크게 들어맞았으니, 시초점과 거북점으로 맞추는 수준이 아니었다. 아, 공은 닥쳐올 일을 16년 전에 능히 알았으니, 눈앞의 시비(是非)와 이해(利害)의 실상에 대해 모르면서 말한 것이 있었겠는가. 그렇다면 공이 소장으로 올린 계책이 모두 공적을 이룰 만한 것임에는 의심의 여지가 없는 것이다.

아, 용이 죽고 호랑이가 떠나자 미꾸라지가 춤추고 여우와 살쾡이가 호령하는구나.[10] 옛 일을 떠올리니 감회가 일어나고 공의 음성을 생각하니 눈물이 흐른다. 공의 개요(概要)를 대략 엮어 아울러 간직하게 하노니, 만일 후대에 과연 자운(子雲)과 요부(堯夫)를 만난다면 틀림없이 내 말이 틀리지 않았다고 할 것이다.

숭정(崇禎) 기원후 병진년(1676, 숙종2) 모월 모일에 은진(恩津) 송시열(宋時烈)이 서문(序文)을 쓰다.

10 용이……호령하는구나 : 군자가 세상을 떠나자 소인들이 득세했다는 말이다. 송나라 소식(蘇軾)의 〈구양 문충공을 제사 지내는 글〔祭歐陽文忠公文〕〉에 "깊은 산과 큰 못에 용이 사라지고 범이 떠나가면, 온갖 변괴가 발생하면서 미꾸라지와 뱀장어가 춤을 추고 여우와 살쾡이가 울부짖게 마련이다."라고 하였다.《東坡全集 卷91》

시남집

제1권

詞사 賦부

和화 陶도 詩시

詩시

사부 詞賦

도잠의 〈귀거래사〉에 차운하다[1] 계사년(1653, 효종4)

次陶歸去來辭 癸巳

돌아가련다	歸去來兮
이 한 몸 만 리에서 이제야 돌아가련다	一身萬里今始歸
이미 죽어 마땅하건만 살게 되었으니	既自當死而獲生
참으로 위안이 되는데 어찌 슬퍼하랴	良可慰而奚悲
지난날 내 뜻이 어리석고 망녕스러워	曩余志之愚妄
옛사람을 따를 수 있다고 여겼도다	謂古人其可追
동서도 구분하지 못하는데	惟東西之莫辨
또 어찌 시비를 알겠는가	又惡知夫是非

1 도잠(陶潛)의 귀거래사(歸去來辭)에 차운하다 : 도잠(365~427)은 동진(東晉)의 문학가로, 자는 연명(淵明)이다. 도잠이 팽택 영(彭澤令)으로 있을 때, 상관인 독우(督郵)에게 머리 숙이기 싫어 벼슬을 버리고 고향으로 돌아가면서 〈귀거래사〉를 지었다. 유계는 인조(仁祖)의 묘호(廟號)를 정할 때 인(仁) 자를 다시 쓰는 것을 반대하다가 1650년(효종1) 선왕(先王)을 욕되게 하였다는 죄로 함경북도 온성(穩城)에 유배되었고, 1651년 8월 강원도 영월(寧越)로 양이(量移)되었다가 1652년 12월에 방귀전리(放歸田里) 되었다. 이 작품은 유배에서 풀려나 돌아오는 심사를 표현하였다.

아 버선의 실[2]처럼 보잘것없으니	嗟韈線之瑣陋
어찌 순 임금의 옷 깁기를 바라랴[3]	豈望補於舜衣
다만 무턱대고 행하다가 재앙을 부르니	徒冥行而速戾
부끄럽게도 죄는 무겁고 몸은 미천하였네	慙罪重而身微
얼음 낀 강 눈 덮인 고개에서	氷河雪嶺
나뭇잎 나부끼자 쑥처럼 떠돌았네[4]	葉飄蓬奔
얼마 뒤 임금의 은택 입어	俄霑天霈
살아서 귀문관에 들어왔다오[5]	生入鬼門
남산의 누추한 우리집에선	南山弊廬
나를 기다리고 있으니	待我尙存
대지 가득한 강호에서	滿地江湖

2 버선의 실 : 대본에는 '幭線'으로 되어 있는데, 《북몽쇄언(北夢瑣言)》 권5 〈고측계사(高測啓事)〉에 의거하여 '幭'을 '韈'로 바로잡아 번역하였다. 원문의 말선(韈線)은 재능이나 학문이 보잘것없음을 비유하는 말이다.

3 어찌……바라랴 : 자질이 부족하여 임금을 보좌하여 태평성대를 이루지 못할 것이라는 말이다. 순(舜) 임금이 우(禹)에게 이르기를 "내가 해와 달과 별과 산과 용과 꿩을 무늬로 만들고, 종묘의 술그릇과 물풀과 불과 흰쌀과 보(黼)와 불(黻)을 수놓아서 다섯 가지 채색을 다섯 가지 빛깔로 물들여 옷을 만들고자 하거든, 그대는 그것을 밝게 만들라."라고 하였다. 《書經 益稷》 이를 바탕으로 당(唐)나라 두목(杜牧)의 시 〈군재에서 홀로 술 마시다〔郡齋獨酌〕〉에 "평생에 오색실을 가지고 순 임금의 의상을 기워 보았으면.〔平生五色線, 願補舜衣裳.〕"이라고 하였다. 《御定全唐詩 卷520》

4 얼음……떠돌았네 : 함경북도 온성(穩城)에 유배되었다가 1651년 가을 강원도 영월(寧越)로 양이되었다는 말이다.

5 임금의……들어갔다오 : 임금의 은택으로 유배지에서 죽지 않고 돌아오게 되었다는 말이다. 귀문관(鬼門關)은 함경북도 부령(富寧)과 경성(鏡城) 사이에 있는 관문으로, 북쪽 변방의 유배지를 의미한다.

거듭 큰 술잔을 띄우리라[6]　再浮大樽
창랑의 맑은 물결 떠서 마시면서　掬滄浪之淸波
십 년 동안 때 낀 얼굴 씻기도 하고　洗十年之塵顔
마음껏 뱁새처럼 둥지 틀고 두더지처럼 마시며[7]　任鷦巢而鼴飮
즐겁게 스스로 만족하며 편안히 지내야지　欣自足而自安
대나무는 울창해서 창문을 두드리고　竹蕭森而敲窓
소나무는 우뚝하게 문 앞에 서 있네　松偃蹇以當闥
난초와 국화에 물주며 회포를 부치고　滋蘭菊而托懷
서리와 이슬 내릴 땐 고요히 바라보리　閱霜露而靜觀
세 오솔길 내서 산책하다가[8]　穿三逕而行散
때로는 그림자와 짝해 홀로 돌아와야지　時伴影而獨還
물고기와 새를 맞이해 모임 주관하고　邀魚鳥而主盟
사공을 문공과 환공에 비겨 보았네[9]　擬事功於文桓

6 대지……띄우리라 : 장자(莊子)가 혜자(惠子)에게 말하기를 "지금 자네에겐 닷 섬들이 바가지가 있는데, 어찌하여 그것을 큰 통으로 만들어 강호에 띄울 생각은 하지 못하고, 그것이 너무 커서 쓸 데가 없다고 걱정만 하는가?"라고 하였다. 《莊子 逍遙遊》

7 마음껏……마시며 : 분수에 맞게 살겠다는 말이다. 《장자》 〈소요유〉에 "뱁새는 깊은 숲에 둥지를 틀어도 의지한 것은 나뭇가지 하나에 지나지 않고, 두더지는 강물을 마셔도 제 배를 채우는 데에 지나지 않는다."라고 하였다.

8 세……산책하다가 : 원문의 삼경(三逕)은 세 오솔길로, 한(漢)나라 은사(隱士) 장후(蔣詡)가 집 안에 대나무를 심고 그 아래에 세 갈래 오솔길을 만들어 오직 구중(求仲)·양중(羊仲)과 함께 어울렸다고 한 데서 유래하였다. 이를 인용하여 도잠(陶潛)이 〈귀거래사(歸去來辭)〉에서 "세 오솔길은 황폐하지만 소나무와 국화는 그대로 있구나.〔三逕就荒, 松竹猶存.〕"라고 읊었다.

9 사공(事功)을……보았네 : 성현의 도덕을 중시하고 사공은 대단하게 여기지 않는

돌아가련다　歸去來兮
그런대로 세월 보내며 한가로이 노닐리라[10]　聊卒歲而優游
이미 영욕에는 관심을 끊었으니　既忘情於榮瘁
다시 해치거나 탐하는 데에 무슨 마음 있으랴[11]　復何心於忮求
남은 책으로 마음을 씻기 충분하고　殘書足以洗心
막걸리로 근심 풀면 그만이지　濁醪足以銷憂
친척과 벗이 그윽한 모임에 나를 부르면　親朋招我以幽期
혹 《주역》을 논하고 구주[12]를 탐구하다가　或論易而探疇
담소 나눈 뒤 밖으로 나아가　談餘邁往
지팡이 짚거나 배를 타고　以筇以舟
아득히 펼쳐진 사방 들판을 바라보기도 하고　瞻四野之莽莽
구구[13] 펼치고 저 옛날을 상상해 보리　寓遐想於九丘

다는 말이다. 원문의 문환(文桓)은 춘추 시대 오패(五霸) 중에서 가장 세력이 컸던 제 환공(齊桓公)과 진 문공(晉文公)을 병칭한 말이다.

10 그런대로……노닐리라 : 《춘추좌씨전》 양공(襄公) 21년 기사에 "시(詩)에 '한가로이 지내며 애오라지 세월을 보내리.〔優哉游哉, 聊以卒歲.〕'라고 하였으니, 지혜롭다."라고 한 것을 원용하였다.

11 해치거나……있으랴 : 《논어》 〈자한(子罕)〉에 "남을 해치지 않으며 남의 것을 탐내지 않는다면 어찌 착하지 않겠는가.〔不忮不求, 何用不臧.〕"라고 하였다.

12 구주(九疇) : 우(禹) 임금이 홍수를 다스릴 때 낙수(洛水)에서 나온 거북이의 등에 새겨진 무늬를 보고 만든, 천하를 다스리는 아홉 조항의 대법(大法)으로, 오행(五行)·오사(五事)·팔정(八政)·오기(五紀)·황극(皇極)·삼덕(三德)·계의(稽疑)·서징(庶徵)·오복(五福)이다.

13 구구(九丘) : 중국 고대의 책으로, 고서(古書)를 뜻한다. 《춘추좌씨전》 소공(昭公) 12년 기사에 "초(楚)나라 좌사(左史) 의상(倚相)이 지나가자 왕이 말하기를 '저 사람은 훌륭한 사관이다. 그대는 잘 보도록 하라. 그는 《삼분(三墳)》·《오전(五典)》·

사물의 변화가 무궁함을 느끼고　　感物變之無窮

세월이 흘러감을 슬퍼하네　　悲逝川之長流

고요히 마주한 채 말을 잊다가　　悄相對而忘言

마침내 개연히 돌아가 쉬리라　　終慨然而歸休

그만두어야지　　已矣乎

만물이 이루어지고 무너짐은 각각 때가 있으니　　萬物成虧各有時

무엇이 슬퍼서 떠나고 무엇이 기뻐 남겠는가　　何戚而去何喜留

어찌하여 방황하다가 몸소 따라 죽겠는가　　胡爲乎役役身殉之

그립구나 오류자여　　懷哉五柳子

천 년 전 그대를 내가 기약한다오　　千載我心期

부질없는 영화는 세속에 던져버리고　　送浮榮於塵垢

농사일에 생애를 맡기려네　　寄生涯於耕耔

먼 세대 거슬러 올라 소매를 잡기도 하고　　溯曠世而執袂

남긴 글을 가져다 시에 화답하면서　　挹遺編而和詩

아침저녁으로 참다운 만남을 함께하리니　　同眞遇於朝暮

옛사람이 터득한 것을 내 어찌 의심하리　　古人先獲余何疑

《팔색(八索)》·《구구(九丘)》를 읽을 수 있다.' 하였다."라고 하였는데, 그 주(註)에 "모두 옛날의 책 이름이다."라고 하였다.

화도시 和陶詩

도잠의 〈정운〉을 차운하여 윤길보 선거 에게 부치다[14]

갑오년(1654, 효종5)

次陶停雲寄尹吉甫 宣擧○甲午

산에 구름이 멈춰 있어	山有停雲
흐리기도 하고 비 내리기도 하는데	以陰以雨
골짜기에 그윽한 사람 있으나	谷有幽人
덕음이 막혔네	德音貽阻
낭랑하게 울리는 거문고를	泠泠絲桐
어루만지며 연주하지만	載按載撫
종자기를 만나지 못해	鍾期不見
나를 몹시 기다리게 하네[15]	使我翹佇

14 도잠(陶潛)의……부치다 : 〈정운(停雲)〉은 멈춘 구름이라는 뜻으로, 도잠이 벗을 그리워하는 마음을 읊은 시이다. 자서(自序)에 "정운은 친한 벗을 그리워하는 것이다.〔停雲, 思親友也.〕"라고 하였다. 《陶淵明集 卷1》 윤길보(尹吉甫)는 윤선거(尹宣擧, 1610~1669)로, 본관은 파평(坡平), 자는 길보, 호는 미촌(美村)·노서(魯西), 시호는 문경(文敬)이다. 저서로는 《노서유고(魯西遺稿)》 등이 전한다. 《南溪集 卷81 成均生員贈吏曹參議魯西先生尹公行狀》

구름이 멈춰 있어	雲之停矣
낮이고 밤이고 어둑어둑	日夕溟濛
소식 끊긴 채	音之阻矣
아득히 산과 강 펼쳐졌네	綿邈山江
바람 맑은 대나무 언덕과	風淸竹塢
달 밝은 소나무 창가에서	月白松窓
어이하면 저 사람과	焉得伊人
고맙게 어울릴 수 있을까	惠然相從

우거진 초목들	林林群卉
시들기도 하고 피어나기도 하니	或悴或榮
조용한 삶 쓸쓸하여	端居泯泯
이러한 물정을 본다오	見此物情
입이 있어도 말할 데가 없고	有口靡宣
발이 있어도 갈 곳이 없구나	有趾靡征
해가 다하도록 외로이 지내니[16]	終年離索

15 낭랑하게……하네 : 자신을 알아주는 벗인 윤선거가 몹시 그립다는 말이다. 춘추시대 백아(伯牙)가 높은 산에 뜻을 두고 거문고를 연주하자 종자기(鍾子期)가 "높디높기가 마치 태산과 같도다.〔峨峨兮若泰山〕"라고 하였고, 또 흐르는 물에 뜻을 두고 거문고를 연주하자 "넓고 넓기가 마치 강하와 같도다.〔洋洋兮若江河〕"라고 하였다. 종자기가 죽자 백아는 거문고 소리를 들을 사람이 없다 하여 거문고의 현(絃)을 모두 끊고 다시는 연주하지 않았다.《列子 湯問》

16 외로이 지내니 : 원문의 이삭(離索)은 벗들과 떨어져 외로이 지낸다는 말이다. 공자의 제자 자하(子夏)는 아들이 죽자 너무 슬퍼한 나머지 실명(失明)하였다. 증자(曾子)가 문병을 왔을 때, 자하는 죄도 없는 자신에게 불행이 찾아왔다고 한탄하였다.

덧없는 인생을 슬프게 생각하네　慨念浮生

벌레는 서리 내린 집에 깃들어 있고　蟲依霜宇
매미는 바람 부는 가지에서 고요하네　蟬寂風柯
내가 외로이 읊어 보지만　我有孤吟
누가 화답해 주겠는가　孰與之和
국화꽃을 따고 또 따지만　採採寒花
혼자라서 많이 마시지 않네　獨酌無多
내 마음 너무나 쓸쓸한데　我懷孔悽
그대는 어떠한가　之子如何

이에 증자가 자하의 죄를 낱낱이 따지자, 자하가 수긍하면서 "내가 지나쳤다. 내가 지나쳤다. 내가 벗들을 떠나 홀로 머물러 지낸 지 너무 오래되었다."라고 하였다.《禮記 檀弓上》

도잠의 〈시운〉[17]을 차운하다

次陶時運

도잠은 봄을 즐거워했는데, 나는 가을을 슬퍼하였다.

시절의 운행은 돌고 돌아	時運回薄
저녁이 되고 아침이 되어	載曛載朝
갑자기 푸르게도 붉게도	倏忽靑丹
산과 들의 빛깔 바뀌네	色變山郊
용은 큰 골짜기에 잠겨 있고	龍潛大壑
기러기는 높은 하늘에서 우네	雁唳重霄
숲에는 남은 잎이 없고	林靡遺蘀
잡초 사이로 벼싹 보이지 않는구나	草無餘苗

매서운 서리 기운이	肅肅霜氣
답답한 마음 씻어내니	煩昏滌濯
높은 언덕에 올라	乃陟高岡
먼 데까지 바라보네	乃送遐矚
함께 이야기할 사람 없고	晤言無從
강개함만으로는 부족하니	忼慨不足
우주를 굽어보고 우러르매	俛仰宇宙
근심스러워 즐겁지 않다오	悄焉靡樂

17 시운(時運) : 《도연명집(陶淵明集)》 권1에 실려 있다.

높고 높은 태산 아래 巖巖泰岳
흐르는 물은 기수라네 其水維沂
산이 무너지고 물이 말라도 山頹水渴
만세토록 함께 우러른다네[18] 萬世同歸
유풍을 따라 그리움 일으켜 遡風興懷
외로운 거문고 홀로 연주하네 孤絃獨揮
시간이 흘러 노년 되었으니 光陰遲暮
가는 세월 잡을 수 없구나 逝者莫追

거친 밥 먹고 飯有疏糲
누추한 집에서 지내지만 居有弊廬
굶주리지 않고 춥지 않으니 匪飢匪寒
어찌 홀로 근심하겠는가 胡獨愁如
이리 오너라 너 동자야 來汝童子
저 술병을 따르거라 言酌彼壺
상가 한 곡을 노래하노니 商歌一曲
누구일까 내게 화답해줄 이는[19] 孰哉和余

18 높고……우러른다네 : 태산(泰山)은 중국 동쪽에서 가장 높은 산으로, 공자가 올라 천하를 작게 여겼고, 기수(沂水)는 공자가 강학하던 곳으로 만세토록 추앙받았다.

19 상가(商歌)……이는 : 가난한 생활 속에서도 맑은 지조를 간직한다는 말이다. 증자(曾子)가 위(衛)나라에 있을 때 사흘이나 불을 때지 못하고 십 년 동안 새 옷을 해 입지 못하는 가난한 생활 속에서도 "신발을 끌고 상송(商頌)을 노래하니 그 소리가 천지간에 가득 차면서 마치 금석에서 나오는 것과 같았다."라고 하였다. 《莊子 讓王》

도잠의 〈원목〉[20]을 차운하다

次陶園木

동산의 나무 무성해져	園木之榮
여기에서 세월을 보냈네	歲月于茲
어찌 무성하지 않았겠는가마는	豈不榮矣
서리와 눈이 시들게 하였네	霜雪瘁之
백 년 인생 빨리 흘러가니	百年鼎鼎
그들과 함께한들 얼마나 되겠는가	其與幾時
젊은 시절 다시 오지 않아	少壯不再
나는야 늙어가누나	吾其老而
나무는 시들면	木之瘁矣
또한 뿌리로 돌아가지만	亦歸于根
마음은 방만해지면	心之放矣
혹 보존하지 못하기도 하네	未或能存
붕우의 도에 조롱을 끼치고	貽譏友道
스승 문하에서 부끄럽게 되니	負愧師門
어찌 그러한가	曷其然爾

20 원목(園木) : 《도연명집(陶淵明集)》 권1에는 〈영목(榮木)〉으로 되어 있다. 자서(自序)에 "영목은 장차 늙어감을 생각하며 지은 시이다. 세월이 흘러 이제 다시 여름이 되었는데, 어려서 도(道)를 들었으나 흰머리가 되도록 이룬 것이 없다."라고 하였다.

공부에 돈독하지 않아서라네	用功靡敦

먹는 것은 대그릇 밥이고	食則簞矣
사는 곳은 누추하네	巷則陋矣
흰머리가 새로 자라지만	髮則新矣
익힌 것은 예전 그대로이네	習則舊矣
도는 어찌해야 쌓이며	道奚而積
업적은 어찌해야 많아지는가	業奚而富
이전의 철인을 생각하면	眷言前哲
속마음이 몹시 아프다네	中心孔疚

선친의 사업을	先人之緖
그대는 실추시킬 것인가	汝其墜諸
성인의 말씀이	聖人之言
그대는 두렵지 않은가[21]	汝不畏諸
저와 같이 먼 길을	如彼長途
천리마는 빠르게 내달리거늘	駸駸騁驥
상유에 해가 가까워지는데[22]	桑楡日迫
그대는 길 어디에 이르렀는가	汝道曷至

21 성인의……않은가 : 공자가 "군자는 두려워하는 것이 세 가지이니, 천명을 두려워하고, 대인을 두려워하고, 성인의 말씀을 두려워한다."라고 하였다. 《論語 季氏》

22 상유(桑楡)에 해가 가까워지는데 : 상유는 뽕나무와 느릅나무로, 인생의 말년을 의미한다. 《태평어람(太平御覽)》 권3에 "해가 서산(西山)으로 떨어질 때 햇빛이 나무의 꼭대기에 비치는 것을 상유라고 한다."라고 하였다.

도잠의 〈증정시상〉[23]에 차운하여 윤경임[24] 형성 에게 주다
次陶贈丁柴桑韻 贈尹景任 衡聖

내 벗이 집을 짓고 我友結廬
이곳에서 사니 斯焉迺止
그립구나 이웃을 점침이여 懷哉卜隣
감히 어진 마을이라 말할 수 있을까[25] 敢云仁里
백발의 노년 함께 보내기를 白首同歸
여기에서 시작해보세 從此伊始
마음이 모였으니 心之會矣
다시 무엇을 말하리오 復奚言爾

서로 어울리면 기쁘고 相從欣欣
서로 바라보면 즐거우니 相視由由
비록 큰 즐거움은 없으나 雖無大樂

23 증정시상(贈丁柴桑) : 《도연명집(陶淵明集)》 권1에는 〈시상 현령 정씨에게 주다〔酬丁柴桑〕〉로 되어 있다. 시상은 도잠(陶潛)의 고향이다.

24 윤경임(尹景任) : 윤형성(尹衡聖, 1608~1676)으로, 본관은 남원(南原), 자는 경임, 호는 기기재(棄棄齋)이다. 유계(兪棨)의 맏아들 유명윤(兪命胤)이 윤형성의 둘째 딸과 혼인하였다. 《文谷集 卷19 晉州牧使尹公墓誌銘幷序》

25 감히……있을까 : 자기를 인(仁)한 사람으로 감히 자처하지 못한다는 겸사이다. 공자가 이르기를 "마을의 풍속이 인후(仁厚)해야 좋으니, 잘 가려서 인후한 마을에 살지 않으면 어찌 지혜롭다 할 수 있겠는가."라고 하였다. 《論語 里仁》

또한 깊은 근심도 없다네　　亦無甚憂
대나무 숲과 소나무 오솔길을　　竹塢松逕
걷기도 하고 쉬기도 하네　　載行載休
함께 자손을 끼고서　　共抱兒孫
여생 마치도록 즐겁게 지내세　　卒歲嬉游

송영보[26] 시열 가 찾아왔다. 이별한 뒤에 그리운 마음을 이기지 못하여 도잠의 〈답방참군〉[27]에 차운하여 부치고 화답을 구하다

宋英甫 時烈 見枉 旣別 不勝眷言之情 次陶答龐參軍韻 却寄求和

내가 옛사람을 사모해	我思古人
그들의 책만 읽었는데	只讀其書
옛사람과 시대가 동떨어진지라	古人遠矣
함께 노닐 수는 없었네	無與嬉娛
해를 다하도록 빈 골짜기에서	窮年空谷
쓸쓸히 한적하게 지냈는데	悄悄端居
뉘라서 생각했겠는가 옥 같은 사람이	誰謂玉人
띳집을 빛내줄 줄을	賁然茅廬

우뚝하게 옥 같은 사람은	矯矯玉人
자리 위의 보배인데[28]	席上之珍

26 송영보(宋英甫) : 송시열(宋時烈, 1607~1689)로, 본관은 은진(恩津), 자는 영보, 호는 우암(尤庵)·우재(尤齋), 시호는 문정(文正)이다. 저서로는 《송자대전(宋子大全)》 등이 있다. 《鳳谷集 卷5 祖考尤庵先生家狀》

27 답방참군(答龐參軍) : 《도연명집(陶淵明集)》 권1에 실려 있다. 자서(自序)에 "방군이 위군(衛軍)의 참군이 되어 강릉(江陵)에서 서울로 출장 가는 길에 심양(潯陽)에 들러 나에게 시를 주었다."라고 하였다.

28 우뚝하게……보배인데 : 송시열이 재덕(才德)을 갖추었다는 말이다. 춘추 시대

나를 비루하게 여기지 않아　不我以鄙
소원하지 않고 친하게 지내네　匪疏伊親
내가 지금 세상에서　我從今世
옛사람을 보았도다　獲覩古人
높은 산처럼 우러르는 것이지　高山在仰
감히 덕 있어 이웃하는 것이겠는가[29]　敢云德隣

옥 같은 사람 온화한데　玉人溫溫
날마다 선을 힘쓰니　惟善日孜
혼자서 좋아하는 것이 아니라　匪獨樂之
남들이 함께하기를 좋아하네　樂人共之
〈치의〉 장과　緇衣之章
〈백구〉의 시여　白駒之詩
편히 머물게 하여　綏之左右
떠날 생각 하지 않기를 바랐네[30]　庶勉遁思

노 애공(魯哀公)이 공자에게 자리에 앉으라고 명하자, 공자가 모시고 앉아서 말하기를 "선비는 석상의 보배를 가지고 초빙해주기를 기다립니다."라고 하였다.

29 감히……것이겠는가 : 유계 자신에게 덕이 있는 것은 아니지만 송시열과 어울리게 되었다는 말이다. 《논어》 〈이인(里仁)〉에 "덕이 있는 사람은 외롭지 않고 반드시 이웃이 있다."라고 하였다.

30 치의장(緇衣章)과……바랐네 : 유계가 송시열과 함께하기를 좋아하여 떠나가지 말기를 바랐다는 말이다. 치의는 경대부가 조정에서 입는 검은 비단으로 만든 옷으로, 현인(賢人)을 좋아하는 지극한 정성을 의미한다. 《시경》 〈치의〉에 "치의의 걸맞음이여, 해지면 내가 다시 만들어 주리라.〔緇衣之宜兮, 敝予又改爲兮.〕"라고 하였다. 백구(白駒)는 현인이 타고 다니는 흰 망아지로, 현인이 떠나가는 것을 아쉬워하는 내용이다.

항상 떨어져 지내다 잠깐 모이는데	恒離暫聚
한 번 만나 빠르게 헤어지니	一握遄分
만난 자리 이별의 술잔에	逢場別杯
잠깐 사이 기뻐하고 슬퍼하네	造次戚欣
강에 높은 물결 일고	江有層波
고개에 멈춘 구름 있네[31]	嶺有停雲
바라보아도 미칠 수 없고	瞻之莫逮
난초 향기 아득하여라	邈矣蘭聞

기러기가 날아다니고	鴻雁載飛
귀뚜라미 울어대더니	蟋蟀其鳴
지초와 난초 시들고	芝蘭萎絶
서리와 싸라기눈이 서로 떨어지네	霜霰交零
나의 근심 걱정	我心之憂
밤낮으로 많기도 해라	夙夜京京
일어나 거닐어 보지만	載起載行
잠깐 사이도 편하지 않네	食息靡寧

《시경》 〈백구〉에 "그대를 공으로 삼고 그대를 후로 삼아, 편함과 즐거움을 무궁하게 해 주리니, 그대는 한가롭게 놀기를 삼가고, 그대는 은둔하려는 생각을 재고하라.〔爾公爾侯, 逸豫無期. 愼爾優游, 勉爾遁思.〕"라고 하였다.

31 고개에……있네 : 송시열이 그립다는 말이다. 정운(停雲)은 멈춘 구름이라는 뜻으로, 도잠이 이것을 제재로 하여 벗을 그리워하는 마음을 시로 읊었다.

나의 속마음을	我有衷素
그대에게 말하기를 바라나니	願陳下風
어느 한쪽으로 치우친 것이 없는데	無流無激
어찌 중도를 귀하게 여기리오	曷貴大中
처음은 있으나 이어짐이 없으니	有初無繼
누가 능히 끝맺는다고 말하겠는가	孰云克終
그대의 가르침 간절히 바라노니	翹望德音
미천한 이 몸을 비호해 주게나	冀芘微躬

산천재에서 윤길보의 시에 차운하다[32] 신사년(1641, 인조19)
山泉齋 次尹吉甫韻 辛巳

성스럽고 어리석음은 출발점에서 말미암고 聖蒙由發軔
사람과 귀매는 이전의 관문에서 갈라지네[33] 人鬼判前關
맑고 흐린 도랑물은 淸濁溝渠水
원류가 모두 산에서 나온 것이네 源流竝出山

업이 폐해짐은 중도에 포기해서고 業廢中途棄

32 산천재(山泉齋)에서……차운하다 : 산천재는 충남 금산군(錦山郡) 마하산(麻霞山)에 있던 서재로, 유계와 윤선거(尹宣擧, 1610~1669)가 제자들과 함께 강학한 곳이다. 윤선거의 아들 윤증(尹拯)이 유계의 손자 유상기(兪相基)에게 쓴 편지에 "나의 선인으로 말하면 선생과 함께 산천재의 주인이 되어 밤낮으로 함께 지냈다."라고 하였다.《明齋遺稿 卷26 與兪相基》 윤길보(尹吉甫)는 윤선거로, 본관은 파평(坡平), 자는 길보, 호는 미촌(美村)·노서(魯西)·산천재, 시호는 문경(文敬)이다. 유계가 차운한 시는《노서유고(魯西遺稿)》 권1의 〈산천재〉이다.《南溪集 卷81 成均生員贈吏曹參議魯西先生尹公行狀》

33 사람과……갈라지네 : 사람과 귀신, 즉 군자와 소인의 갈림이 성의(誠意)에 달려 있다는 말이다.《심경(心經)》 권2 〈대학(大學) 성의장(誠意章)〉에 "성의는 바로 인귀(人鬼)의 관문이니, 이 한 관문을 통과해야 비로소 전진할 수 있다."라고 하였다.

공이 이루어짐은 어려서 기른 것이 전일해서네　功成稚養專
산을 만드는 삼태기 거두지 말고[34]　爲山莫輟蕢
우물 팔 땐 솟는 샘물을 찾아야 하네[35]　掘井要尋泉

어지러워 움직일 때에 막히지만　滑汨動時涸
잔잔하고 고요한 곳이 좋아라　澄明靜處佳
아이의 천진한 마음 질곡에 시달리니[36]　童心困桎梏
돌아보며 산천재에서 부끄러워하네　顧諟愧山齋

34 산을……말고 : 일을 하다가 중도에 포기하지 말라는 말이다. 《서경》 〈여오(旅獒)〉에 "아홉 길 높이의 산을 쌓는데, 공이 한 삼태기의 흙이 모자라는 데서 무너진다."라고 하였고, 《논어》 〈자한(子罕)〉에 "비유하자면 산을 쌓는데 마지막 흙 한 삼태기를 붓지 않아 산을 완성하지 못하는 것도 내가 그만두는 것이다."라고 하였다.

35 우물……하네 : 《맹자》 〈진심 상(盡心上)〉에 "무슨 일을 하는 것은 비유하자면 우물을 파는 것과 같으니, 우물을 아홉 길이나 팠더라도 샘물에 미치지 않고 그만두면 오히려 우물을 버리는 것이다."라고 하였다.

36 아이의……시달리니 : 세상일에 시달려 선한 본성을 잃어버렸다는 말이다. 《맹자》 〈고자 상(告子上)〉에 "밤낮으로 자라난 양심과 새벽녘의 맑은 기운도 그 좋아하고 미워함이 다른 사람들과 서로 비슷한 것이 거의 드문데, 낮에 하는 불선한 행동이 이것을 없애니, 없애기를 반복하면 밤에 자란 선한 기운이 보존될 수 없고 선한 기운이 보존될 수 없으면 금수(禽獸)와 다른 것이 많지 않게 된다."라고 하였다.

소명을 받고 서울에 들어갔다가 시골로 돌아온 뒤에 뒤늦게 윤길보가 벽에 써 놓은 절구 세 수에 차운하다[37] 갑신년(1644, 인조22)

赴召命入京 還鄕後 追次尹吉甫壁上三絶 甲申

원컨대 그대는 나무라지 말게나　　將子休相誚
나도 스스로를 비웃고 있네　　吾方自笑之
산천재에서 솔가지의 눈을 마주하고　　山齋對松雪
전날의 기약 한없이 좋아했다네　　無限好前期

맑은 경치 즐기기를 누가 마다하랴　　淸景貪誰厭
덧없는 영화 얻은들 얼마나 되겠는가　　浮榮得豈多
마침내 알겠네 구불구불한 나무는　　終知擁腫樹
무하유에 뿌리 내려야 한다는 것을[38]　　托根可無何

37 소명(召命)을……차운하다 : 유계는 1644년 주서(注書)에 서용되어 전적(典籍)으로 승진하고 병조 좌랑(兵曹佐郞)으로 옮겼으나 곧바로 시골로 돌아왔다. 《宋子大全 卷162 市南兪公神道碑銘幷序》 유계가 차운한 시는 《노서유고(魯西遺稿)》 권1의 〈저물녘에 산천재에서 시를 읊으며 벗을 기다리는데 오지 않다〔暮吟山齋 待友不至〕〉이다.

38 구불구불한……것을 : 장자(莊子)의 친구인 혜자(惠子)가 장자에게 말하기를 "나에게 가죽나무라고 부르는 큰 나무가 있는데 큰 줄기는 옹이로 울퉁불퉁하여 먹줄을 칠 수 없고 잔가지는 꼬불꼬불해서 규구(規矩)를 댈 수 없어서 길가에 서 있지만 목수가 거들떠보지 않는다."라고 하였다. 그러자 장자가 말하기를 "지금 자네에게 큰 나무가 있으나 쓸모가 없음이 걱정이라면, 어찌하여 그것을 무하유(無何有)의 고을 아득한 들판에 심어 놓고 얽매임 없이 그 옆에서 쉬고 마음껏 그 아래에서 드러누워 잠자지

지친 새는 일찌감치 숲에 깃들고　倦鳥投林早
한가로운 구름은 더디게 산에서 나오네[39]　閑雲出岫遲
부끄러워라 평경[40] 같은 뜨내기 인생　浮生愧萍梗
고달프게 떠났다가 다시 돌아왔다네　役役去還歸

않는가."라고 하였다. 《莊子 逍遙遊》

39 지친……나오네 : 진(晉)나라 도잠(陶潛)이 지은 〈귀거래사(歸去來辭)〉의 "구름은 무심히 산골짜기에서 나오고, 새는 날다가 지치면 돌아올 줄 아는구나.〔雲無心以出岫, 鳥倦飛而知還.〕"라는 구절을 인용한 것이다. 《陶淵明集 卷5》

40 평경(萍梗) : 물 위에 이리저리 떠다니는 부평초와 나무로 만든 작은 인형으로, 실의(失意)하여 정처 없이 이리저리 떠돌아다니는 것을 뜻한다.

화사 전충효로 하여금 이함경 일상으로, 당시 나주 현감이었다. 이 면성 무안의 다른 이름 의 모임에 참석하러 오는 그림을 그리게 하고,[41] 이어서 절구 한 수를 지어 부쳐 주다

使畫師全忠孝 寫李咸卿 一相 時宰羅州 綿城 務安號 赴會圖 仍題一絶寄贈

작은 집은 푸른 산 아래에 있고	小院青山下
긴 다리는 푸른 물 앞에 놓여 있네	長橋綠水前
나귀 탄 이는 어디서 온 나그네인가	騎驢何處客
손으로 화려한 난간 가에서 가리키네	指點畫欄邊

41 화사(畫師)……하고 : 전충효(全忠孝)는 조선 후기의 서화가로, 호는 묵호(墨豪)이다. 창강(滄江) 조속(趙涑, 1595~1668)의 제자이다. 이함경(李咸卿)은 이일상(李一相, 1612~1666)으로, 본관은 연안(延安), 자는 함경, 호는 청호(青湖), 시호는 문숙(文肅)이다. 1648년(인조26) 2월 금성 현감(錦城縣監)에 임명되었다.《芝村集 卷23 伯父青湖府君墓誌》 유계는 1646년 무안 현감(務安縣監)에 임명되었다.《承政院日記 仁祖 24年 4月 12日》

영평현 누각에서 현령 박태현[42]과 이별하고 밤에 양문역으로 돌아오다

永平縣樓 別朴使君太玄 夜歸楊門驛

저녁 이내 길에 자욱하고	嵐氣夕迷逕
냇물 소리 밤 누각에 들려오네	溪聲夜到樓
황혼녘 산에 달 떠올랐는데	黃昏山月上
사람은 떠나고 물만 덧없이 흐르네	人去水空流

42 박태현(朴太玄) : 박수현(朴守玄, 1605～?)으로, 본관은 밀양(密陽), 자는 태현, 호는 초정(草亭)이다. 《승정원일기》 효종 5년 11월 20일 기사에 박수현이 6년 동안 영평 현령을 지냈다는 기록이 실려 있다.

경인년(1650, 효종1) 겨울 다시 전성으로 유배 보내라는 명령이 내려졌다.[43] 11월 3일 임천에서 출발하여 공산에 들러 현감 이정숙[44] 태연 과 이별하다

庚寅冬 復有氈城編配之命 復月初三日 自林川行過公山 別李靜叔 泰淵 使君

해 질 녘 술 한 잔 마시고	落日一杯酒
관산 만 리 길 떠나는 몸	關山萬里行
헤어지며 어찌 오간 말 없으랴만	臨分豈無語
취하고 나면 희로애락 잊겠지	醉後却忘情

43 경인년……내려졌다 : 유계는 인조(仁祖)의 묘호(廟號)를 정할 때 인(仁) 자를 다시 쓰는 것에 반대하다가 1650년(효종1) 4월 선왕(先王)을 욕되게 하였다는 죄로 온성(穩城)에 정배되었다. 유배지로 가던 도중에 영의정 이경여(李敬輿) 등 대신이 신구(伸救)하여 풀려나 돌아왔다가 다시 효종의 노여움을 사서 그해 10월 온성으로 유배되었다. 전성(氈城)은 온성의 다른 이름이다.

44 이정숙(李靜叔) : 이태연(李泰淵, 1615～1669)으로, 본관은 한산(韓山), 자는 정숙, 호는 눌재(訥齋)이다. 1648년 공산 현감(公山縣監)에 임명되었다.《宋子大全 卷184 平安監司李公墓誌銘幷序》

저물녘에 공북루에 올라 감사 김유선 경여 과 이별하다[45]

暮登拱北樓 別金使相由善 慶餘

연연해하는 데서 한이 많음을 알겠고	依依知恨重
갈수록 덧없는 신세임을 느끼네	去去覺身浮
만 리 하늘 끝으로 헤어지면서	萬里天涯別
공북루에 함께 올랐네	同登拱北樓

45 저물녘에……이별하다 : 공북루(拱北樓)는 충남 공주시 공산성(公山城) 북문의 누대이다. 사상(使相)은 감사(監司)의 별칭이다. 김경여(金慶餘, 1596~1653)의 본관은 경주(慶州), 자는 유선(由善), 호는 송애(松厓), 시호는 문정(文貞)이다. 저서로는 《송애집(松厓集)》이 있다. 1650년(효종1) 충청 감사(忠淸監司)에 임명되었다.《知守齋集 卷13 洪淸道觀察使贈領議政金公諡狀》

취해서 북청 판관 김자회에게 주다
醉贈北青半刺金子晦

술이 이별을 위한 것은 아니지만	酒不爲別離
이별하려니 술을 잊기 어렵네	別離難忘酒
외로운 성에서 함께 취하여	共醉孤城頭
하늘 높이 북두성 바라보네	超超看北斗
그대는 내게 강권하지도 않는데	君無强飮吾
나는 그대의 술을 마다하지 않네	吾不辭君酒
음산[46]에 한 길 눈이 내릴 때면	陰山丈雪時
말통만 한 술잔을 어찌 두려워하랴	肯怕杯如斗

46 음산(陰山) : 오늘날의 중국 하투(河套) 이북과 대막(大漠) 이남에 있는 여러 산의 통칭으로, 흔히 중국 북방 지역의 산들을 가리킨다. 유계가 온성(穩城)에 유배 중이므로 거론한 것이다.

취하여 조암에 쓰고 이만리의 집에 돌아와 묵다 임진년(1652, 효종3)

醉題槽巖 還宿李萬里家 壬辰

반쯤 취해 소나무와 바위에 기댔다가　半醉倚松石
깨어보니 어느덧 저녁이 되었구나　醒來日已夕
돌아가는 길 묻고 싶은 마음 없어　無心問歸途
도로 산속 집에 자러 가네　還向山家宿

여산 군수 권호연[47] 성원 이 찾아왔다가 비에 막혔는데 강가에서 송별하다

礪山倅權浩然 聖源 歷訪阻雨 送別江上

손님 발길 붙잡은 삼 일 내린 비에	留賓三日雨
거센 물결이 긴 모래톱을 덮쳤네	驚浪沒長洲
서글피 바라보니 푸른 산 빙빙 도는데	悵望靑山轉
곽태와 함께 배 타기 어렵구나[48]	難同郭泰舟

47 권호연(權浩然) : 권성원(權聖源, 1602～1662)으로, 본관은 안동(安東), 자는 호연이다. 1649년(효종 즉위년) 가을 여산 군수(礪山郡守)에 임명되었다.《魯西遺稿 卷17 通訓大夫行善山府使權公墓誌銘》

48 곽태(郭泰)와……어렵구나 : 곽태는 후한(後漢) 사람이다. 이응(李膺)이 낙양(洛陽)에 머물 때 고향으로 돌아가는 곽태를 전송하면서 둘이 배를 타고 강을 건너갔는데, 사람들이 이 광경을 보고서 신선과 같다고 찬탄하며 부러워했다는 이곽선주(李郭仙舟)의 고사가 전한다.《後漢書 卷68 郭泰列傳》

병신년(1656, 효종7) 설날에 우연히 읊다
丙申元日偶占

일찌감치 잘못인 줄 알았다 여겼는데	自謂知非早
해마다 잘못하고 또 잘못했네	年年非更非
이제야 알겠다 거백옥[49]이	方知蘧伯玉
알았던 것이 공연히 안 것이 아님을	知是不空知
쉰 살 어느덧 이르렀어라	五十忽焉至
덧없는 인생 남은 삶은 얼마나 될까	浮生餘幾多
알려짐 없이 한 세대를 마치게 되었으니	無聞了一世
수염과 귀밑머리만 부질없이 세어 부끄럽네[50]	鬚鬢愧徒皤

49 거백옥(蘧伯玉) : 춘추 시대 위(衛)나라의 대부 거원(蘧瑗)으로, 자는 백옥이다. 《회남자(淮南子)》 〈원도훈(原道訓)〉에 "거백옥은 나이 50세에 지난 49년의 잘못을 알았다.〔蘧伯玉年五十, 而知四十九年非.〕"라고 하였다. 유계는 1607년에 태어나 1656년 쉰 살이 되었다.

50 알려짐……부끄럽네 : 《논어》 〈자한(子罕)〉의 "후생이 두려울 만하니, 후생의 장래가 나의 지금보다 못할 줄을 어찌 알겠는가. 그러나 4, 5십 세가 되어도 알려짐이 없으면 이 또한 두려울 것이 없다."라는 구절을 염두에 두고 말한 것이다.

작천주인의 집에 묵다

宿鵲川主人

산악의 빛깔 작은 누대 앞에 보이고	嶽色小樓前
시냇물 소리는 깊은 밤에 들리네	溪聲深夜後
우연히 찾아온 바닷가의 나그네가	偶來海上客
산속의 술에 한 번 취해보네	一醉山中酒

민태수[51]의 시냇가 정자에서 북쪽으로 돌아가는 길보[52]를 전송하다

閔台叟溪亭 送吉甫北歸

산속에서 떠나는 나그네 전송하니	山中送行客
떠나는 사람 남는 사람 그 심정 어떠하랴	去住若爲情
하룻밤 새 왕손의 풀이	一夜王孫草
봄날 교외에 푸르게 두루 돋아났네[53]	春郊綠遍生

51 민태수(閔台叟) : 민여로(閔汝老, 1598~1671)로, 본관은 여흥(驪興), 자는 태수이다. 사계(沙溪) 김장생(金長生)과 신독재(愼獨齋) 김집(金集) 부자의 문인이다.

52 길보(吉甫) : 윤선거(尹宣擧, 1610~1669)로, 본관은 파평(坡平), 자는 길보, 호는 미촌(美村)·노서(魯西), 시호는 문경(文敬)이다. 저서로는 《노서유고(魯西遺稿)》 등이 전한다. 《南溪集 卷81 成均生員贈吏曹參議魯西先生尹公行狀》

53 하룻밤……돋아났네 : 왕손초(王孫草)는 먼 곳으로 떠나 돌아오지 않는 사람을 그리워하는 마음을 나타낸다. 《초사(楚辭)》 〈초은사(招隱士)〉에 "왕손이 집을 나가서 돌아오지 않으니, 봄풀이 돋아나 무성하게 자랐다.〔王孫遊兮不歸, 春草生兮萋萋.〕"라고 한 데서 유래하였다.

세자궁에 올린 영상시[54] 기해년(1659, 효종10)

世子宮迎祥詩 己亥

왕실이 상서로움 쌓은 지 오래되어	京室儲祥久
신령한 자손이 태어나는 경사 있으리	神孫慶篤生
궁중에서 새로운 악보로	宮中新樂譜
해가 거듭 밝음을 앞다투어 부르네	爭唱日重明

54 세자궁에 올린 영상시(迎祥詩) : 《효종실록》 9년 12월 22일 기사에 유계를 세자시강원 겸필선(世子侍講院兼弼善)에 임명한 기록이 실려 있다. 영상시는 문관(文官)이 설날에 지어 올리는 축하시로, 궁궐의 기둥에 써서 붙였다.

우연히 짓다

偶題

아 어린 아이들아	嗟嗟爾小兒
흰머리 뽑지 말아라	莫鑷鬢鬚絲
뽑으면 다시 돋아나니	素絲鑷還出
백발 되는 나이를 어찌하랴	奈此霜雪時

함경[55]을 추억하며 계곡의 운자[56]로 육언시 한 장을 지어 주다

憶咸卿 用谿谷韻 呈六言一章

백일홍이 곳곳마다 피고　　百日紅花處處
천 그루 푸른 대나무 집집마다 뻗어 있네　　千竿綠竹家家
적막하게도 아름다운 계절 저물려 하니　　寂寞佳期欲暮
금수 서쪽 물가에서의 일 생각나네[57]　　相思錦水西涯

55 함경(咸卿) : 이일상(李一相, 1612~1666)으로, 본관은 연안(延安), 자는 함경, 호는 청호(靑湖), 시호는 문숙(文肅)이다. 《芝村集 卷23 伯父靑湖府君墓誌》

56 계곡(谿谷)의 운자 : 계곡은 장유(張維, 1587~1638)로, 본관은 덕수(德水), 자는 지국(持國), 호는 계곡·묵소(默所), 시호는 문충(文忠)이다. 《白軒集 卷36 右議政新豐府院君張公諡狀》 유계가 차운한 시는 《계곡집(谿谷集)》 권33 〈금구 객관에서 비올 때 짓다〔金溝客館雨中作〕〉이다.

57 금수(錦水)……생각나네 : 유계가 1648년 무안 현감(務安縣監)에 임명되어 재직할 당시 금성 현감(錦城縣監) 이일상과 함께 영산강에서 함께 어울렸던 일을 떠올린 것이다. 금수는 영산강의 다른 이름이다.

산중 서재의 벽에 쓰다 기사년(1629, 인조7)

題山齋壁上 己巳

반 년 동안 산재에서 성인의 가르침 읽었지만　半歲山齋讀聖謨
빈 독만 남고 신령한 구슬은 돌려주었네[58]　只留虛櫝返靈珠
끝내 이와 같이 일을 하면　終然做得那般事
종전의 소장부 변함없으리라　依舊從前小丈夫

58 빈……돌려주었네 : 근본은 모르고 지엽적인 것만 좇았다는 말이다. 춘추 시대 초(楚)나라 사람이 옥으로 꾸미고 향기를 쐰 목란(木蘭) 상자에 보배 구슬을 담아서 정(鄭)나라에 가서 팔자, 어떤 사람이 상자만 사고 구슬을 돌려주었다는 고사에서 유래하였다.《韓非子 外儲說》

우연히 감회가 일어

偶感

사나운 말이 가시덤불에 멋대로 날뛰는데	悍馬橫馳荊棘場
겨우 발붙이나 했더니 다시 광기 부리네	纔看着脚更顚狂
산초 언덕에서 고삐 잡고 멀리 고개 돌려보니	椒丘攬轡遙回首
구름 낀 산 어디가 고향일까	何處雲山是故鄕
길 잃고 미치도록 달린 지 이십 년	失路狂奔二十秋
귀문관과 가시덤불을 두루 돌아다녔지[59]	鬼關荊棘足將周
해는 저물고[60] 돌아갈 여정은 멀어	羲和景晏歸程遠
고개 드니 전처럼 눈물이 절로 흐르네	矯首從前涕自流

59 귀문관(鬼門關)과……돌아다녔지 : 유계가 인조(仁祖)의 묘호(廟號)를 정하는 일로 효종(孝宗)을 거슬러 함경북도 온성(穩城)에 유배되어 귀문관을 지나간 일을 회상한 것이다. 귀문관은 함경북도 부령(富寧)과 경성(鏡城) 사이에 있는 관문으로, 북쪽의 유배지를 의미한다. 《시남집》 권5에 〈귀문관〉과 〈돌아오며 귀문관을 지나다가 떠나던 때의 시에 다시 차운하다〔回過鬼門關 復次去時韻〕〉가 실려 있다.

60 해는 저물고 : 희화(羲和)는 여섯 마리의 용이 끄는 수레에 해를 싣고 날마다 동쪽에서 서쪽으로 운행한다는 고대 신화 속의 인물이다. 《山海經 卷10 大荒南經》

선친[61]을 꿈꾸다

夢先

꿈 깨니 차가운 창에 달그림자 옮겨가고	夢罷寒窓月影移
가을바람은 뜰의 나뭇가지 흔들어 떨어뜨리네	秋風撼落撼庭枝
감흥 일어 베개 만지며 눈물 떨구고	興來撫枕雙垂淚
평생을 자세히 헤아려 보니 너무도 서글프네	細數平生足愴悲

61 선친(先親) : 유양증(兪養曾, 1579~1626)으로, 본관은 기계(杞溪), 자는 약소(若所)이다.《市南集 卷23 先考墓誌文》

벗 윤성백[62] 집 의 시에 뒤늦게 화답하다 병서
追和尹友成伯 集 韻 幷序

병으로 누추한 집에 누워 있는데 해가 어느덧 바뀌고 온 하늘에 눈보라가 몰아쳐 마음이 적적하였다. 문득 지난해 남한산성(南漢山城)에 있던 때가 떠올랐는데, 이는 바로 절대적으로 위급한 시기였다. 그때 윤군(尹君) 성백(成伯)과 오군(吳君) 계휘(季輝)[63] 달제(達濟)는 실로 형제 같은 벗[64]으로, 성백은 내게 절구 세 수를 지어 주었다. 난이 끝난 뒤에 넋이 나가 비록 그 전편(全篇)을 기록하지 못했지만 그래도 몇 구절이 기억나니, "눈 뒤덮인 외로운 성에서 장사들 슬퍼하네.〔雪滿孤城壯士悲〕"라고 하였고, 또 "밤에 눈보라 몰아쳐 깃발을 짓누르네.〔夜來風雪壓旌旗〕"라고 하였으며, 또 "무한히도 평안하지 못한 마음속 일을, 내 벗 무중에게 말해야지.……〔不平無限心中事, 說與吾儕武仲知.……〕"라고 하였다. 이를 종합하여 보면 그의 운치를 알 수

62 윤성백(尹成伯) : 윤집(尹集, 1606~1637)으로, 본관은 남원(南原), 자는 성백, 호는 임계(林溪)·고산(高山), 시호는 충정(忠貞)이다. 삼학사(三學士)의 한 사람이다.《魯西遺稿 卷20 通訓大夫弘文館校理知製敎贈通政大夫弘文館副提學尹公行狀》

63 오군(吳君) 계휘(季輝) : 오달제(吳達濟, 1609~1637)로, 본관은 해주(海州), 자는 계휘, 호는 추담(秋潭), 시호는 충렬(忠烈)이다. 삼학사의 한 사람이다.《老洲集 卷16 贈領議政秋潭吳忠烈公衣履葬誌銘竝序》

64 형제 같은 벗 : 원문의 동포(同袍)는 형제처럼 지내는 매우 절친한 벗을 가리킨다.《시경》〈무의(無衣)〉에 "어찌 옷이 없어서, 그대와 솜옷을 함께 입으리오. 왕명으로 군대를 일으키거든, 우리 창과 방패를 수선하여, 그대와 한 짝이 되리라.〔豈曰無衣, 與子同袍. 王于興師, 修我戈矛, 與子同仇.〕"라고 하였다.

있으니, 눈물을 닦으며 뒤늦게 화운하고 다시 간직해 둔다. 때는 무인년(1638, 인조16) 1월 모일(某日)이다.

그대야 지금 의롭게 죽었기에 슬퍼할 것 없지만　君今死義不須悲
나는 오나라 성에 꽂힌 백기를 보았네[65]　我見吳城竪白旗
이별할 때 검을 준 뜻 간곡한데　臨別丁寧贈劍意
평생토록 친구의 알아줌 저버려 부끄럽네　百年慙負故人知

위는 성백(成伯)을 추억한 것이다.

꿈속에서 만나 슬픔 이기지 못했으니　夢裏相逢不勝悲
분명히 나비로 변해 깃발을 따라왔구나　分明蝴蝶逐旌旗
애달파라 그대의 심사를 누구에게 말하랴　憐君心事憑誰說
눈물 흘리는 한밤중에 내가 알아준다오　抆淚中宵獨自知

위는 계휘(季輝)를 추억한 것이다.

지난밤 꿈에 계휘가 찾아왔는데 비통해하는 모습이 평소와 너무 달랐기에 서로 부둥켜안고 통곡하였다. 그러고서 내가 묻기를 "변방 먼 곳에서 그대는 어떻게 왔는가?"라고 하니, 답하기를 "내가 나비로 변하여 동쪽으로 오는 깃발 끝에 붙어서 왔다오."라고 하였다. 그러므로 첫 구에 말하였다.

65 나는……보았네 : 춘추 시대 오(吳)나라가 월(越)나라 구천(句踐)에게 정복당한 일을 가리킨다. 여기서는 병자호란 때 인조(仁祖)가 삼전도(三田渡)에서 굴욕을 당한 일을 의미하는 것으로 보인다.

한거 십영

閑居十詠

뜰 섬돌을 따라 현재 있는 것만을 입에서 나오는 대로 읊었다. 그러므로 명성이 높은 식물일지라도 적지 않은 것이 있다.

개원 황제가 봄 경치 감상하다가 開元皇帝賞年華
맑은 향기 온갖 꽃의 으뜸이라며 매우 사랑했지[66] 絶愛淸香冠百花
한 번 양씨 집에서 봄소식 온 뒤로 一自楊家春信到
하늘 끝에서 속절없이 시들었네[67] 等閑零落在天涯

위는 매화를 읊었다.

태양 곁에 선화 심었다고 기억하는데[68] 仙花曾記日邊栽
누가 꽃다운 자태를 여기에 피게 하였나 誰遣芳姿向此開
생각건대 동군이 일 만들기 좋아해서 料得東君偏好事

66 개원(開元) 황제가……사랑했지 : 개원은 당(唐)나라 제6대 황제 현종(玄宗, 685~762)이 713년부터 756년까지 사용한 연호이다. 현종의 후궁 강채빈(江采蘋)은 시문(詩文)에 능한 데다 매화를 좋아하여 자신의 거처 난간에 매화를 심어 놓았으므로, 현종이 매비(梅妃)라고 부르며 총애하였다.《說郛 卷111 梅妃傳》

67 양씨(楊氏)……시들었네 : 원문의 양가(楊家)는 양귀비(楊貴妃)를 가리킨다. 양귀비가 궁 안에 들어와 현종의 총애를 받게 되자, 매비는 양귀비의 시기를 받아 상양궁(上陽宮)에 감금되었다.

68 태양……기억하는데 : 당나라 고섬(高蟾)이 지은 시 〈과거에 떨어진 뒤 영숭 고 시랑에게 올리다〔下第後上永崇高侍郎〕〉에 "하늘 위의 벽도는 이슬에 적셔 심고, 태양 곁의 홍행은 구름 의지해 심는다.〔天上碧桃和露種, 日邊紅杏倚雲栽.〕"라고 하였다.《全唐詩 卷668》

짐짓 강촌에서 찬 매화 뒤에 피게 하였나　故教江國殿寒梅

위는 살구나무를 읊었다.

천상에서는 천 년 지나야 향기 풍기지만[69]　天上千年始放香
인간 세상은 일 년에 한 번 꽃이 핀다오　人間一歲一回芳
꽃 소식은 늦고 빠름이 없으니　秖應花信無遲速
선가의 세월 바삐 흘러가겠네　却是仙家日月忙

위는 복숭아나무를 읊었다.

안개 속에 이슬 맺힌 옥 같은 자태여　泣露愁煙玉艶寒
도사가 초상 걸린 감천궁에서 만나보게 하였네[70]　紫陽消息竹宮顔
당시 임금께 소매로 가리고 사양함 후회하는지[71]　當年悔掩辭君袂
인간 세상 향해 피어 마음껏 구경하게 허락하였네　開向人間浪許看

69 천상(天上)에서는……풍기지만 : 한 무제(漢武帝)가 서왕모(西王母)가 준 복숭아를 먹고 그 씨를 심으려고 하자, 서왕모가 웃으면서 "그 복숭아는 삼천 년에 한 번 열매를 맺는다."라고 말했다는 전설이 전한다. 《博物志 卷8》

70 도사가……하였네 : 죽궁(竹弓)은 무제가 감천 환구(圜丘)의 사단(祠壇)에 모여드는 유성(流星)과 같은 귀신의 불빛들을 보고 절했다는 궁실 이름이다. 《漢書 禮樂志》 한 무제가 이 부인(李夫人)을 총애하였는데, 그녀가 일찍 죽자 무제는 그의 화상을 그려 감천궁(甘泉宮)에 붙여놓고 항상 그리워했다. 방술사가 이 부인의 신(神)을 불러올 수 있다 하여 밤에 등촉을 밝히고 장막을 설치하고는 무제로 하여금 멀리 다른 장막에서 바라보게 하였다는 고사가 전한다. 《漢書 卷97 外戚傳》

71 당시……후회하는지 : 이 부인은 죽을 때에 무제가 얼굴이라도 한 번 더 보자고 하였으나 그녀는 죽을 때의 추한 모습을 보이지 않으려고 이불로 얼굴을 가리고 보이지 않았다. 《漢書 卷97 外戚傳》

위는 오얏나무를 읊었다.

작디작은 꽃부리 촘촘한 떨기에 小小花房密密叢
서리 엉기고 눈이 맺혀 뜰에 가득하네 凝霜綴雪滿庭中
어린 아이 옷 잡아당기며 자주 묻는구나 牽衣稚子頻相問
언제쯤 푸른 알이 붉게 물드는지 幾日青丸染得紅

위는 앵두나무를 읊었다.

촉제의 혼이 원통한 새가 되었다 들었는데[72] 聞說冤禽蜀帝魂
지금 피눈물 흘리며 꽃에 앉아 있구나 至今啼血着花存
멀리 떨어진 부상과 약목[73] 사이에 扶桑若木千千里
가지마다 눈물자국이 남아 있네 爭得枝枝帶淚痕

위는 진달래를 읊었다.

철쭉은 어찌하여 그런 이름을 얻었나 躑躅緣何得爾名
울긋불긋 고와 저물녘 단장 산뜻하네 嬌紅嫩綠晩粧明
꽃이 핀 들에서 봄날에 우연히 만나니 芳郊邂逅春相遇

72 촉제(蜀帝)의……들었는데 : 촉제는 전국 시대 말기의 망제(望帝) 두우(杜宇)로, 신하인 별령(鱉靈)의 아내를 간음하다가 왕위에서 쫓겨나 서산(西山)에 은거하였다. 그 뒤에 죽어 두견새로 화하였는데, 항상 한밤중에 피를 토하면서 불여귀거(不如歸去)라는 소리 비슷하게 운다고 하며, 그 피가 묻어 진달래꽃이 붉다고 한다.《華陽國志 蜀志》

73 부상(扶桑)과 약목(若木) : 부상은 해가 뜨는 동쪽 바다에 있다는 전설상의 나무이고, 약목은 서쪽 끝 해가 지는 곳에 있는 나무이다.

몇몇 노니는 이들 차마 떠나지 못하네 幾箇遊人不忍行

위는 철쭉을 읊었다.

겨울 매화는 눈과 싸우다가 너무 야위었고 冬梅鬪雪太淸癯
가을 국화는 서리 맞아 시들었네 秋菊凌霜亦已枯
어찌 가장 오래 피는 석류만 같겠는가 爭似石榴花最久
봄 내내 붉고 흰 꽃들도 잠깐이라네 一春紅白摠須臾

위는 석류를 읊었다.

재자와 가인이 몰래 만나기로 했다가 才子佳人暗托期
정향나무와 옥국으로 불평하는 시 지었네 丁香玉局不平詩
당시에 손으로 끊어 남겨둔 띠가 當時手斷留餘帶
아직도 하늘하늘 땅 스치며 드리워져 있으리[74] 猶自纖纖拂地垂

위는 수양버들을 읊었다.

상강의 대나무 얼룩져 항상 이상하게 여겼는데[75] 常怪湘江竹上斑

74 재자(才子)와……있으리 : 이 시는 당(唐)나라 이상은(李商隱, 812~858)의 시 〈유지(柳枝)〉를 배경으로 지어졌다. 이상은은 청년 시절 17세 소녀 유지와 단 한 번의 만남을 통해 애틋한 감정을 지니게 되었으나 벗의 장난과 유지의 혼인으로 다시 만나지 못하게 되자, 그 사연을 훗날 5수의 시로 창작하였다. 그중 둘째 수에 "본래 정향나무는 봄 가지에 열매가 맺히는데, 옥으로 만든 바둑판은 중심 또한 평평하지 않네.〔本是丁香樹, 春條結始生. 玉作彈棊局, 中心亦不平.〕"라고 하였다. 자서(自序)에 "유지는 자신의 긴 띠를 끊어 양산(讓山)에게 매어주며 아우인 나에게 시를 받아오게 하였다."라고 하였다. 《李義山詩集 卷下》

75 상강(湘江)의……여겼는데 : 상강은 중국 남쪽 동정호(洞庭湖)로 흘러드는 소상

어떻게 우리집 동산에도 있는 것일까 餘痕那得到園竿
인간 세상 이별은 원래 무한하니 人間離別元無限
아황과 여영만 눈 시린지 못 믿겠노라 未信皇英眼獨寒

위는 반죽(斑竹)을 읊었다.

강(瀟湘江)으로, 그 일대에 자라는 자줏빛 반점이 있는 대나무를 소상반죽(瀟湘斑竹)이라고 한다. 전설에 의하면 순(舜) 임금이 남쪽 지방을 순행하다가 승하하자, 두 비(妃)인 아황(娥皇)과 여영(女英)이 소상강을 건너가지 못해 슬피 울어 눈물을 흘렸는데, 이 눈물이 대나무에 떨어져 반점이 생겼다고 한다.《述異記》

낙화
落花

구슬 같은 꽃 점점이 나부끼다가	玉蕊瓊葩點點飄
바람을 겁내며 부끄러이 꽃가지와 이별하네	怯風羞露別芳條
봄눈과 같은지 다른지 따진다면	若將春雪爭同異
연못에 닿아도 녹아 없어지지 않는다네	爲着池心色不銷
바람 따라 나부껴 떨어진 게 아니라	凋零非是逐風飄
새로운 인연 때문에 옛 가지에서 떨어졌다네	秖爲新緣斷故條
이듬해에 잘 피어나기를 기다리나니	直待經年重結好
꽃의 한스러움 언제쯤 사라질까	花神芳恨幾時銷

향림사[76]에서 승려의 시축에 있는 시에 차운하다

香林寺 次僧軸韻

향 연기 한 가닥 잠기고	寶篆香煙一縷沈
밝은 창가에서 종일 우짖는 새와 짝이 되었네	晴窓終日伴啼禽
몇 년 동안의 심사를 모두 돌이켜보매	年來心緖都抽盡
흡사 마른 뽕나무에 누에 들어가는 것 같아라	恰似枯桑入繭蠶

76 향림사(香林寺) : 충청남도 임천군(林川郡) 천등산(天燈山)에 있던 절이다. 《新增東國輿地勝覽 卷17 忠淸道》

지희 상인이 산나물을 준 데에 사례하다

謝智熙上人惠山蔬

마하산[77] 아래 나의 거처	麻霞山下散人居
문 닫으니 일 년 내내 친구들 발길 뜸했는데	門掩終年故舊疏
문득 떠도는 승려가 방문해 주니	忽被雲僧相問訊
청허한 신세에 가까운 줄 알게 되었네	始知身世近淸虛

77 마하산(麻霞山) : 충남 금산(錦山)에 있는 산으로, 유계는 윤선거(尹宣擧)와 함께 산천재(山泉齋)를 짓고 제자들과 강학하였다.

서림성[78] 모퉁이에서 술에 취해 윤이원,[79] 이자화[80] 두 군수와 이별하다

西林城隅 醉別尹而遠李子和兩使君

성 모퉁이에서 손잡으니 내 마음 어떠할까	城隅摻手意何如
암담한 이별의 회포 취해도 펴지지 않네	黯黯離懷醉不舒
잘 지내다가 훗날 사랑해주는 뜻 있거든	珍重他時惠好意
눈보라 몰아치는 세한에 행보 머뭇거리지 마세나[81]	歲寒風雪莫虛徐

78 서림성(西林城) : 서림은 서천(舒川)의 옛 지명이다.

79 윤이원(尹而遠) : 윤명은(尹鳴殷, 1601~1646)으로, 본관은 파평(坡平), 자는 이원, 호는 사정(思亭)이다. 1639년 서천 군수(舒川郡守)에 임명되었다.《松谷集 卷10 全羅道觀察使尹公墓誌銘幷序》

80 이자화(李子和) : 이시매(李時楳, 1603~1667)로, 본관은 전주(全州), 자는 자화, 호는 육은재(六隱齋)이다. 1640년 한산 군수(韓山郡守)에 임명되었다.《承政院日記 仁祖 17年 閏1月 23日》

81 잘……마세나 : 병자호란 이후 나라의 비참한 현실을 보고 벗들에게 함께 은둔하기를 권하는 말이다. 《시경》〈북풍(北風)〉에 "북풍이 차갑게 불어오고, 눈이 성하게 내리도다. 나를 좋아한 이와 더불어 손잡고 함께 떠나리라. 행여 늦출 수 있으랴. 이미 급해졌도다.〔北風其涼, 雨雪其雱. 惠而好我, 携手同行. 其虛其邪, 旣亟只且.〕"라고 하였다.

권수부[82] 준 가 부쳐온 삼 자 운에 차운하다 신사년(1641, 인조19)

次權秀夫 儁 見寄三字韻 辛巳

금강에서 보낸 편지[83] 금산 남쪽에 도착했는데　　錦江書到錦山南
주옥같은 글을 보니 마주보고 말하는 듯하네　　珍重瓊緘當面談
이 속에서 절차탁마하며 두 벗을 따르리니　　箇裏切磨從兩益
그대와 손잡고 셋이서 모여보세[84]　　等君携手會成三

반평생 길 헤매며 나아갈 방향 어두워　　半世迷途昧指南
빈둥거리며 공허한 말이나 늘어놓았네　　悠悠端爲坐空談
그대 나이 서른세 살이 저물어가는데[85]　　君年三十三年晩
내가 그대보다 세 살 많아 부끄럽네　　愧我多君年又三

82 권수부(權秀夫) : 권준(權儁, 1610~1665)으로, 본관은 안동(安東), 자는 수부, 호는 월천(月川)이다. 《魯西遺稿 卷20 司導寺正月川權公行狀》

83 금강(錦江)에서 보낸 편지 : 권준은 병자호란으로 인조(仁祖)가 수모를 겪자 상심하여 공주(公州) 동쪽 백운동(白雲洞)에 거처를 정하고 학문에 정진하였다. 《魯西遺稿 卷20 司導寺正月川權公行狀》

84 이……모여보세 : 유계가 권준의 처남인 윤선거(尹宣擧)를 의식하여 이렇게 말한 것으로 보인다.

85 그대……저물어가는데 : 권준의 나이가 33세라고 한 것으로 보아, 소제목원주의 '辛巳年'은 '임오년'의 오류로 보인다.

동곡의 시[86]에 차운하여 지희 상인에게 부치다
次東谷韻 寄智熙上人

명승지에서 놀아보지 못해 늘 한스러웠으니	名區長恨不曾遊
끝까지 구경하지 못해 멈출 수 없다오	不到窮源不肯休
온 산에 단풍 물드는 날 기다렸다가	待我滿山紅樹日
선사와 함께 백운루 오르기를 기약하네	期師共掃白雲樓

86 동곡(東谷)의 시 : 동곡은 이안눌(李安訥, 1571~1637)로, 본관은 덕수(德水), 자는 자민(子敏), 호는 동악(東岳)·동곡, 시호는 문혜(文惠)이다. 유계가 차운한 시는 《동악집(東岳集)》 권10의 〈기증충휘상인(寄贈沖徽上人)〉이다.

길가에서 오대산 승려에게 써서 주다
路上 書贈五臺僧人

며칠 동안 만나서 오대산을 이야기하니 數日相逢話五臺
바위와 봉우리 하나하나가 눈앞에 펼쳐지네 巖巒歷歷眼中開
선사는 돌아가 산신령과 잘 이야기하여 師歸好與山靈道
연하를 단장시키고 내가 오기를 기다려다오 粧點煙霞待我來

선사 통해 성정 상인에게 소식 부치노니 因師寄訊淨公邊
구름 속 명산에 누운 지 육십 년이라네 雲臥名山六十年
부끄러워라 썩은 선비 무슨 일 이루었나 慙愧腐儒成底事
반평생 자취 현묘한 이치 연구하지 못했네 半生蹤跡負參玄

듣자니 성정 상인(性淨上人)이 60년 동안 중대사(中臺寺)에 머물렀는데, 당시 백세에 가까웠다고 한다.

신군필[87] 익륭 이 보내준 시에 차운하다

次申君弼 翊隆 見贈

당시 송촌(宋村)[88]에 있었다.

세속을 잊어 남들과 어울리지 않으니　抹撥風塵自不群
그대는 나를 나는 그대를 가여워하네　惟君憐我我憐君
서로 만나면 오늘의 일 말하지 말고　相逢莫說今時事
깊은 산에 가서 고문이나 읽어보세　且向窮山讀古文

위는 군필(君弼)에게 사례한 것이다.

만나서 멍하니 정을 잊은 두 사람　相逢窅爾兩忘情
썰렁한 서재에서 고요히 마주함에 달빛 맑구나　靜對寒齋月色清
우리의 도 지금 오래도록 적막한데　吾道卽今長寂寞
그대를 추중하니 한길에서 앞장서 주게나　推君一路與先鳴

위는 명보(明甫)[89]에게 준 것이다.

그대가 삼이라면 나는 쑥이니[90]　以子爲麻我作蓬

87 신군필(申君弼) : 신익륭(申翊隆, 1602~1657)으로, 본관은 평산(平山), 자는 군필, 호는 호량(濠梁)이다. 《宋子大全 卷179 侍直申公墓碣銘幷序》

88 송촌(宋村) : 현재의 대전광역시 대덕구 회덕(懷德) 일대로, 조선 전기에 은진 송씨(恩津宋氏)가 정착하여 세거하면서 붙여진 이름이다.

89 명보(明甫) : 송준길(宋浚吉, 1606~1672)로, 본관은 은진, 자는 명보, 호는 동춘당(同春堂), 시호는 문정(文正)이다. 《宋子大全 卷182 同春堂宋公墓誌》

서산에서 나물 먹으며 다행히 함께 공부하였네[91] 西山啖薺幸相同
선방 창가에서 풍자한 이야기 씻은 듯 맑아 禪窓冷話淸如洗
비루함 날리는 소매 가득 불어온 바람 같았네 鄙吝全消滿袖風

위는 영보(英甫)[92]에게 준 것이다.

당당한 풍채 왕의 신하에 걸맞아 堂堂風采稱王臣
성대한 업적 날로 새로워지길 기대하네 盛業方將佇日新
벼슬길에 나오는 일 늦지 않았으니 展步亨衢會非晩
일찍이 마음속에 경륜 쌓았다네 早於心上設經綸

위는 길보(吉甫)[93]에게 준 것이다.

90 그대가……쑥이니 : 유계가 송시열(宋時烈)로부터 좋은 영향을 받았다는 말이다. 《순자(荀子)》 〈권학(勸學)〉에 "쑥이 삼밭에 나면 붙들어 세우지 않아도 곧아진다.〔蓬生麻間, 不扶自直.〕"라고 하였다.

91 서산(西山)에서……공부하였네 : 원문의 담제(啖薺)는 모싯대를 먹는다는 뜻으로, 송(宋)나라 채원정(蔡元定)이 서산(西山)에서 공부할 적에 굶주린 배를 채우기 위하여 이것을 캐어 먹었다고 한다. 《송사(宋史)》 권434 〈채원정열전(蔡元定列傳)〉에 "서산 꼭대기에 올라가서 배고픔을 참고 모싯대를 캐어 먹으며 글을 읽다가, 주희(朱熹)의 명성을 듣고는 그를 찾아가서 스승으로 섬기고자 하였다. 주희가 그의 학문 실력을 시험해 보고는 크게 놀라면서 '이 사람은 나의 오래된 벗이라고 할 것이니, 제자의 반열에 두어서는 안 된다.' 하였다."라고 하였다.

92 영보(英甫) : 송시열(1607~1689)로, 본관은 은진, 자는 영보, 호는 우암(尤菴)·우재(尤齋), 시호는 문정(文正)이다.

93 길보(吉甫) : 윤선거(尹宣擧, 1610~1669)로, 본관은 파평(坡平), 자는 길보, 호는 미촌(美村)·노서(魯西)·산천재(山泉齋), 시호는 문경(文敬)이다.《南溪集 卷81 成均生員贈吏曹參議魯西先生尹公行狀》

서울에서 길보의 시[94]에 차운하다
在洛 次吉甫韻

한밤중 나그네 잠자리에서 감개가 무량한데	客枕中宵感慨多
고향의 가을 경치는 요즘 어떠할까	故林秋色近如何
멀리서 은거하는 나의 벗 사랑하노니	遙憐我友衡門下
몇 년 동안 발을 꾸미고 홀로 수레 버렸다네[95]	賁趾年來獨舍車

무리의 조롱 받는 게 진실로 마땅하니	群嘲衆笑固其宜
창랑의 물 맑든 흐리든 스스로 취하는 것이네[96]	淸濁滄浪自取之
끝없는 냇물과 산 곳곳마다 깨끗하니	無限溪山淨散地
여기서 태어나 늙고 죽는 것을 누가 말리랴	孰禁生老死於斯

94 길보(吉甫)의 시 : 《노서유고(魯西遺稿)》 권1 〈금산에서 노성으로 돌아왔다가 함라로 향하면서 감회가 있어서〔自錦返魯仍向咸羅有懷〕〉의 첫째 수와 둘째 수이다.

95 발길……버렸다네 : 원문의 비지(賁趾)는 군자다운 덕을 가지고서도 높은 자리에 올라 덕을 베풀지는 못하고 초야에 묻혀 지내면서 자신의 행실을 닦는다는 뜻이다. 《주역》 〈비괘(賁卦) 초구(初九)〉에 "발을 꾸밈이니 수레를 버리고 걸어서 간다.〔賁其趾, 舍車而徒.〕"라고 하였는데, 그 상전(象傳)에 "수레를 버리고 걸어서 가는 것은 의리상 수레를 탈 수 없어서이다."라고 하였다.

96 창랑(滄浪)의……것이네 : 《맹자》 〈이루 상(離婁上)〉에 "동자가 노래하기를 '창랑의 물이 맑거든 나의 갓끈을 빨 것이요, 창랑의 물이 흐리거든 나의 발을 씻겠다.'라고 하니, 공자께서 말씀하기를 '소자(小子)들아, 저 노래를 들어보아라. 물이 맑으면 갓끈을 빨고 물이 흐리면 발을 씻는다고 하니, 이는 물이 스스로 취하는 것이다.' 하셨다."라고 하였다.

경상 감사 임재숙[97]이 산속 거처에 보내준 시에 차운하다
次林嶺伯載叔山居見贈

은거생활과 감사 생활을 비교하면 어떠한가[98]	雲山旌節較如何
초아에서 고관 발탁된 이 예부터 많지 않았다오	林下金貂古未多
빈천할 때 사귄 이에게 백발을 부끄러워 마오	莫向貧交羞白髮
야인의 머리는 이미 먼저 세었다오	野人頭上已先皤

97 임재숙(林載叔) : 임담(林墰, 1596~1652)으로, 본관은 나주(羅州), 자는 재숙, 호는 청구(淸臞)·청구(淸癯), 시호는 충익(忠翼)이다. 1642년 10월 경상 감사(慶尙監司)에 임명되었다. 《西溪集 卷11 吏曹判書林公神道碑銘》

98 은거생활과……어떠하오 : 임담은 1640년 예조 참의(禮曹參議)에 임명되었다가 일로 파직 당한 뒤에 1641년 무주현(茂朱縣)에 정자를 짓고 은거하며 두 차례 제수하는 명령을 사양하였다. 그해 12월 안동 부사(安東府使)에 임명된 뒤 1642년 경상 감사에 임명되었다. 《西溪集 卷11 吏曹判書林公神道碑銘》

영월 군수 이여원[99]에게 주어 이별하다

贈別寧越使君李汝遠

신선 고을 구루[100]를 오래도록 바랐으니　句漏仙鄕宿契存
맑은 시대에 좌천돼 부임하는 것도 임금 은혜일세　清時左補亦君恩
단약 만들면 마하산 객[101]에게 빌려주오　丹成乞與痲霞客
함께 늙음을 막고 세상 굴레에서 벗어나세　共制頹齡謝世樊

위는 약을 구하는 것이다.

기러기 오고 제비 가듯 서로 어긋나[102]　鴻來燕去自相違
해마다 갈림길에서 이별을 원망하네　岐路年年怨別離
나우는 거리 귀신의 비웃음 참지 못하고　羅友不堪街鬼笑

99 이여원(李汝遠) : 이유창(李有湄, 1605～?)으로, 본관은 전주(全州), 자는 여원이다. 《인조실록》 23년 윤6월 8일 기사에 이유창을 영월 군수(寧越郡守)에 임명한 기록이 실려 있다.

100 신선 고을 구루(句漏) : 구루는 중국 광서성(廣西省) 북류현(北流縣)에 있는 산이다. 진(晉)나라 때 갈홍(葛洪)이 구루 지방에서 선약(仙藥)의 재료가 되는 단사(丹砂)가 생산된다는 말을 듣고 자청하여 구루 영(句漏令)이 되었다고 한다. 《晉書 卷72 葛洪列傳》 여기서는 강원도 영월을 가리킨다.

101 마하산(痲霞山) 객 : 유계(兪棨) 자신을 가리킨다. 병자호란 때 척화를 주장한 죄로 임천(林川)에 유배당했다가 풀려나 금산(錦山) 마하산에 산천재(山泉齋)를 짓고 윤선거(尹宣擧)와 함께 학문에 전념하였다.

102 기러기……어긋나 : 제비는 춘사일(春社日)에 왔다가 추사일(秋社日)에 떠나가고, 기러기는 춘사일에 떠났다가 추사일에 다시 돌아온다고 한다. 춘분과 추분에서 가장 가까운 무일(戊日)을 각각 춘사일과 추사일이라고 한다.

가을바람에 또 송별하는 시를 짓네[103] 秋風又賦送行詩

103 나우(羅友)는……짓네 : 진(晉)나라 나우는 재학(才學)이 높았으나 환온(桓溫)이 그의 조행이 방종하다 하여 크게 임용하지 않았다. 그의 한 동료가 지방관으로 나가게 되었는데, 전별하는 자리에 그가 가장 늦게 참여하므로 환온이 그 까닭을 묻자 그가 "제가 초청하시는 명을 받고 달려오는 길에 한 귀신이 나타나 '그대는 남의 영전을 전별할 뿐, 자신의 영전 전별은 받지 못할 것이다.'라고 야유하기에 비로소 부끄러운 마음이 들어 그만 늦어졌습니다."라고 하였다. 《世說新語 任誕》 여기에서 나우는 유계를 가리킨다.

북쪽으로 돌아가는 중씨와 이별하다[104] 병술년(1646, 인조24)
別仲氏北歸 丙戌

떠날 준비 재촉하는데 새벽 서리 차갑고	征驂催戒曉霜寒
기러기의 슬픈 울음소리 멀어지네	旅雁哀鳴斷響殘
덧없는 세상 해마다 이별해 한스러운데	浮世年年離別恨
하늘 끝에서 오늘 더욱 고통스럽네	天涯此日重辛酸

104 북쪽으로……이별하다 : 유계는 1646년 4월에 무안 현감(務安縣監)에 임명되었다. 둘째형 유목(兪棨, 1602~?)이 무안에 내려왔다가 돌아갈 때에 헤어지며 지은 시로 보인다.

송영보[105] 첩의 집에서 화분의 매화를 읊어 농담 삼아 주다
宋英甫外婦家 詠盆梅戲贈

대지에 음기 짙어 봄기운 트이지 않았는데	大地窮陰未放春
한 가지가 눈과 다투며 청진함 드러냈네	一枝爭雪露淸眞
열매 맺으면 은나라 솥에 조리해야 하니	端宜結子調殷鼎
실속 없는 화려함으로 사람 괴롭게 하지 마라[106]	莫遣虛華惱殺人

105 송영보(宋英甫) : 송시열(宋時烈, 1607~1689)로, 본관은 은진, 자는 영보, 호는 우암(尤菴)·우재(尤齋), 시호는 문정(文正)이다.

106 열매……마라 : 매화가 떨어진 뒤에 맺힌 매실이 중요한 역할을 하듯이 송시열은 나랏일을 맡을 만한 사람이니 여색에 빠져서는 안 된다는 말이다. 은나라 고종(高宗)이 부열(傅說)을 발탁하여 재상으로 삼으면서 "여러 가지 양념을 넣고 국을 끓일 때면, 그대가 간을 맞출 소금과 매실이 되어 주오.〔若作和羹, 爾惟鹽梅.〕"라고 당부하였다. 《書經 說命》

고막원[107] 벽의 시에 차운하여 들판의 학을 읊다
次古幕院壁上韻 詠野鶴

선학은 평소 푸른 이끼 먹고 살거늘	仙鶴平生食綠苔
세밑 교외에서 어이해 머뭇거리나	寒郊歲晏底遲回
인간 세상 곡식에 뜻밖의 재앙 많으니	人間粱稻饒奇禍
일찍 구름 낀 산으로 돌아가거라	早向雲山歸去來

107 고막원(古幕院) : 전라남도 무안현(務安縣) 동쪽에 있던 역원(驛院)이다. 《新增東國輿地勝覽 卷36 全羅道》

석강에서 윤길보를 찾아가다가 바람에 막혔기에 길보가 앞서 지은 시에 차운하다[108]

石江 訪尹吉甫阻風 因次吉甫前韻

어느덧 헤어지고 봄가을이 지나　居然一別度春秋
서글피 보니 그윽한 거처 저녁 물결에 막혔구나　悵望幽棲隔暮流
지척도 풍랑 일면 멀게 느껴지는 법이니　咫尺風濤便千里
강남과 한양을 걱정할 것 없다네　江南漢北莫須愁

길보(吉甫)의 시에 "한양과 강남을 괜히 서글프게 바라본다.〔漢北江南勞悵望〕"라는 말이 있다.[109]

108 석강(石江)에서……차운하다 : 석강은 충남 부여군 석성면(石城面)을 흐르는 금강(錦江)의 별칭이다. 윤선거(尹宣擧)가 앞서 지은 시는 《노서유고(魯西遺稿)》 권1의 〈송영보와 이태지가 나란히 말을 타고 석강 우거로 찾아왔기에 석성 현감 윤퇴지와 앞쪽 강에 배를 띄우고 놀았다. 서울에 머물고 있는 막내아우와 면남으로 놀러 간 무중이 생각났다〔宋英甫李泰之竝轡來訪石寓 仍與石宰尹退之泛舟前江 有懷季氏洛城之滯武仲綿南之遊〕〉이다.

109 길보의……있다 : 《노서유고》의 셋째 구에는 '勞'가 '空'으로 되어 있다.

청천의 거사 유운 곧 영보 첩의 부친이다. 의 옛 집 벽에 쓰다[110]

題清川柳居士運 卽英甫外婦之父 舊居壁上

푸른 이끼 자란 쓸쓸한 정원에서 庭院蕭然長綠苔
고인이 된 주인옹의 운치를 생각하네 主翁襟韻想泉臺
창주 처사는 어찌하여 늦게 오는가 滄洲處士來何晚
봄바람에 매화 떨어져 애끊어지거늘 腸斷春風謝玉梅

110 청천(清川)의……쓰다 : 청천은 전라남도 무안(務安)의 지명이다. 유계가 무안현감(務安縣監)으로 있을 때 송시열(宋時烈)이 후사(後嗣)를 얻기 위해 무안현 청천에 사는 유운(柳運)의 딸을 부실(副室)로 맞았다. 《宋子大全隨箚 卷4 卷之三十二書》

3월 16일 임동야[111] 연 한호 어른의 강가 누각에 모였는데 주인옹이 병으로 배에 타지 못했다. 시를 보내 기다리기에 뱃머리에서 서둘러 차운하다

三月旣望 會林東野 埏 閑好丈江樓 主翁病不登舟 送詩相候 船頭走次

맑은 노래와 빠른 피리 한데 어우러진 물가	淸歌急管鬧芳洲
십 리 안개 낀 물결에 달도 함께 흘러가네	十里煙波月共流
멀리서 생각건대 옥인은 오래도록 응시하면서	遙想玉人凝望久
꽃들 만발한 그윽한 곳 높은 누대에 기대 있겠지	百花深處倚高樓

111 임동야(林東野) : 임연(林埏, 1589~1648)으로, 본관은 나주(羅州), 자는 동야, 호는 한호(閑好)이다. 저서에 《한호유고(閑好遺稿)》가 전한다.

어떤 사람의 시에 차운하다
次人韻

복숭아 열매 맺어 붉은 꽃 사라지고	園桃結子褪紅霞
언덕에 보리 싹 돋아 푸른 물결 넘실대네	壟麥抽芒漲綠波
삼월도 삼십 일이 다 지나 문득 놀랐는데	三月忽驚三十盡
저물녘 세찬 비바람 견디지 못하겠네	不堪風雨晚來多
어느덧 자연으로 돌아갈 계획 저버리고	居然歸計負煙霞
물결 따라 봄 경치 다 보냈다네	送盡韶光逐逝波
봄 내내 시름과 병으로 몹시 한스러웠는데	剛恨一春愁和病
일어나 뜰의 나무 바라보니 녹음이 짙네	起看庭樹綠陰多

서흥사에서 한호 어른[112]과 한나절 즐겁게 놀기로 약속하다
瑞興寺 約閑好丈作半日穩

중첩된 푸른 산 가운데로 물이 흐르는데 青山重疊水中流
따스한 물결과 산들바람에 조각배 한 척 暖浪輕風一葉舟
강호에 십 년 동안 세속의 마음 없어 江海十年機事息
조각 돛으로 오가지만 갈매기 놀라지 않네 片颿來往不驚鷗

세월이 저물어가니 몹시도 사람 그리운데 年華晼晩苦懷人
돛배는 까마득히 회진과 멀어지네 渺渺風帆隔會津
밤낮으로 강가에서 괴롭게 바라보노라니 日夕江干勞悵望
포구의 구름과 물가 나무에 온통 정신 쏠리네 浦雲汀樹摠凝神

위는 임평중(林平仲)[113]과 이일경(李一卿)[114]을 추억한 것이다. 당시 두 벗이 모두 회진(會津)[115]에 살고 있었다.

112 한호(閑好) 어른 : 임연(林堜, 1589~1648)으로, 본관은 나주(羅州), 자는 동야(東野), 호는 한호이다. 저서에 《한호유고(閑好遺稿)》가 전한다.

113 임평중(林平仲) : 임위(林瑋, 1597~1668)로, 본관은 나주(羅州), 자는 평중, 호는 동리(東里)·무민당(無悶堂)이다. 임연의 종제이다.《滄溪集 卷17 叔祖司憲府持平東里林公行狀》

114 이일경(李一卿) : 이정기(李廷夔, 1612~1671)로, 본관은 한산(韓山), 자는 일경, 호는 귀천(歸川)이다.《滄溪集 卷17 故嘉善大夫吏曹參判李公行狀》

115 회진(會津) : 전라남도 나주목(羅州牧)에서 서쪽으로 15리 떨어진 곳에 있던 폐현(廢縣)이다.《新增東國輿地勝覽 卷35 全羅道》

이일화와 함께 변산 실상사에서 묵었다. 빗속에 산을 나와 헤어질 때 써서 주다

與李日華同宿邊山實相寺 帶雨出山 分岐書贈

선방에서 이틀 묵고서 빗속에 돌아오는데	信宿禪房帶雨歸
뭇 봉우리의 푸른 이내가 나그네 옷을 적시네	亂峯嵐翠滴征衣
산문 한 번 나서니 갈림길 많아	山門一出多岐路
구름 속 학도 무단히 등지고 날아가네	雲鶴無端却背飛

중양절에 기성 현감 윤중경[116] 세임 과 감악산에 오르기로 약속하였는데 박자수[117] 유준 등 여러 사람도 모두 함께하였다. 한호 어른[118]이 병 때문에 홀로 뒤처져 절구 두 수를 부쳐 왔기에 술자리에서 서둘러 화운하다

重九日 約箕城使君尹重卿 世任 登紺嶽 朴子秀 惟儁 諸人咸與 閑好丈以病獨後 見寄二絶 酒所走和

하늘 끝에서 절기 빨라 자주 놀라다가	天末頻驚節序忙
억지로 병든 몸 이끌고 중양절 맞았네	强扶衰疾作重陽
높이 오르니 갑절이나 쌀쌀하여라	登高一倍添憀慄
어찌 화분의 꽃 작은 집에 들여놓음만 할까	爭及盆花閉小堂

덧없는 인생 가는 곳이 고향 같지만[119]	浮生隨處卽幷鄕

116 윤중경(尹重卿) : 윤세임(尹世任, 1596~?)으로, 본관은 파평(坡平), 자는 중경이다. 기성(箕城)은 전라도 함평(咸平)의 옛 이름이다.

117 박자수(朴子秀) : 박유준(朴惟儁, 1596~?)으로, 본관은 상주(尙州), 자는 자수이다.

118 한호(閑好) 어른 : 임연(林埏, 1589~1648)으로, 본관은 나주(羅州), 자는 동야(東野), 호는 한호이다. 저서에 《한호유고(閑好遺稿)》가 전한다.

119 고향 같지만 : 원문의 병향(幷鄕)은 정이 들어 고향처럼 느껴지는 타향이다. 당(唐)나라 가도(賈島)의 시 〈도상건(渡桑乾)〉에 "병주의 나그네살이 십 년이 지나도록, 밤낮으로 고향 함양에 돌아가고파라. 무단히 다시금 상건수 물을 건너니, 돌아보니 병주가 바로 고향처럼 느껴지더라.〔客舍幷州已十霜, 歸心日夜憶咸陽. 無端更渡桑乾水, 却望幷州是故鄕.〕"라고 한 데서 유래하였다. 《長江集 卷9》

무하유[120]에 이르지 않으면 고향이 아니네	不到無何不是鄕
소자가 한 말 한번 웃을 만하니	蘇子有言堪一笑
해남 천 리가 어찌 진짜 고향이랴[121]	海南千里豈眞鄕

120 무하유(無何有) : 무하유지향(無何有之鄕)의 준말로, 유무(有無)와 시비(是非) 등 모든 대립적 요소가 사라진 이상향(理想鄕) 혹은 선경(仙境)을 뜻한다. 《장자(莊子)》 〈소요유(逍遙遊)〉에 "지금 자네가 큰 나무를 가지고 있으면서 쓸모가 없다고 걱정한다면, 어찌하여 아무것도 없는 시골 마을의 광막한 들판에다 심어 놓으려고 하지 않는가."라고 하였다.

121 소자(蘇子)가……고향이랴 : 소자는 송(宋)나라 소식(蘇軾)으로, 해남(海南)으로 유배 가서 지은 시에 "뒷날 누가 여지지를 지을까, 해남 만 리가 진실로 나의 고향이라네.〔他年誰作輿地志, 海南萬里眞吾鄕.〕"라고 하였다.《東坡全集 卷24 吾謫海南 子由雷州……作此詩示之》

임한호[122]와 이일경[123] 정기 이 보내온 시에 차운하다
次林閑好李一卿 廷夔 見贈韻

늙은 시인의 시흥 강남을 진동하여 騷翁詩興動江關
연하를 감상하며 바닷가 산에 이르렀네 領略煙霞到海山
슬프게도 고향의 가을 경치 저무는데 怊悵故林秋色晩
이 년 동안 문서 더미에 묻혀 있었네 二年埋沒簿書間

위는 한호(閑好)의 시에 화답한 것이다.

낙엽 떨어진 빈 섬돌에 비바람 몰아치는 밤 落木空階風雨夜
작은 등잔 밑에서 책 읽으며 그대 생각하네 短檠黃卷憶君時
강가 절에서의 멋진 약속 가까운데도 了知江寺佳期近
오히려 편지통에 시 한 수 부쳐 왔네 猶自郵筒一寄詩

위는 일경(一卿)에게 사례한 것이다.

122 임한호(林閑好) : 임연(林堜, 1589~1648)으로, 본관은 나주(羅州), 자는 동야(東野), 호는 한호이다. 저서에 《한호유고(閑好遺稿)》가 전한다.

123 이일경(李一卿) : 이정기(李廷夔, 1612~1671)로, 본관은 한산(韓山), 자는 일경, 호는 귀천(歸川)이다. 《滄溪集 卷17 故嘉善大夫吏曹參判李公行狀》

정언 기시가[124]가 마침 현재에 들렀는데 기성 현감 윤중경[125]이 술을 가지고 와서 모였다. 좌중에 거문고 연주와 노래가 있어 술 취한 뒤에 농담 삼아 두 벗에게 주다

奇正言時可適過縣齋 箕城尹使君重卿載酒來會 座有琴歌 醉後戲贈兩友

북해 사군은 원래 안목이 크고　北海使君元眼大
서주 종사관은 옛날부터 마음이 여렸네　西州從事舊腸柔
맑은 밤에 〈양관곡〉[126] 한 번 부르니　淸宵一曲陽關唱
무정물도 절로 시름겨우리라 말하네　道是無情也自愁

시가(時可)는 일찍이 단천(端川)을 다스렸고, 중경(重卿) 또한 평안도 도사(平安道都事)를 역임했다.

맑은 가락 은은하고 노랫소리 고우며　淸音裊裊歌喉細
용향 술대[127] 퉁기는 섬섬옥수 부드럽네　香撥纖纖玉指柔

124 기시가(奇時可) : 기만헌(奇晩獻, 1593～?)으로, 본관은 행주(幸州), 자는 시가이다. 1637년 단천 군수(端川郡守)에 임명되었고, 1646년 사간원 정언(司諫院正言)에 임명되었다.《承政院日記 仁祖 15年 8月 29日, 24年 2月 24日》

125 윤중경(尹重卿) : 윤세임(尹世任, 1596～?)으로, 본관은 파평(坡平), 자는 중경이다. 1643년 평안도 도사(平安道都事)에 임명되었다.《承政院日記 仁祖 21年 8月 11日》 기성(箕城)은 전라도 함평(咸平)의 옛 이름이다.

126 양관곡(陽關曲) : 이별을 슬퍼하는 노래이다. 당(唐)나라 왕유(王維)의 시 〈안서로 사신 가는 원이를 전송하다〔送元二使安西〕〉에 "그대에게 권하노니 술 한 잔 더 들게나, 서쪽으로 양관 나가면 친구 없을 테니.〔勸君更盡一杯酒, 西出陽關無故人.〕"라고 하였다.《王右丞集 卷14》

심양 강가의 밤이 아니더라도	不待潯陽江上夜
하늘 끝 이 곡조가 참으로 시름겹게 하네[128]	天涯此曲正堪愁

127 용향(龍香) 술대 : 원문의 향발(香撥)은 용향발의 줄임말로, 금(琴)이나 비파 따위의 악기를 연주할 때 쓰는 술대이다. 용향은 좋은 품종의 향나무이다.

128 심양(潯陽)……하네 : 당나라 백거이(白居易)가 강주 사마(江州司馬)로 좌천되었을 적에 어느 날 분강(湓江) 포구에서 손님을 전송하다가 늙은 기녀가 타는 구슬픈 비파(琵琶) 소리와 함께 그의 슬픈 처지에 관한 얘기를 듣고 깊이 감동을 받아 〈비파행(琵琶行)〉을 지어 주었다. 그 시에 "심양 강가에서 밤에 객을 전송하는데, 단풍잎 갈대꽃에 가을바람 쓸쓸하구나.〔潯陽江頭夜送客, 楓葉荻花秋瑟瑟.〕"라는 구절이 있다.《白樂天詩集 卷12》

이함경[129]의 금성 나주의 이름이다. 시 절구 다섯 수에 차운하다
次李咸卿錦城 羅州號 五絶

무성한 푸른 나무가 에워싼 정원 蔥瓏綠樹擁庭軒
고요한 관아는 시골 마을과 비슷하네 岑寂官家似野村
공무 마친 뒤 향 사르고 편안히 앉으면 衙罷焚香聊晏坐
백 년 인생 하나의 절간에 들어앉은 듯 百年身世一空門

미끄러진 계획 모든 게 뜻대로 되지 않아 蹉跎身計百無如
병든 몸 삼 년이나 바닷가에 살고 있네 抱病三年瘴海居
오두미에 허리 굽힘은 무슨 일 때문인가[130] 斗米折腰緣底事
먼지 가득한 책상머리에 읽던 책 덮어두네 案頭塵滿掩殘書

바닷가 구름 낀 산이 일 자로 비껴 있고 海上雲山一字橫
죽헌에서 단금 연주를 맑게 감상하네 竹軒淸對短琴鳴
도주의 편지 쓰고 나니 몹시 부끄러우나[131] 道州書罷心長愧

129 이함경 : 이일상(李一相, 1612~1666)으로, 본관은 연안(延安), 자는 함경, 호는 청호(靑湖), 시호는 문숙(文肅)이다. 1648년(인조26) 2월 금성 현감(錦城縣監)에 임명되었다.《芝村集 卷23 伯父靑湖府君墓誌》

130 오두미(五斗米)에……때문인가 : 원문의 두미(斗米)는 아주 적은 녹봉을 의미한다. 진(晉)나라 도잠(陶潛)이 팽택 영(彭澤令)으로 있을 때 군(郡)에서 독우(督郵)를 보냈는데, 현리(縣吏)가 의관을 갖추고 만나 뵈라고 하자 "내가 쌀 다섯 말 때문에 허리를 구부려 향리의 애송이에게 굽실거릴 수는 없다."라고 하고 즉시 인끈을 풀고 〈귀거래사(歸去來辭)〉를 읊고 고향으로 돌아갔다.《晉書 卷94 隱逸列傳 陶潛》

그래도 평생 생계 힘쓰지 않을 것을 믿노라　　猶恃生平不自營

그대는 무슨 일로 또 남쪽 변방에 왔는가　　問君何事又南隅
하늘이 서호를 위해 소 장공을 보낸 것일세[132]　　天爲西湖遣長蘇
바닷가에서 몇 년이나 쓸쓸히 지냈으니　　海國年來離索久
다시 말 재촉해 서둘러 달려가야지　　更催鞍馬急相趨

임금 모시다가 궁궐 떠난 지 여러 해　　奉引多年隔未央
이제 꿈에서도 조정[133] 보이지 않네　　秖今魂夢斷鵷行
세상의 영화를 하찮게 여기는 건 아니지만　　世榮不是心相薄
동산의 오솔길 거칠어지는 것은 견디기 어렵네　　叵耐園林逕就荒

131 도주(道州)의……부끄러우나 : 도주는 송(宋)나라 때 한탁주(韓侂冑)의 모함을 받아 도주로 유배된 채원정(蔡元定, 1135~1198)을 가리킨다. 유배지에서 자식들에게 편지를 써서 훈계하기를 "홀로 다닐 때는 그림자에 부끄럽지 않고, 홀로 잠잘 때는 이불에 부끄럽지 않으니, 내가 죄를 얻었다고 하여 해이하지 말라."라고 하였다. 《宋史 卷434 儒林列傳 蔡元定》

132 그대는……것일세 : 이일상이 영암(靈巖)에 유배된 적이 있기 때문에 이렇게 말한 것이다. 이일상은 병자호란 때 인조를 호종하지 못하고, 또 척화신으로서 화의를 반대해 탄핵을 받아 영암으로 귀양 갔다가 다시 위원(渭原)으로 이배되었다. 원문의 장소(長蘇)는 소식(蘇軾)이 소순(蘇洵)의 맏아들인데다 그 문장이 백대(百代)의 으뜸이라고 할 만하여 그를 장공(長公)이라고 부른 것에서 나온 말이다. 서호(西湖)는 소주(蘇州)에 있는데, 소식이 풍광이 아름답기로 이름난 소주의 자사(刺史)를 세 차례 역임한 일을 말한 것이다.

133 조정 : 원문의 원항(鵷行)은 조정에 늘어선 관리의 행렬을 말한다.

윤3월 3일 술을 대하고 우연히 지어 이함경과 홍대이[134] 명하는 당시 화순 현감이었다. 두 사또에게 주다
閏三之三 對酒偶占 呈李咸卿洪大而 命夏 時宰和順 兩使君

하늘이 봄을 아쉬워하는 마음 있는지　　有意天公解惜春
윤달을 봄에 두었구나　　閏餘猶許在三春
붉은빛과 초록빛 구별할 것 없이　　殘紅嫩綠渾無辨
다하지 않은 봄에 술잔 들어 주거니 받거니　　擧酒聊酬未盡春

134 홍대이(洪大而) : 홍명하(洪命夏, 1607~1667)로, 본관은 남양(南陽), 자는 대이, 호는 기천(沂川), 시호는 문간(文簡)이다. 1646년 화순 현감(和順縣監)에 임명되었다.《宋子大全 卷162 沂川洪公神道碑銘幷序》

입추일 밤, 대이가 부쳐온 시에 차운하다
立秋夜 次大而見寄

달 뜰 때 기다려 거문고 들고 작은 누대 올라 待月携琴上小樓
임 그리워 하루가 삼추 같네 思人一日抵三秋
깊디깊은 금수 무등산과 이어지니[135] 深深錦水連無等
　무등은 산 이름이다.
맑은 곡조 마쳐도 시름 가시지 않네 彈罷淸商不盡愁

135 깊디깊은……이어지니 : 금수(錦水)는 영산강(榮山江)이 나주(羅州), 즉 금성(錦城)을 지나가기 때문에 붙은 이름이다. 이일상(李一相)이 금성 현감으로 있었고, 홍명하가 화순 현감으로 있었기 때문에 그리운 두 친구를 떠올리며 비유적으로 표현한 것이다.

7월 3일, 함경이 모임에 올 때 시를 먼저 보냈기에 서둘러 화운하여 부치고, 한 수를 이어 지어서 대이가 함께하지 못한 것을 안타깝게 여기다

孟秋之初三 咸卿赴會 有詩先之 走和却寄 繼以一章 恨大而之不得合并也

정원에 가랑비가 저물녘 부슬부슬 　庭林微雨晩疏疏
높은 누각에 서늘한 가을 기운 생기네 　高閣涼生秋氣初
강동 보병이 도착한다는 말 듣고 　聞道江東步兵至
급히 뱃사공 불러 농어 그물질하네[136] 　急呼舟子網鱸魚

위는 함경(咸卿)의 시에 차운한 것이다.

그대 온다는 소식 듣고 흥이 미칠 듯 솟아 　聞君命駕興如狂
대청마루 깨끗이 청소하고 술잔 늘어놓았네 　淨掃中堂列羽觴
인간 세상 좋은 일이 끝내 아쉽게 되니 　好事人間終有恨
뭉게뭉게 머문 구름[137] 산양에 막혀 있구나 　停雲靄靄隔山陽

산양은 화순(和順)의 이름이다.

136 강동(江東)……그물질하네 : 강동 보병(江東步兵)은 진(晉)나라 때 오군(吳郡) 출신의 장한(張翰)을 가리킨다. 낙양(洛陽)에서 벼슬살이를 하다가 어느 날 가을바람이 불어오자 고향의 순챗국과 농어회가 생각나서 곧장 벼슬을 그만두고 귀향했던 고사가 전한다.《世說新語 識鑑》 여기서는 이일상(李一相)을 가리킨다.

137 뭉게뭉게 머문 구름 : 정운(停雲)은 하늘에 머문 구름으로, 그리운 벗을 만나지 못하는 마음을 비유한다. 진나라 도잠(陶潛)의 시 〈정운〉에 "뭉게뭉게 멈춘 구름, 부슬부슬 제때에 내리는 비.〔靄靄停雲, 濛濛時雨.〕"라고 하였다.《陶淵明集 卷1》

강가 누각에서 입으로 불러 대이[138]와 이별하다

江樓口呼 別大而

강에 구름 드나들다가 비 막 그치자	江雲吐納雨收初
강 너머 푸른 산 그림보다 아름답네	江外靑山畫不如
술동이 앞에서 함께 담소 나누려는 듯	彷彿樽前共談笑
금성 현감의 편지 한 폭 갈바람에 이르렀다오	秋風一幅錦城書
세상 밖 호수와 산 가는 곳마다 아름답고	物外湖山隨處好
인간 세상에 지금처럼 멋진 모임 드물리라	人間佳會似今稀
창주에서 해 질 녘 나그네 전송하는데	滄洲送客時將暮
한 가닥 연꽃 바람 불고 비에 옷 흠뻑 젖었네	一縷荷風雨滿衣
가고 가는 하늘 끝에서 멀리 헤어지니	去去天涯遠別離
술동이 놓고 다시 마주할 날 언제일까	一樽重對問何時
오주에 뜨는 가을 달 기다리지 않더라도	不待吳洲見秋月
내일 아침 금성 객관에서 바로 그리우리[139]	明朝錦館卽相思

138 대이(大而) : 홍명하(洪命夏, 1607~1667)로, 본관은 남양(南陽), 자는 대이, 호는 기천(沂川)이다.《宋子大全 卷162 沂川洪公神道碑銘幷序》

139 오주(吳洲)에……그리우리 : 떠나는 홍명하가 금세 그리울 것이라는 말이다. 당(唐)나라 이백(李白)이 강동(江東)으로 떠나는 장 사인(張舍人)을 전송하며 지은 시에 "오주에서 달을 보거든 천 리 밖의 나를 생각해 주기 바라네.〔吳洲如見月, 千里幸相思.〕"라고 하였다.《李太白集 卷16 送張舍人之江東》

벼슬에서 물러난 뒤에 술을 들고 한호[140]의 강가 누각으로 가서 작별하다 무자년(1648, 인조26)

解官後 携酒就閑好江樓 作別 戊子

가을 감회 쓸쓸하여 쉬이 슬퍼지는데	秋懷憀慄易生悲
하늘 끝에서 옷 부여잡고 헤어짐을 어이하랴	奈此天涯摻別衣
날 저물어 강가 누각에 사람들 흩어지면	日暮江樓人散後
모래톱의 물새들만 어울리겠지	汀洲鷗鷺也依依

140 한호(閑好) : 임연(林堜, 1589~1648)으로, 본관은 나주(羅州), 자는 동야(東野), 호는 한호이다. 저서에 《한호유고(閑好遺稿)》가 전한다.

강가 누각에서 크게 취한 이일경[141]을 붙들고 원통사에 올라 경승 성해를 방문하다

自江樓 携李一卿大醉 上圓通寺 訪經僧性海

아침에 처사 찾아 서호로 갔다가	朝向西湖尋處士
저녁에 동쪽 절로 돌아와 고승 방문하네	夕歸東寺訪高僧
평소 술 좋아하는 도원량[142]은	平生嗜酒陶元亮
찾아온 이유 물어도 취한 채 답하지 않는구나	爲問來由醉不應

141 이일경(李一卿) : 이정기(李廷夔, 1612~1671)로, 본관은 한산(韓山), 자는 일경, 호는 귀천(歸川)이다. 《滄溪集 卷17 故嘉善大夫吏曹參判李公行狀》

142 술 좋아하는 도원량(陶元亮) : 도원량은 진(晉)나라 도잠(陶潛)으로, 원량은 그의 자이다. 평소 술을 매우 즐긴 나머지 항상 갈건을 쓰고 다니다가 집에 빚은 술이 익기만 하면 즉시 갈건을 벗어서 술을 걸러 마시고는 다시 그 갈건을 쓰곤 하였다고 한다. 《晉書 卷49 隱逸列傳 陶潛》 여기서는 이정기를 가리킨다.

이튿날 한호 어른[143] 및 동리 임평중[144]이 함께 왔기에 원통사 뒤편 누대에 올라 멀리 바라보며 입으로 부르다

翌日 閑好丈暨東里林平仲俱至 登圓通後臺 遠眺口占

해 질 녘 하늘은 천 봉우리에 나직하고	落日天低千點峯
눈앞에는 운무 뿐 지경이 공허하네	眼中雲靄境空空
우습게도 원공이 게송 한 수 남겼는데[145]	顧笑遠公留一偈
모르겠다 무엇이 원통인가	不知何物是圓通

143 한호(閑好) 어른 : 임연(林堜, 1589~1648)으로, 본관은 나주(羅州), 자는 동야(東野), 호는 한호이다. 저서에 《한호유고(閑好遺稿)》가 전한다.

144 임평중(林平仲) : 임위(林㙔, 1597~1668)로, 본관은 나주(羅州), 자는 평중, 호는 동리(東里)·무민당(無悶堂)이다. 임연의 사촌 아우이다.《滄溪集 卷17 叔祖司憲府持平東里林公行狀》

145 원공(遠公)이……남겼는데 : 원공은 동진(東晉) 시대 여산(廬山) 동림사(東林寺)의 고승(高僧) 혜원 법사(慧遠法師)로, 술을 즐긴 도잠(陶潛)과 서로 친하게 어울렸다. 여기서는 원통사(圓通寺)의 승려를 가리키는 것으로 보인다.

임평중에게 주다
贈林平仲

풍호 거사[146]는 내가 마음으로 허락하는 사람	楓湖居士我心期
하룻밤 절에서 생각을 이야기하네	一夕招提話所思
내일 산문을 나서면 남북으로 헤어질 테니	明發山門便南北
맑은 밤 가득한 술을 사양하지 말게나	淸宵滿酌不須辭

146 풍호(楓湖) 거사 : 임위(林瑋)를 가리킨다. 풍호는 현재의 전라남도 나주시 다시면 회진리의 옛 지명이다.

임정기의 이별시에 차운하다

次林廷琦別詩

삼 년 동안 동헌에 앉아 맑게 읊조리니 三載鈴齋坐嘯淸
청광하다는 이름 술 때문에 실컷 들었네 淸狂贏得酒爲名
가을바람에 소매 떨쳐 다시 돌아가니 秋風拂袖還歸去
부로들의 은근한 정에 감사함 남기도다 留謝慇懃父老情

노 상사 김시주[147]에게 주다

贈老上舍金時柱

여든 살 노인이 무슨 일로 나왔을까	八十老翁何事出
병든 현감이 돌아간다고 들어서겠지	應聞病倅賦歸來
인간 세상 가고 머물러 잊기 어려운 곳에서	人間去住難忘處
우연히 가을바람 맞으며 술 한 잔 드네	偶此秋風一把杯

147 김시주(金時柱) : 1578~? 본관은 광산(光山), 자는 시립(時立)이다. 1624년(인조2) 증광시(增廣試) 진사시에 합격하였다.

출발할 때 한호 어른[148]이 시 십여 장을 보냈기에 그중 마지막 편에 화운하다

臨發 閑好丈送詩十餘章 就和其末篇

관정에서 말 타고 헤어질 때	官亭征馬忽分飛
소매 가득 시편을 얻어 돌아가게 되었네	贏得詩篇滿袖歸
금수와 임강[149]은 천 리나 되지만	錦水林江千里隔
낚시터에서의 맑은 흥취는 같으리라	一般淸興釣魚磯

148 한호(閑好) 어른 : 임연(林埏, 1589~1648)으로, 본관은 나주(羅州), 자는 동야(東野), 호는 한호이다. 저서에 《한호유고(閑好遺稿)》가 전한다.

149 금수(錦水)와 임강(林江) : 금수는 전라남도 중서부를 지나는 영산강(榮山江)으로 임연이 있는 곳을 가리키고, 임강은 유계의 거처가 있는 충청남도 부여군 임천면(林川面)을 흐르는 금강(錦江)을 가리킨다.

임평중[150]이 절구 세 수를 보내왔기에 그 가운데 한 수에 차운하다

林平仲送三絶 就次一章

외로운 구름 짝 잃은 새는 심양[151]과 아득해라　孤雲獨鳥渺潯陽
고개 위의 나무 울창하고 금수 길게 흐르네　嶺樹蒼蒼錦水長
슬프게도 옥인을 부질없이 꿈에서 상상하니　怊悵玉人空夢想
풍호[152]는 몽롱한 달이 뜬 늦가을 풍광이리　楓湖煙月晩秋光

150 임평중(林平仲) : 임위(林墇, 1597～1668)로, 본관은 나주(羅州), 자는 평중, 호는 동리(東里)·무민당(無悶堂)이다.《滄溪集 卷17 叔祖司憲府持平東里林公行狀》

151 심양(潯陽) : 이별의 장소를 뜻한다. 당나라 백거이(白居易)가 강주 사마(江州司馬)로 좌천되어 분강(湓江) 포구에서 손님을 전송하다가 늙은 기녀가 타는 비파(琵琶) 소리를 듣고 지은 〈비파행(琵琶行)〉에 "심양 강가에서 밤에 객을 전송하는데, 단풍잎 갈대꽃에 가을바람 쓸쓸하구나.〔潯陽江頭夜送客, 楓葉荻花秋瑟瑟.〕"라는 구절이 있다.《白樂天詩集 卷12》

152 풍호(楓湖) : 현재 전라남도 나주시 다시면 회진리(會津里)의 옛 지명이다.

출발하는 날 비가 내려 부로가 굳이 말렸으나 빗속에 성을 나서며 시를 남겨 사례하다

發日雨下 父老苦挽 帶雨出城 留詩謝之

누런 벼 들판에 가득하고 붉은 게 살 올랐는데	黃稻漫郊紫蟹肥
내 무슨 일로 돌아갈 길 재촉하지 않겠소	我行何事不催歸
그래도 부로의 간곡한 마음 가련하여	猶憐父老慇懃意
느지막이 성을 나서자니 빗물이 옷에 흠뻑	晚出孤城雨滿衣

함평에 도착했을 때 함경[153]이 시를 보내 뒤이어 작별하기에 입으로 불러 화답하다

行到咸平 咸卿送詩追別 率口酬和

긴 여정 무엇 때문에 몹시도 아쉬워하는가	長程緣底苦依依
모든 게 파선이 돌아가지 못해서라네[154]	摠爲坡仙未賦歸
오류에 서풍 불고 용모 쇠하니	五柳西風容鬢改
선성의 현휘를 가을날 꿈꾸겠지[155]	宣城秋夢寄玄暉

153 함경(咸卿) : 이일상(李一相, 1612~1666)으로, 본관은 연안(延安), 자는 함경, 호는 청호(靑湖), 시호는 문숙(文肅)이다. 1648년(인조26) 2월 금성 현감(錦城縣監)에 임명되었다. 《芝村集 卷23 伯父靑湖府君墓誌》

154 긴……못해서라네 : 파선(坡仙)은 송(宋)나라 소식(蘇軾)을 가리키는데, 여기서는 이일상을 빗대어 말한 것이다. 이일상이 벼슬에 매여 집으로 돌아가지 못하자 유계가 혼자 돌아가는 아쉬움을 언급한 것이다.

155 오류에……꿈꾸겠지 : 유계가 은거하게 되면 서풍 부는 때에 멀리 두고 온 친구가 더 그리울 것이라는 말이다. 오류(五柳)는 고향집 주위에 버드나무 다섯 그루를 심고 〈오류선생전〉을 지은 도잠으로, 팽택 영(彭澤令)이 되었다가 벼슬을 버리고 고향으로 돌아갔다. 《陶淵明集 卷5 歸去來辭》 여기서는 유계를 가리킨다. 선성(宣城)은 중국 안휘성(安徽省)의 고을로, 남조(南朝) 제(齊)나라 때 사조(謝朓, 464~499)가 태수를 지냈다. 현휘(玄暉)는 사조의 자로, 글씨를 잘 썼고 시를 잘 지었는데 특히 오언시를 잘 지었다. 여기서는 이일상을 가리킨다.

황산 강가에서 김중문[156] 익희 과 함께 배를 타고 입으로 부르다

黃山江上 同金仲文 益熙 泛舟口呼

만나서 손잡고 고깃배에 오르고는　相逢携手上漁舟
바람 그친 잔잔해 물결을 십 리나 흘러가네　風定波殘十里流
노 하나로 둥실둥실 석양에 기대노라니　一棹飄然倚斜日
술 취한 시흥 맑은 물가에 가득하네　醉來詩興滿滄洲

156 김중문(金仲文) : 김익희(金益熙, 1610~1656)로, 본관은 광산(光山), 자는 중문, 호는 창주(滄洲), 시호는 문정(文貞)이다.《藥泉集 第23 吏曹判書金公請諡行狀》

한주에서 이일경[157]을 만나 함경의 시에 차운하여 주다

韓州 逢李一卿 次咸卿韻以贈

당시 일경이 정시(庭試)에서 장원을 차지하였다.

올 때 어떠하며 갈 때는 어떠한가	來時何似去何如
그대 얼굴 봄바람 같은데 나는 머리 성글어졌네	子面春風我鬢疏
구름 속을 날아다니는 고니 부럽지만[158]	雲路翺翔我羨鵠
호량 아래 물고기 심사를 그대도 알겠지[159]	濠梁心事子知魚

157 이일경(李一卿) : 이정기(李廷夔, 1612~1671)로, 본관은 한산(韓山), 자는 일경, 호는 귀천(歸川)이다. 1648년(인조26) 문과 정시(庭試)에 장원으로 급제하였다. 《滄溪集 卷17 故嘉善大夫吏曹參判李公行狀》

158 구름……부럽지만 : 문과에 급제한 이정기가 부럽다는 말이다. 원문의 운로(雲路)는 벼슬길이나 높은 지위를 비유하는 말이고, 고니는 이정기를 가리킨다.

159 호량(濠梁)……알겠지 : 호량은 호수(濠水)에 놓인 다리이다. 장자(莊子)가 벗 혜시(惠施)와 함께 호량을 거닐다가 피라미가 한가롭게 노니는 것을 보고 "이것이 물고기의 즐거움이다."라고 하자, 혜시가 "그대는 물고기가 아닌데, 물고기의 즐거움을 어떻게 안단 말인가."라고 반박하면서 토론을 벌인 고사가 전한다. 《莊子 秋水》

새벽에 덕평 여관을 출발하다

曉發德坪旅店

객점에 닭 울고 초가 다리엔 눈이 수북	鷄鳴茅店雪漫橋
가고 가서 오르는 고갯길 아득하여라	去去前登嶺路遙
나그네들 서로 불러가며 조심하게 하니	行旅相呼更相戒
명리 따지는 세간의 사귐보다 훨씬 낫구나	全勝名利世間交

이계하[160]가 마읍 군수와 함께 고석사[161]에 도착하여 초청하였는데 병으로 가지 못해 시로 편지를 대신하다

李季夏偕馬邑倅 到孤石寺相邀 病不得赴 詩以替書

그윽한 기약 쓸쓸히 공허하게 되었네　　幽期寂寞墮空虛
병중에 세월 흘러 새삼 놀라워라　　病裏偏驚歲月除
서쪽으로 바닷가 몇 점의 산봉우리 바라보니　　西望海山靑數點
옥인들 어디쯤에서 나란히 가마 타고 있을까　　玉人何處竝籃輿

160 이계하(李季夏) : 이해창(李海昌, 1599~1655)으로, 본관은 한산(韓山), 자는 계하, 호는 송파(松坡)이다. 1649년 김자점(金自點)과의 친분 때문에 한산으로 유배되었다. 《承政院日記 孝宗 卽位年 10月 27日》

161 고석사(孤石寺) : 충남 서천군 월명산(月明山)에 있던 절이다. 《新增東國輿地勝覽 卷17 忠淸道 韓山郡》

경인년(1650, 효종1) 4월 6일 온성으로 유배 보내라는 명령을 들었다.[162] 마침 이재원[163]이 강을 건너 이별하려고 하기에 부채에 써서 주다

庚寅四月初六 聞有穩城編配之命 適李載元將過江歷別 書扇以贈

삼천 리 밖 북쪽으로 떠나는 나그네와	三千里外北歸客
한 줄기 강변에서 남쪽 건너가는 그대	一帶江邊南渡人
덧없는 세상 다시 만날 날이 있으리니	浮世重逢會有日
늘그막의 이별에 마음 아파하지 마시게	暮年離別莫傷神

162 경인년……들었다 : 유계는 인조(仁祖)의 묘호(廟號)를 정할 때 인(仁) 자를 다시 쓰는 것에 반대하다가 1650년(효종1) 4월 선왕(先王)을 욕되게 하였다는 죄로 온성(穩城)에 정배되었다. 유배지로 가던 도중에 영의정 이경여(李敬輿) 등 대신이 신구(伸救)하여 풀려나 돌아왔다가 다시 효종의 노여움을 사서 그해 10월 온성으로 유배되었다.

163 이재원(李載元) : 이천기(李天基, 1607~1671)로, 본관은 연안(延安), 자는 재원, 호는 허주(虛舟)이다.《陶菴集 卷40 觀察使李公墓誌》

백로주[164] 포천에 있다. 에서 백주가 바위에 새긴 시[165]에 차운하여 아우에게 주다

白鷺洲 在抱川 次白洲石刻韻 贈舍弟

기이한 바위 시내에 있어 시냇물 나뉘고	奇石當溪溪水分
시냇물 맑고 푸르러 흰 구름 넘실거리네	溪光澄碧漾晴雲
백로주 가의 백로가 앎이 있다면	洲邊白鷺如相識
중천에서 무리 놓친 기러기를 비웃겠네	應笑中天雁失群

164 백로주(白鷺洲) : 경기도 포천시 영중면 금주리 포천천 하류에 있는 명승지로, 영평(永平) 8경 중의 하나이다. 백로주라는 이름은 중국 당나라 시인 이백(李白)의 시구 "두 강물은 백로주에서 중간이 나뉘었네.〔二水中分白鷺洲〕"라고 한 데서 따온 것이다.

165 백주(白洲)가……시 : 백주는 이명한(李明漢, 1595~1645)으로, 본관은 연안(延安), 자는 천장(天章), 호는 백주, 시호는 문정(文靖)이다.《白軒集 卷38 吏曹判書白洲李公諡狀》이명한(李明漢)의 "산에는 흰 구름 떠가고 물가엔 백로 노니는데, 구름은 백로 따라가고 백로는 구름 따라가네. 산 구름과 물가 백로가 서로 따르는 곳에, 나도 한가한 마음으로 한 무리 되었다네.〔山有白雲洲白鷺, 雲隨鷺去鷺隨雲. 山雲洲鷺相隨處, 我方閒情共一群.〕"라는 시가 바위에 새겨져 있다.

백운산을 지나며 감회가 있어서

過白雲山有感

백운산 위에 날아다니는 흰 구름	白雲山上白雲飛
이리저리 떠다니며 푸른 산에 있네	飛去飛來在翠微
우스워라 길 잃은 세속의 나그네는	堪笑風塵失路客
하늘 끝으로 유배 가 언제 돌아올까	長流天末幾時歸

풍전역[166]에서 아들에게 보여주다

豐田驛 示兒子

만 리 헤어지는 부자간의 심정으로	父子之情萬里別
갈림길에서 어찌 옷깃 적시지 않으랴	臨岐安得不沾衣
노모 모시면서 형제에게 의지해야 하니	須將老母依兄弟
기러기 남쪽 갈 때 너는 북쪽으로 돌아오거라	鴻雁南時爾北歸

166 풍전역(豐田驛) : 강원도 철원도호부(鐵原都護府)에서 남쪽으로 30리 떨어진 곳에 있던 역원이다.《新增東國輿地勝覽 卷47 江原道》

김화 옛 전장에서 감회가 있어서

金化古場有感

김화는 홍 남녕군(洪南寧君)이 절의를 바친 곳으로, 전장터는 백전(柏田)에 있다.[167]

당시의 일 이야기하면 눈물이 절로 흐르니	說到當年涕自零
남녕군과는 일찍이 아는 사이라오	南寧曾識舊儀形
충성스러운 영혼 죽어서 어디로 갔단 말인가	忠魂冥漠歸何處
해 질 녘 앞산의 묵은 측백나무 푸르구나	落日前岡古柏青

167 김화(金化)는……있다 : 홍 남녕군(洪南寧君)은 홍명구(洪命耈, 1596~1637)로, 본관은 남양(南陽), 자는 원로(元老), 호는 나재(懶齋), 시호는 충렬(忠烈)이다. 1635년에 남녕군에 봉해졌다. 평안도 관찰사로 있을 때 병자호란이 일어나 남한산성(南漢山城)이 포위되었다는 소식을 듣고 근왕병(勤王兵)을 거느려 남쪽으로 내려오는 도중에 김화 백전산(柏田山)에서 청병(淸兵)을 만나 싸우다가 전사하였다.《淸陰集 卷25 平安道觀察使南寧君洪公神道碑銘幷序》

남산 전장터[168]에서 감회가 있어서

南山戰場有感

정축년(1637, 인조25) 함경남도의 건장한 군사가 전몰(全歿)한 곳이다.

오열하는 소리 찬 시내에 밤낮으로 들리는 듯	嗚咽寒溪日夜聲
거친 벌판의 초목이 눈앞에 펼쳐져 있네	荒原草樹望中平
모랫가의 외로운 학은 사람에 놀라 날아가니	沙邊獨鶴驚人去
당시에 변한 실정을 묻지 말아야지	莫問當年變化情

168 남산(南山) 전장터 : 남산은 함경남도 안변(安邊) 남쪽에 있는 역원을 가리킨다. 병자호란 때 청나라는 조선과 강화를 맺은 뒤 바로 돌아갔으나 몽고군은 강원도에서 약탈을 일삼았다. 인조를 근왕(勤王)하기 위해 출정했던 함경도 군대가 복귀하는 길에 철령(鐵嶺)에서 몽고군을 만나 추격하였는데, 안변에 매복한 몽고군의 기습을 받아 군사 4천여 명이 전사하였다.

돌아오는 길에 거듭 남산을 지나다

歸路 重過南山

참담한 운무 저녁에도 가시지 않고	慘惔雲煙晩不收
주린 까마귀 떼는 거친 언덕에서 시끄럽네	飢鴉一隊噪荒丘
만고토록 마음 아픈 곳을 거듭 지나는데	重過萬古傷心地
비 온 뒤 푸른 이끼가 해골에 돋았어라	雨後靑苔上髑髏

고개 위에서 안변 부사 민중집[169] 광훈 에게 부치다

嶺上 寄安邊使君閔仲集 光勳

본래 기약 없이 만나듯 헤어짐도 순식간	聚本無期散亦忙
맑은 눈물이 이별주에 떨어지려 하네	欲將清淚滴離觴
전에 올랐던 철령 관문으로 가면서	前登鐵嶺重關去
하늘 끝으로 고개 돌리니 더욱 아득하여라	回首天邊益渺茫

169 민중집(閔仲集) : 민광훈(閔光勳, 1595~1659)으로, 본관은 여흥(驪興), 자는 중집이다. 효종(孝宗) 초기에 안변 부사(安邊府使)에 임명되었다.《老峯集 卷8 先考通政大夫守江原道觀察使兼兵馬水軍節度使巡察使府君行狀》

대사간 이함경[170]이 상아 빗을 준 데에 사례하다

謝李大諫咸卿贈象梳

상아로 반달처럼 둥글게 만든 것을	象齒裁成月半輪
벗님이 가져다 주니 더욱 보배롭구나	故人持贈更堪珍
아침마다 흰머리 천 번 빗질하는데	朝朝白髮梳千下
빗을 때마다 벗님을 떠올리리라	一一梳時憶故人

170 이함경(李咸卿) : 이일상(李一相, 1612~1666)으로, 본관은 연안(延安), 자는 함경, 호는 청호(青湖), 시호는 문숙(文肅)이다. 1650년 4월 대사간(大司諫)에 임명되었다. 《芝村集 卷23 伯父青湖府君墓誌》

석강에서 윤자우[171] 명거 에게 주다

石江 贈尹子羽 溟擧

당시 백분(伯奮)[172]과 임사(林寺)에서 만나기로 약속하였다.

석양에 헤어져 나룻배 올라타니	斜陽分手上蘭舟
살랑살랑 미풍이 먼 물가에서 불어오네	嫋嫋蘋風起遠洲
어서 늙은 용서 거사를 불러다가	催喚龍西老居士
동림에서 십순 휴가를 일찍 만들어 보세	東林早辦十旬休

171 윤자우(尹子羽) : 윤명거(尹溟擧, 1612~1658)로, 본관은 파평(坡平), 자는 자우·우경(羽卿)이다. 《明齋遺稿 卷38 堂叔父參奉府君墓碣銘》

172 백분(伯奮) : 윤원거(尹元擧, 1601~1672)로, 본관은 파평, 자는 백분, 호는 용서(龍西)이다. 윤명거의 종제(從弟)이다. 《明齋遺稿 卷44 堂叔父龍西先生行狀》

용천동 계룡산에 있다. 용추 가에서 황생에게 주다
涌川洞 在鷄山 龍湫上 贈黃生

막걸리 석 잔에 시 한 수 짓노라니	濁酒三杯一首詩
온 산이 늦가을 단풍잎으로 물들었네	滿山紅葉九秋時
다시 절경 속에서 헤어지나니	還從絶境分携去
인간 세상 어딘들 갈림길 없다던가	何處人間不路岐

가을이 지나가는데 밤에 비바람이 몰아쳐 엮어 놓은 덮개로 국화를 덮어주다

秋盡夜風雨 編蓋覆菊

푸른 등불 깜박이는 작은 서재	靑燈明滅小齋幽
밤 되자마자 비바람이 몰아치네	風雨蕭蕭五夜頭
아동을 급히 불러 울타리 국화 지키려고	催喚兒童護籬菊
엮은 띠풀로 한 해의 가을을 감싸 주었네	編茅籠得一年秋

10월 초하루 신사일에 일식이 있었다.[173] 이때 노성으로 가는 도중에 8수를 얻다

十月朔辛巳 日有食之 時在魯城道中 得八章

시월의 해와 달이 만난 초하루 신일	十月之交朔日辛
음의 정기가 둥근 태양을 반이나 가렸구나	陰精半蝕太陽輪
마을마다 북을 두드리지만 무슨 소용인가	村村伐鼓將何及
눈물 쏟아내니 지금 이 백성들 불쌍하도다	迸淚哀今此下民

시월의 해와 달이 만난 초하루 이지러지니	十月之交朔日微
건곤이 참담하게 햇빛을 숨겼네	乾坤慘慘閟陽暉
길 가는 사람들 하늘의 뜻을 어찌 알까마는	行人豈識天心意
다만 하늘이 장님 되어 돌아갈 곳 잃을까 걱정되네	秖怕天盲失所歸

시월의 해와 달이 만난 초하루 한낮	十月之交朔日中
해와 달이 창룡궁에 모이지 않네[174]	有辰不集蒼龍宮
창룡아 창룡아 너는 신성한 용력 지니고서	蒼龍蒼龍爾神勇

173 10월……있었다 : 《효종실록》 1년 10월 1일 기사에 일식(日蝕)이 일어난 기록이 실려 있다.

174 해와……않네 : 10월 1일에 해와 달이 동방에서 만나야 하는데, 서로 화합하지 못하여 만나지 않음으로써 마침내 일식이 있게 되었다는 말이다. 창룡(蒼龍)은 28수(宿) 중 동방 7수인 각(角)·항(亢)·저(氐)·방(房)·심(心)·미(尾)·기(箕)의 총칭으로, 모양이 용과 비슷하다.

어찌하여 각성을 거두어 천제를 근심하게 하느냐　何乃戢角愁天公

시월의 해와 달이 만난 초하루 남쪽　十月之交朔日南
남쪽 교외의 주조[175]는 날개가 축 늘어졌네　南郊朱鳥翅毵毵
저 음기의 싹이 가득 차서 낮이 밤 되었으니　饒他陰孽晝爲夜
신명한 주조여 나는 그대가 부끄럽도다　朱鳥明神我爾慙

시월의 해와 달이 만난 초하루 서쪽　十月之交朔日西
서방의 백호[176]는 웅크린 것이 닭 같도다　西方白虎伏如鷄
장경성[177]의 별빛은 밝음을 다투는데　長庚芒角仍爭耀
아 그대 금오[178]는 괴롭게도 날개를 내렸구나　嗟爾金烏翅苦低

시월의 해와 달이 만난 초하루 저물녘　十月之交朔日昏
꿈틀꿈틀 현무[179]는 한문[180]에 자리잡았네　蜿蜿玄武糾寒門

175 주조(朱鳥) : 28수(宿) 중 남방 7수인 정(井)·귀(鬼)·유(柳)·성(星)·장(張)·익(翼)·진(軫)의 총칭으로, 모양이 새와 비슷하다. 주작(朱雀)이라고도 한다.

176 백호(白虎) : 28수 중 서방 7수인 규(奎)·누(婁)·위(胃)·묘(昴)·필(畢)·자(觜)·삼(參)의 총칭으로, 모양이 범과 비슷하다.

177 장경성(長庚星) : 금성(金星)의 별칭으로, 저녁 무렵 서쪽 하늘에 밝게 빛난다.

178 금오(金烏) : 태양 속에 있다고 하는 발이 세 개 달린 새〔三足烏〕로, 전하여 해를 가리킨다.

179 현무(玄武) : 28수 중 북방 7수인 두(斗)·우(牛)·여(女)·허(虛)·위(危)·실(室)·벽(壁)의 총칭으로, 모양이 거북이나 뱀과 비슷하다.

180 한문(寒門) : 매우 춥다는 전설상의 북쪽 지방이다. 《초사(楚辭)》〈원유(遠遊)〉에 "한문의 경계를 넘어 더 멀리 달린다.〔逴絶垠乎寒門〕"라는 구절이 있는데, 왕일(王

음기가 번쩍이며 바야흐로 기회를 타니	陰時閃陽方乘便
누가 알겠는가 하늘의 태양이 존귀한 줄을	誰識當天日馭尊

시월의 해와 달이 만난 특이한 때	十月之交異別時
싸워서 흘린 검고 누런 피는 음이 대등해서라네[181]	玄黃戰血是陰疑
천군이 취해 깨 있는 날이 없어서	天君醉後無醒日
신주를 오랑캐에게 맡긴 것에 통곡하네[182]	痛哭神州付羯兒

시월에 해와 달이 만나 지은 시 여덟 수	十月之交八首詩
우리 마을 걱정하여 서쪽 보며 얼마나 슬퍼했나	悠悠我里幾西悲
누가 곧장 하늘의 화살을 시위에 메겨	誰能直注天弧矢
황도의 오랑캐인 천랑성[183]을 단번에 맞추려나	一射封狼黃道夷

逸)의 주(註)에 "한문은 북극의 문이다."라고 하였다.

181 싸워서……대등해서라네 : 《주역》 〈곤괘(坤卦) 상육(上六)〉에 "용이 들에서 싸우니 그 피가 검고 누르구나.〔龍戰于野, 其血玄黃.〕"라고 하였고, 〈곤괘 문언(文言)〉에 "음이 양과 대등해지면 반드시 싸운다.〔陰疑於陽, 必戰.〕"라고 하였다.

182 천군(天君)이……통곡하네 : 오랑캐인 청(淸)나라가 명(明)나라의 중원(中原)을 차지한 것을 슬퍼한다는 말이다. 신주(神州)는 중국의 별칭이다. 전국 시대 추연(騶衍)이 중국을 적현신주(赤縣神州)라고 일컬은 것에서 유래하였다.

183 누가……맞추려나 : 두 차례 호란(胡亂)을 겪은 것에 대한 반감을 드러낸 것으로 보인다. 호시(弧矢)는 남극 노인성(老人星)의 북쪽에 있는 아홉 개의 별로, 시위에 화살을 메긴 꼴로 벌려 있다. 천궁(天弓)이라고도 한다. 천랑성(天狼星)은 반란이나 전쟁을 상징하는 불길한 별 이름이다.

양주 도중에[184] 경인년(1650, 효종1) 10월

楊州道中 庚寅十月

친지들 곳곳에서 돌아가는 나를 전송하는데	親知處處送吾歸
일찍이 이별하며 조금도 눈물 흘린 적 없었건만	別淚曾無半點揮
고개 돌려 도성 바라보매 점점 멀어져	回首神京看漸遠
석양에 말 세우고 눈물로 흠뻑 옷 적시네	斜陽立馬一霑衣

184 양주(楊州) 도중에 : 유계는 인조(仁祖)의 묘호(廟號)를 정할 때 인(仁) 자를 다시 쓰는 것에 반대하다가 1650년(효종1) 4월 선왕(先王)을 욕되게 하였다는 죄로 온성(穩城)에 정배되었다. 유배지로 가던 도중에 영의정 이경여(李敬輿) 등 대신이 신구(伸救)하여 풀려나 돌아왔다가 다시 효종의 노여움을 사서 그해 10월 온성으로 유배되었다.

녹양역[185]에서 비에 갇혀 함경[186]의 시에 차운하다

綠楊驛滯雨 次咸卿韻

먹구름 짙게 낀 황혼녘	頑雲漠漠日黃昏
산비가 부슬부슬 옛 역마을에 내리네	山雨蕭疏古驛村
멀리서 생각하니 푸른 등불 켠 썰렁한 오두막에서	遙想青燈小齋冷
고인은 오늘 저녁에도 넋이 녹아내리겠지	故人今夕也銷魂

185 녹양역(綠楊驛) : 경기도 양주목(楊州牧)에서 남쪽 30리 지점에 있던 역원으로, 지금의 의정부시 녹양동 일대로 추정된다.

186 함경(咸卿) : 이일상(李一相, 1612～1666)으로, 본관은 연안(延安), 자는 함경, 호는 청호(青湖), 시호는 문숙(文肅)이다.《芝村集 卷23 伯父青湖府君墓誌》

아들에게 보여주다
示兒子

마음을 떨치려 해도 끝내 떨쳐내기 어려우니	心頭排遣竟難遣
울며 아비 전송하는 아이들 눈에 아른거리네	眼裏諸兒啼送爺
오늘 갈림길에서 다시 너와 이별하는데	今日臨岐復別爾
목석같은 사람인들 어찌 견뎌낼까	縱有木腸將奈何

백로주에서 전에 지은 시의 운자를 써서 짓다[187]

白鷺洲 用前韻

추운 날씨 해오라기 떠난 시냇물 맑고	天寒鷺去溪光淨
시냇가에는 어렴풋이 저녁 구름만 떠 있네	溪上依依只暮雲
차마 시내에서 조금도 말 멈추지 못하겠으니	不忍臨溪小駐馬
당일 여기서 일행과 헤어진 일 생각나서라네[188]	爲思當日此離群

187 백로주(白鷺洲)에서……짓다 : 전에 지은 시는 〈백로주에서 백주가 바위에 새긴 시에 차운하여 아우에게 주다〔白鷺洲次白洲石刻韻贈舍弟〕〉로, 이명한(李明漢)의 시에 차운한 작품이다.

188 당일……생각나서라네 : 앞서 아우 일행과 이별하던 때가 생각난다는 말이다.

진목역에서 역졸 지응룡에게 주다[189]

鎭木驛 贈驛卒池應龍

지응룡은 사서(四書)와 이경(二經)을 능숙하게 읽는다.

문장가는 예부터 으레 변방에 쫓겨났으니	文章從古例投荒
말 때문에 허물을 불러 죄 받음도 마땅하네	言語招尤罪固當
글 익히고도 쓰지 않는 그대가 부러우니	羨爾攻書能不用
말 앞에서 분주하면 재앙 겪지 않으리라	馬前奔走刦無殃

189 진목역(鎭木驛)에서……주다 : 《국역 백호전서(白湖全書)》 권34 〈풍악록(楓嶽錄)〉의 임자년 윤7월 28일 기사에 "아침에 출발하여 직목역리(直木驛里)에서 말에게 꼴을 주고……늙은 아전 하나가 앞에 와서 절을 하였다. 성명을 물었더니 지응룡(池應龍)이라고 하는데 함께 얘기해 보니 문자도 꽤 알고 또 말하는 것이 조리가 있었다. 그래서 글을 얼마나 읽었느냐고 물었더니, 소년 시절 사서(四書)와 이경(二經)을 읽고 이백(李白)·두보(杜甫)·한유(韓愈) 등 여러 문장가의 시를 일만여 수나 외웠으나, 과거에는 응했다가 합격을 못했다고 하였다."라고 하였다. 이 기록에 따른다면 진목역은 직목역의 오류일 듯하다. 직목역은 강원도(江原道) 금성현(金城縣) 북쪽 8리에 있던 역원이다. 《新增東國輿地勝覽 卷47 江原道》

남산역[190]에서 농담 삼아 역리에게 주다

南山驛 戲贈驛吏

역리가 나를 변방 장수에 충군(充軍)되는 사람으로 의심했기 때문에 말한 것이다.

맑은 시절 성에 오르는 일개 서생	淸時乘障一書生
만 리 먼 길 행장에는 짧은 칼 가벼워라	萬里行裝尺劍輕
역리는 유배객의 내용은 알지 못한 채	館人不解遷流意
장군의 죄명은 무엇이냐고 애써 묻는구나	强問將軍底罪名

190 남산역(南山驛) : 함경도 안변도호부(安邊都護府)에서 남쪽 25리 지점에 있던 역원이다. 《新增東國輿地勝覽 卷49 咸境道》

함흥성 밖에서 묵다

宿咸興城外

변방 바람에 모래 먼지 일어나 놀라고	邊風颯颯振驚沙
까마득히 거친 들판에 밝은 해 기우네	莽莽荒原白日斜
밤에 외로운 성에서 들려오는 딱따기 소리	入夜孤城聞警柝
어렴풋이 경거장군[191] 따르는 신세 같구나	依然身世逐輕車

191 경거장군(輕車將軍) : 경거는 가볍고 빠른 병거(兵車)로, 한나라 때 설치한 경거장군의 약칭으로 쓰이기도 한다. 한(漢)나라 비장군(飛將軍) 이광(李廣)의 종제(從弟) 이채(李蔡)가 이광을 따라 북방의 흉노를 정벌하여 큰 공로를 세워 낙안후(樂安侯)에 봉해졌다. 당시 이채를 두고 이 경거(李輕車)라고 불렀는데, 전하여 이 경거라는 말이 변방 요새 대장의 미칭으로 쓰인다. 《史記 卷109 李將軍列傳 李蔡》

저물녘에 함관령[192]을 넘었는데 이날 날씨가 매우 추웠다
暮踰咸關嶺 是日天甚寒

얼음 메운 냇길에 햇빛 남아 있는데　氷塞川途日色殘
삭풍이 나그네 홑옷으로 매섭게 불어오네　朔風吹裂客衣單
남아가 어찌 얼어 죽는 것을 걱정하랴　男兒豈肯愁寒死
홀로 말 타고 눈 덮인 함관령 올랐다네　獨跨征鞍上雪關

192 함관령(咸關嶺) : 함경도의 함흥부(咸興府)와 홍원현(洪原縣) 사이에 있는 고개이다. 《新增東國輿地勝覽 卷48・49》

홍원에서 바다를 바라보다
洪原望海

동쪽으로 푸른 바다 바라보아도 끝이 안 보이니	東望滄洋不見端
지금껏 하백의 유치한 소견 부끄럽네[193]	向來河伯愧童觀
이제 알겠도다 험난한 곳 두루 거치면서	從知歷盡艱危地
인간 세상에서 시야 넓어짐을	始得人間眼界寬

193 지금껏……부끄럽네 : 하백(河伯)은 황하(黃河)의 신이다. 《장자(莊子)》 〈추수(秋水)〉에 "가을 물이 불어 하수(河水)의 양쪽 언덕에 있는 소와 말을 분간할 수 없자, 하백이 생각하기를 '천하의 미관이 여기에 다 있다.' 하였다. 그런데 물을 따라 북해(北海)에 다다라 보니, 그보다 더 끝없이 넓었다. 하백이 바다를 바라보고 북해의 신 해약(海若)을 향해 감탄하며 말하기를 '속담에 수많은 말을 들어 보고 나서 자신의 말보다 못하다고 하는 사람이 있다고 하였는데, 바로 나를 두고 한 말이다.' 하였다."라고 하였다.

평포역[194]에서 밤에 앉아 함경[195]의 편지를 받고

平浦驛夜坐 得咸卿書

잠 오지 않아 등불 밝히고 깊이 생각하는데	挑燈不寐正沈吟
천 리 멀리에서 보낸 편지 글자마다 만 금이라	千里書來字萬金
술 한 잔 들고 절구 한 수 쓰다 보니	聊把一杯題小絶
창문 가득 눈보라가 시인의 마음 시리게 하네	滿窓風雪凍詩襟

194 평포역(平浦驛) : 함경도 홍원현(洪原縣)에서 동쪽 45리 지점에 있다. 《新增東國輿地勝覽 卷49》

195 함경(咸卿) : 이일상(李一相, 1612~1666)으로, 본관은 연안(延安), 자는 함경, 호는 청호(青湖), 시호는 문숙(文肅)이다. 《芝村集 卷23 伯父青湖府君墓誌》

이성 바닷가의 장송
利城海汀長松

푸른 잎[196]에 붉은 껍질 서로 고개 숙인 채	蒼髯赤甲互低垂
세모 십 리 모래톱에 우거져 있네	十里汀沙歲暮時
바닷바람과 고된 싸움을 벌이느라	爲與海風爭戰苦
천 척 늙은 용은 반이나 가지 없구나	老龍千尺半無枝

196 푸른 잎 : 원문의 창염(蒼髯)은 노송(老松)을 가리킨다. 송(宋)나라 소식(蘇軾)의 시 〈불일산영장로방장(佛日山榮長老方丈)〉에 "산중에는 단지 푸른 수염 늙은이 있어, 쓸쓸한 몇 리 길에서 사람을 맞이하고 보낸다.〔山中只有蒼髯叟, 數里蕭蕭管送迎.〕" 라고 하였다. 《東坡全集 卷5》

곡구역 월파루[197]에서

谷口驛月波樓

광활한 은빛 바다의 훌륭한 석양이	蒼茫銀海夕陽多
달빛 일렁이는 파도보다 낫구나	勝似蟾光漾碧波
눈 남은 저물녘 관문을 시름겹게 홀로 떠나며	殘雪暮關愁獨去
달빛 가득한 누대 다시 찾아오기를 약속하네	滿樓明月約重過

197 곡구역(谷口驛) 월파루(月波樓) : 곡구역은 함경도 이성현(利城縣) 동쪽 35리 지점에 있는 역원이다. 《신증동국여지승람(新增東國輿地勝覽)》 권49 〈함경도 이성현〉에 따르면 월파정(月波亭)은 이성현 남쪽 4리 지점에 있는 시리역(施利驛)에 있다고 적혀 있다.

경성 도중에

鏡城道中

바닷가와 산에 의지한 길은 구불구불	傍海依山路屈盤
이십 일 동안 바다와 산을 돌아다녔네	二旬回轉海山間
만약 장백산 깎아 큰 바다 메운다면	如將長白塡溟渤
서울로 곧장 달리는 일도 어렵지 않으리	直走長安定不難

입춘일에 우연히 짓다

立春日偶題

온갖 일 하늘에 달려 있어 꾀하지 못하니	萬事關天不可謀
이내 신세 세상에 아무것도 바랄 일 없네	此身於世百無求
봄 되어 서리 맞은 풀에 비 내리면	春來雨露霑霜草
강호로 돌아가 흰 갈매기 따르련다[198]	歸去江湖逐白鷗
꿈에 집으로 돌아가 죽재 열고서	夢裏歸家啓竹齋
책상 가득한 책 먼지 떨어냈네	滿牀黃卷拂塵埋
깨고 나니 마침 봄날 돌아왔는데	覺來恰値春歸日
올해에는 꼭 소원이 이루어졌으면	準擬今年得願諧

198 강호로……따르련다 : 성은(聖恩)을 입어 유배에서 풀려나면 강호로 돌아가 자유롭게 살고 싶다는 말이다. 이백(李白)의 시에 "그저 갈매기나 날아와서, 길이 그대와 친하리라.〔白鷗兮飛來, 長與君兮相親.〕"라고 하였다.《李太白集 卷6 鳴皐歌送岑徵君》

경인년(1650, 효종1)을 보내고 신묘년(1651)을 맞이하다

別庚寅迎辛卯

경인년을 보내고 신묘년이 왔으니	送盡庚寅辛卯來
사십사 년 세월 빠르기도 하여라	光陰四十四年催
인생에 백세도 보장하지 못하는데	人生百歲猶難保
일백 다섯 살에나 돌아올 너를 누가 기다리랴[199]	百五誰能待爾廻

199 일백 다섯……기다리랴 : 유계는 1607년에 태어나 1651년에 55세가 되었다. 사람이 백 살 살기도 어려운데, 105세에야 다시 찾아올 신묘년을 어떻게 맞이하겠느냐는 말이다.

함경[200]이 보내준 절구 두 수에 차운하여 부치다

次咸卿見寄二絶却寄

그윽한 심회 쓰고 싶어도 못하던 차에	欲寫幽懷未寫時
시로 먼저 그 마음 보였으니 바로 내 스승일세	詩來先獲卽吾師
이제부터 피차에 마음속 일을	從今彼此心中事
말로 전하지 않아도 뜻 절로 알겠구나	不用言傳意自知
좋은 붓을 다정하게 먼 곳까지 보내주어	彩筆慇懃贈遠行
잡아보니 문득 삶의 의지 되살아나네	拈時忽覺死心生
이별의 마음 길게 흐르는 물과 같아	離情恰似長流水
정겹게 시를 쓰자마자 다시 정을 담았구려	纔寫情來更有情

위는 은대(銀臺)의 붓을 보내준 데에 사례한 것이다.

200 함경(咸卿) : 이일상(李一相, 1612~1666)으로, 1649년 8월 우승지(右承旨)에 임명되었다.《芝村集 卷23 伯父青湖府君墓誌》

입하일에 살구꽃이 갓 피었다

立夏日 杏花初開

정원의 꽃 막 피고 빗방울 흩날리니	庭花初綻雨紛繽
사월의 관산이 이른 봄 같구나	四月關山似早春
멀리 고향 숲에는 짙은 녹음 저문 날	遙想故林濃綠晚
온 동산에 복숭아와 살구 열매 맺었겠지	滿園桃杏總成仁

수주 부사 박계순[201] 안제 이 적삼을 보내주면서 지은 시에 차운하다

次愁州使君朴季順 安悌 惠衫韻

옛날 내가 해진 적삼 입은 모습 생각하여	念我蒙戎舊着衫
새 옷을 강가로 부쳐 주었구나	却將新製寄江潭
마르고 초췌함이 봄 이후로 심해져	枯形憔悴春來甚
가볍고 고운 옷 입자니 낯부끄럽네	欲試輕纖面發慙

201 박계순(朴季順) : 박안제(朴安悌, 1590~1663)로, 본관은 밀양(密陽), 자는 계순이다. 1650년(효종1) 종성 부사(鍾城府使)에 임명되었다.《雪峯遺稿 卷27 承政院同副承旨知製教朴公墓碣銘》 수주(愁州)는 종성의 다른 이름이다.

조중초[202] 복양 와 홍자회[203] 처량 가 보내준 시에 차운하다
次趙仲初 復陽 洪子晦 處亮 見贈韻

한공의 복초부를 본받고자 하지만[204]	欲效韓公賦復初
초심을 바꾸지 않았으니 다시 어찌하겠는가	初心未改復何如
하늘 끝으로 세 번이나 쫓겨났는데	天涯贏得身三黜
자리에선 되레 수레 가득한 귀신을 끌어대누나[205]	座上還延鬼一車

202 조중초(趙仲初) : 조복양(趙復陽, 1609~1671)으로, 본관은 풍양(豐壤), 자는 중초, 호는 송곡(松谷), 시호눈 문간(文簡)이다.《明齋遺稿 卷45 吏曹判書松谷趙公行狀》

203 홍자회(洪子晦) : 홍처량(洪處亮, 1607~1683)으로, 본관은 남양(南陽), 자는 자회, 호는 북정(北汀), 시호는 정정(貞靖)이다.《晩靜堂集 第18 吏曹判書松谷趙公行狀》

204 한공(韓公)의……하지만 : 한공은 당(唐)나라 한유(韓愈)를 가리킨다. 한유는 진사(進士)에 급제하고 나서 오랫동안 벼슬을 구했지만 뜻을 얻지 못하자 동쪽으로 돌아갔다. 그로부터 12년째 되던 해에 겨우 변주(汴州)의 보좌역으로 나갔다가 이듬해 병을 이유로 사직한 뒤에 이소체(離騷體)로 〈복지부(復志賦)〉를 지었다.《五百家注昌黎文集 卷1》

205 수레……끌어대누나 : 음해하는 소인이 있다는 말이다.《주역》〈규괘(睽卦) 상구(上九)〉에 "돼지가 진흙을 진 것과 귀신이 한 수레에 가득히 실려 있는 것을 본다.〔見豕負塗, 載鬼一車.〕"라고 하였는데, 이는 흔히 다른 사람들로부터 무함을 받는 것을 뜻한다.

중초가 유배 갔다는 소식[206]을 듣고 앞 시에 차운하여 부치다
聞仲初佩玦 次前韻以寄

나의 평생 벗 조중초여	我友平生趙仲初
강상에서의 유배 생활[207] 요즈음 어떠하오	江湘謫去近何如
옥이 완성됨이 꼭 하늘의 뜻 아니라곤 못하니	玉成未必非天意
다섯 수레의 책을 보게 하는 것이리라[208]	黃卷應教看五車

206 중초(仲初)가……소식 : 원문의 패결(佩玦)은 한쪽이 트인 옥고리를 차는 것으로, 조정에서 쫓겨나 유배 가는 것을 의미한다. 《순자(荀子)》 〈대략(大略)〉에 "사람을 끊을 때는 결로써 하고, 끊었던 사람을 돌이킬 때는 환으로써 한다.〔絶人以玦, 反絶以環.〕"라고 하였다. 조복양(趙復陽)은 1651년(효종2) 3월 부친 조익(趙翼)이 쓴 윤방(尹昉)의 시장(諡狀) 문제로 장형(杖刑)을 받고 수원(水原)에 유배되었다가 그해 5월에 풀려났다.

207 강상(江湘)에서의 유배 생활 : 강상은 상수(湘水)로, 유배지를 뜻한다. 전국 시대 초나라 굴원(屈原)이 간신의 모함으로 조정의 요직에서 쫓겨나 상수 근처에서 쓸쓸한 나날을 보내다가 울분을 견디지 못한 나머지 멱라연(汨羅淵)에 몸을 던져 자살하였다.

208 다섯……것이리라 : 조복양이 유배당한 것은 하늘이 많은 책을 읽게 하려는 뜻이라는 말이다. 원문의 오거(五車)는 다섯 수레라는 뜻으로, 《장자(莊子)》 〈천하(天下)〉에 "혜시(惠施)의 학설은 다방면이어서 그 저서가 다섯 수레에 쌓을 정도이다."라고 한 데서 유래하여 많은 서책을 가리킨다.

남쪽으로 돌아가는 늙은 종을 보내다

送老奴南歸

만 리 너머 하늘 끝에서 종에게 의지하였는데	萬里天涯僮僕依
어여쁜 너는 모친 있으니 남쪽으로 잘 돌아가거라	憐渠有母好南歸
아이들 어리고 아내는 병들었으니	郎君稚少娘娘病
집안 살림 간절히 네게 분부하여 알게 하네	家計丁寧付爾知

부계[209] 길가에서 고을 사람들과 이별하다 신묘년(1651, 효종2)
涪溪路傍 留別諸鄉人 辛卯

이별가 한 곡을 변새 산언덕에서 노래하는데	離歌一曲塞山阿
아득한 누런 구름 사이로 밝은 해 기우네	漠漠黃雲白日斜
해 넘겨가며 시 읊조린 변방 땅이지만	經年絶域行吟地
오히려 간절하게 거듭 들르고 싶어지네	猶自慇懃欲再過

209 부계(涪溪) : 함경북도 종성(鍾城)의 다른 이름이다.

홍원에서 조 기녀의 시첩 중 오성의 시에 차운하다[210]

洪原 次趙妓詩帖中鰲城韻

조(趙)는 의로운 창기로 이름났다.

장사에 창부의 의로운 이름 전해지니[211]	長沙娼婦義名傳
천고에 풍류가 백중이 될 만하구나	千古風流伯仲然
오성 대감의 당시 일을 듣다보니	聽說鰲翁當日事
술잔 앞에 떨어지는 맑은 눈물 못 참겠네	不堪淸淚落樽前

210 홍원(洪原)에서……차운하다 : 유계가 함경북도 온성(穩城)에 유배되었다가 강원도 영월(寧越)로 양이(量移)되어 옮겨가면서 홍원에서 지은 시로 추정된다. 오성(鰲城)은 이항복(李恒福, 1556~1618)으로, 본관은 경주(慶州), 자는 자상(子常), 호는 필운(弼雲)·백사(白沙), 시호는 문충(文忠)이다. 저서로 《백사집(白沙集)》이 전한다. 유계가 차운한 시는 《백사집》 권1의 〈사인 윤선도가 상소를 올려 일을 말했다가 그로 인해 육진에 귀양 가면서 홍원을 지나는데, 관기 조생이 술병을 가지고 가서 그를 위로하였으므로, 이 때문에 그의 이름이 서울에까지 알려졌었다. 그런데 지금 내가 여기를 지나다가 그의 집에 기숙하면서도 주인이 조생인 줄을 몰랐다가, 다음 날에야 알고는 농담 삼아 절구 한 수를 읊다〔士人尹善道抗疏言事 因竄六鎭 道過洪原 官妓趙生佩壺來慰 以此名聞洛下 今適過此 寄宿其家 不知主人爲趙也 翌日乃知 戱吟一絶〕〉이다.

211 장사(長沙)에……전해지니 : 송(宋)나라 진관(秦觀, 1049~1100)이 1094년 원우 당적(元祐黨籍)에 연루되어 유배당해 장사를 지날 때에 자신의 사(詞)를 매우 좋아하는 한 기녀를 만났다. 진관은 하루 만에 헤어져 유배지로 갔다가 사면되어 돌아가는 길에 광서(廣西) 등주(藤州)에서 죽었는데, 기녀는 그 소식을 듣고 진관의 시신이 있는 곳으로 찾아가 관을 어루만진 뒤에 자결하였다. 기녀의 이름은 전해지지 않는다. 《宋稗類鈔 卷17 頤養》

양진역[212]에서 금강산을 바라보다

養眞驛 望金剛山

뭇 산들 두루 지났지만 눈이 갑자기 새로 떠지니	歷盡群山眼忽新
공간 가득 옥 무더기가 죽순 모양으로 우뚝하네	滿空叢玉矗如筍
밤새 내린 눈에 온 바위 하얘져 도리어 싫으니	還嫌夜雪千巖皓
금강산 본래 모습 분간하지 못하겠네	不辨金剛本色身

212 양진역(養眞驛) : 강원도 고성군(高城郡)에 있던 역원(驛院)이다.《新增東國輿地勝覽 卷45》

선유담[213]에서
仙遊潭

선유담 위로 눈발이 막 걷히고 　仙遊潭上雪初收
옥수와 경림이 십 리 모래톱에 뻗어 있네 　玉樹瓊林十里洲
유배당한 신하 가는 길 고생은 잊어버린 채 　忘却逐臣行邁苦
자신이 신선놀음 중인지 의심스럽네 　自疑身世是仙遊

213 선유담(仙遊潭) : 강원도 고성군 죽왕면 공현진리에 있는 못이다.《新增東國輿地勝覽 卷45 杆城郡》

영랑호[214]에서

永郎湖

까마득한 신선의 놀음 어느 해인지 모르지만 汗漫仙遊不記年
십 리 잔잔한 호수 하늘보다 푸르네 平湖十里碧於天
눈 내린 소나무 물가에서 시 읊는 나그네가 松汀白雪行吟客
하늘에서 유배 온 신선인 줄 누가 알겠는가 誰識淸都謫降仙

214 영랑호(永郎湖) : 강원도 속초시 있는 호수이다. 옛날 신선 영랑의 무리가 놀며 구경했다는 전설에서 유래하였다. 《新增東國輿地勝覽 卷45 杆城郡》

강릉을 지나다가 대관령으로 돌아 들어간 후로 다시는 바닷가를 따라가지 않다

過江陵 轉入大嶺 不復遵海矣

한 달 동안 바닷가 따라 수고로이 말 타니	海上三旬鞍馬勞
파도 소리 모두 듣고 눈 내린 대관령 드높아라	溟波聽盡雪關高
돌아가는 여정 우연히 강릉으로 나오니	歸程偶出江陵道
우스워라 공명이 법조보다 못하구나[215]	堪笑功名欠法曹

215 우스워라……못하구나 : 당(唐)나라 한유(韓愈)가 강릉부(江陵府) 법조참군(法曹參軍)이 되었던 것을 떠올리면서, 유계 자신이 한유가 세운 공명에 비해 부족하여 부끄럽다는 말이다.

태수가 자주 시를 보내 화답을 요구하는데 병중에 너무 고통스러워 간절히 그만두기를 요구하였다. 아침에 일어나 또 시를 받고나서 농담 삼아 차운하다

太守屢送詩求和 病中殊苦 懇求止之 朝起又得惠詩 戲次

며칠 동안 보내온 맑은 시가 이십 수　　廿首淸詩數日間
훌륭한 시가 거듭거듭 덧보태졌네　　瓊琚磊落疊琳玕
일어나 아침에 들을 메운 진나라 병사를 보니　　秦兵起視朝盈野
물 쏟듯 동쪽으로 뻗는 형세 한나라를 위협하네[216]　　建瓴東來勢脅韓

듣자니 선주와 요주에 일이 한창 급하여[217]　　聞說宣饒事方急
골짜기의 백성들 너무도 고달프다 하네　　峽中民力劇辛艱
누가 다시 감문의 그림을 올려　　誰能更上監門畫
임금께서 늦은 밤까지 보게 할까[218]　　轉作楓宸乙夜看

216 일어나……위협하네 : 유계에게 시를 요구하는 태수의 모습이 전국 시대 한(韓)나라가 진(秦)나라에 의해 멸망당할 때 위협받은 것과 같다고 비유한 것이다.

217 선주(宣州)와……급하여 : 당 태종(唐太宗) 때 시어사(侍御史) 권만기(權萬紀)가 선주와 요주(饒州)에서 은을 채굴하기를 청하였는데, 태종은 그가 인재를 추천하지는 못하고 불초한 사람도 물리치지 않고서 황제에게 사사로운 이익을 추구하게 한다 하여 파면하였다. 《新唐書 卷100 權萬紀列傳》

218 누가……할까 : 태수에게 고달파하는 백성들의 실정을 임금께 아뢰어 구휼하기를 당부하는 말이다. 송(宋)나라 때 정협(鄭俠)은 여러 차례 왕안석(王安石)에게 서찰을 보내 신법(新法)이 백성들에게 해를 입힌다고 말하였으나 받아들여지지 않았다. 정협이 안상문의 감문관(監門官)이 되었을 때 큰 가뭄이 들어 유랑민들이 떠돌아다니

위는 은(銀)을 캔다는 말을 듣고 지은 것이다.

며 온갖 비참한 광경이 벌어지자, 이들의 모습을 그리게 한 뒤에 "가뭄은 왕안석의 신법이 초래한 것이니, 왕안석을 제거하면 하늘이 반드시 비를 내려 줄 것입니다."라는 내용으로 주문(奏文)을 올려 시폐(時弊)를 논하였다. 신종이 그 그림을 보고는 밤새 잠을 이루지 못하다가 마침내 정협의 주장대로 왕안석의 신법 18개 조목을 일단 혁파(革罷)하였으나, 다시 신법을 만든 관원들이 탄핵을 하여 정협이 하옥(下獄)되면서 신법이 일체 예전과 같이 행해졌다. 정협이 그린 이 〈유민도(流民圖)〉를 〈정감도(鄭監圖)〉 혹은 줄여서 〈정도(鄭圖)〉라고도 한다. 《宋史 卷321 鄭俠列傳》

홍자회[219]가 노릉[220]을 참배하고 지은 시에 차운하다
次洪子晦展謁魯陵韻

우거진 송백으로 산문 닫힌 곳에서	蕭森松柏閉山門
끝없는 긴 강물을 넋 놓고 바라보네	不盡長江送斷魂
슬프도다 천고토록 머금은 왕손의 한이	惆悵王孫千古恨
물가 가득 일 년 자란 방초에 남았어라	滿汀芳草一年痕

219 홍자회(洪子晦) : 홍처량(洪處亮, 1607~1683)으로, 본관은 남양(南陽), 자는 자회, 호는 북정(北汀), 시호는 정정(貞靖)이다. 《晩靜堂集 第18 吏曹判書洪公謚狀》

220 노릉(魯陵) : 강원도 영월(寧越)에 있는 단종(端宗)의 능이다. 1455년 단종이 폐위되어 노산군(魯山君)에 봉해졌으므로 노릉이라고 한 것이다. 1698년(숙종24)에 위호를 회복하여 묘호(廟號)를 단종으로, 능호(陵號)를 장릉(莊陵)으로 하였다. 《端宗實錄 附錄》

용탄[221]에서 충청 감사 김문숙[222]에게 주다

龍灘 贈湖西伯金文叔

영춘(永春)에서 강물을 거슬러 와서 만났다.

아스라한 여울물을 신선의 배로 거슬러 올라	危灘縹緲溯仙舟
손 맞잡고 다시 이별 시름 어찌하나	握手其如更別愁
석양은 쉬이 저물어 돌아가길 재촉하니	西日易低催返棹
천 겹 수많은 산 속으로 저녁 강물 흘러가네	亂山千疊暮江流

하인들 다 물리치고 작은 배에 올라	屛盡騎騶登小艇
푸른 버들 못가에서 웃으며 맞이하네	綠楊潭畔笑相迎
인간 세상에 절로 맑고 한가한 경계 있으니	人間自有淸閑界
풍파 몰아치는 벼슬살이의 정과 어찌 같으랴	何似風波宦海情

위는 문숙(文叔)의 시[223]에 차운한 것이다.

221 용탄(龍灘) : 용혈탄(龍穴灘)으로, 강원도 영월군 김삿갓면 각동리와 충북 단양군 영춘면 오사리의 경계 지점에 있는 여울이다. 《국역 영월부읍지(寧越府邑誌)》

222 김문숙(金文叔) : 김홍욱(金弘郁, 1602~1654)으로, 본관은 경주(慶州), 자는 문숙, 호는 학주(鶴洲), 시호는 문정(文貞)이다. 저서로는 《학주집(鶴洲集)》이 전한다. 1651년 10월 충청 감사에 임명되어 이듬해 7월에 사임하였다. 《宋子大全 卷178 黃海監司金公墓碣銘幷序》

223 문숙의 시 : 《학주집》 권5에 〈영춘 용혈탄에서 유시남 무중의 시에 차운하다〔永春龍穴灘 次兪市南武仲韻〕〉가 실려 있다.

처자암에서

處子巖

강가의 절벽이 푸른 단풍 같은데	長江峭壁似青楓
천 년 전 남긴 글씨 피가 아직도 붉어라	千載遺書血尙紅
청렴한 사내가 붓끝을 맘껏 놀린다 해도	縱使廉夫饒筆舌
감히 이곳을 기롱할 수 있겠는가	敢將譏諷到玆中

고을 수령이 김화 전쟁터[224]를 지나가며 지은 시에 차운하다

次主倅過金化戰場韻

바람에 대수가 쓰러져[225] 놀랐으니 風驚大樹泣飄零
공신각에 부질없이 누굴 그려 넣을까[226] 麟閣何人謾繪形
눈서리에 당시 온갖 풀들 시들었지만 霜雪當年凋萬卉
그대에게 힘입어 다행히 푸르름 보았네 賴君猶幸見孤靑

위는 홍 남녕군(洪南寧君)[227]을 떠올린 것이다.

고요한 텅 빈 숲으로 저물녘 까마귀 날아들고 空林漠漠暮烏飛
전장의 피로 물들었던 풀빛은 희미하네 戰血新添草色微
봄 규방 어딘가는 여전히 꿈에 그리워할 텐데 何處春閨猶夢想

224 김화(金化) 전쟁터 : 병자호란이 일어나 인조(仁祖)가 남한산성에 포위되자 평안도 관찰사 홍명구(洪命耉)와 평안도 병사 유림(柳琳)이 군사 5천 명을 이끌고 남쪽으로 내려오는 도중에 청병(淸兵)을 만나 전투를 벌인 김화 백전산(柏田山) 일대이다.

225 대수(大樹)가 쓰러져 : 홍명구가 전사한 것을 뜻한다. 대수는 후한(後漢) 때의 장군 풍이(馮異)를 가리킨다. 풍이는 본디 겸손하여 제장(諸將)이 공(功)을 논할 때에 항상 그는 큰 나무 밑으로 피해가 있었으므로, 사람들이 그를 대수장군(大樹將軍)이라 불렀다고 한다.《後漢書 卷17》

226 공신각(功臣閣)에……넣을까 : 원문의 인각(麟閣)은 한(漢)나라 때 미앙궁(未央宮) 내에 있던 누각의 이름으로, 선제(宣帝) 때 곽광(霍光) 등 11명의 공신의 초상을 그려서 이곳에 걸어두고 그들의 공적을 기렸다 한다.

227 홍 남녕군(洪南寧君) : 홍명구(1596~1637)로, 본관은 남양(南陽), 자는 원로(元老), 호는 나재(懶齋), 시호는 충렬(忠烈)이다. 1635년에 남녕군에 봉해졌다.《淸陰集 卷25 平安道觀察使南寧君洪公神道碑銘幷序》

들판 가득한 백골에 이끼 덮였어라[228] 滿原枯骨上苔衣

228 봄……덮였어라 : 전투에서 죽은 군사들의 아내가 남편을 그리워할 것이라는 말이다. 당(唐)나라 진도(陳陶)의 〈농서행(隴西行)〉에 "흉노 소탕을 맹세하며 몸 돌아보지 않아, 오천 명의 장사 되놈 땅에서 죽었네. 가련하구나 무정하 가의 백골들이여, 아직도 봄 규방에선 꿈속에 그리워할 텐데.〔誓掃匈奴不顧身, 五千貂錦喪胡塵. 可憐無定河邊骨, 猶是春閨夢裏人.〕"라고 하였다. 《全唐詩 卷746》

윤효직[229] 순거 과 백분[230] 원거 과 길보[231]가 산골에 집을 짓겠다는 나의 말을 듣고 시를 지어 보내왔기에 차운하여 부치다

尹孝直 舜擧 伯奮 元擧 吉甫聞我將有峽中經營 有詩相贈 就次却寄

관령에서 넋 잃고 몸뚱이만 남았더니	魂飛關嶺只形存
다시 물 위에 떠서 수원이 끊긴 곳에 이르렀네	更此飄浮到絶源
작은 집은 처한 형세와 상관없으니	小築非關論處勢
산에 갇혀 감히 나서지 못한다오	囚山不敢出山門

229 윤효직(尹孝直) : 윤순거(尹舜擧, 1596~1668)로, 본관은 파평(坡平), 자는 효직·노직(魯直), 호는 동토(童土)이다.《明齋遺稿 卷43 仲父童土府君行狀》

230 백분(伯奮) : 윤원거(尹元擧, 1601~1672)로, 본관은 파평, 자는 백분, 호는 용서(龍西)이다.《明齋遺稿 卷44 堂叔父龍西先生行狀》

231 길보(吉甫) : 윤선거(尹宣擧, 1610~1669)로, 본관은 파평, 자는 길보, 호는 미촌(美村)·노서(魯西), 시호는 문경(文敬)이다.《南溪集 卷81 成均生員贈吏曹參議魯西先生尹公行狀》

지신 이함경[232]이 보내준 시에 차운하여 부치다

次李知申咸卿見贈韻 却寄

비단 무늬 알록달록한 어대와 성포 두르고	魚袋猩袍錦纈斑
승지로 지척에서 모시며 용안 가까이하네	銀臺咫尺近天顔
강담에서 내가 어찌 살아가는지 묻지 말지니	江潭莫問吾生理
빈 숲 눈 수북한 산에서 문 닫고 지낸다오	門掩空林雪滿山

232 이함경(李咸卿) : 이일상(李一相, 1612~1666)으로, 본관은 연안(延安), 자는 함경, 호는 청호(靑湖), 시호는 문숙(文肅)이다.《芝村集 卷23 伯父靑湖府君墓誌》 지신(知申)은 승정원 도승지(承政院都承旨)의 별칭으로, 이일상은 1652년 도승지에 임명되었다.《孝宗實錄 3年 4月 20日》

명을 듣고 영월에서 출발해 수성으로 향하다가 고개 위에서 시를 얻다[233] 임진년(1652, 효종3)

聞命後 發越中向隋城 嶺上有得 壬辰

해 넘기며 산에 갇혀 지내다가 비로소 나오니	經歲囚山始出山
푸른 하늘은 예전 그대로 참모습 보여주네	碧天依舊見眞顔
부평초처럼 본래 뿌리도 꼭지도 없는 몸[234]	浮萍本自無根蔕
또다시 임금의 은혜 입어 바닷가로 향하네	又逐恩波向海灣

233 명을……얻다 : 유계는 인조(仁祖)의 묘호(廟號)를 정할 때 인(仁) 자를 다시 쓰는 것을 반대하다가 1650년(효종1) 선왕(先王)을 욕되게 하였다는 죄로 함경북도 온성(穩城)에 유배되었고, 1651년 8월 강원도 영월(寧越)로 양이(量移)되었다가 1652년 12월에 방귀전리(放歸田里) 되었다. 수성(隋城)은 경기도 수원(水原)의 옛 이름으로, 유계가 태어난 곳이다.

234 부평초처럼……몸 : 진(晉)나라 도잠(陶潛)의 시 〈잡시(雜詩)〉에 "인생이란 뿌리도 없고 꼭지도 없이, 길 위에 먼지처럼 날아다니는 것.〔人生無根蔕, 飄如陌上塵.〕"이라고 하였다. 《陶淵明集 卷4》

부소산[235]에서 비를 맞으며 일찍 돌아오다 계사년(1653, 효종4)

自扶蘇冒雨早歸 癸巳

교외의 풀빛에 불탄 자국 희미한데	郊原草色燒痕微
아침 비 부슬부슬 내려 옷 다 젖겠네	朝雨霏霏欲滿衣
동산에 매화 두루 핀 모습 언뜻 떠오르니	忽憶園梅開已遍
봄술 몇 잔 마시고 읊으며 돌아가야지	數杯春酒詠而歸

235 부소산(扶蘇山) : 충남 부여군 부여읍에 있는 산이다.

학령 상인에게 주다

贈學靈上人

학령은 상국(相國) 상진(尙震)[236]의 후손이다.

적막한 절 푸른 산에 잠겨 있는데　岑寂禪房鎖翠微
십 년 만에 지팡이 짚고 돌아가는구나　孤笻今向十年歸
뜬구름 같은 세상일 굳이 말하겠는가　浮雲世事何須說
상국의 후손이 스님 되었다네　相國孫爲一衲衣

236 상진(尙震) : 1493~1564. 본관은 목천(木川), 자는 기부(起夫), 호는 송현(松峴)·향일당(嚮日堂), 시호는 성안(成安)이다. 1558년 영의정에 올랐다.《淸江集 卷4 大匡輔國崇祿大夫……世子師尙公行狀》

금협으로 가다가 송영보가 연강에서 황강으로 갈 것[237]이라는 말을 들었다. 비를 맞으며 서둘러 돌아가다가 길에서 읊다

赴錦峽 聞宋英甫自燕江將抵黃江 冒雨催歸 道間吟得

산 노인은 강으로 가고 강 노인은 산으로 가서　山叟浮江江叟山
강과 산의 노인 만나기가 어렵구나　江山會合亦間關
멀리 어여뻐라 고란사[238] 물가에서 배 타는 일이여　遙憐蘭渚風帆泊
솔숲에서 비 맞으며 돌아가는 것과 어찌 같으랴　何似松林帶雨還

237 금협(錦峽)으로……것 : 금협은 금산(錦山)의 산천재(山泉齋)이다. 연강(燕江)은 충남 연기현(燕岐縣)을 가리키고, 황강(黃江)은 논산시 강경읍 황산리를 가리킨다. 유계는 1653년(효종4) 윤7월 송시열(宋時烈), 윤원거(尹元擧), 윤선거(尹宣擧) 등과 황산서원(黃山書院)에서 만났다. 《市南集 卷19 黃山記遊》

238 고란사(皐蘭寺) : 충남 부여군 부소산 북쪽 백마강(白馬江) 가에 있는 절이다.

제현과 화암에 배를 대자 길보 등 몇 명은 먼저 화암으로 올라갔지만 우리는 병이 나서 배 안에 있었다.[239] 시를 지어 놀림에 해명하다

與諸賢舟泊花巖 吉甫諸人 先登巖上 余輩病在舟中 有詩解嘲

둥실대는 조각배로 화산에 이르러	輕舟搖漾到花山
지팡이와 노 잡으며 지척 간에 헤어졌네	笻棹分携咫尺間
위에서 아래 내려다보지 마시게나	莫從上面低看下
걸으면 높이 오르겠지만 멈춘 것도 한적하다네	行者能高止亦閑

239 제현(諸賢)과……있었다 : 《시남집(市南集)》 권19 〈황산기유(黃山記遊)〉에 "여러 사람이 앞다투어 배에서 내려 화암(花巖)에 올랐지만, 나와 영보(英甫), 백분(伯奮), 호연(浩然)은 예전에 실컷 놀았던 곳이고 병이 나서 사양하고 따라가지 않았다. 여러 사람들이 정상에 오른 뒤에 손을 들어 서로 가리키면서 제주(齊州)를 굽어보는 뜻이 있었다. 내가 조소를 면하기 위해 절구 한 수를 짓자, 이에 백분·영보·길보(吉甫)·일경(一卿)이 저마다 화답시를 지었다."라는 기록이 실려 있다.

배를 나란히 타고 강경산[240]을 지나 영보·백분·길보·일경[241] 등 여러 명을 전송하였다. 나는 호연[242]·박자이[243] 승건 와 배를 돌리고, 배 위에서 일경의 시에 차운하다

方舟過江景山 送英甫伯奮吉甫一卿諸人 與浩然朴子以 承健 回舟 舟上次一卿韻

아침 조수 올라오자 나란히 배 타니 卯潮初上竝蘭船
심양[244]을 지나자마자 문득 망연자실 纔過潯陽却惘然
시름겨워 어부와 짝해 물가로 돌아가노라니 愁伴漁郎歸下渚
저녁 바람이 시든 마름을 흔드는구나 晩風搖落白蘋邊

240 강경산(江景山) : 충남 은진현(恩津縣)에서 서쪽으로 26리 지점에 있는 산이다.《新增東國輿地勝覽 卷18 忠淸道 恩津縣》 현재의 논산시 강경읍 금강 변에 있다.

241 일경(一卿) : 이정기(李廷夔, 1612~1671)로, 본관은 한산(韓山), 자는 일경, 호는 귀천(歸川)이다. 1653년(효종4) 봄 은산 현감(恩山縣監)에 임명되었다.《滄溪集 卷17 故嘉善大夫吏曹參判李公行狀》

242 호연(浩然) : 권성원(權聖源, 1602~1662)으로, 본관은 안동(安東), 자는 호연이다. 1649년(효종 즉위년) 가을 여산 군수(礪山郡守)에 임명되었다.《魯西遺稿 卷17 通訓大夫行善山府使權公墓誌銘》

243 박자이(朴子以) : 박승건(朴承健, 1609~1667)으로, 본관은 밀양(密陽), 자는 자이이다. 1653년 용안 현감(龍安縣監)에 임명되었다.《孝宗實錄 4年 1月 22日》

244 심양(潯陽) : 당나라 백거이(白居易)의 〈비파행(琵琶行)〉에 "심양 강가에서 밤에 객을 전송하는데, 단풍잎 갈대꽃에 가을바람 쓸쓸하구나.〔潯陽江頭夜送客, 楓葉荻花秋瑟瑟.〕"라고 읊은 데서 유래하여 이별의 장소를 뜻한다.《白樂天詩集 卷12》 여기서는 강경산을 가리킨다.

황강에서 이별한 뒤에 백분과 길보가 각각 시를 지어 주었는데 나란히 초연의 후회[245]가 담겨 있었다. 그 시에 차운하여 부치다

黃江別後 伯奮吉甫各有詩相贈 竝有初筵之悔 就次却寄

한 줄기 하천의 풍광 보기를 기약하여	風月相期看一川
옥인이 물과 구름 그윽한 곳에서 왔네	玉人來自水雲邊
청아한 즐거움에 어지러이 술잔 주고받아	淸歡却被杯觴亂
크게 취해 고상한 담론이 좌중에 가득했네	大醉高談滿座前

245 초연(初筵)의 후회 : 술자리에서 실수를 저지른 일을 뉘우치는 것을 뜻한다. 춘추 시대 위 무공(衛武公)이 술을 마시고 뉘우쳐 자신을 경계하기 위해 지은 시 〈빈지초연(賓之初筵)〉이 《시경》에 실려 있다.

이일경[246]과 윤여망[247] 문거 형제 여러 명이 계룡산 복림동을 유람하고 나서 지은 시를 보여주었다. 나를 생각하면서 지은 시 한 수가 있어 곧 차운하여 끝에 쓰다

李一卿與尹汝望 文擧 昆仲諸人 遊鷄龍之福林洞 投示詩草 有見憶詩一首 就次書其末

나중에 어디서 맑은 유람 갖기로 기약하였나	何處淸遊有後期
계룡산 깊은 골짝 용이 뛰어오르는 못이로구나	鷄山深洞躍龍池
무단한 병 때문에 함께 즐기지 못하고	無端一病違心賞
홀로 여러 친구들의 시를 읊어보네	獨詠諸賢卷裏詩

246 이일경(李一卿) : 이정기(李廷夔, 1612~1671)로, 본관은 한산(韓山), 자는 일경, 호는 귀천(歸川)이다.《滄溪集 卷17 故嘉善大夫吏曹參判李公行狀》

247 윤여망(尹汝望) : 윤문거(尹文擧, 1606~1672)로, 본관은 파평(坡平), 자는 여망, 호는 석호(石湖), 시호는 충경(忠敬)이다. 저서에 《석호유고(石湖遺稿)》가 있다.《宋子大全 卷162 石湖尹公神道碑銘幷序》

필아의 관례일에 길보의 시에 차운하다[248]

弼兒冠日 次吉甫韻

잔치 끝나고 나서 감개가 밀려오니	纔罷賓筵感慨隨
우리들 다시는 소년이 아니구나	吾儕非復少年時
눈앞의 아이들 모두 장성하여	兒童目下俱長大
끝없는 바람을 대대로 기약하네	不盡心期世世期

248 필아(弼兒)의……차운하다 : 필아는 유계의 둘째아들 유명필(俞命弼, 1640~1669)로, 본관은 기계(杞溪), 자는 직보(直甫)이다. 유계가 차운한 시는 《노서유고(魯西遺稿)》 권1의 〈2월 25일 시남의 아들 관례에 가다가 도중에 짙은 구름이 끼어 있기에 조카 윤개에게 운자를 부르라고 명하다〔二月廿五日 赴市南冠子之會 道遇雲陰 命揩姪呼韻〕〉이다.

채국동리하[249] 다섯 자의 운으로 절구 다섯 수를 짓다
用採菊東籬下五字韻 成五絶

꽃잎 먹으려고 뜰 앞에 국화 심었는데　　庭前種菊擬飧英
꽃 필 때 되니 차마 못 따겠네　　及到開時不忍採
바람서리 쓸쓸한 세모의 날씨에　　風霜寥泬歲暮天
좋을시고 홀로 빼어난 꽃 고요히 마주하네　　好是孤芳靜相對

몇 떨기 흰 국화 속에 노란 국화 있으니　　數叢白菊間黃菊
노란 건 황금이요 흰 건 백옥이라　　黃是黃金白白玉
금과 옥이 어느새 당에 가득하니　　金玉居然自滿堂
인간 세상 부귀한 손님 부럽지 않아라　　不羨人間富貴客

반 이랑에 소복이 국화 자라고　　簇簇寒花半畝中
대숲은 서쪽 언덕 솔숲은 동쪽에 자리했네　　竹林西畔松林東
오건 쓰고 여장 짚고서 날마다 오가니　　烏巾藜杖日來往
삼경[250]이 어느새 길 하나로 통하네　　三逕居然一路通

249 채국동리하(採菊東籬下) : 진(晉)나라 도잠(陶潛)의 시 〈음주(飮酒)〉에 "동쪽 울타리 밑에서 국화 따다가, 한가로이 남산을 바라보네.〔採菊東籬下, 悠然見南山.〕"라고 하였다. 《陶淵明集 卷3》

250 삼경(三逕) : 세 갈래의 오솔길로, 은자(隱者)의 집을 뜻한다. 한(漢)나라 장후(蔣詡)가 벼슬에서 물러나 집안에 세 갈래 길만 두고 당시 고사(高士)였던 양중(羊仲)과 구중(求仲) 두 사람만 교유했는데, 이후 도잠이 〈귀거래사(歸去來辭)〉에서 "세 오솔

작디작은 섬돌과 짧디짧은 울타리에	小小階除短短籬
성긴 가지와 찬 꽃술이 들쭉날쭉	疏枝冷蕊互參差
산옹은 너무 가난해 집에 술 없으니	山翁窶甚無家釀
맑은 향기만 맡고 술잔엔 띄우지 못하네	謾嗅淸香未泛巵

한 뿌리 흙을 감싸 화분에 심어	孤根帶土種盆中
수고롭게 처마 밑에 옮겨 놓았네	勤苦移來屋簷下
더욱 어여쁜 건 산 달이 주렴에 들어오면	偏憐山月入疏簾
긴 가지의 그림자 옮겨와 베개 위에 놓일 때라오	影轉長枝枕上亞

길이 묵었으나, 소나무와 국화는 아직 남아 있다.〔三徑就荒, 松菊猶存.〕"라고 하였다. 《蒙求 蔣詡三逕》《陶淵明集 卷5》

우연히 읊다

偶詠

마음에 아무런 일 없음이 바로 자연의 놀이이니	心無一事是天遊
수석 있는 곳에 굳이 마음 쓰지 않아도 된다오	不必勞神水石區
새로운 대나무 만 그루 창호 앞에 자라고	新竹萬竿當戶長
홀로 산 위의 달 맞아 뜰 가득 머물게 하네	獨邀山月滿庭留

길보의 시에 화답하다

和吉甫韻

멋진 기약 있어 날마다 비 개기를 기다렸는데	佳期連日候天晴
들녘에 물 불어나니 다시 어찌 견딜까	更耐郊原漲潦生
나무의 매미소리 맑게 귀에 가득하니	一樹蟬聲淸滿耳
바람 맞으며 갑절이나 그리움 더한다오	臨風懷想倍懸情

윤여망[251]이 병에 걸렸다는 이야기를 듣고 대나무를 베어 진액을 받아 보냈다. 우연히 얻은 절구 한 수를 적어 보내면서 병중에 한 번 웃기를 바라다

聞尹汝望有病 斫竹取瀝以送 偶得一絶錄呈 冀病中一粲

동산에 자라는 천 척 푸른 대나무 　　園中千尺碧琅玕
그윽한 기약 세한의 절조[252]에 의탁해 보네 　　幽絶心期托歲寒
경장을 섭취하기 위해 다급히 보내노니 　　爲取瓊漿火迫去
맑은 기운 다 실어 그대 간에 들인다오 　　盡輸淸氣入君肝

251 윤여망(尹汝望) : 윤문거(尹文擧, 1606~1672)로, 본관은 파평(坡平), 자는 여망, 호는 석호(石湖), 시호는 충경(忠敬)이다. 저서에 《석호유고(石湖遺稿)》가 있다. 《宋子大全 卷162 石湖尹公神道碑銘幷序》

252 세한(歲寒)의 절조 : 힘든 고난 속에서도 지조를 잃지 않는다는 말이다. 《논어》 〈자한(子罕)〉에 "날씨가 추워진 뒤에야 소나무와 측백나무가 뒤늦게 시드는 것을 알 수 있다."라고 하였다.

양양으로 가는 윤경선 형각 에게 삼가 부치다[253]
奉寄尹景先 衡覺 襄陽之行

동해로 가는 원님은 오마 재촉하는데[254]	東海仙官五馬催
호서의 죄 지은 나그네는 머리가 다 세었네	西湖累客鬢全皚
서로 그리워하는 부상과 약목을[255]	扶桑若木相思地
하루 만에 도는 해가 마냥 부럽다네	剛羨烏輪一日廻
홀로 지팡이 짚고 낙산 올랐을 때	孤筇曾向洛山登
새벽녘 높은 누각에 기대어 뜨는 해 보았었네	曉倚高樓看日升
벽에 남겨둔 시는 지금도 걸려 있을까	壁上留詩今在否
붉은 소매로 쌓인 먼지 떨어내 주었으면[256]	試教紅袖拂塵凝

253 양양(襄陽)으로……부치다 : 윤경선(尹景先)은 윤형각(尹衡覺, 1601~1664)으로, 본관은 남원(南原), 자는 경선이다. 1655년(효종6) 11월 양양 부사(襄陽府使)에 임명되었다.《退憂堂集 卷10 星州牧使尹公墓表》 둘째 수와 셋째 수는 윤문거(尹文擧)의 《석호유고(石湖遺稿)》 권1에도 〈증별양양사군(贈別襄陽使君)〉이라는 제목으로 실려 있다.

254 동해로……재촉하는데 : 윤형각이 양양으로 부임하기 위해 서두른다는 말이다. 오마(五馬)는 한(漢)나라 때 태수(太守)가 다섯 필의 말이 끄는 수레를 타고 부임하였던 데에서 유래하여 지방 수령을 뜻한다.

255 서로……약목(若木)을 : 서쪽에 있는 유계와 동쪽으로 가는 윤형각이 서로 그리워한다는 말이다. 부상은 동녘의 태양이 떠오르는 곳에 있다는 전설상의 나무이고, 약목(若木)은 서쪽의 곤륜산(崑崙山) 끝 해가 지는 곳에 있는 나무이다.

256 벽에……주었으면 : 유계 자신이 지은 시에 쌓인 먼지를 떨어내달라는 말이다. 송(宋)나라 위야(魏野)가 일찍이 명상 구준(寇準)을 수행하여 섬부(陝府)의 절에 가

양양의 산은 뾰족뾰족 물은 깊으니　　襄山矗矗水深深
양호와 두예의 높은 명성을 지금 다시 보겠네[257]　　羊杜高名復見今
현산에 빗돌 남기는 일도 괜찮으리니　　峴首不妨留片石
많은 일들 바다 속에 던져버릴 필요 없으리라　　莫須多事海中沈

노닐면서 각각 시를 지어 남겼다. 뒤에 다시 함께 그 절에 놀러 가서 보니, 구준의 시는 푸른 깁으로 잘 싸여 있었으나, 위야의 시는 그대로 방치되어 벽에 가득 먼지가 끼어 있었다. 마침 그 일행을 수행했던 총명한 한 관기(官妓)가 즉시 자기의 붉은 옷소매로 그 먼지를 닦아내자, 위야가 천천히 말하기를 "항상 붉은 소매로 먼지 떨어낼 수 있다면, 응당 푸른 깁으로 싸 놓는 것보다 나으리라."라고 하였다. 《靑箱雜記 卷6》

257 양호(羊祜)와……보겠네 : 양두(羊杜)는 진(晉)나라의 명장으로, 호북성(湖北省) 양양현(襄陽縣)을 다스렸던 양호와 두예(杜預)의 병칭이다. 양호는 양양을 다스릴 적에 선정(善政)을 베풀면서 현산(峴山)에 올라가 쉬곤 하였는데, 양호가 죽자 그곳 백성들이 현산에 비석을 세웠고 비석을 바라보는 이들이 모두 눈물을 흘렸다 하여 두예가 그 비석을 타루비(墮淚碑)라고 이름을 지었다. 《晉書 卷34 羊祜列傳》 여기서는 고을 이름이 같기 때문에 인용한 것이다.

수영 바닷가 정자[258]의 빼어난 경치를 익히 들었던 차에 마침 보령에 도착하여 수사 김지백[259] 영공에게 편지를 올려 한 번 구경하려고 하였다. 문지기가 편지를 거절하고 들이지 않아 돌아오는 길에 시를 지어 다시 수사에게 올리다

飽聞水營海亭之勝 適到保寧 奉書水伯金知白令公 欲一玩賞 閽人拒簡書不納 歸途吟得 轉呈水伯

물고기와 새도 군령을 두려워하는 듯하고	魚鳥猶疑畏簡書
층층 성곽이 우뚝하게 누대 둘러 있네	層城迢遞擁樓居
죄 지은 몸 가는 곳마다 막히는 일 많으니	累蹤到處多關阻
지척의 호산이 약수와 같다네[260]	咫尺湖山弱水如

258 수영(水營) 바닷가 정자 : 충남 보령시 오천면 충청 수영 안에 있는 영보정(永保亭)을 가리킨다.

259 김지백(金知白) : 김소(金素, 1602~?)로, 본관은 안동(安東), 자는 지백, 호는 양졸와(養拙窩)이다. 1655년 충청 수사(忠淸水使)에 임명되었다.《承政院日記 孝宗 6年 7月 23日》

260 지척의……같다네 : 영보정이 가까운 곳에 있는데도 가 보지 못하므로 멀게 느껴진다는 말이다. 약수(弱水)는 선경(仙境)에 있다고 하는 물 이름으로, 기러기 털조차도 가라앉아서 배가 뜰 수 없다고 한다. 후대에는 이로 인하여 배를 타고 건너갈 수 없는 강이나 바다를 뜻하는 말로 쓰였다.

남당에 매화를 찾아가서 주인에게 남겨 주다

南塘訪梅 留贈主人

남포에서 매화 찾으니 매화 피어 있고	南浦尋梅梅正開
주인은 진중하여 큰 술잔 권하네	主人珍重勸深杯
무단히 봄바람 맞으며 한바탕 술에 취해	無端一醉春風酒
해 지고 조수 잔잔한데 돌아가려 하지 않네	日落潮平未擬廻

길보[261]의 새 집에 찾아갔는데, 이날 눈이 내렸다
訪吉甫新居 是日下雪

짧디짧은 소나무 울타리 망가진 채 기울었고	短短松籬缺復斜
언덕 아래에 띠 엮어 몇 칸 집을 지었네	白茅岡下數椽家
정원과 숲에 내린 봄눈이 도리어 다정해	庭林春雪還多意
짐짓 서호 처사의 꽃에 내려앉았네[262]	故着西湖處士花

261 길보(吉甫) : 윤선거(尹宣擧, 1610~1669)로, 본관은 파평(坡平), 자는 길보, 호는 미촌(美村)·노서(魯西), 시호는 문경(文敬)이다.《南溪集 卷81 成均生員贈吏曹參議魯西先生尹公行狀》

262 짐짓……내려앉았네 : 서호 처사(西湖處士)는 송(宋)나라 은자 임포(林逋, 967~1028)로, 처자를 거느리지 않고 서호의 고산(孤山)에 은거하여 매화를 심고 학을 길렀으므로 사람들이 매처학자(梅妻鶴子)라 불렀다. 여기서는 윤선거 집의 매화꽃에 눈이 내려앉았다는 말이다.

고운의 신독재 선생 묘에 절하고 감회가 있어서[263]

孤雲 拜愼齋先生墓 有感

구름 낀 산 천 겹인 곳에 영령 잠기어	雲山千疊閟英靈
금옥 같은 말씀 벌써 아득해졌네	金玉徽音已杳冥
길이 백년토록 문하에서의 감격 품고	長抱百年門下感
봄바람 속 외로운 무덤에서 눈물 흘리네	春風雙淚灑孤塋

263 고운(孤雲)의……있어서 : 고운은 충남 연산현(連山縣) 천호산(天護山)에 있던 절이다.《新增東國輿地勝覽 卷18 忠淸道 連山縣》신재(愼齋)는 김집(金集, 1574~1656)으로, 본관은 광산(光山), 자는 사강(士剛), 호는 신독재(愼獨齋), 시호는 문경(文敬)이다.《신독재전서(愼獨齋全書)》권16〈연보 하(年譜下)〉에 "연산 치소(治所) 동쪽 천호산의 고운승사(孤雲僧舍) 북쪽 손향(巽向)의 언덕에 장사 지냈다."라고 하였다. 유계는 김집이 운명할 당시 눈에 백태가 끼어 영결하지 못하고 1657년 1월에 묘소에 가서 참배하였다.《市南年譜 丁酉年》

민태수[264]의 시냇가 정자에서 북쪽으로 돌아가는 길보를 전송하였고 다른 친구들도 모두 흩어졌다

閔台叟溪亭 送吉甫北歸 諸賢皆散

시냇가 정자에서 고아한 이야기 밤새 나누고	勝話溪亭夜徹朝
흰머리 저마다 성글어진 모습에 놀랐네	驚看鬢雪各飄蕭
동으로 서로 떠나는 이별의 한 같지만	東歸西去猶離恨
북쪽으로 가는 맑은 자태 어찌 바라보나	更耐淸塵北望遙

264 민태수(閔台叟) : 민여로(閔汝老, 1598~1671)로, 본관은 여흥(驪興), 자는 태수이다. 앞쪽에 같은 제목으로 지어진 5언 절구 한 수가 있다.

길보의 〈봄날 감회를 쓰다〉에 차운하였으니, 우계의 시에 차운한 것이다[265]

次吉甫春日書懷 次牛溪韻

초야에 사는 자유의 몸 억지로 일으켜	强起林泉自在身
한 번 행차하니 도성 백성들 우러렀네	一番行李聳都民
산새는 사람에 놀라 갑자기 날아가고	山鳥驚人忽飛去
성안의 온갖 꽃들 봄에 앞 다투어 웃는구나	百花爭笑滿城春
왕명에 절한 건 본래 나오려는 것이 아니니	拜命初非是獻身
조용히 백성 되기를 빌어도 무방하리라	無妨從頌乞爲民
우암의 출처를 끝내 모르겠으니	未識尤庵終出處
이 뜻을 동춘에게 물어보시오	須將此意問同春
이 도는 원래 자신만 깨끗이 하려는 것 아니니	此道元非要潔身
성인의 경서에서 끝내 신민을 말했다네[266]	聖經終是說新民

265 길보(吉甫)의……것이다 : 유계가 차운한 윤선거(尹宣擧)의 시는 《노서유고(魯西遺稿)》 권2의 〈봄날 감회를 써서 시남에게 부치다. 《청송당집》 중 왕명에 응했다가 산으로 돌아간 시의 운자를 쓰다〔春日書懷寄市南 用聽松堂集中應命還山韻〕〉이다. 이 시는 성수침(成守琛)의 《청송집(聽松集)》 권1 〈결제(缺題)〉에 실려 있다. 우계(牛溪) 성혼(成渾)의 시에 차운하였다는 말은 유계의 착오로 보인다.

266 성인(聖人)의……말했다네 : 《대학장구》 경 1장에 "대학의 도는 밝은 덕을 밝힘에 있으며 백성을 새롭게 함에 있으며 지극한 선에 그치게 하는 데에 있다.〔大學之道, 在明明德, 在新民, 在止於至善.〕"라고 하여, 자신을 깨끗이 하는 명덕(明德) 외에 백성

나아가고 물러남에 일정하게 말할 수 없으니　　莫把行藏一定說
매서운 추위 뒤엔 따스한 봄이 있다네　　沍寒之後有陽春

죄 지은 데다 병까지 앓는 몸　　抱罪身兼抱病身
이 세상 궁한 백성 된 것이 분수에 달가워라　　分甘天地作窮民
가련하게도 처사의 전 약속 어그러지고　　猶憐處士前期誤
강가의 절에 무단히 또 봄을 보내도다　　江寺無端又一春

을 새롭게 하는 신민(新民)을 말하였다.

앞의 시에 화답한 윤인경 증 의 시에 또 차운하다[267]
又次尹仁卿 拯 和前韻

근년에 날씨가 좋든 나쁘든 몸 증험해 보니　晴雨年來驗病身
하늘의 뜻은 백성에게서 나옴을 잘 알겠네　益知天意自吾民
동면하는 곤충도 아주 캄캄하다고 말하지 말게나　休言坏蟄全冥昧
우레소리 한 번 들으면 봄 온 줄 안다네　一聽雷音解識春

때를 보는 것이다.

누가 경륜을 이 몸에게 맡기겠나　誰把經綸任此身
비 내려줌이 진정 백성을 살리는 게지　天時雨澤正蘇民
넣어두었던 쟁기 진정 쓸 만하니　藏來耒耟眞堪用
차마 숲속에 앉아 봄을 보내겠는가　忍坐林間送一春

제때에 미치는 것이다.

막걸리 마시며 자기 몸 편안히 구제하니　濁醪康濟自家身

267 앞의……차운하다 : 윤인경(尹仁卿)은 윤증(尹拯, 1629~1714)으로, 본관은 파평(坡平), 자는 인경·자인(子仁), 호는 명재(明齋)·유봉(酉峰), 시호는 문성(文成)이다.《一庵遺稿 卷3 祖考文成公家狀》윤증이 지은 시는《명재유고(明齋遺稿)》권1의 〈부친께서 부름을 받고 서울에 들어가서 사정을 아뢴 뒤 사은하지 않고 돌아와, 지난 임자년에 청송 선생이 부름을 받고 갔다가 다시 산으로 돌아와서 지은 시에 차운하여 뜻을 나타냈는데, 시남 선생이 화답시를 써서 풍자하면서 우암과 동춘 어른의 일도 언급하였다. 삼가 그 시에 보운하여 짓다〔家君承召入京陳情 不謝而歸 次聽松先生壬子應命還山之韻 以見志 市南先生 和而諷之 仍及尤春諸丈之事 謹步其韻〕〉이다.

흙덩이 깨며 마침내 태평성대의 백성 되었네[268] 擊壤終爲聖世民
그리워라 안락와의 나그네[269]여 懷哉安樂窩中客
간과 폐에 천하의 봄을 한껏 받아들였지 肝肺都收天下春

시절을 즐기는 것이다.

풍광이 괴롭게 읊는 나와 이별하여 風光別我苦吟身
그저 거친 술잔 잡고 들 사람 마주하네 聊把窪尊對野民
꾀꼬리는 종일토록 정원 나무에서 우는데 新鶯盡日啼庭樹
봄 가기 전에 돌아오지 못한 것 한탄하는 듯하네 似恨歸來未及春

때가 지난 것이다.

268 흙덩이……되었네 : 격양(擊壤)은 백성이 태평성대를 누리는 것을 뜻한다. 요(堯) 임금 때 한 노인이 배불리 먹고서 배를 두드리고 땅을 두드리며 노래하기를 "해가 뜨면 나가서 일하고 해가 지면 들어가서 쉬도다. 우물 파서 물을 마시고 밭 갈아서 밥을 먹거니, 임금의 힘이 나에게 무슨 상관이 있으랴."라고 하였다.

269 안락와(安樂窩)의 나그네 : 송(宋)나라 소옹(邵雍, 1011~1077)으로, 자는 요부(堯夫), 호는 안락와, 시호는 강절(康節)이다. 낙양(洛陽)에 거의 30년이나 살면서 거처하는 곳을 안락와로 명명하고 스스로 안락선생(安樂先生)이라고 불렀다.

윤경임[270]의 시에 화운하다

和尹景任韻

바닷가의 창생들 거듭되는 기근에 시달리니	海隅蒼生困荐飢
한밤중 온갖 감회에 눈물이 옷깃 적시네	中宵百感淚霑衣
기러기 우는 못에 용사의 변고 일어나[271]	鴻鳴澤裏龍蛇變
안상문 앞을 지나가는 이도 드물구나[272]	安上門前過亦稀

270 윤경임(尹景任) : 윤형성(尹衡聖, 1608~1676)으로, 본관은 남원(南原), 자는 경임, 호는 기기재(棄棄齋)이다. 둘째딸이 유계의 맏아들 유명윤(兪命胤)과 혼인하였다.《文谷集 卷19 晉州牧使尹公墓誌銘幷序》

271 기러기……일어나 : 《시경》〈홍안(鴻雁)〉에 "기러기들이 날면서 구슬프게 우는도다.〔鴻雁于飛, 哀鳴嗸嗸.〕"라고 하였으니, 민생의 고달픔을 말한 것이다.

272 안상문(安上門)……드물구나 : 기근이 매우 심해 오히려 유랑민이 적다는 말이다. 송(宋)나라 때 정협(鄭俠)이 안상문의 감문관(監門官)이 되었을 때 큰 가뭄이 들어 유랑민들이 떠돌아다니는 모습을 그려 소장과 함께 신종(神宗)에게 바치자, 신종이 그림을 보고 신법을 혁파하였다.《宋史 卷321 鄭俠列傳》

세자궁에 올린 영상시[273] 기해년(1659, 효종10)

世子宮迎祥詩 己亥

궁 안의 꽃과 버들 아래로 드리워지니	宮花宮柳任垂低
한 번 즐기는 동산 길에 오래도록 흐드러지네[274]	一豫經時苑路迷
매번 선비들 불러 서연을 열 때마다	每喚群儒開講肆
동쪽 누대 서까래 끝에 붉은 해 솟아오르네	東樓紅日上璇題

273 세자궁에 올린 영상시(迎祥詩) : 《효종실록》 9년 12월 22일 기사에 유계를 세자시강원 겸필선(世子侍講院兼弼善)에 임명한 기록이 실려 있다. 영상시는 문관(文官)이 설날에 지어 올리는 축하시로, 궁궐의 기둥에 써서 붙였다.

274 한 번……흐드러지네 : 세자가 궁궐의 아름다운 경치를 즐기기를 바란다는 말이다. 《맹자》 〈양혜왕 하(梁惠王下)〉에 "하나라 속담에 '우리 임금님이 나들이하지 않으면 우리가 어떻게 쉬며, 우리 임금님이 즐기지 않으면 우리가 어떻게 도움을 받으리오. 한번 노닐고 한번 즐기시는 것이 제후들의 법도가 된다.'라는 말이 있는 것이다."라고 하였다.

족인들과 읍백당에서 화수회를 열었다. 취한 뒤에 써서 좌중에 보이다

與族人修花樹會于挹柏堂 醉後書示座中

취하여 서로 이끌어 벽단을 쓸고 나니	醉後相携掃碧壇
성 가득한 꽃과 버들이 즐거움 바치네	滿城花柳盡供歡
어찌 다른 사람이랴 모두가 형제로다[275]	豈伊異客皆兄弟
백발에도 반갑게 보기를 길이 기약하세[276]	青眼長期白首看

275 어찌……형제로다 : 《시경》 〈기변(頍弁)〉에 "우뚝한 관이여, 그것이 무엇인고? 네 술이 이미 맛 좋고, 네 안주가 아름다우니, 어찌 다른 사람이리오. 형제이지 다른 사람 아니로다.〔有頍者弁, 實維伊何. 爾酒既旨, 爾殽既嘉. 豈伊異人, 兄弟匪他.〕"라고 하였다.

276 백발에도……기약하세 : 늙어서도 화목하게 지내자는 말이다. 원문의 청안(青眼)은 반가운 눈길을 뜻한다. 진(晉)나라 완적(阮籍)이 미운 사람을 보면 백안(白眼)으로 대하고 반가운 사람을 보면 청안으로 대한 데서 유래하였다.《晉書 卷49 阮籍列傳》

제주 목사 이치흠을 전송하다

送濟牧李致欽

갈바람에 배 한 척 타고 먼 바다 건너면　　秋風一棹過重溟
남쪽 끝 신선의 산이 눈에 가득 푸르겠지　　南極仙山滿眼青
이번 가는 일 잘못된 계책 아닌 줄 누가 알랴　　誰識此行非失計
세속에 얽매인 몸뚱이보다는 훨씬 나으리라　　全勝塵土滯羈形

기옹[277] · 송옹[278] · 문곡[279]과 조지서에 모여 이야기하다

與沂翁松翁文谷會話造紙署

가을 다가오자 비췻빛 산색 저물고	山色近秋蒼翠晚
냇물 소리는 비 내리자 패옥 소리 들려오네	溪聲添雨佩環鳴
잠깐의 한가로움이 진정한 한가로움은 아니지만	偸閑未必眞閑境
속세의 거리 종일 다니는 것보다는 훨씬 좋아라	絶勝塵街盡日行

277 기옹(沂翁) : 홍명하(洪命夏, 1607~1667)로, 본관은 남양(南陽), 자는 대이(大而), 호는 기천(沂川), 시호는 문간(文簡)이다.《宋子大全 卷162 沂川洪公神道碑銘幷序》

278 송옹(松翁) : 조복양(趙復陽, 1609~1671)으로, 본관은 풍양(豐壤), 자는 중초(仲初), 호는 송곡(松谷), 시호는 문간(文簡)이다. 저서에 《송곡집(松谷集)》이 전한다.《明齋遺稿 卷45 吏曹判書松谷趙公行狀》

279 문곡(文谷) : 김수항(金壽恒, 1629~1689)으로, 본관은 안동(安東), 자는 구지(久之), 호는 문곡, 시호는 문충(文忠)이다.《農巖集 續集 先府君行狀》

시남집

제2권

詩시

정축년(1637, 인조15) 초여름 죄를 지어 남쪽으로 유배 가는데 수성을 지나는 길에 감회가 있어서[1]

丁丑孟夏 負累南遷 路過隋城 有感

종일토록 수성 지나는 길	盡日隋城路
걸음걸음 눈물을 금치 못하겠네	行行涕不禁
주린 까마귀는 들판의 해골에서 짖어대고	飢烏喧野骨
둥지의 제비는 봄 숲 모여 있구나	巢燕集春林
상란이 어찌 옛날인들 없었으랴마는	喪亂寧無古
전쟁의 상처 지금 같은 적 없었네	瘡殘未有今
아득한 저 푸른 하늘은	悠悠彼蒼者
과연 무슨 마음이란 말인가	畢竟是何心

1 정축년……있어서 : 유계는 1637년(인조15) 병자호란 때 세자시강원 설서(世子侍講院說書)로 있으면서 척화를 주장한 죄로 임천(林川)에 유배되었다. 수성(隋城)은 경기도 수원(水原)의 옛 이름으로, 유계가 태어난 곳이다.《市南集 附錄 卷1 有明朝鮮嘉善大夫吏曹參判……市南兪公行狀》

가림에 도착하여 앞의 운자를 거듭 써서 조자현[2]에게 화답하다

到嘉林 疊前韻 和趙子玄

병든 뒤로 시 짓고 술 마시기를　病後詩兼酒
앙상하게 말라도 그만두지 않았네　稜稜瘦不禁
거미줄 쳐진 창문 고요히 바라보고　靜看蟲網戶
달 뜬 대숲을 한가로움 속에 사랑하네　閑愛月篩林
궁한 처지에 누가 벗이란 말인가　窮路人誰故
깊은 정을 지금 그대에게서 보는구나　深情子見今
요사이 자주 시를 보내주니　邇來頻惠句
자못 나그네의 마음에 위안이 되네　頗慰客中心

2　조자현(趙子玄) : 조전소(趙全素, 1601～?)로, 본관은 풍양(豐壤), 자는 자현, 호는 후포(后浦)이다.

금강 조씨 어른의 시에 서둘러 차운하다
走次金江趙丈韻

난리 끝난 뒤로 친지들 적으니	亂後親知寡
누구에게 이 마음을 말할까	誰將說此心
객지의 시름에 남쪽 새와 짝하고	羈愁伴越鳥
나그네는 단풍 숲에 눈물 떨구네	客淚灑楓林
외딴 마을의 적적한 나날	寂寂孤村日
여름 내내 장맛비 끊임없이 내리네	滲滲九夏霖
그리워도 만나지 못하니	有懷乖捧袂
견디지 못해 고상한 시에 화답하네	叵耐和高吟

빗속에 덕운암 덕유산에 있다. 에 오르다 신사년(1641, 인조19)

帶雨上德雲庵 在德裕○辛巳

단풍 물든 숲 오솔길 희미하고 錦樹迷行逕
성긴 종소리 절에서 들려오네 疏鍾出梵宮
나그네 산 그림자 속으로 들어가니 客來山影裏
빗소리에 가을은 깊어만 간다 秋晩雨聲中
구름은 골짝에서 뭉게뭉게 피어나고 掩冉雲生壑
나뭇잎은 우수수 바람에 지는구나 蕭騷葉受風
맑은 새벽에 앞길을 묻고 淸晨問前路
다시 높은 봉우리 오르려 하네 更欲上層峯

감회가 있어 윤이원[3]의 시에 차운하다

有感 次尹而遠韻

당시 청음(淸陰)이 북쪽으로 끌려갔다.[4]

묻노니 저 푸른 하늘은	問彼蒼蒼者
어찌하여 이런 일을 차마 하는가	胡然忍此爲
남아가 살아남는 것도 구차하나니	男兒生亦苟
지사라면 죽음이 도리어 마땅하네	志士死還宜
머리 부수고픈 마음 부질없이 있고	碎首心空在
눈으로만 그저 눈물 흘리누나	霑膺眼獨知
누가 정통을 부지할 수 있을까	誰能扶正脈
머리카락 한 올에 만 균을 매단 듯 위태롭네	一髮萬勻垂

3 윤이원(尹而遠) : 윤명은(尹鳴殷, 1601~1646)으로, 본관은 파평(坡平), 자는 이원, 호는 사정(思亭)이다.《松谷集 卷10 全羅道觀察使尹公墓誌銘幷序》

4 당시……끌려갔다 : 청음(淸陰)은 김상헌(金尙憲, 1570~1652)으로, 본관은 안동(安東), 자는 숙도(叔度), 호는 청음·석실산인(石室山人), 시호는 문정(文正)이다. 1640년 청나라에서 명나라를 공격하기 위해 출병(出兵)을 요구하자, 이에 반대하는 상소를 올렸다가 심양(瀋陽)으로 잡혀가 북관(北館)에 구류되었다. 이듬해 의주에 돌아왔으나, 조선이 명나라를 숭배하고 청나라를 배척한다는 이유로 다시 북관에 재차 구류되었다.

수부[5]가 보내온 시에 차운하다

次秀夫見贈韻

가련해라 〈백설곡〉 외로운 노래여[6]	白雪憐孤唱
거문고에 담긴 난초 노래 구슬프구나[7]	崇蘭怨玉琴
나는 이미 쓸모없는 몸이 되었고	吾形已土木
그대는 다시 산림으로 들어갔네[8]	子道復山林
이슬 맺힌 꽃이 검은 골짜기에 피고	露萼敷玄壑

5 수부(秀夫) : 권준(權儁, 1610～1665)으로, 본관은 안동(安東), 자는 수부, 호는 월천(月川)이다. 《魯西遺稿 卷20 司導寺正月川權公行狀》

6 백설곡(白雪曲) 외로운 노래여 : 백설은 고대 악곡(樂曲)의 하나로, 〈양춘곡(陽春曲)〉과 함께 격조가 높아 따라 부르기 어려운 노래로 꼽혔다. 《문선(文選)》 권45 〈대초왕문(對楚王問)〉에 "어떤 나그네가 영중(郢中)에서 〈하리(下里)〉와 〈파인(巴人)〉이라는 노래를 부르자 나라 안에 화답한 사람이 수천 명이나 되었고, 〈양아(陽阿)〉와 〈해로(薤露)〉라는 노래를 부르자 화답하는 이가 수백 명이 되었다. 그러다가 〈양춘〉과 〈백설〉을 부르자 화답한 사람이 수십 명에 불과하였다."라고 하였다. 여기서는 권준이 보내온 시를 가리킨다.

7 거문고에……구슬프구나 : 공자가 여러 나라를 돌아다녔지만 제후들이 아무도 등용해 주지 않았는데, 위(衛)나라에서 노(魯)나라로 돌아오는 길에 깊은 산골짜기에 향기로운 난초가 외로이 있는 것을 보고는 탄식하기를 "난초는 왕자(王者)를 위해 향기를 피워야 하거늘, 지금 홀로 무성하여 잡초와 섞여 있구나."라고 하고는 수레를 멈추고 금(琴)을 연주하면서 때를 잘 만나지 못한 자신의 신세를 상심하는 마음을 난초에 가탁하였다. 《古今事文類聚 後集 卷29 作猗蘭操》

8 그대는……들어갔네 : 권준은 병자호란의 굴욕적인 항복을 보고 벼슬길을 단념하고 공주 동쪽 고탄(古灘) 위 백운동(白雲洞)에 은거하며 다시는 서울에 가지 않았다. 《魯西遺稿 卷20 司導寺正月川權公行狀》

바람맞은 부들이 푸른 물가에 하늘거리네 風蒲弄碧潯
그윽한 모임 갖기에 마침 좋으니 幽期時正好
수레 몰아 봄 그늘로 찾아가세 命駕趁春陰

길보의 〈고향에서의 감회〉에 차운하다[9]

次吉甫故山有感韻

난리 뒤 오래도록 유배객 되어　　亂後長爲客
호산에서 이렇게 머무르고 있다네　　湖山此滯留
떠도는 혼은 남쪽 숲을 헤매건만　　離魂迷郢樹
돌아가는 꿈은 선영 동산에 맴도네　　歸夢繞園楸
몸과 그림자 시름 속에 외롭고　　形影愁邊孑
세월은 귀밑머리 위를 달려가는도다　　光陰鬢上遒
나그네 회포는 쉬이 서글퍼지는 법　　羈懷易怊悵
더군다나 맑은 가을 가까워오는구나　　況復近淸秋

9 길보(吉甫)의……차운하다 : 길보는 윤선거(尹宣擧, 1610~1669)로, 본관은 파평(坡平), 자는 길보, 호는 미촌(美村)·노서(魯西), 시호는 문경(文敬)이다. 《南溪集 卷81 成均生員贈吏曹參議魯西先生尹公行狀》 유계가 차운한 윤선거의 시는 《노서유고(魯西遺稿)》 권1에 실려 있다.

길보의 〈도잠의 시를 읽고〉에 차운하다

次吉甫讀陶詩韻

줄 없는 거문고로 훌륭한 연주이지만[10] 無絃是絶響
세속을 버림이 어찌 초심이랴 遺俗豈初心
속마음을 어느 누가 알겠는가 微抱人誰識
맑은 풍취 세상에서 찾을 수 없네 淸徽世莫尋
소나무 어루만지던 만년의 절조[11] 사랑스럽고 撫松憐晩節
달 바라보며 그윽한 회포 상상하네 看月想幽襟
〈귀거래사〉 세 번 읊조리니 三復歸來賦
서로의 기약 고금을 뛰어넘었도다 相期邈古今

10 줄……연주이지만 : 동진(東晉)의 처사 도잠(陶潛)은 본디 음률을 잘 알지 못했지만 줄도 없는 거문고 하나를 가지고 있으면서 술이 거나할 때마다 어루만지며 자기의 뜻을 부쳤다고 한다.《晉書 卷94 隱逸列傳 陶潛》

11 소나무……절조 : 도잠의 〈귀거래사(歸去來辭)〉에 "날은 어둑어둑 해가 곧 지려 하는데, 외로운 소나무 어루만지며 서성거리네.〔景翳翳以將入, 撫孤松而盤桓.〕"라고 한 데서 온 말이다.《陶淵明集 卷5》

길보의 〈귀거래사에 쓰다〉에 차운하다

次吉甫題歸去來辭韻

징사[12]는 흉금이 고요하여	徵士胸襟靜
재능 숨기고 스스로 본성을 지켰다네	含光自葆眞
낮은 벼슬은 원래 재미 삼아 해 보았고	一官元似戲
오두미는 가난을 마다하지 않았던 것이네[13]	五斗不辭貧
울타리 밑 국화로 술 마시고	籬下黃花酒
문 앞 푸른 버들 보며 봄 즐기네[14]	門前綠柳春
돌아가서 늦게라도 은거하였으니	歸來成晚隱
돌아가지 못한 사람보다 훨씬 낫다네	絶勝未歸人

12 징사(徵士) : 학문과 덕행이 뛰어나 조정에서 부르는데도 벼슬에 나아가지 않는 선비를 일컫는데, 여기서는 동진(東晉)의 도잠(陶潛)을 가리킨다.

13 낮은……것이네 : 도잠이 팽택(彭澤)의 수령으로 있을 적에 군(郡)에서 독우(督郵)가 나오게 되었는데, 아전이 도잠에게 독우가 오면 의관을 갖추고 맞이해야 한다고 하였다. 도잠은 "나는 다섯 말의 쌀을 얻기 위하여 향리(鄕里)의 애송이에게 허리를 굽히지 못하겠다."라고 하고는, 관직을 떠나 전원으로 돌아가면서 〈귀거래사(歸去來辭)〉를 지었다. 《晉書 卷94 隱逸列傳 陶潛》 또한 《예기》 〈방기(坊記)〉에 "군자가 귀함을 사양하고 천함을 사양하지 않으며, 부유함을 사양하고 가난함을 사양하지 않으면 난이 더욱 없어진다.〔君子辭貴不辭賤, 辭富不辭貧, 則亂益亡.〕"라고 하였다.

14 울타리……즐기네 : 도잠이 유독 국화를 좋아하고 술을 즐겨, 시 〈음주(飮酒)〉에 "동쪽 울타리 아래에서 국화를 따다가, 하염없이 남산을 바라보누나."라고 하였다. 《陶淵明集 卷3》 또한 문 앞에 버드나무 다섯 그루를 심고 오류선생(五柳先生)으로 자호(自號)를 삼았으며 〈오류선생전(五柳先生傳)〉을 지었다.

산서정사에서 동토[15]의 시에 차운하다

山西精舍 次童土韻

산에 사는 사람은 자유롭게 지내고　山中人自在
고개 위의 구름은 무심히 떠 있으니　嶺上雲無心
나의 그윽한 감회 요동치게 하여　撩我幽懷動
자네 있는 고요한 곳 가기로 기약하였지　期君靜境尋
이끼 낀 길 끊어진 골짝에서 헤매고　苔蹊迷斷壑
솔바람이 성긴 옷깃에 가득하네　松籟滿疏襟
옛날 여사의 맑은 풍도[16]여　廬社淸風古
이제부턴 자취 따를 만하여라　追塵可自今

15 동토(童土) : 윤순거(尹舜擧, 1596~1668)로, 본관은 파평(坡平), 자는 노직(魯直), 호는 동토이다.

16 여사(廬社)의 맑은 풍도 : 동진(東晉) 때 여산(廬山) 동림사(東林寺)의 고승 혜원(慧遠)이 당대의 명유인 도잠(陶潛), 육수정(陸修靜) 등을 초청하여 승속(僧俗)이 함께 염불 수행을 할 목적으로 백련사(白蓮社)를 결성하여 서로 왕래하며 친밀하게 지낸 고사가 전한다.

저물녘에 황산에 들렀다가 김중문[17]에게 남겨 주고 작별하다

暮過黃山 留別金仲文

한 번 모이면 한 번 헤어지니	一聚一回散
인생은 정해진 기약 없다네	人生無定期
모두가 강호에 살 계획 있고	俱存山海計
또 눈서리 견딜 자태 보존하네	且保雪霜姿
오막살이에서 가을 밤 등불 밝히고	小屋秋燈夜
긴 모래톱에 저물녘 비 내리누나	長洲暮雨時
헤어질 적에 문득 할 말 잊었지만	臨分便忘語
출처는 피차가 마음으로 알리라	出處兩心知

17 김중문(金仲文) : 김익희(金益熙, 1610~1656)로, 본관은 광산(光山), 자는 중문, 호는 창주(滄洲), 시호는 문정(文貞)이다.《藥泉集 第23 吏曹判書金公請諡行狀》

조자중[18]의 부채 머리에 쓰고 아울러 자현[19]에게 보여주다
書趙子重扇頭 兼示子玄

서늘한 가을 해 지는 저녁	涼秋日西夕
가랑비가 빈 숲에 부슬부슬	微雨灑空林
한 동이의 술을 마주하고	共對一樽酒
그럭저럭 오언시를 짓는다네	聊成五字吟
인간 세상에 이별의 한 많아라	人間饒別恨
온 나라에 마음 알아주는 이 얼마일까	海內幾知心
누대에 기댄 나그네를 아득히 생각하노니	緬憶倚樓客
그대 편에 좋은 소식 바라오	憑君乞好音

18 조자중(趙子重) : 조임(趙任, 1573～1644)으로, 본관은 한양(漢陽), 자는 자중, 호는 사월(沙月)이다.《晩谷集 卷13 知事沙月趙公碣陰記》

19 자현(子玄) : 조전소(趙全素, 1601～?)로, 본관은 풍양(豐壤), 자는 자현, 호는 후포(后浦)이다.

길보에게 써서 주다

書贈吉甫

일찍이 진펄에 발 빠졌는데	泥淖曾濡足
숲속에서 무엇으로 몸을 깨끗이 하나	林泉孰潔身
마음이 바쁜 건 형체의 부림이었고	心忙形是役
묵은 관습 그대로인데 귀밑머리 희끗하네	習舊鬢徒新
씻어냄은 물로 하는 것이 아니며	澡雪非關水
맑게 함은 사람에게 달려 있다네	澄淸只在人
신선의 우물 물어볼 것도 없으니	無勞問仙井
병든 몸 이끌고 참된 일을 해야지	扶病會參眞

석성 아헌에서 민명윤 진량 의 시에 차운하다[20]

石城衙軒 次閔明允 晉亮 韻

풍진 속에 헤어졌는데　　分手風塵際
되돌아보니 세월이 오래 흘렀네　　回頭歲月深
그대의 작은 고을살이 가엾고　　君棲憐枳棘
산림에 있는 나는 부끄러워라　　吾道愧山林
나그네 한이 귀밑머리에 파고들었고　　旅恨侵雙鬢
돌아가는 길에는 산이 만 겹이구나　　歸程隔萬岑
가을날 등불 켜고 하룻밤 대화하면서　　秋燈一夜話
이별의 마음으로 서로 바라본다오　　脈脈去留心

20 석성(石城)……차운하다 : 민명윤(閔明允)은 민진량(閔晉亮, 1602~1671)으로, 본관은 여흥(驪興), 자는 명윤, 호는 구졸(九拙)이다. 1643년 5월 석성 현감에 임명되었다.《承政院日記 仁祖 21年 5月 6日》

직산 현감 박철[21]의 퇴수단 시에 차운하다
次朴稷山 徹 退修壇韻

일신의 도모는 한가함을 얻는 것이니	身謀閑是得
늘그막엔 물러남을 아름답게 여기네	晩境退爲佳
세 오솔길[22]은 그윽한 섬돌로 통하고	三逕通幽砌
쌍청[23]은 작은 서재에 들어오네	雙淸入小齋
거문고와 시로 뜻을 즐기니	琴書聊樂志
문서와 소송에 어찌 마음을 두겠는가	牒訴肯裝懷
어찌하여 요직에 있는 귀인들은	何許當塗貴
늙어도 은퇴를 청하지 않는지	耆頤未乞骸

21 박철(朴徹) : 1585~1656. 본관은 함양(咸陽), 자는 형원(亨遠), 호는 기와(棄窩)이다. 1640년 직산 현감(稷山縣監)에 임명되었다.《明齋遺稿 卷37 大丘府使朴公墓碣銘》 퇴수단(退修壇)은 박철이 수원(水原)의 용성(龍城)에 지은 건물이다.《汾西集 卷11 后村棄舍退修壇記》

22 세 오솔길 : 한(漢)나라 장후(蔣詡)는 왕망(王莽)이 집권하자 벼슬에서 물러나 향리인 두릉(杜陵)에 은거하면서 세 개의 오솔길을 내고 벗 구중(求仲)과 양중(羊仲) 두 사람하고만 교유하였다.《蒙求 蔣詡三逕》 이 고사를 바탕으로 진(晉)나라 도잠(陶潛)이 〈귀거래사(歸去來辭)〉에 "세 오솔길은 황폐해지는데, 솔 국화는 그대로 있네.〔三徑就荒, 松菊猶存.〕"라고 하였다.《陶淵明集 卷5》

23 쌍청(雙淸) : 마음과 행적 둘 다 깨끗함을 말한다. 당(唐)나라 두보(杜甫)의 시 〈병적(屛迹)〉에 "백발로 명아주 지팡이를 끌고 다니니, 마음과 자취 둘 다 깨끗함이 기쁘구나.〔杖藜從白首, 心迹喜雙淸.〕"라고 하였다.

동토의 〈목계에서 헤어지다〉에 차운하다[24]

次童土木溪辭別韻

세상길은 아득하기가 바다와 같고　世路迷如海
산재는 작기가 배와 같다네　山齋小似舟
벗들은 모두 멀리 떨어져 있어　朋知儘燕越
쓸쓸하게 봄과 가을을 맞는다오　離索自春秋
조각달은 외로운 꿈에 걸려 있고　片月懸孤夢
그윽한 난초 저물녘 물가에서 줍노라　幽蘭拾晚洲
맑은 향기 보내주고 싶지만　清香欲有贈
하늘 끝에서 먼 시름만 일어나네　天末起遐愁

24 동토(童土)의……차운하다 : 동토는 윤순거(尹舜擧, 1596~1668)로, 본관은 파평(坡平), 자는 노직(魯直), 호는 동토이다. 《明齋遺稿 卷43 仲父童土府君行狀》 유계가 차운한 시는 《동토집(童土集)》 권1의 〈어머니를 모시고 목계에 이르러 헤어진 뒤 배를 타고 서울에 들어가다〔奉慈氏 行至木溪辭別 舟行入京〕〉이다.

서주에 일이 있어[25] 길보의 시[26]에 차운하다

有事西疇 次吉甫韻

훈업 세우기는 길이 세상과 어긋났지만	勳業長違世
농사일은 제때에 맞추려고 하네	農功欲及時
김매는 아침에 해가 등을 내리쬐고	耘朝日炙背
밭 가는 저녁에 이슬이 옷을 적시네	耕夕露濡衣
출처를 굳이 의논해야 하나	出處那須議
존망도 기약하지 못한다네	存亡尙未期
몸가짐에 두 가지 도가 없으니	將身無二道
기미 아는지 물을 필요 없다오[27]	不必問知幾

25 서주(西疇)에 일이 있어 : 농사를 짓는다는 말이다. 도잠(陶潛)의 〈귀거래사(歸去來辭)〉에 "농부가 내게 봄이 왔음을 알려주니, 장차 서쪽 밭두둑에 일이 있으리라.〔農人告余以春及, 將有事于西疇.〕"라고 한 데서 유래하였다. 《陶淵明集 卷5》

26 길보(吉甫)의 시 : 《노서유고(魯西遺稿)》 권1의 〈옥주 도중에 소나기를 만나다〔沃州道中遇雷雨〕〉이다.

27 몸가짐에……없다오 : 윤선거(尹宣擧)가 시에서 "시골 선비에게 말을 부치노니, 출처에 기미를 살피게나.〔寄言丘壑士, 出處審其幾.〕"라고 말했기에 유계가 답한 것이다. 《魯西遺稿 卷1 沃州道中遇雷雨》

길보의 시 〈창주서원〉에 차운하다[28]

次吉甫滄洲書院韻

가부의 경륜 배우고[29]	賈傅經綸學
장승의 절의를 떠받들었네[30]	張丞節義宗
충성이나 간사함은 한때의 의론이지만	忠邪一時論
그르고 옳음은 백년 지나야 공정해진다오	非是百年公
제사는 강가 사당에서 지내고	香火臨江廟
정신은 눈 덮인 산악의 소나무로다	精神雪嶽松
산처럼 높고 물처럼 마르지 않으면서	山高水不盡
영원히 유풍이 전해지리라[31]	萬古有餘風

28 길보(吉甫)의……차운하다 : 창주서원(滄洲書院)은 중봉(重峯) 조헌(趙憲)을 추모하기 위해 충북 옥천군 이원면에 창건했던 서원이다. 윤선거의 시는 《노서유고(魯西遺稿)》 권1에 실려 있다.

29 가부(賈傅)의 경륜(經綸) 배우고 : 가부는 한(漢)나라 장사왕(長沙王)의 태부(太傅)를 지낸 가의(賈誼)를 가리킨다. 문제(文帝) 때 박사(博士)가 되어 정삭(正朔)을 고치고 복색(服色)을 바꾸고 법도(法度)를 제정하고 예악(禮樂)을 일으켰다. 《史記 卷84 賈生列傳》

30 장승(張丞)의 절의(節義)를 떠받들었네 : 장승은 당 현종(唐玄宗) 때의 충신 장순(張巡)이다. 안녹산(安祿山)이 반란을 일으켰을 때 강회(江淮)의 수양성(睢陽城)을 몇 달 동안 사수하고 있었는데, 구원병은 오지 않고 양식은 다 떨어져 성이 함락되었다. 그러자 태수 허원(許遠)과 함께 순절하였다. 《舊唐書 卷187下 忠義列傳 張巡》

31 산처럼……전해지리라 : 조헌의 유풍이 영원히 전해질 것이라는 말이다. 송(宋)나라 범중엄(范仲淹)의 〈엄선생사당기(嚴先生祠堂記)〉에 "선생의 유풍, 산처럼 높고 물처럼 장구하리.〔先生之風, 山高水長.〕"라고 하였다. 《范文正集 卷7》

산재에서 비 온 뒤 당시[32]에 차운하다

山齋雨後 次唐詩韻

병 오래 앓아 사람 대하는 일 드물고	病久稀人事
숲 깊어 속세의 시끄러움 끊어졌네	林深絶世喧
한가하다고 어찌 술 마시기를 일삼으랴	身閑何事飮
도는 굳이 말하지 않는 것이라오	道在不須言
들판의 풀은 연기 속에 가늘고	野草縈煙細
바위 꽃은 빗속에 많이 피었네	巖花帶雨繁
우연히 저물녘 흥취에 이끌려	偶然牽晩興
시 읊으며 바람 부는 난간에 이르네	吟嘯到風軒

32 당시(唐詩) : 당나라 시인 위응물(韋應物)의 〈기도율사동거동재원(起渡律師同居東齋院)〉을 가리킨다. 《韋蘇州集 卷7》

길보가 태지의 집에 준 시에 차운하다[33]

次吉甫贈泰之卜居韻

그대와 정미년 같은 해에 태어나	與子同丁未
살아온 지 거의 사십 년 되었네	行將四十年
언제 즐거운 지경에 있었던가마는	何時有樂地
무슨 일이든 하늘에 달려 있지 않겠는가	底事不關天
평경[34]처럼 온종일 떠다니지만	萍梗終朝泛
송추만은 영원히 전해지리	松楸永世傳
눈앞에 닥친 사후의 계책에	眼前身後計
한번 웃고 한번 가련히 여긴다네	一笑一堪憐

33 길보(吉甫)가……차운하다 : 태지(泰之)는 이유태(李惟泰, 1607～1684)로, 본관은 경주(慶州), 자는 태지, 호는 초려(草廬), 시호는 문헌(文憲)이다. 《草廬集 卷26 行狀》 유계가 차운한 윤선거의 시는 《노서유고(魯西遺稿)》 권1의 〈이태지 유태의 새 집터에 들러〔過李泰之惟泰新基〕〉이다.

34 평경(萍梗) : 물 위에 이리저리 떠다니는 부평초와 나무를 깎아 만든 작은 인형〔斷梗〕으로, 정처 없이 이리저리 떠돌아다니는 것을 뜻한다.

아산에서 태수 형[35] 이유청 에게 주다

牙山 贈太守兄 李惟淸

백 리의 현에 백성과 사직을 겸하니[36]	百里兼民社
평소의 도를 행할 만하네	平生道可行
큰 칼 휘두른들 무슨 문제 되겠는가마는[37]	何妨大刀割
작은 생선 삶는 것도 쉽게 하지 마소[38]	莫易小鮮烹
부지런하고 삼가서 원래 속되지 않으니	勤謹元非俗
고상하고 기이한 명성 가까이하리라	高奇亦近名
관직을 맡아 여전히 거만했던	當官猶偃蹇
도연명을 나는 우습게 여긴다오	吾却笑淵明

35 태수 형 : 이유청(李惟淸, 1597~1659)으로, 유계의 자형(姊兄)이다. 《市南集 卷23 先考墓誌文》

36 백 리의……겸하니 : 백리(百里)는 사방 백 리의 작은 고을로, 현(縣)을 뜻한다. 여기서는 아산을 가리킨다.

37 큰 칼……되겠는가마는 : 이유청이 큰 정사를 펼칠 수 있는 능력을 지녔다는 말이다. 공자의 제자 자유(子游)가 무성(武城)의 수령이 되어 예악(禮樂)으로 고을을 다스리는 것을 보고 공자가 "닭을 잡는데 어찌 소 잡는 칼을 쓰겠는가."라고 하였다. 《論語 陽貨》

38 작은……마소 : 작은 생선을 솥에 넣고 삶을 때 자꾸 뚜껑을 열고 뒤적거려서는 안 되는 것처럼, 백성들을 다스릴 때에 번거롭게 하지 말라는 말이다. 《노자(老子)》 제60장에 "대국을 다스리는 방도는 마치 작은 물고기를 삶듯 해야 한다."라고 하였다.

온양 맹가촌에 들렀는데 가까이에 옛 성이 있어서[39]

병술년(1646, 인조24)

過溫陽孟家村 旁有古城 丙戌

시냇물이 큰 골짜기에 나뉘고	溪流分大峽
산세가 앞 들판을 누르는 곳	山勢壓前坰
맹씨가 부임했던 마을이며[40]	孟氏雙旌里
온조왕이 쌓은 백 치의 성이로다[41]	溫王百雉城
흥망 겪은 지난 자취 서글프고	興亡悲往迹
충효 행한 예전 명성이 애석하네	忠孝惜前名
길이 천 년의 일을 곱씹으며	永撫千年事
읊조리다가 문득 시구 지었네	沈吟句忽成

39 온양……있어서 : 맹가촌(孟家村)은 조선 전기의 문신 맹사성(孟思誠, 1360~1438)의 부친 맹희도(孟希道)가 정착한 이후로 후손이 세거해 온 충남 아산시 배방읍 중리 일대이다. 맹사성의 본관은 신창(新昌), 자는 자명(自明), 호는 고불(古佛)이다. 옛 성은 백제 때에 배방읍 신흥리 성터산에 축조된 배방산성(排方山城)을 가리킨다.

40 맹씨가 부임했던 마을이며 : 원문의 쌍정(雙旌)은 두 개의 깃발로, 당(唐)나라 때 절도사나 관찰사에게 쌍정과 쌍절(雙節)을 하사했던 고사에서 유래하여 지방관의 부임을 뜻한다.《新唐書 百官志 4下》 맹사성은 1417년 맹희도의 봉양을 위해 충청도 도관찰사(忠淸道都觀察使)에 임명되었다.《太宗實錄 17年 12月 3日》

41 온조왕(溫祚王)이……성이로다 : 배방산성이 백제 시대에 축조되었다는 말이다. 원문의 온왕(溫王)은 백제를 건국한 온조를 가리킨다.

반딧불이 과작

螢 課作

점점이 밤비 따라 움직이는 듯	點點隨宵雨
드문드문 새벽별 엮어 놓은 듯	疏疏綴曉星
헛된 명성은 단조를 더럽혔지만[42]	虛名忝丹鳥
자잘한 자질은 본래 미미한 반딧불이네	瑣質本微螢
썩은 풀숲 밝음은 어둠에서 나오고	草腐明生暗
찬 등불 불꽃은 푸름과 짝하네	燈寒焰件青
가련하게도 공부의 집에는	堪憐工部宅
책상 가득히 말라 죽었구나[43]	滿案委枯形

42 헛된……더렵혔지만 : 반딧불이는 곤충인데 '새'로 쓰이기도 했다는 말이다. 《대대례기(大戴禮記)》 〈하소정(夏小正)〉에 "단조가 백조를 먹는다.〔丹鳥羞白鳥〕"라고 하였는데, 주에 "단조는 반딧불이고, 백조는 모기이다.〔丹鳥也者, 謂丹良也, 白鳥也者, 謂蚊蚋也.〕"라고 하였다.

43 공부(工部)의……죽었구나 : 공부는 당(唐)나라 공부 원외랑(員外郞)을 지낸 두보(杜甫)를 가리킨다. 두보의 시 〈저작랑 정건의 옛집에 쓰다〔題鄭十八著作丈故居〕〉에 "궁벽한 골목은 조용하고 거마의 자취 끊겼는데, 책상머리에는 반딧불이만 말라죽어 있구나.〔窮巷悄然車馬節, 案頭乾死讀書螢.〕"라고 하였다. 《杜詩詳註 卷6》

매미

蟬

궁전을 떠나던 날	玉殿違離日
구슬 꿴 저고리 벗던 해	珠襦蛻化年
파란 비단의 나비에게 부끄럽고	青綾慙粉蝶
푸른 나무의 매미는 원망하지	碧樹怨清蟬
날개 얇아 이슬 견디기 어렵지만	翅薄難勝露
소리 높아 연기 피어오를 듯하네	聲高欲裊煙
가을바람 부는 시든 버들 너머에선	秋風衰柳外
울부짖는 두견새보다 애한이 심하구나	哀恨劇啼鵑

법천사[44] 남쪽 암자에 쓰다

題法泉南菴

면성(綿城)에 있다.

유마의 방장실[45]	方丈維摩室
천 년 전해온 사찰일세	千年釋子宮
가을빛 붉은 산 둘러 있는데	秋容丹嶂合
선승의 자취 흰 구름처럼 사라졌네	禪迹白雲空
뽕나무에 전생의 인연 있어	桑樹前緣在
바위샘이 예전 꿈에 나타났지	巖泉昔夢中
묻노니 참료자는 어디로 갔는가	參寥問何去
이 몸이 뒷날의 파옹이라오[46]	身是後坡翁

44 법천사(法泉寺) : 전남 무안군 몽탄면 승달산(僧達山)에 있는 절이다. 725년(성덕왕24)에 서역 금지국(金地國)의 승려 정명(淨明)이 창건하였다.

45 유마(維摩)의 방장실(方丈室) : 유마는 인도 석가(釋迦)의 세속 제자 유마힐(維摩詰)을 가리키고, 방장은 유마힐이 사방 한 길쯤 되는 방에 거처했다는 데서 승려의 간소한 방을 의미하며 사찰을 뜻하기도 한다. 여기서는 법천사를 가리킨다.

46 뽕나무에……파옹(坡翁)이라오 : 참료자(參寥子)는 송(宋)나라 승려 도잠(道潛)으로, 소식(蘇軾)과 절친하게 지내며 시를 많이 주고받았다. 소식이 꿈속에 참료자를 만나 함께 시를 읊었는데, 그 시에 "한식과 청명 모두 지났으니, 바위샘물과 회화나무불이 일시에 새로워라."라고 하였다. 7년 뒤 소식이 항주(杭州) 태수로 있을 때 참료자가 지과(智果)에 은거하고 있었는데, 그곳에 바위가 갈라진 틈으로 솟아나는 돌샘이 있었다. 한식이 하루 지난 이튿날에 소식이 이곳을 찾아오자 참료자가 이 바위 샘물을 길어 차를 달이니, 이전에 꿈속에서 읊었던 시구와 절묘하게 맞아떨어졌다.《東坡志林 卷1 夢寐》 여기서의 참료자는 법천사의 승려를 가리키고, 뒷날의 파옹은 유계를 가리킨다.

무송 강시언의 연정에서 벽에 걸린 분서의 시에 차운하다[47]

茂松姜時彦蓮亭 次壁上汾西韻

분서의 시구 낭랑하게 읊어보니 朗詠汾西句
고상한 정취 나보다 먼저 얻었구나 風情獲我先
석류꽃 붉어 절로 아름답고 榴花紅自媚
연잎 깨끗해 어여쁘네 荷葉淨堪憐
달이 권한 맑은 술에 취하고 月勸淸樽醉
시원하게 물가 누각에서 잠드네 涼供水閣眠
거친 시에 술의 힘도 섞어서 狂詩和酒力
어지러이 뿌려댔으니 전할 필요 없다네 亂灑不須傳

47 무송(茂松)……차운하다 : 무송은 전북 고창군 무장면(茂長面)의 옛 이름이다. 분서(汾西)는 박미(朴瀰, 1592~1645)로, 본관은 반남(潘南), 자는 중연(仲淵), 호는 분서, 시호는 문정(文貞)이다.《丈巖集 卷19 錦陽君朴公諡狀》

박자수[48]에게 주다

贈朴子秀

예스러운 모습을 누가 완상하는가	古貌人誰賞
고상한 말 세상에서 듣기 어렵다오	希音世寡聽
쌍룡은 감옥 바닥의 칼이었고[49]	雙龍獄底劍
십 년이나 책상에 반딧불이 있었네[50]	十載案頭螢
진나라 성 나뭇잎에 비바람 불고	風雨秦城葉
초수의 부평초에 파도가 이네	波濤楚水萍
은근하게 옛날 일을 이야기하고	慇懃話疇昔
동이 술 마시며 문득 형체 잊게 되었네	樽酒便忘形

48 박자수(朴子秀) : 박유준(朴惟儁, 1596~?)으로, 본관은 상주(尙州), 자는 자수이다.

49 쌍룡(雙龍)은……칼이었고 : 박유준 형제가 뛰어난 재능을 지녔다는 말이다. 진(晉)나라 때 북두성과 견우성 사이에 늘 자줏빛 기운이 감도는 것을 장화(張華)가 보고 뇌환(雷煥)에게 풍성(豐城)의 감옥 터 땅속에서 춘추 시대에 만들어진 전설적인 보검인 용천검(龍泉劍)과 태아검(太阿劍)을 발굴하게 했다. 나중에 뇌환의 아들 뇌화(雷華)가 보검을 차고 연평진(延平津)을 건너는데 갑자기 보검이 칼집에서 뛰어나와 물속으로 들어가서 사라져 용으로 화하였다고 한다.《晉書 卷36 張華列傳》

50 십 년이나……있었네 : 박유준이 가난 속에서도 오랜 기간 학문에 힘썼다는 말이다. 진(晉)나라 차윤(車胤)이 가난하여 기름을 구하지 못해 여름철이 되면 수십 마리의 반딧불이를 잡아다 주머니에 담아 걸어 놓고 그 빛을 이용하여 글을 읽었다.《晉書 卷83 車胤列傳》

옅은 구름이 무더위 막아준 데다　　輕陰逗溽暑
가랑비 내려 맑은 소리 가득하네　　疏雨滿淸聽
지세는 궁발[51]에 이어지고　　地勢連窮髮
천시는 반딧불이 나는 때라오　　天時屬化螢
흉금은 천 리의 달 바라보며[52]　　襟期千里月
자취는 십 년 동안 떠돌다가　　蹤跡十年萍
우연히 여기서 함께 취하여　　偶此同酣暢
토목 같은 몸 드러눕네　　頹然土木形

51 궁발(窮髮) : 본래는 풀과 나무가 자라지 않는 북극의 불모지를 의미하는데, 여기서는 유계가 부임한 무안(務安) 일대를 가리킨다.

52 흉금(胸襟)은……바라보며 : 원문의 천리월(千里月)은 천 리 밖에서 밝게 비추고 있는 달이란 말로, 고향에서 멀리 떨어진 객지에서 떠도는 나그네가 천 리 밖의 밝은 달을 보며 고향, 가족, 벗 등을 그리워하는 뜻으로 쓰인다. 당나라 이교(李嶠)의 시 〈낙양으로 가는 광록 유 주부를 전송하다〔送光祿劉主簿之洛〕〉에 "타향에서 천 리의 달을 바라보고, 기로에서 구추의 바람이 몰아치네.〔他鄕千里月, 岐路九秋風.〕"라고 하였다.《全唐詩 卷61》

현재에서 밤에 술 마시고 서외제 정기수에게 주다

縣齋夜飮 贈庶外弟鄭期遂

작은 섬돌 곱디고운 국화 피어	小砌娟娟菊
맑은 밤 둥실둥실 술잔에 띄웠네	淸宵泛泛杯
좋은 시절 훌쩍 지나갔으니	良辰忽已邁
나그네 회포 누구와 함께 풀어보나	客抱共誰開
갯버들처럼 용모 바뀌고[53]	蒲柳容華改
바람서리가 계절 재촉하네	風霜節序催
누가 가련해할까 늙은 팽택 영이	誰憐老彭澤
세밑에 고달프게 배회하는 것을[54]	歲晏苦遲回

53 갯버들처럼 용모 바뀌고 : 갯버들은 가을이 되자마자 낙엽이 지는 수목으로, 나이에 비해 겉늙음을 비유하는 말이다.

54 누가……것을 : 작은 고을을 다스리는 유계 자신을 한탄하고 있다는 말이다. 팽택(彭澤)은 진(晉)나라 때 팽택 현령(縣令)에 부임했다가 얼마 안 되어 사직하고 물러나온 도잠(陶潛)을 가리킨다.

북쪽으로 돌아가는 효선 숙부를 전송하다
送孝先叔北歸

가랑비에 관아 매화 꺾이고	小雨官梅折
긴 둑에 여린 풀 가지런하다	長堤細草齊
봄 기러기 따라 사람은 떠나건만	人隨春雁去
나는 남쪽 새와 짝해 살고 있다네	身伴越禽棲
바닷가 장기에 아침까지 어둡고	海瘴朝仍黑
관산의 구름 저녁에 더욱 희미하네	關雲夕轉迷
해 넘기면서 만나고 헤어지는 뜻	經年聚散意
술 취해 시 짓지 못하겠어라	倚醉不成題

이함경이 보내온 〈금성 관아〉 율시 세 수에 차운하고 아울러 산양 현감 홍대이에게 올리다[55]

次李咸卿投示錦館三律 兼呈山陽洪使君大而

곧은 도로 세 번 쫓겨났지만[56]	直道元三黜
평생 한 마음 뿐이었네	平生秖一心
문단에서 일찍이 사귀었고	詞場曾契闊
궁한 처지에서 더욱 정 깊어졌지	窮路轉情深
버들 짙은 면성에 비 내리고	柳暗綿城雨
금수 남쪽엔 꽃 떨어지는 요즈음	花殘錦水陰
만났으면 취해 쓰러는 것도 견뎌야 하니	相逢耐醉倒
술 따르기를 그만두지 말아야지	不遣酒停斟

살쩍에 흰머리 헝클어진 몸	鬢上霜毛亂
허리에 검은 인끈 드리웠네	腰間墨綬垂

55 이함경(李咸卿)이……올리다 : 이함경은 이일상(李一相, 1612~1666)으로, 본관은 연안(延安), 자는 함경, 호는 청호(青湖), 시호는 문숙(文肅)이다. 1648년 2월 금성 현감(錦城縣監)에 임명되었다. 홍대이(洪大而)는 홍명하(洪命夏, 1607~1667)로, 본관은 남양(南陽), 자는 대이, 호는 기천(沂川), 시호는 문간(文簡)이다. 1646년 화순 현감(和順縣監)에 임명되었다. 산양(山陽)은 화순의 다른 이름이다.

56 곧은……쫓겨났지만 : 춘추 시대 노(魯)나라의 유하혜(柳下惠)가 사사(士師)가 되었다가 세 번이나 쫓겨났다. 사람들이 나라를 떠나지 않는 이유를 물었는데, 이에 대해서 유하혜가 "도를 곧게 지키면서 벼슬을 한다면, 어디를 간들 세 번쯤 쫓겨나지 않겠는가."라고 하였다.《論語 微子》 여기서는 이일상을 유하혜에 빗대어 말하였다.

산옹은 술 깬 적 거의 드물고[57] 山翁醒苦少
도연명은 돌아옴이 더뎠다네 陶令賦還遲
하늘 가에서 글 짓는 모임을 文字天涯會
강호에서 밤낮으로 기약하노니 江湖日夕期
어찌하여 오랫동안 얽매인 채 如何長局束
적막 속에 꽃다운 시절 보내리오 寂寞送芳時

한 번 만남이 운수에 달린 줄 알겠으나 一握知關數
봄이 벌써 끝나감을 어찌하나 三春奈已闌
시 지으며 꿈에서도 그리웠는데 詩成勞夢想
편지 도착하니 평안한 소식 알았네 書到得平安
이와 머리카락 쇠퇴하는 때라서 상심하지만 齒髮傷時晚
속마음은 세한의 절조를 가리키네[58] 襟期指歲寒
어찌해야 대나무 누각에 기대어 何當憑竹閣
고운 대나무 마주하며 맑은 대화 나눌까 清話對檀欒

단란(檀欒)은 대나무의 모양이다.

57 산옹(山翁)은……드물고 : 산옹은 진(晉)나라 죽림칠현(竹林七賢)의 한 사람인 산도(山濤)의 아들 산간(山簡)을 가리킨다. 술을 매우 좋아하여 양양 태수(襄陽太守)로 있을 적에 현산(峴山) 아래 습씨(習氏)가 소유한 양어지(養魚池)의 아름다운 경치를 매우 좋아해서 날마다 그곳에 나가 종일토록 술을 마시고 곤드레가 되어 돌아오곤 하였다.《晉書 卷43 山濤列傳 山簡》

58 속마음은……가리키네 : 힘든 고난 속에서도 지조를 잃지 않는다는 말이다.《논어》〈자한(子罕)〉에 "날씨가 추워진 뒤에야 소나무와 측백나무가 뒤늦게 시드는 것을 알 수 있다."라고 하였다.

이일경의 〈《주역》을 읽고〉에 화답하다

和李一卿讀易

인문의 징조 열린 날	人文啓兆日
용마가 그림을 지고 나온 해이네[59]	龍馬負圖年
형상 있음은 원래 형상이 없는 데에서	有象元無象
선천이 바로 후천일세[60]	先天卽後天
지와 인은 끝내 다르게 보니	智仁終異見
정자와 소옹 그 누가 참되게 전하였는가	程邵孰眞傳
환중[61]의 뜻을 알고자 하지만	欲識環中意
고상한 소리는 줄에서 나오지 않는다네	希音不在絃

59 용마(龍馬)가……해이네 : 중국 복희씨(伏羲氏)가 임금이 되자 용마가 그림을 지고 하수(河水)에서 나왔다. 복희씨는 이 그림을 본받아 팔괘(八卦)를 그었다.

60 선천(先天)이 바로 후천(後天)일세 : 송나라 소옹(邵雍)이 주창한 학설인 선천과 후천(後天)을 말한다. 선천은 복희(伏羲)의 8괘를 말하고 후천은 문왕(文王)의 8괘를 말하며, 하도(河圖)는 선천으로 설명하고 낙서(洛書)는 후천으로 설명하는데 서로 다르면서도 같기 때문에 유계는 선천이 바로 후천이라고 말한 것이다.

61 환중(環中) : 공허한 곳으로, 시비를 초월한 절대적인 경지를 말한다. 《장자》 〈제물론(齊物論)〉에 "피(彼)와 시(是)가 그 짝을 얻지 못하는 것을 도의 지도리〔道樞〕라고 한다. 지도리가 비로소 그 환중에 끼워지면 무궁한 변화에 대응할 수 있다. 시(是) 또한 하나의 무궁한 것이며, 비(非) 또한 하나의 무궁한 것이다."라고 하였다.

대이[62]의 〈차군정〉 시에 차운하다

次大而此君亭韻

사또의 마음 물과 같기에	使君心似水
차군[63]의 맑음을 사랑하는구나	愛此此君淸
달은 천 개 장대에 그림자 비추고	月射千竿影
바람은 만옥의 소리를 울리네	風敲萬玉聲
정자는 땅으로 인해 멋들어지고	亭能因地勝
경물 또한 사람을 기다려 이름나지	物亦待人名
그대를 언제쯤 마주하고	芝宇何當對
세속의 정 훌훌 씻으려나	翛然洗俗情

62 대이(大而)의……차운하다 : 대이는 홍명하(洪命夏, 1607～1667)로, 본관은 남양(南陽), 자는 대이, 호는 기천(沂川), 시호는 문간(文簡)이다. 1646년 화순 현감(和順縣監)에 임명되었다.《宋子大全 卷162 沂川洪公神道碑銘幷序》 차군정(此君亭)은 화순현의 정사당(政事堂)으로, 홍명하가 건립하였다.《明谷集 卷9 此君亭記》

63 차군(此君) : 대나무의 별칭이다. 진(晉)나라 왕휘지(王徽之)가 일찍이 빈집에 우거하면서 대나무를 심게 하므로 혹자가 그 까닭을 물었는데, 왕휘지가 읊조리기만 하면서 대를 가리키며 말하기를 "어찌 하루라도 차군이 없어서야 되겠는가."라고 답한 데서 유래하였다.《晉書 卷80 王羲之列傳 王徽之》

함경[64]이 대이의 운자를 써서 보내준 시에 차운하다
次咸卿用大而韻見贈

종일토록 동헌 고요한데	盡日鈴齋靜
바람 부는 대나무 침상 시원하네	迎風竹榻涼
시 잘하기는 소 학사요[65]	能詩蘇學士
병 많기로는 급 회양이로다[66]	多病汲淮陽
이별 한스러워 부질없이 꿈에 나타나고	恨別空懸夢
장마 시름에 술잔 잡지 않는다오	愁霖不把觴
어떻게 하면 함께 축지법이라도 부려서	何由共縮地
한바탕 웃으며 연꽃 향에 취할런가	一笑醉荷香

64 함경 : 이일상(李一相, 1612~1666)으로, 본관은 연안(延安), 자는 함경, 호는 청호(青湖), 시호는 문숙(文肅)이다. 1648년(인조26) 2월 금성 현감(錦城縣監)에 임명되었다.《芝村集 卷23 伯父青湖府君墓誌》

65 시 잘하기는 소 학사(蘇學士)요 : 소 학사는 송(宋)나라 소식(蘇軾)을 가리킨다.《시남집》 권1의 〈이함경의 금성 시 절구 다섯 수에 차운하다〔次李咸卿錦城五絶〕〉에도 "하늘이 서호를 위해 소 장공을 보낸 것일세.〔天爲西湖遣長蘇〕"라고 하여, 이일상을 소식에 빗댄 구절이 있다.

66 병 많기로는 급 회양(汲淮陽)이로다 : 급 회양은 한(漢)나라 급암(汲黯)으로, 자는 장유(長孺)이다. 급암이 동해(東海) 태수로 부임했을 때 병이 많아 방 안에 누워 나오지 않았는데, 1년 여 만에 동해가 잘 다스려졌다. 그 뒤에 회양에 부임해서도 동해에서와 같이 고을을 다스렸는데, 회양의 정치가 맑게 되었다. 그는 병든 몸으로 이러한 치적을 이루고, 7년 뒤에 그곳에서 죽었다.《史記 卷120 汲黯列傳》

함경이 찾아온다기에 보내온 시에 기쁘게 화답하다
咸卿有意來訪 喜和來章

멋진 시를 연이어 보내와서	好句聯翩至
아름다운 기약을 밤낮으로 재촉하네	佳期日夕催
나의 오랜 투병을 가엾게 여겨	憐吾長抱病
그대가 멀리서 올 것을 알았네	知子遠將來
달빛 비치는 휘장에서 서책 물리고	月幌排緗帙
바람 부는 난간에서 흰 잔 씻는다오	風軒洗白杯
동쪽으로 저무는 금성 산 바라보고	東瞻錦岫暮
회포 읊으며 한 번 서성인다오	懷詠一徘徊

고창의 여관에 쓰다

題高敞旅舍

조그만 집 고작 말만 한데	小屋纔如斗
자욱한 먼지가 거미줄에 쌓였네	塵煙積網絲
하품하고 기지개 켜다 머리 부딪히고	欠伸頭乍觸
옆으로 누우면 무릎을 굽혀야 하네	橫臥膝還踦
벽의 빈대 등불을 기만하며 나오고	壁蝎欺燈出
숲 모기는 문에 달려들어 엿보네	林蚊撲戶窺
그래도 하룻밤 묵은 인연 있기에	猶存一宿戀
머무르며 몇 줄 시를 쓰노라	留寫數行詩

승지 임동야[67] 어른에 대한 만사 무자년(1648, 인조26)

林承旨東野丈挽 戊子

기개는 세속 사람 하찮게 여겼고	氣槪輕餘子
풍신은 무리 중에 빼어났네	風神邁等夷
일찌감치 명성은 하늘 날아올랐는데	雲霄騰價早
높은 반열에 오르기는 더뎠다네	金玉陟班遲
형제들 나무 온전하지 못하게 되었지만	竝蕚無全樹
향기 전할 다른 가지 있다네[68]	傳芳有別枝
처량하게도 죽은 뒤의 일	凄涼身後事
금강 가에 끊어져 버렸네	蕪絶錦江陲

풍류는 공 북해와 같고[69]	風流孔北海

67 임동야(林東野) : 임연(林堜, 1589~1648)으로, 본관은 나주(羅州), 자는 동야, 호는 한호(閑好)이다. 저서에 《한호유고(閑好遺稿)》가 전한다. 1648년 우승지(右承旨)에 임명되었다.《仁祖實錄 26年 3月 19日》

68 형제들……있다네 : 임연에게 재주가 뛰어난 아우 임담(林墰, 1596~1652)이 있다는 말이다. 임담의 본관은 나주, 자는 재숙(載叔), 호는 청구(淸癯), 시호는 충익(忠翼)이다. 저서에 《청구유고(淸癯遺稿)》가 전한다.《西溪集 卷11 吏曹判書林公神道碑銘》

69 풍류는 공 북해(孔北海)와 같고 : 공 북해는 후한(後漢) 때 건안칠자(建安七子) 가운데 한 사람으로 북해 상(相)을 지낸 공융(孔融)을 가리킨다. 성품이 너그럽고 거리낌이 없었으며, 선비들을 좋아하고 후생들을 가르치기를 좋아하였다. 한직(閑職)으로 물러난 다음에는 빈객들이 집에 가득하였는데, 늘 말하기를 "좌상에는 손님이 항상

동한 때의 주준이었지[70]	廚俊漢東京
손님 좋아하고 문학에 뛰어난데	愛客仍文雅
성명한 시대에 벼슬을 그만두었네	休官際聖明
오래도록 임금의 조서 사양하여	長辭丹鳳詔
흰 갈매기와 맹세를 잘 맺었네[71]	好結白鷗盟
강가 누각만 쓸쓸히 남았으니	寥落江樓在
이분의 정을 누가 알겠는가	誰知此老情

선대부터 사귄 정 두터워	先禊交情厚
이별 자리에서 발걸음 좇았었네	離筵步武從
세속에서 두 마리 새 헤어졌지만	風塵雙鳥別
강해에서 부평초처럼 만났네	江海一萍逢
봄날 호숫가 정자에서 취하고	春醉湖亭酒
가을 법천사에 나란히 다녀왔지	秋聯法寺笻

가득하고 주전자엔 술이 빌 때가 없으니, 나는 걱정할 것이 없다."라고 하였다.《後漢書 卷103 孔融列傳》

70 동한(東漢) 때의 주준(廚俊)이었지 : 주준은 후한 때의 팔주(八廚)와 팔준(八俊)을 말한다. 팔주는 재물을 희사하여 사람들의 위급함을 구해 준 것으로 유명한 도상(度尙)·장막(張邈)·왕고(王考)·유유(劉儒)·호모반(胡母班)·진주(秦周)·번향(蕃嚮)·왕장(王章)을 가리키고, 팔준은 동시대에 재능과 명망이 뛰어났던 이응(李膺)·순욱(荀翌)·두밀(杜密)·왕창(王暢)·유우(劉祐)·위랑(魏朗)·조전(趙典)·주우(朱寓)를 가리킨다.《後漢書 卷67 黨錮列傳序》

71 흰……맺었네 : 자연에 은거하였다는 말이다. 송(宋)나라 황정견(黃庭堅)의 시 〈등쾌각(登快閣)〉에 "만 리 돌아가는 배에 젓대 부니, 이 마음 백구와 맹세하였네.〔萬里歸船弄長笛, 此心吾與白鷗盟.〕"라고 하였다.《山谷集 外集 卷7》

회상해 보면 어제 일 같아　回頭事如昨
눈물 닦으며 시 살펴보네　拭涙檢詩封

늘그막에 나이 잊고 사귀었는데　末路忘年契
공이 운명하니 다시 누가 있으랴　公亡更孰存
이별할 때의 시구 오래도록 읊고　長吟別處句
홀로 꿈속의 말도 기억해 본다　獨記夢中言
들보에 비친 달 공의 얼굴인가 의심하고　樑月猶疑面
강가의 매화에는 정녕 혼이 돌아오리　江梅定返魂
평소 나를 알아준 게 감사하여　平生知己感
차마 서문을 지나가지 못하겠네[72]　不忍過西門

72 평소……못하겠네 : 진(晉)나라 사안(謝安)의 생질 양담(羊曇)이 평소에 사안의 사랑을 받았는데, 사안이 별세하자 수년 동안 슬픔에 잠겨 사안이 있던 서주(西州)의 길을 다니지 않았다. 한번은 술에 취하여 저도 모르게 서주의 성문에 이르렀는데, 좌우 측근들이 "이곳은 서주의 성문입니다."라고 하였다. 이에 양담이 슬픔을 이기지 못하여 말채찍으로 문을 두드리고 통곡한 다음 돌아갔다. 《晉書 卷79 謝安列傳》

심 사간의 대부인[73]에 대한 만사

沈司諫大夫人挽

귀한 팔좌의 부인 되어[74]　八座夫人貴
삼종의 법도 익혔네[75]　三從內則閑
영릉에 슬프게도 함께 옮겨갔다가[76]　零陵悲共徙
형악으로 다행히 함께 돌아오셨지[77]　衡嶽幸同還
잠시 이별했다가 중도에 모셨는데[78]　暫離中途侍

73 심 사간(沈司諫)의 대부인 : 심 사간은 심동귀(沈東龜, 1594~1660)로, 본관은 청송(青松), 자는 문징(文徵), 호는 청봉(晴峰)이다.《宋子大全 卷177 晴峯沈公墓碣銘》 대부인은 심동귀의 모친 남양 홍씨(南陽洪氏, 1573~1649)로, 홍종록(洪宗祿)의 딸이다.

74 귀한……되어 : 팔좌(八座)는 육조(六曹)의 판서(判書)와 좌・우 참찬(參贊)을 가리킨다. 대부인의 남편은 심집(沈諿, 1569~1644)으로, 본관은 청송, 자는 자순(子順), 호는 남애(南崖), 시호는 효간(孝簡)이다. 형조와 예조의 판서를 지냈다.《宋子大全 卷165 禮曹判書沈公神道碑銘幷序》

75 삼종(三從)의 법도 익혔네 : 여자가 어려서는 부친을 따르고, 시집을 가서는 남편을 따르고, 남편이 죽으면 아들을 따르는 것을 말한다.《儀禮 喪服》

76 영릉(零陵)에……옮겨갔다가 : 영릉은 중국 광서성(廣西省) 영주(永州)의 속현으로, 당(唐)나라 유종원(柳宗元)이 중앙 정계에서 실각하여 좌천되었던 곳이다. 여기서는 심집이 병자호란 당시 화친의 조건이 되는 볼모로서 대신(大臣)으로 가장했다가 발각된 일로 문외출송(門外出送)된 일을 가리키는 것으로 보인다.

77 형악(衡嶽)으로……돌아오셨지 : 형악은 중국 호남성(湖南省)에 있는 산으로, 오악(五嶽)의 하나이다. 심집은 1640년 서용되어 예조 판서에 임명되었으나 사임하고 용산(龍山) 강가에 은거하였다.《宋子大全 卷165 禮曹判書沈公神道碑銘幷序》

78 잠시……모셨는데 : 1644년 심동귀가 심기원(沈器遠)의 모반 사건에 연좌되어 장

다른 세상으로 가셔서 뵐 수 없게 되었구나　長違隔世顔
효성스런 까마귀의 끝없는 피눈물이　慈烏無限血
무덤 가 숲에 뿌려져 얼룩지네　霑灑墓林斑

홍(長興)으로 유배당했는데, 대부인은 그해 9월 남편 심집이 죽자 심동귀의 유배지로 찾아갔다.《宋子大全 卷177 晴峯沈公墓碣銘》

마읍으로 이계하[79]를 방문하여 취한 뒤에 써서 주다

馬邑 訪李季夏 醉後書贈

당시 계하가 일에 연루되어 유배되었다.

세상 길 강과 바다 같아	世路如江海
풍파가 갈수록 심해지네	風波去益深
맑은 시절 함께 불우하여	淸時同拓落
백발에도 부침을 겪는구나	白首尙浮沈
적셔짐은 남들이 하는 대로 두지만	浸灌從他化
지탱할 것은 이 마음뿐이네	撑持只此心
만나보니 옛 모습 그대로인지라	相逢還舊態
술잔 잡고 한번 길게 읊조리네	把酒一長吟

79 이계하(李季夏) : 이해창(李海昌, 1599~1651)으로, 본관은 한산(韓山), 자는 계하, 호는 송파(松坡)이다. 저서에 《송파집(松坡集)》이 전한다. 1649년 송준길(宋浚吉)이 김자점(金自點)과 친분이 있는 자들을 추고하기를 간하였는데, 이해창은 이로 인해 한산으로 유배되었다.《承政院日記 孝宗 卽位年 9月 15日, 10月 27日》 마읍(馬邑)은 한산의 다른 이름이다.

앞의 운자를 써서 홍양의 유배객 대사간 이월여[80]에게 부치다

用前韻 寄洪陽謫客李月如大諫

조용히 송파[81]와 대화하다 보니	靜對松坡話
그대 생각이 이 밤에 깊어라	思君此夜深
중년에 갖은 고생 겪었는데	中年曾契闊
말년에 다시 시련을 겪는구려	末路更顚沈
선비에게는 트집 잡는 말 많은 법	士自憎多口
사람은 한결같은 마음 보존해야지	人唯保一心
긴 편지로도 말 다하지 못하고	書長言不盡
취해 읊조린 시 거듭 부치네	重寄醉時吟

80 이월여(李月如) : 이지항(李之恒, 1605～1654)으로, 본관은 전주(全州), 자는 월여이다. 1649년 대사간(大司諫)에 임명되었다.《仁祖實錄 27年 1月 3日》 1649년 김자점(金自點)과 가깝게 지냈다는 이유로 홍주(洪州)에 유배되었다.《承政院日記 孝宗 卽位年 9月 15日, 10月 27日》

81 송파(松坡) : 이해창(李海昌, 1599～1651)으로, 본관은 한산(韓山), 자는 계하(季夏), 호는 송파이다. 저서에 《송파집(松坡集)》이 전한다.

영평현에서 현령 박태현[82]에게 주다 경인년(1650, 효종1) 4월
永平縣 贈朴使君太玄 庚寅四月

일천 봉우리 너머 머나먼 변방으로	絶塞千山外
외로운 신하 필마 타고 가네[83]	孤臣匹馬行
먼 길에 잠시 말 멈추고	長途聊稅駕
궁벽한 고을에서 머무르네	荒縣此淹程
저녁에 남쪽 구름 끝까지 바라보고	夕望南雲盡
새벽에 북으로 나는 기러기 따라야지	晨隨北雁征
인간 세상 만나고 헤어지는 일 많으니	人間多聚散
결국 덧없는 인생 느끼노라	到底覺浮生

82 박태현(朴太玄) : 박수현(朴守玄, 1605~?)으로, 본관은 밀양(密陽), 자는 태현, 호는 초정(草亭)이다. 《승정원일기》 효종 5년 11월 20일 기사에 박수현이 6년 동안 영평 현령(永平縣令)을 지냈다는 기록이 실려 있다.

83 일천……가네 : 유계는 1650년(효종1) 4월 인조(仁祖)의 묘호(廟號)를 정할 때 인(仁) 자를 다시 쓰는 것을 반대하다가 선왕(先王)을 욕되게 하였다는 죄로 온성(穩城)에 유배되었다.

사면령이 내려졌는데 공문[84]이 곧바로 북관으로 향했다는 이야기를 들었다. 이에 철령을 넘어 장차 함경 감사와 공문을 대조하고 돌아올 생각이다

聞赦命旣下 公文直向北關 仍踰鐵嶺 將與北伯交關而歸也

가면 갈수록 남쪽 하늘 멀어지고 去去南天遠
오르면 오를수록 북쪽 가기가 고되구나 登登北上勞
냇물은 농수처럼 오열하고 川如隴水咽
고개는 촉산처럼 높아라 嶺似蜀山高
푸른 봉우리엔 운무 끼었고 霧靄蒼峯合
환한 대낮에 맹수들 짖어대네 熊羆白晝嘷
돌아갈 날 가까워짐을 아니 分知歸日近
절로 눈물에 옷자락 젖는구나 猶自一霑袍

84 공문 : 《승정원일기》 효종 1년 4월 16일 기사에 유계를 석방하라는 내용의 비망기(備忘記)가 실려 있다.

수령 윤군옥과 바닷가 정자에서 술 마시며 운을 부르다

與地主尹君玉對酒海亭呼韻

높은 난간에 머뭇거린 지 오래	徙倚危欄久
시 읊조리며 밝은 달 기다리네	沈吟待月明
조수는 외로운 섬 삼켜버리고	潮呑孤嶼沒
바람은 먼 돛배 치며 불어온다	風打遠帆橫
비 내려 삼복더위 씻기니	雨洗三庚熱
가을 소리가 나무에서 들려오네	秋生一樹聲
큰 잔 들고 밤새 즐기노라니	深杯陶永夕
시흥이 강가 성에 가득하구나	詩興滿江城

녹양 노상에서 형님과 헤어지면서 겸하여 아우에게 주다

綠楊道上 別家兄 兼贈舍弟

당시 아우는 병 때문에 작별하러 오지 못했다. 경인년(1650, 효종1) 10월의 일이다.

이번 이별 어떠한 이별인가	此別知何別
형님 쇠약한데 아우도 쇠약하구나	兄衰弟亦衰
머나멀구나 하늘 너머로 가는 길	悠悠天外路
아득해라 도성 돌아갈 기약이여	杳杳日邊期
손잡지 못하니 정 어찌 끝이 있겠는가	阻握情何極
갈림길에서 마음 더욱 슬퍼지네	臨岐意轉悲
여생에 혹 다시 만난다면	餘生儻再遇
서로 지켜주며 떠나지 말아야지	相守莫相離

문천[85] 도중에

文川道中

만 리 너머 관산 가는 길	萬里關山道
추위가 나그네 옷에 스며드네	天寒游子衣
해풍이 해 질 녘에 불어오고	海風吹薄晩
산에 눈 내려 저녁 햇살 가리는구나	山雪翳殘暉
기러기는 남쪽으로 다 돌아갔고	旅雁歸南盡
북녘으로 길 가는 사람 드물어라	征人到北稀
높이 올라 한번 서글프게 바라보니	乘高一悵望
쓸쓸히 장한 마음 어긋났다네	錯莫壯心違

85 문천(文川) : 함경남도 남부에 있는 고을이다.

영흥 부사 김 연백 지백[86] 소 이 옷을 벗어 작별 선물로 준 데에 사례하다

謝永興使君金年伯知白 素 解衣贈別

풍진 세상에서 한 번 헤어지고	一別風塵際
십오 년 동안 부침을 겪었다네	升沈十五年
희비 교차하는 오늘 저녁의 대화	悲歡今夕話
살고 죽은 친구들 가엾어라	生死故人憐
바다 너머로 이어지는 나그네 길	客路滄溟外
흰 눈 쌓인 변방이라오	關山白雪邊
명주옷 주며 걱정해 주는 마음에	綈袍戀戀意
손 부여잡고 더욱 슬퍼하네	摻手重悽然

86 김 연백(金年伯) 지백(知白) : 김소(金素, 1602~?)로, 본관은 안동(安東), 자는 지백, 호는 양졸와(養拙窩)이다. 《승정원일기》 효종 1년 5월 16일 기사에 영흥 부사(永興府使) 김소가 하직 인사를 올린 기록이 실려 있다. 연백은 아버지나 백부·숙부와 나이가 같은 사람에 대한 존칭이다

함흥 도중에 폭풍을 만나다

咸興道中 遭颶風

바다 폭풍 겨울에 일어나니	海颶當冬作
바람 소리가 유달리 거세구나	風聲分外獰
하늘을 뒤흔들어 하늘 찢어질 듯	掀天天似裂
땅을 진동하니 땅이 기우는 듯	動地地疑傾
사방 들녘에 황사 자욱하고	四野黃沙合
온 산에 흰 눈 깔렸어라	千山白雪平
외로운 쑥대는 절로 굴러다니는 법	孤蓬元自轉
이것 타고 또 어디로 가려나	乘此更安征

시중대[87]에서

侍中臺

누대는 금빛 자라[88]의 뼈에 솟아 있으니	臺揷金鼇骨
하늘은 푸른 바다에 이어졌네	天連碧海心
바람 소리 만고토록 우레처럼 울리고	風聲雷萬古
물결은 온 산에 눈처럼 부딪친다	浪沫雪千岑
성조께서 어가 멈춘 곳에서	聖祖停鑾地
외로운 신하 서울 떠나 읊조리네	孤臣去國吟
평소 나라와 임금 사랑하던 뜻이여	平生憂愛志
여기서 거듭 옷깃 적시노라	於此重霑襟

87 시중대(侍中臺) : 함경도 북청(北靑) 동북쪽 이원(利原)의 경계에 있는 누대로, 고려 시중(侍中) 윤관(尹瓘)이 북쪽을 정벌할 적에 머물렀던 곳이다.

88 금빛 자라 : 발해(渤海) 동쪽에 있는 다섯 신산(神山)을 머리에 이고 있다는 금색의 자라이다. 《列子 湯問》

마운령에서
摩雲嶺

고개 위에 누런 구름 떠 있으니	嶺上黃雲合
마운은 고개 이름으로 알맞구나	摩雲稱嶺名
길이 높은 꼭대기까지 구불구불	路盤層頂去
사람은 반 공중으로 향해 가네	人向半空行
눈 아래 오랑캐 산 작게 보이고	眼底胡山小
술잔 속의 발해는 잔잔하구나[89]	杯中渤海平
임금의 은혜 곳곳마다 두터우니	君恩隨處厚
멋진 광경 내 생애에 으뜸이어라	壯觀冠吾生

89 술잔을……잔잔하구나 : 높은 곳에 올라 바라보니 작게 보인다는 말이다. 당(唐)나라 이하(李賀)의 시 〈몽천(夢天)〉에 "제주를 멀리 바라보니 아홉 점 연기요, 큰 바닷물도 한 잔 물을 쏟아 부은 듯하네.〔遙望齊州九點煙, 一泓海水杯中瀉.〕"라고 하였다. 《昌谷集 卷1》

마천령에서
摩天嶺

새나 날아다닐 높은 마천령 鳥道摩天峻
꼬불꼬불 유난히 멀구나 羊腸特地遙
함관령과 우열 따지기 어려우니 咸關難伯仲
철령은 아이뻘 되겠네 鐵峽是兒曹
북두성을 딸 수도 있겠고 北斗如將摘
동해를 뛰어넘을 수 있을 듯 東溟若可超
지는 해 너머에 있는 서울을 長安落日外
읊으며 바라보는데 귀밑머리 쓸쓸해라 吟望鬢蕭騷

길주 영동역에서 중봉 조 선생을 떠올리다[90]

吉州嶺東驛 憶重峯趙先生

선생이 이곳에 유배된 적이 있다.

가 태부가 장사에 좌천되던 날이며[91]	賈傅長沙日
원성이 영해에 유배된 해였네[92]	元城嶺海年
곧은 말은 당대에 꺼려졌으나	危言當世諱
꿋꿋하여 후대 사람들이 가련해했네	孤直後人憐
안진경이 누구인지 알지 못했는데[93]	狀未眞卿識

90 길주(吉州)……떠올리다 : 중봉(中峰)은 조헌(趙憲, 1544~1592)으로, 본관은 배천(白川), 자는 여식(汝式), 호는 중봉·후율(後栗), 시호는 문열(文烈)이다. 1589년 4월 도끼를 지고 대궐에 나아가 만언소(萬言疏)를 올려 시폐(時弊)를 극론하다가 길주로 유배되었다.

91 가 태부(賈太傅)가……날이며 : 가 태부는 한 문제(漢文帝) 때 가의(賈誼)로, 20세의 젊은 나이에 문제를 보좌하여 여러 가지 개혁정치를 펼쳤으나, 고관들의 모함을 받아 조정에서 쫓겨나 장사왕(長沙王)의 태부가 되었다. 《漢書 卷48 賈誼傳》

92 원성(元城)이……해였네 : 원성은 송(宋)나라 유안세(劉安世, 1048~1125)로, 자는 기지(器之), 호는 원성, 시호는 충정(忠定)이다. 매우 강직하여 직언(直言)을 잘하였기 때문에 전상호(殿上虎)라 불렸는데, 장돈(章惇) 등 간신의 모함을 받아 영외(嶺外)의 풍토가 좋지 못한 변방으로 유배되어 배소(配所)를 이리저리 옮겨 다녔으나 무사히 석방되어 돌아왔다. 《宋元學案 卷20 元城學案》

93 안진경(顔眞卿)이……못했는데 : 당(唐)나라의 안진경이 평원 태수(平原太守)로 있을 때 안녹산(安祿山)의 난이 일어나자 의병을 거느리고 조정을 위하여 싸웠다. 촉(蜀)에 피난 가 있던 현종(玄宗)이 승전보를 듣고 기뻐하며 좌우를 돌아보면서 "나는 안진경의 모습이 어떠한지도 몰랐는데, 그가 이렇게 훌륭한 일을 해냈구나.〔朕不識眞卿形狀何如, 所爲得如此.〕"라고 하였다. 《舊唐書 卷128 顔眞卿列傳》

몸은 끝내 주여숙처럼 던졌다네[94]	身終杜厲捐
세속의 아첨하는 자들이	悠悠夸毗子
벼슬자리에 모두 끊이지 않는구나	簪組盡蟬聯

94 몸은……던졌다네 : 주여숙(杜厲叔)은 춘추 시대 거(莒)나라 오공(敖公)을 섬겼으나 오공이 알아주지 않자 벼슬을 버리고 바닷가에서 가난하게 살았다. 오공이 환란을 당했다는 소식을 듣고는 급히 달려가 목숨을 바치려고 하면서 "내가 장차 그를 위해 죽으려고 하는 것은 신하를 몰라주는 후세의 임금들을 부끄럽게 하기 위함이다."라고 하였다.《列子 說符》

주촌 역관에서 동악의 시에 차운하다[95]

朱村驛館 次東岳韻

애써 변방 산에서 술잔 잡고서	强把關山酒
다시 초나라 나그네[96]의 혼을 불러보네	還招楚客魂
새벽에 하늘 북쪽 길을 나서	晨登天北路
저물녘에서야 해서촌에 투숙하네	暝投海西村
눈 쌓이면 고개 넘기가 걱정이지만	雪積仍愁嶺
바람 부는 들판은 더욱 두렵다오	風生更怕原
임금의 은혜 천지처럼 위대하기에	君恩天地大
살아서 귀문관[97] 지나가네	生度鬼關門

북쪽 사람들은 긴 들판에서 바람 맞는 것을 가장 두려워하니, 이따금 얼어 죽기도 한다.

95 주촌(朱村)……차운하다 : 주촌역은 함경도 경성도호부(鏡城都護府) 남쪽 79리 지점에 있는 역원이다. 동악(東岳)은 이안눌(李安訥, 1571~1637)로, 본관은 덕수(德水), 자는 자민(子敏), 호는 동악, 시호는 문혜(文惠)이다.《澤堂集 別集 卷9 禮曹判書贈左贊成東嶽李公行狀》유계가 차운한 시는 이안눌이 1631년 함경 감사에 임명되어 지은 〈주촌역에서 현판 위 고 도순찰사 유천 한 상국 시의 운자로 짓다〔朱村驛用板上故都巡察使柳川韓相國韻〕〉이다.《東岳集 卷19》

96 초(楚)나라 나그네 : 전국 시대 초나라의 충신으로 조정에서 쫓겨나 타향을 유랑한 굴원(屈原)을 가리키는데, 보통 타향에 사는 사람을 두루 이른다.

97 귀문관(鬼門關) : 함경북도 부령(富寧)과 경성(鏡城) 사이에 있는 관문이다.

유배지에 도착한 뒤에 꿈에서 깨어 벽에 쓰다
到配後 夢覺題壁

이가 문드러졌으니 명예를 어찌 탐낼까	齒鈍名何啾
말이 경솔함은 혀를 잡아줄 이 없어서라네[98]	言輕舌莫捫
먼 길은 산과 바다로 다했고	長途山海盡
쇠한 머리는 눈과 서리로 뒤덮였네	危鬢雪霜渾
우는 학은 하늘 길 생각하고	鶴警思天路
시든 해바라기도 해의 은혜 그리워하지	葵殘戀日恩
예전처럼 전날 밤 꿈에선	依然前夜夢
성상 모시고 금문 들어갔다네	陪仗入金門

98 말이……없어서라네 : 춘추 시대 위 무공(衛武公)은 95세에 사람들에게 자신을 일깨울 좋은 말을 해 달라고 당부했다 한다. 무공이 스스로를 경계하며 지은 시에 "말을 함부로 하지 말아서, 구차히 하지 말지어다. 내 혀를 잡아 주는 이가 없는지라, 말을 함부로 해서는 안 되느니라.〔無易由言, 無曰苟矣. 莫捫朕舌, 言不可逝矣.〕"라고 하였다.《詩經 抑》

대이[99]의 편지에 답장하고 나서 우연히 《시경》 〈면수〉의 마지막 장을 읊다가 감회가 있어서 붓을 잡고 써서 간찰 아랫부분에 붙이다

既答大而書 偶誦詩沔水之卒章而有感焉 援筆書之 附諸簡尾

세상 사는 재미 변변찮지만	世味酸仍薄
우정은 담박하다가 비로소 깊어졌네	交情淡始深
나는 옷을 걷고 벗는 데 헤맸건만[100]	吾曾迷揭厲
그대가 어찌 부침을 알았겠는가	子豈識浮沈
〈면수〉 세 장의 의미[101]는	沔水三章意
관산에서의 한 조각 마음이라네	關山一片心
간곡한 마음 글로 다하지 못하고	丁寧書不盡
천 리 너머에서 외로이 읊은 시 부친다오	千里寄孤吟

99 대이(大而) : 홍명하(洪命夏, 1607~1667)로, 본관은 남양(南陽), 자는 대이, 호는 기천(沂川), 시호는 문간(文簡)이다. 《宋子大全 卷162 沂川洪公神道碑銘幷序》

100 나는……헤맸건만 : 유계 자신이 정황을 잘 판단하여 처신하지 못했다는 말이다. 《시경》 〈포유고엽(匏有苦葉)〉에 "물이 깊으면 입은 채로 건너가고, 물이 얕으면 바지를 걷고 건너간다.〔深則厲, 淺則揭.〕"라고 하였다.

101 면수(沔水) 세 장의 의미 : 〈면수〉는 《시경》의 편명으로, 현인이 세상이 어지러운 것을 걱정하고, 또 벗에게 소인에게 빌미를 제공할 행동을 하지 말라고 경계하는 내용이다.

청지 형[102]이 준 시에 차운하고 아울러 형제들에게 부치다
次淸之兄見贈 兼寄舍兄弟

하늘 가에 절기 바뀌자	節序天涯換
거울 속 얼굴 쇠하였네	容顔鏡裏衰
긴 세월 이렇게 이별했으니	長年還此別
언제 돌아가게 될까	幾日是歸期
술 끊었어도 늘 취한 듯하고	止酒常如醉
정 잊어보건만 갑자기 슬퍼지네	忘情乍覺悲
남쪽 구름 바라보니 눈이 시려 오는데	南雲眼欲冷
돌아오는 기러기는 어찌하여 더딘가	回雁一何遲

102 청지(淸之) 형 : 이유청(李惟淸, 1597～1659)으로, 유계의 자형(姊兄)이다.《市南集 卷23 先考墓誌文》

증산[103] 상봉에 오르다

登甑山上峯

큰 고개 푸른 바다 북쪽에 있고	大嶺滄溟北
외로운 봉우리 흑수 남쪽에 있네	孤峯黑水南
오랑캐 산은 멀어 끝이 없고	胡山遠不極
변방의 해는 가까운 곳에 지려 하네	塞日近將含
석 잔 술에 흥이 일어나	發興三杯酒
백 길 바위에 이름을 쓰네	題名百丈巖
초연히 돌아갈 생각 잊으니	超然便忘返
지척에 구름 속 암자 있구나	咫尺是雲菴

103 증산(甑山) : 함경도 단천군(端川郡) 서쪽에 있는 산이다. 《新增東國輿地勝覽 卷49》

온성에서

穩城

삼천 리 먼 북쪽 변방에　　紫塞三千里
온종일 누런 구름 끼어 있네　　黃雲十二時
변방 개척한 계책 원대하고　　開邊籌策遠
변경의 강산 마땅하여라　　封略帶襟宜
지금의 알목하[104]는 옳지만　　斡木今河是
옛날 선춘령[105]은 의심스럽구나　　先春舊嶺疑
서생은 감개함 많아　　書生多感慨
성에 올라 홀로 시를 짓네　　乘障獨題詩

104 알목하(斡木河) : 함경북도 회령(會寧)이 여진족(女眞族)의 영토였을 때 그들이 부르던 지명이다. 1434년(세종16) 진(鎭)을 설치하여 처음으로 회령이라는 이름을 짓고 도호부로 승격시켰다. 《新增東國輿地勝覽 卷50 咸鏡道 會寧都護府》

105 선춘령(先春嶺) : 두만강 북쪽 7백 리에 있는 고개이다. 고려 예종(睿宗) 때 윤관(尹瓘)이 동북 여진을 축출하고 새로 개척하였다. 《新增東國輿地勝覽 卷50 咸鏡道 會寧都護府》

3월 15일 집에서 보낸 편지를 받고 돌아갈 계획이 이루어지지 못함을 알다

三月十五日 得家書 知卷歸之計不成

함께할 계획 이루어지지 못했구나	提携計未就
소식은 요사이 어떠하려나	消息近何如
야윈 아내는 병이 더해졌을 테고	妻瘦應添病
주린 아이들 책 읽기를 그만두었겠지	兒飢定廢書
둥그런 달을 부러워하다가[106]	團圓羡孤月
오랜 이별에 편지가 한스럽네	契闊恨雙魚
봄이 다하는 모습 보노라니	眼見春將盡
뜰의 꽃 빗속에 성글어라	庭花帶雨疏

106 둥그런 달을 부러워하다가 : 부부가 함께하는 모습이 부럽다는 말이다. 한 성제(漢成帝)의 후궁 반첩여(班婕妤)가 총애를 받다가 뒤에 조비연(趙飛燕)에게 밀려나서 지은 〈원가행(怨歌行)〉에 "새로 재단한 제나라 비단이, 희고 깨끗하기 눈과 같구나. 재봉하여 합환선을 만드니, 둥글기가 보름달 같네.〔新裂齊紈素, 皎潔如霜雪. 裁爲合歡扇, 團團似明月.〕"라고 하였다.《文選 卷27》

수재 윤증[107]이 보낸 율시 두 수에 차운하다

次尹秀才拯見寄二律

평생 운명이 기구하여　　平生信命薄
밝은 시대에 버려졌도다　　昭代合身捐
고향도 새로 접하는 듯하고　　鄉國如新接
변방은 오래된 인연 같아라　　邊荒似舊緣
한가로이 지낼 땅이 있고　　優游還有地
마음 졸일 하늘 없다네　　戚促是無天
그대가 아껴주는 뜻 아노니　　知爾相憐意
어찌 공연히 눈물 흘리겠는가　　何須浪涕漣

호해에서 어울려 놀거나　　湖海從游地
산천재에서 학업을 강론할 때　　山泉講業時
그대 마음 단단하여 훌륭하였고　　多君心似結
나는 살쩍만 세어 부끄러웠지　　愧我鬢空絲
원망하는 것은 결국 의리 아니고　　尤怨終非義
무언가를 꾀하는 건 문득 사사로움이네　　謀爲却是私
아득한 몸 밖의 일들　　悠悠身外事
무엇을 기뻐하고 무엇을 슬퍼하겠나　　誰喜更誰悲

107 윤증(尹拯) : 1629~1714. 본관은 파평(坡平), 자는 자인(子仁), 호는 명재(明齋)・유봉(酉峰), 시호는 문성(文成)이다. 《一庵遺稿 卷3 祖考文成公家狀》

수주 종성 박 부사[108]가 물고기와 술을 보내준 데에 사례하다
謝愁州 鍾城 朴使君惠魚酒

나단령에 눈 녹자	雪盡羅端嶺
두만강 파도 깊어졌네[109]	波深豆滿江
이별의 슬픔 하루에도 아홉 번 뒤틀리고	離腸回日九
외로운 그림자와 때때로 짝을 이루네	隻影伴時雙
버드나무 정원 방문하기 어려운데	柳院期難踐
쑥대 문에서 발자국 소리 듣고 기뻤네	蓬門聽喜跫
물고기 삶고 술 내오라 재촉하여	烹魚催喚酒
외로이 빈 창가에서 취해보네	兀然醉空窓

108 박 부사(朴府使) : 박안제(朴安悌, 1590～1663)로, 본관은 밀양(密陽), 자는 계순(季順)이다. 1650년(효종1) 종성 부사(鍾城府使)에 임명되었다.《雪峯遺稿 卷27 承政院同副承旨知製教朴公墓碣銘》

109 나단령(羅端嶺)에……깊어졌네 : 나단령은 함경북도 경원도호부(慶源都護府)와 종성도호부(鍾城都護府) 사이에 있는 나단산을 가리킨다. 나단산에서 발원한 서풍천(西豊川)과 임성동천(林成洞川)이 두만강으로 흘러간다.《新增東國輿地勝覽 卷50》

수주 부사가 두 수에 차운하여 주고 다시 물고기와 향긋한 나물을 보내주었기에 곧바로 화답하여 보내다
愁州使君 次贈二首 復惠江魚香蔬 仍即和呈

고향은 첩첩 산에 가려 희미하니　家鄉迷複嶺
강 한 줄기 넘으면 외국이로다　殊域限單江
나무토막처럼 외로운 신세 떠돌고　斷梗漂身子
날리는 쑥털 귀밑머리에 모였네　飛蓬集鬢雙
낮 꾀꼬리 공교롭게 꿈을 깨우고　晝鸎工喚夢
밤 호랑이 발자국 소리로 착각하네　夜虎錯疑跫
요사이 걸으며 시 읊기 괴로워　近覺行吟苦
작은 창가에서 읽던 책 대한다오　殘書對小窓

위는 감회를 읊은 것이다.

자욱하게 구름이 산봉우리에 걸려 있고　靄靄雲橫岫
아름다워 비단을 강물에 빤 듯하네　鮮鮮錦濯江
공을 논하자면 구전단[110]이요　論功丹轉九
값을 매기자면 쌍벽을 겸했구나　擬價璧兼雙
신묘한 경지 들어가 깎은 자국 없고[111]　入妙斤無迹

110 구전단(九轉丹) : 아홉 번 제련하여 만든 단약으로, 도가(道家)에서는 이를 복용하면 신선이 된다고 전해진다. 《포박자(抱樸子)》 권4 〈금단(金丹)〉에 "아홉 차례 제련한 단약을 3일 동안 복용하면 신선이 될 수 있다."라고 하였다.

111 신묘한……없고 : 박안제가 보내준 시가 매우 뛰어나다는 말이다. 《장자(莊子)》

허공에 솟아올라 걸음 소리 없앤 듯하네　凌虛步謝跫
길게 읊조리매 정신 상쾌해지는데　長吟神氣爽
관산의 달이 소나무 창가에 떠올랐네　關月上松窓

위는 시를 보내주었기에 사례한 것이다.

약초는 구름 낀 골짜기에서 오고　藥草來雲壑
싱싱한 물고기 푸른 강에서 그물질했네　鮮鱗網碧江
향을 모아 세 묶음으로 만들고　團香三作束
옥을 엮어 열 쌍을 이루었네　編玉十成雙
남다른 맛을 아침에 점지해 주었는데　異味朝占指
기쁘게도 저녁에 발자국소리 들려왔다오[112]　懽音夕報跫
참으로 한번 배불리 먹고서　眞堪一飽滿
맑은 창가에 누워 배를 쬘 만하여라　曬腹臥晴窓

위는 물고기와 약초를 보내준 것이다.

〈서무귀(徐无鬼)〉에 "영(郢) 땅 사람이 코끝에 백토(白土)를 파리 날개처럼 묻혀 놓고 장석(匠石)을 시켜 그것을 깎아 내게 하였는데, 장석이 바람을 일으키며 도끼를 마구 휘둘러 백토를 다 깎아 내었는데도 코를 다치지 않았으며, 그 영 땅 사람도 전혀 동요하지 않고 그대로 서 있었다."라고 하였다.

112 기쁘게도……들려왔다오 : 《장자》 〈서무귀〉에 "텅 빈 골짜기에 숨어 사는 자는 사람의 발자국 소리만 들어도 기뻐하는 법이다."라고 하였다.

시골 노인과 함께 앞 시냇가 버드나무 그늘에 가서 돌로 물길을 막아 놀다가 시냇가 나무를 깎아 쓰다[113]

偕野老到前川柳陰 障石戲流 白溪上木而書之

버드나무 짙은 늪에 바람 불고	柳暗風前藪
비 온 뒤 시냇물 불어났네	溪添雨後波
시인은 홀로 다니며	騷人行處獨
마른 지팡이 짚고 들른 곳 많다오	枯杖過來多
돌로 냇물 막아 구름 그림자 구경하고	障石看雲影
안개 속에 새 지저귀는 소리 듣네	和煙聽鳥歌
석양에 그윽한 흥취 넉넉하여	斜陽幽興足
나무 깎아 새로운 시 적는다오	白木寫新哦

113 시골……쓰다 : 《시남집(市南集)》 권5에도 똑같은 제목으로 지은 7언 율시가 실려 있다.

수주 부사가 병중에 보내온 시에 화답하다
和愁州病中見寄

병이 올해 심해졌는데 疾病今年劇
고향의 산천이 아니로구나 山河故國殊
게을리 상 위의 책 팽개친 채 懶抛牀上卷
시 읊느라 베갯머리서 수염 비비꼬네 吟撚枕邊鬚
번민 푸는 건 시통에 있고 撥悶詩筒在
몸 부지하려면 약물이 필요하지 扶身藥物須
특별히 사랑스러워라 첨 태수가 偏憐詹太守
홀로 혜주의 소식에게 안부를 묻네[114] 獨問惠州蘇

114 첨 태수(詹太守)가……묻네 : 송(宋)나라 소식(蘇軾)은 황태후(皇太后)의 죽음을 계기로 신법당이 세력을 잡자 1094년부터 1097년까지 혜주(惠州)에 유배되었다. 첨 태수(詹太守)는 첨범(詹範, 1042~1100)으로, 자는 기지(器之)이다. 소식이 혜주에 유배되었을 당시 태수로 있으면서 소식과 절친하게 지냈다. 여기서는 종성 부사 박안제가 유계에게 마음 써준 것이 그와 같다는 말이다.

영월로 양이하라는 명[115]을 듣고 종성 부사가 찾아와 이별하며 시를 주기에 그 시에 차운하다 신묘년(1651, 효종2)

聞內移寧越之命 鍾城來別有贈 就次其韻 辛卯

한 말의 관산 술로	一斗關山酒
하늘 끝에서 송별하는 때라네	天涯送別時
돌아가는 노정 오령으로 이어지니[116]	歸程連五嶺
은혜로운 비가 삼위에 두루 미쳤구나[117]	霈雨洽三危
곡을 들으며 술잔 돌리라고 재촉하고	聽曲杯催喚
흉금 터놓으며 자리 자주 옮기네	論襟座屢移
봄바람 부는 오대산 길에서	春風五臺路
부사를 혹 만날 수 있을는지	旌節儻前期

115 영월(寧越)로 양이(量移)하라는 명 : 유계는 인조(仁祖)의 묘호(廟號)를 정할 때 인(仁) 자를 다시 쓰는 것을 반대하다가 1650년(효종1) 선왕(先王)을 욕되게 하였다는 죄로 함경북도 온성(穩城)에 유배되었고, 1651년 8월 강원도 영월로 양이되었다가 1652년 12월에 방귀전리(放歸田里) 되었다. 《市南年譜 辛卯年》

116 돌아가는……이어지니 : 유계가 남쪽 유배지로 옮겨간다는 말이다. 오령(五嶺)은 중국 남방의 월성령(越城嶺), 도방령(都龐嶺), 맹저령(萌渚嶺), 기전령(騎田嶺), 대유령(大庾嶺)을 가리킨다.

117 은혜로운……미쳤구나 : 임금의 은혜가 유배지에 있는 죄인인 유계에게 미쳤다는 말이다. 삼위(三危)는 현재 중국 감숙성(甘肅省)에 있는 산으로, 유배지를 의미한다. 순(舜) 임금 때에 삼묘(三苗)를 정벌하여 삼위로 쫓아냈다. 《書經 舜典》

정평 도중에 세찬 바람을 만나다

定平道中 遭大風

갈 때도 이곳에서 바람을 만났었다.

하늘 뒤흔드는 바다 폭풍을	海颶掀天作
해마다 이 길에서 만나는구나	年年此路逢
가고 올 때 모두 먼 길인데	去來俱遠役
전후로 진정 추운 겨울 만났네	前後正嚴冬
온 산에 막막하게 눈발 날리고	漠漠千山雪
만 리를 날아가는 밖의 쑥털이어라	飄飄萬里蓬
석양에 갈 길 먼데	斜陽前道遠
어디에 차가운 몸 붙이려나	何處着寒蹤

저물녘 흡곡을 지나는 도중에

暮行歙谷道中

아득하게 먼 산 깜깜해지니	冉冉遙山黑
어렴풋이 가까운 들녘도 어둑어둑	依依近野昏
희미한 종소리 먼 절에서 들려오고	殘鍾聞遠寺
불빛 밝힌 외딴 마을이 보이네	點火見孤村
모래의 흰 빛깔 시내에 더해지고	沙白溪添色
청니령의 습한 자취 사라졌네[118]	泥青濕沒痕
세간이 온통 이러한데	世間渾此境
남북으로 바삐 달리니 부끄럽구나	南北愧忙奔

118 모래의……사라졌네 : 맑은 세상이 되었다는 말이다. 당(唐)나라 두보(杜甫)의 시 〈중승 엄공이 빗속에 보고 싶다는 절구 한 수를 보내오자, 절구 두 수로 화답하다〔中丞嚴公雨中垂寄見憶一絶奉答二絶〕〉에 "어느 날 비 개고 구름이 시내에서 벗어나, 흰 모래 푸른 돌이 씻겨 진흙 없어질까.〔何日雨晴雲出溪, 白沙青石洗無泥.〕"라고 하였다. 《杜詩詳註 卷11》 청니령(青泥嶺)은 중국 감숙성(甘肅省) 휘현(徽縣) 남쪽에 있는 고개이다. 두보의 시 〈이공산(泥功山)〉에 "아침에 청니령 위를 갔는데, 저녁에도 청니령 가운데 있네.〔朝行青泥上, 暮在青泥中.〕"라고 하였다. 《杜詩詳註 卷8》

고성 도중에

高城道中

구루에는 단사 동굴 있지만[119]	句漏丹砂穴
금강산은 백옥으로 이루어졌네	金剛白玉山
신선 자취 담긴 삼일포 예스럽고	仙蹤三日古
풍경은 백년토록 한가로워라	風景百年閑
바위 골짜기를 하늘은 왜 숨겼을까	巖洞天何祕
강호에 경물을 아끼지 말아야지	江湖物莫慳
훗날 자유롭게 되면	他時得自在
이곳으로 돌아와 늙으리라	歸老此中間

119 구루(句漏)에는……있지만 : 구루는 중국 광서성(廣西省) 북류현(北流縣) 동북쪽에 있는 산이다. 진(晉)나라 갈홍(葛洪)이 신선술과 양생술에 심취하여 구루에 선약(仙藥)의 재료인 단사(丹砂)가 난다는 말을 듣고 그곳의 수령으로 가기를 자원하였다고 한다.《晉書 卷72 葛洪列傳》

낙산사[120]에서 승려 도인에게 주다

洛山寺 贈僧道仁

바닷가에 있는 관음굴	海上觀音窟
천 년 내려온 외로운 낙산사	千年洛寺孤
전공은 전생의 그대요	顚公前世爾
한자는 훗날 태어난 나라네[121]	韓子後生吾
염불 소리 밤새도록 일깨우고	禪梵通宵警
파도는 새벽에 몰려오네	溟濤入曉驅
서로 일출을 보기로 기약하고서	相期看日出
하늘이 맑은지 물어보노라	天色問晴無

120 낙산사(洛山寺) : 강원도 양양군(襄陽郡) 강현면 오봉산(五峯山)에 있는 절로, 관동팔경(關東八景)의 하나로 꼽힌다. 당나라에서 유학을 마치고 귀국한 의상 대사(義湘大師)가 창건했다고 한다.

121 전공(顚公)은……나라네 : 전공은 당 헌종(唐憲宗) 때의 승려 태전(太顚)이고, 한자(韓子)는 한유(韓愈)에 대한 경칭(敬稱)이다. 한유가 조주 자사(潮州刺史)로 좌천되었을 때 태전이 총명하고 도리를 안다고 하여 함께 교유하였고, 그곳을 떠나올 때에 의복을 남겨주기도 하였다.《五百家注昌黎文集 卷18 與孟尙書書》

낙산사 동대에서 바다를 바라보다

洛寺東臺 望洋

바다가 동남쪽으로 광활하여	溟海東南闊
하늘과 나란히 한 빛으로 푸르구나	天連一色青
자라 잠기니 아침 물결 놀라고	鼇沈朝浪駭
고래 솟구치자 저녁 바람 매서워라	鯨立夕風獰
출렁이는 물결 삼신산의 눈발 같고	噴薄三山雪
요란한 소리 만 리에 울리는 천둥 같아라	轟馳萬里霆
평소 품었던 구운몽[122]은	平生九雲夢
이에 비하면 부끄럽게도 소소하구나	於此愧零星

122 구운몽(九雲夢) : 운몽은 중국 남방에 있는 큰 호수로, 동정호(洞庭湖) 남쪽 부분이 이에 해당한다고도 한다. 송(宋)나라 소식(蘇軾)의 시 〈정보 표형과 함께 백수산에서 놀다〔同正輔表兄游白水山〕〉에 "길이 부질없는 세상 분쟁을 사절하여 가슴속 구운몽을 한바탕 씻노라.〔永辭角上兩蠻觸, 一洗胸中九雲夢.〕"라고 하였다. 《東坡全集 卷23》

상운역[123]에서 독우 정문연에게 남겨 주다

祥雲驛 留贈督郵鄭文淵

만나고 헤어지는 덧없는 인생사	聚散浮生事
이십 년 세월 아득하구나	悠悠二十年
나는 산중에 갇힌 나그네 되었는데	山中囚作客
그대는 신선처럼 바닷가에서 벼슬하는구려	海上宦如仙
높은 고개에 바람이 눈을 휩쓸고	大嶺風顚雪
깊은 바다에서 해가 하늘로 솟아나네	重溟日涌天
빠듯한 일정 늦어질까 두려워	嚴程畏晷刻
술잔 들고 잠시 머문다오	把酒暫留連

123 상운역(祥雲驛) : 강원도 양양도호부(襄陽都護府) 남쪽 25리 지점에 있던 역원이다. 《新增東國輿地勝覽 卷44》

대관령에서

大關嶺

이틀에 걸쳐 오르고 오르는 동안 登登垂兩日
백 번 꺾이는 길 구불구불 위태롭네 百折路盤危
시야 트이니 마음 쾌활하고 眼大心方豁
높은 곳에 서니 발길 닿을 곳 알겠네 身高足到知
푸른 바다가 작게 보이고 滄溟看更小
천령[124]도 낮게 느껴지누나 天嶺覺曾卑
평생에 처음 보는 장관이니 壯觀平生是
막다른 길에서 어찌 슬퍼하랴[125] 途窮肯作悲

124 천령(天嶺) : 함경북도 김책시에서 함경남도 단천시로 넘어가는 마천령(摩天嶺)을 가리킨다.

125 평생에……슬퍼하랴 : 멋진 경치를 보았으니 힘든 상황일지라도 슬퍼할 것 없다는 말이다. 삼국 시대 위(魏)나라 완적(阮籍)이 시대를 한탄하며 답답한 마음을 풀기 위해 혼자 수레를 몰고 다니다가 막다른 길에 다다르면 문득 통곡을 하고 돌아왔다는 궁도곡(窮途哭)의 고사가 전한다.《晉書 卷49 阮籍列傳》

대화현[126]에서

大和縣

옛 현이 지금 시골 마을 되었는데	古縣今村塢
이름이 대화라는 것을 알았네	遺名認大和
길은 하늘 북쪽에서 멀리 이어지고	路從天北遠
산은 영서에 이르러 많아라	山到嶺西多
남관의 말 눈에 둘러싸이고[127]	雪擁藍關馬
농수의 물결 얼음이 가로질렀네[128]	氷橫隴水波
만난 사람에게 영월 가는 길 물으니	逢人問越道
대답 않고 껄껄 웃는구나	不語笑呵呵

126 대화현(大和縣) : 강원도 대관령(大關嶺) 서쪽에 있는 대화역(大和驛)을 가리키는 것으로 보인다. 《新增東國輿地勝覽 卷44 江原道 江陵大都護府》

127 남관(藍關)의……둘러싸이고 : 눈이 많이 쌓여 이동하기 어려운 상황을 읊었다. 남관은 중국 섬서성(陝西省) 남전현(藍田縣) 동남쪽에 있는 남전관(藍田關)을 가리킨다. 당(唐)나라 한유(韓愈)가 일찍이 〈논불골표(論佛骨表)〉를 올렸다가 헌종(憲宗)의 진노를 사서 조주 자사(潮州刺史)로 폄척되어 가던 도중, 눈을 맞으며 따라오는 질손(姪孫) 한상(韓湘)을 만났다. 한유가 그에게 준 시 〈좌천되어 남관에 이르러 질손 상에게 보여주다〔左遷至藍關示姪孫湘〕〉에 "구름은 진령에 비꼈어라 집이 어디 있는가, 눈은 남관에 가득 쌓여 말이 나아가지 못하네.〔雲橫秦嶺家何在, 雪擁藍關馬不前.〕"라고 하였다. 《韓昌黎集 卷10》

128 농수(隴水)의……가로질렀네 : 농수는 섬서성 농현(隴縣) 서북쪽에 있는 농산(隴山)에서 발원한 물줄기인데, 흔히 변경에 있는 물을 뜻한다.

군수가 보내온 군 누각의 시에 차운하다[129]

次主倅見贈郡樓韻

고개는 진나라 관문[130]처럼 험하고 嶺似秦關險
강물은 한강으로 흘러가네 江將漢水通
서녘의 해 구름에 잠기고 雲沈西望日
북풍 불어 돛배 끊어졌네 帆斷北來風
유랑하는 시인은 병들고 浪迹騷人病
찬 물가에 제왕의 아들 공허하네[131] 寒洲帝子空
근심 속에 옛 한까지 더해져서 離憂添古恨
만산 가운데 갇혀 있구나 囚坐萬山中

산골 사립문 눈 내려 닫혔고 山扉因雪閉
강변길은 얼음 위로 통행하네 江路借氷通
먼지 쌓인 낡은 책은 좀먹었고 塵蝕殘編蠹
찬 등불 부서진 벽으로 바람 스미누나 燈寒破壁風

129 군수(郡守)가……차운하다 : 유계가 유배지인 함경북도 온성(穩城)에서 1651년 양이(量移)되어 강원도 영월(寧越)에 도착한 뒤 관아 누각에 걸린 시에 차운한 것이다.

130 진(秦)나라 관문 : 진관(秦關)은 진나라에서 동쪽으로 나오는 길목에 있는 함곡관(函谷關)을 가리킨다. 천연적으로 견고하고 험준하여 관문을 닫으면 외적이 침입하지 못한다고 하는 요새 지역이다.

131 찬……공허하네 : 1457년 노산군(魯山君)으로 강봉된 단종(端宗)이 강원도 영월에 유배되어 운명한 일을 가리키는 것으로 보인다.

술잔 던져 가득 마시기를 사양하고　拋杯謝引滿
잠자리에 누워 그저 허공에 글씨 쓰네　伏枕謾書空
삭막하게 시인의 마음 얼어붙어　蕭索詩魂凍
읊조리며 한밤중 보내도다　沈吟過夜中

도를 배우기엔 재주 미치기 어렵고　學道才難逮
문장을 공부하는 운명도 트이지 못했네　攻文命未通
깊은 골짜기에서 살쩍에 눈 맞았고　鬢粘窮谷雪
변방의 바람 갖옷을 파고들었지　裘徹塞垣風
용이 숨은 찬 백사장 깨끗하거니와　龍蟄寒沙淨
갈매기 굶주린 저녁 물가는 텅 비었구나　鷗飢暮水空
덧없는 인생 이룬 사업 무엇인가　浮生底事業
백 년 인생 감개할 따름이로다　感慨百年中

마음 조급하면 운명이 안 좋으니　戚促眞無命
편안하고 한가로워야 도가 통한다네　安閑道始通
봄꽃은 부질없이 비에 아양 떨지만　春花謾嬌雨
가을 잎이 감히 바람을 마다하더냐　秋葉敢辭風
사마상여는 원래 병이 많았고[132]　司馬元多病
안회는 자주 굶었다네[133]　顏回任屢空

132 사마상여(司馬相如)는……많았고 : 사마상여는 한(漢)나라 문장가로, 자는 장경(長卿)이다. 사부(詞賦)를 잘 지어서 무제(武帝)에게 지어 바치기도 하였다. 평생 소갈병(消渴病)에 시달렸다.《史記 卷117 司馬相如列傳》

궁한 시름에도 저술이 부족하여[134] 窮愁欠論著
상자에 먼지 잔뜩 쌓였네 塵滿素箱中

더듬적거리며 어찌 멀리 가겠는가 擿埴行何遠
방향 헤매고 식견이 통달하지 못했네 迷方見未通
다생하는 업보를 따라 多生隨果業
만 리 바람에 날리는 쑥대를 좇았구나 萬里逐蓬風
재주는 여러 가지가 폐해지고 伎倆諸般廢
경영하던 온갖 생각 공허해진 채 營爲百慮空
세밑에 마른 좀과 짝이 되어 殘年伴枯蠹
종이 더미에서 음미하고 있다오 咀嚼紙堆中

병들어 산속 집 문을 닫아거니 抱病山齋閉
이웃과도 소식 통하지 않는구나 隣人問不通
등잔불로 달려드는 나방 가련하고 燈憐蛾赴火
처마에 바람 피해 숨은 새 사랑스럽네 簷愛鳥藏風
음식 적지만 일도 적고 食少事還少

133 안회(顔回)는 자주 굶었다네 : 《논어》 〈선진(先進)〉에 "안회는 도(道)에 가까웠으나, 자주 끼니를 굶었다."라고 하였다.

134 궁한……부족하여 : 전국 시대 유세가인 우경(虞卿)이 일찍이 조(趙)나라의 재상이 되었다가 친구인 위제(魏齊)의 일로 인하여 양(梁)나라에서 곤고(困苦)한 생활을 하게 되었는데, 곤궁한 생활을 하면서도 《우씨춘추(虞氏春秋)》라는 책을 저술하였다. 이를 두고 사마천(司馬遷)이 "우경은 곤궁한 시름이 없었더라면 또한 글을 지어 후세에 자신을 드러내지 못했을 것이다."라고 평하였다. 《史記 卷76 虞卿列傳》

마음 비우니 경계도 사라졌다오 心空境亦空
힘없이 작은 안석에 기대니 頹然憑短几
솔숲의 달이 창문에 가득하여라 松月滿窗中

팔괘에 삼재 갖추어져 있고[135] 八卦三才備
천 갈래 길은 하나의 이치로 통하네 千塗一理通
관문은 정자와 소강절에 의해 열렸고 門關啓程邵
오묘한 이치는 희씨의 바람에 숨겨 있네[136] 蘊奧祕姬風
있는 것을 말하다 보면 도리어 상에 얽매이고 說有還拘象
없는 것을 탐구하면 공허한 데에 빠진다네 探無却泥空
맑은 창가에서 부질없이 이랬다저랬다 하니 晴窓謾點竄
소견 좁아 환중[137]에 부끄럽다오 管見愧環中

위는 《주역》을 읽은 데에 화답한 것이다.

135 팔괘(八卦)에……있고 : 《주역》 〈건괘(乾卦)〉의 정전(程傳)에 "성인이 처음으로 팔괘를 그으니 삼재(三才)의 도가 구비되었다. 인하여 이것을 거듭하여 여섯 번 그어 괘를 이루었다."라고 하였다.

136 오묘한……있네 : 《주역》은 주(周)나라 문왕(文王)의 괘사(卦辭)와 주공(周公)의 효사(爻辭)로 이루어졌으므로 《주역》이라는 이름이 붙여졌으며, 그들의 성씨가 희씨(姬氏)이기 때문에 희씨의 바람이라고 말한 것이다.

137 환중(環中) : 고리의 중앙으로, 시비(是非)가 없는 경지를 비유하는 말로 쓰인다. 《장자(莊子)》 〈제물론(齊物論)〉에 "피(彼)와 시(是)가 상대를 얻지 못하는 것을 도의 지도리라고 하는데, 지도리가 비로소 환중의 효용을 얻게 되면 무궁한 변화에 대응할 수 있다. 이렇게 되면 시(是)도 하나의 무궁이 되고 비(非)도 하나의 무궁이 된다."라고 하였다.

나뭇가지는 높은 하늘까지 뻗어가고 枝徹重霄近
뿌리는 땅속 깊은 곳까지 서려 통했네 根蟠九地通
그늘 드리워 예를 강론하던 날[138] 陰成講禮日
행단으로 무우의 바람 끌어왔겠지[139] 壇引舞雩風
재목으로 쓰이기에 만난 때가 늦었지만 有用逢時晩
무하유의 텅 빈 곳에 놓였구나[140] 無何托境空
청색 황색으로 칠해지는 건 바라지 않지만 青黃事非願
구렁에 버려진다 한들 무엇이 한스러우랴[141] 誰恨委溝中

위는 오래된 살구나무를 읊은 데에 화답한 것이다.

138 그늘……날 : 공자가 행단(杏壇)에서 제자들과 학문을 강론했던 것처럼 이 살구나무 아래에서도 예를 강론하는 수업이 있었을 것이라는 말이다. 《장자》 〈어부(漁父)〉에 "공자가 치유(緇帷)의 숲 속에서 노닐다가 행단의 위에 앉아서 휴식하였다. 제자들이 글을 읽자 공자는 거문고를 튕기며 노래를 불렀다."라고 하였다.

139 행단(杏壇)으로……끌어왔겠지 : 공자가 제자들에게 자신의 뜻을 말하라고 하자, 증점(曾點)이 말하기를 "늦봄에 봄옷이 장만되면 어른 대여섯 명, 아이 예닐곱 명과 함께 기수(沂水)에서 목욕하고 무우(舞雩)에서 바람을 쐰 뒤에 노래하면서 돌아오겠습니다."라고 한 것을 전용하였다. 《論語 先進》

140 무하유(無何有)의……놓였구나 : 고목(古木)이 세상에 재목으로 쓰이기에는 늦었지만 무하유의 세상에 놓여 도끼에 잘릴 염려가 없으니 괴로워할 필요가 없다는 말이다. 《장자》 〈소요유(逍遙遊)〉에 "지금 자네에게 큰 나무가 있으나 쓸모가 없음이 걱정이라면, 어찌하여 그것을 무하유(無何有)의 고을 아득한 들판에 심어 놓고 얽매임 없이 그 옆에서 쉬고 마음껏 그 아래에서 드러누워 잠자지 않는가."라고 하였다.

141 청색……한스러우랴 : 《장자》 〈천지(天地)〉에 "백년 묵은 나무를 잘라 제사에 쓰는 술통을 만들어 청색, 황색으로 곱게 칠하고, 그 잘라버린 토막은 도랑에 내버린다."라고 하였다.

오막살이 사는 창생들의 원망이　　蔀屋蒼生怨
궁궐 아득하여 통하지 못하네　　天門邈未通
〈초지화〉에서 시대의 운수를 느끼고[142]　　苕華感時運
〈장초〉에서 백성의 풍정을 증험하네[143]　　萇楚驗民風
구루의 단약을 누가 캐었나[144]　　句漏丹誰採
용릉의 집은 이미 텅 비었다오[145]　　舂陵室已空
원님에게 새로운 작품 있어　　元侯有新作
초당에서 화답을 요구하네　　邀和草堂中

위는 인삼 공물을 읊은 데에 화답한 것이다.

풍속은 은나라처럼 피폐하고　　謠俗殷商弊
음란한 사당은 초월과 통했네　　淫祠楚越通

142 초지화(苕之華)에서……느끼고 : 〈초지화〉는 《시경》의 편명으로, 군자가 주(周)나라 왕실이 망해가는 것을 걱정하고 이러한 때를 만난 것을 서글퍼하는 시이다.

143 장초(萇楚)에서……증험하네 : 〈장초〉는 《시경》의 편명으로, 주나라 말기에 정사가 번거롭고 부역이 무거워 사람들이 그 고통을 견디지 못하자, 걱정 없이 살아 있는 장초를 부러워하는 시이다.

144 구루(句漏)의……캐었나 : 구루는 중국 광서성(廣西省) 북류현(北流縣)에 있는 산이다. 진(晉)나라 갈홍(葛洪)이 교지(交趾)에서 단사(丹砂)가 나온다는 말을 듣고 구루 영(令)을 자청해 나가서 연단(鍊丹)을 했다는 고사가 전한다.《晉書 卷72 葛洪列傳》

145 용릉(舂陵)의……비었다오 : 당(唐)나라 원결(元結)이 용릉의 옛 땅인 도주(道州)의 자사(刺史)로 있으면서 난리를 겪은 백성에게 무거운 세금을 거두어야 할 처지에 있게 되자 〈용릉행(舂陵行)〉이라는 시를 지어 백성의 참담한 실정을 임금에게 알리고자 하였다.《全唐詩 卷241》

소를 희생으로 쓰는 옛 일 전해지고　　牛牲傳古事
닭으로 점치는 유풍 숭상하였지[146]　　鷄卜尙遺風
마을의 백성들 교화되고　　村巷氓獠化
숲 속의 도깨비들 사라졌으니　　山林鬼魅空
이 모두가 어진 수령이　　都由良守宰
위엄과 가르침으로 백성을 중도에 맞게 해서라네　　威敎協民中

위는 영월(寧越)의 풍속을 읊은 것이다.

원량은 진정 취한 것이 아니라　　元亮非眞醉
술에 의탁해 풀어낸 것이지[147]　　杯觴是寄通
남곽의 안석에 기대 형체 잊었고[148]　　形忘南郭几
북창 아래 바람 쐬며 편안히 누웠네[149]　　臥穩北窓風

146 소를……숭상하였지 : 영월의 독특한 풍속을 읊은 것이다. 송(宋)나라 소식(蘇軾)이 지은 〈조주한문공묘비(潮州韓文公廟碑)〉에 "들소의 희생을 올리고 닭 뼈로 점을 치며 우리 술잔 올린다.〔犦牲鷄卜羞我觴〕"라고 말한 것을 인용하였다.

147 원량(元亮)은……것이지 : 원량은 동진(東晉) 도잠(陶潛)의 자이다. 도잠은 팽택 영(彭澤令)이 되었을 때, 마음에 맞지 않음을 실감하고 즉시 돌아와 〈귀거래사(歸去來辭)〉를 짓고 매우 술을 좋아한 나머지 공전(公田)에 모두 술을 빚기에 좋은 차조만을 심게 했던 일화가 전한다.《宋書 卷93 隱逸列傳 陶潛》

148 남곽(南郭)의……잊었고 : 물아(物我)를 잊고 한가로이 살았음을 뜻한다. 남곽은 춘추 시대 은사(隱士)인 남곽자기(南郭子綦)를 가리킨다. 남곽자기가 안석에 기댄 채 앉아 하늘을 우러러 한숨을 내쉬며 멍하게 물아를 잊은 듯한 모습을 하고 있었다. 안성자유(顔成子游)가 그 앞에 모시고 서 있다가 "몸은 진실로 마른 나무와 같아질 수 있고, 마음은 진실로 불 꺼진 재와 같아질 수 있는 것입니까?"라고 물었다. 이에 남곽자기가 "지금 나는 나를 잊었는데, 너는 그것을 알고 있는가?"라고 하였다.《莊子 齊物論》

진나라가 송나라로 바뀌어 가니　晉宋炎涼改
복희씨와 신농씨를 부질없이 꿈꾸었지[150]　羲農夢想空
맑은 시를 추후에 화답하려고　淸詩擬追和
한 편을 세 번 반복해 읽어보네　三復一編中

위는 화도시(和陶詩)에 화답한 것이다.

사람들이 전하기를 늙은 원님이　人傳老太守
맑고 트인 정사를 숭상한다 하네　爲政尙淸通
연수의 은혜와 믿음을 넓혀갔고[151]　延壽推恩信
문옹의 교화를 열어놓았네[152]　文翁闡化風
새끼 꿩이 수레 가까이에 날고　穉雉乳翟近
공문서는 눈앞의 소가 텅 비듯 처리하네[153]　簿牒目牛空

149 북창(北窓)……누웠네 : 도잠의 〈여자엄등소(與子儼等疏)〉에 "오뉴월 중에 북창 아래에 누워 있으면 서늘한 바람이 이따금씩 스쳐 지나가곤 하는데, 그럴 때면 내가 태곳적 희황(羲皇) 시대의 사람이 아닌가 하는 생각이 들기도 한다."라고 하였다. 《陶淵明集 卷8》

150 진(晉)나라가……꿈꾸었지 : 유유(劉裕)가 420년 동진(東晉)을 멸하고 강남 지방에 남조 송(宋)나라를 건국하였다. 왕조가 빈번하게 교체되는 혼란기가 되자 상고 시대 복희씨(伏羲氏)와 신농씨(神農氏)로 대표되는 태평성대가 도래하기를 꿈꾼다는 말이다.

151 연수(延壽)의……넓혀갔고 : 연수는 한(漢)나라 때의 한연수(韓延壽)로, 자는 장공(長公)이다. 회양(淮陽)·영천(潁川)·동산(東山) 등의 태수를 역임하면서 예의를 숭상하고 어진 사람을 대우하여 훌륭한 치적을 세웠다. 《漢書 卷76 韓延壽傳》

152 문옹(文翁)의 교화를 열어놓았네 : 문옹은 한 경제(景帝) 때의 인물로, 촉군 태수(蜀郡太守)가 되어 교화를 펼치고 학교를 일으켜 문풍(文風)을 크게 떨쳤다. 이를 계기로 무제(武帝) 때에 와서 전국에 학교를 설립하게 되었다. 《漢書 卷89 循吏傳 文翁》

선비들이 살 만하니 章甫堪衣被
월 땅에 간들 무슨 상관이랴[154] 何妨適越中

외진 곳이라 관리는 여가 많고 地僻官多暇
백성들 화합하니 정사가 순조롭구나 民和政已通
빈 누각에서 밤에 거문고 소리 울려퍼지고 琴鳴虛閣夜
짧은 처마에 바람 불어 방울 흔들리네 鈴掣短簷風
밤의 강물 소리가 평상을 흔들고 夜水聲掀榻
아침 산엔 눈이 하늘 가득하네 朝山雪滿空
시 짓고서 홀로 술 마시는데 詩成還獨酌
일 없어 술에 자주 취한다오 無事酒頻中

글 짓는 솜씨 참으로 적수가 없으니 筆鋒眞無敵
단단하여 닿는 곳마다 통하도다 堅强觸處通
퇴고하는 손에서 기세 떨치고 敲推手作勢
붓 휘두르면 종이에 바람 일어나네 揮掃紙生風

153 공문서는……처리하네 : 영월 군수가 공무 처리에 능숙하다는 말이다. 백정이 소를 잡을 때 처음에는 소 몸뚱이만 보이지만 3년쯤 지난 뒤에는 소의 각 부위만 보이고 소 몸뚱이 전체는 보이지 않았다는 목우무전(目牛無全)의 우화(寓話)가 전한다. 《莊子 養生主》

154 선비들이……상관이랴 : 영월 군수가 정사를 훌륭히 시행하여 유자(儒子)의 행색을 갖출 만하다는 말이다. 장보(章甫)는 상(商)나라 때 쓰던 관으로, 치포관(緇布冠)을 말한다. 《장자》 〈소요유(逍遙遊)〉에 "송(宋)나라 사람이 장보관을 밑천삼아 월(越)나라로 갔는데, 월나라 사람들은 모두 머리를 짧게 깎고 몸에 문신을 하고 있어서 관이 소용없었다."라고 하였다. 영월(寧越)과 월나라의 한자가 같아 유계가 인용한 것이다.

새로운 시 널리 전파되자 新詠多流播
이전의 시 단번에 휩쓸어버리니 前題一洗空
잘 알겠다 재주 노련하고 힘차서 深知才老健
문서 처리하고도 힘이 남는 것을 餘力簿書中

하동[155]의 강촌 주인에게 남겨 주다

留贈下東江村主人

사방이 푸른 병풍으로 둘러싸이고	四圍蒼屛合
가운데 아홉 굽이 냇물 흐르네	中盤九曲溪
산 위아래로 땅 나뉘고	地分山上下
강물 동쪽 서쪽에 집이 자리잡았네	家住水東西
하룻밤 묵으니 인연인 줄 알겠건만	一宿知緣在
다시 오더라도 길 헤맬까 걱정되네	重來恐路迷
숲 속 새들 서로 비웃는 듯	林禽似相笑
나를 향해 지저귀누나	故故向人啼

155 하동(下東) : 현재의 강원도 영월군 김삿갓면 일대이다.

호서 관찰사 김문숙[156] 홍욱 이 영춘에서 강물을 거슬러 올라와서 용탄[157]에서 만났다. 헤어진 뒤 보내온 시에 차운하여 부치다

湖西伯金文叔 弘郁 自永春溯流 會於龍灘 別後有贈次寄

충청 감사의 부절 멀리서 바라보았는데	遙瞻湖右節
잠시 영월 강을 거슬러 왔네	暫溯越江流
먼 변방에 삼 년 동안 헤어졌다가	絶塞三年別
모래톱에서 한나절 노닐었지	中洲半日遊
푸른 산에서 나그네 배 돌리매	靑山回客棹
해 질 녘 이별 시름에 흔들리네	落日攪離愁
돛대 위의 까마귀 부러워라	檣上憐烏鳥
그대 따라 여울을 배 타고 내려갔다오	隨君下瀨舟

156 김문숙(金文叔) : 김홍욱(金弘郁, 1602~1654)으로, 본관은 경주(慶州), 자는 문숙, 호는 학주(鶴洲), 시호는 문정(文貞)이다. 저서로는 《학주집(鶴洲集)》이 전한다. 1651년 10월 충청 감사에 임명되어 이듬해 7월에 사임하였다. 《宋子大全 卷178 黃海監司金公墓碣銘幷序》 유계가 차운한 시는 《학주집》 권6의 〈용혈탄차유무중운(龍穴灘次兪武仲韻)〉이다.

157 용탄(龍灘) : 용혈탄(龍穴灘)으로, 강원도 영월군 김삿갓면 각동리와 충북 단양군 영춘면 오사리의 경계 지점에 있는 여울이다. 《국역 영월부읍지(寧越府邑誌)》

영춘 최 태수[158]가 술을 들고 찾아와 시를 주었다. 이튿날 사람을 보내 안부를 묻기에 차운하여 부치다

永春崔太守携酒見訪贈詩 翌日伻問 次韻却寄

오마[159] 탄 영춘 현감이	五馬春城宰
술병 들고 쓸쓸히 지내는 나를 방문했네	携壺問索居
두 대에 걸쳐 오랫동안 교유하였는데	交游兩世久
반평생 처음처럼 친근하게 지내도다	款洽半生初
속마음 드넓음을 더욱 느끼고	轉覺襟期豁
이와 머리카락 성글어 함께 놀랐네	俱驚齒髮疏
아쉽게도 취해 이별했는데	依然醉後別
다음 날 다시 편지 받았네	更得隔宵書

158 최 태수(崔太守) : 최수(崔琇, 1589~1654)로, 본관은 강릉(江陵), 자는 백실(伯實)이다.《雪峯遺稿 卷27 通訓大夫行刑曹佐郎崔公墓碣銘》 1647년 영춘 현감(永春縣監)에 임명되었다.《承政院日記 仁祖 25年 10月 26日》

159 오마(五馬) : 한(漢)나라 때 태수(太守)가 다섯 필의 말이 끄는 수레를 타고 부임하였던 데에서 유래하여 지방 수령을 뜻한다.

남촌에서 비 온 뒤에 짓다

南村雨後有得

쓸쓸히 외진 산속에서	岑寂窮山裏
누추한 집 달팽이 같아라	蕭條屋似蝸
소 빌려 잡초 갈아엎고	倩牛耕亂草
하인은 묵은 풀뿌리 베어내네	課僕翦陳荄
비 그치자 냇물 소리 콸콸 들리고	雨罷川聲活
구름 걷혀 산 빛깔 아름다워라	雲開岳色佳
마을 사람이 저녁에 찾아와	村氓日夕過
반갑게 속마음 이야기하네	青眼話襟懷

관동 감사 김중문[160]이 산을 유람한 시권을 부쳐 보여 주기에 시권 속에 있는 시에 차운하다

關東伯金仲文寄示遊山詩卷 就次其卷中韻

천지에 푸른 바다 드넓고	天地滄溟闊
연하는 고개에 깊게 끼었네	煙霞嶺嶠深
칭송하며 감사의 부절 맞이하니	謳歌迎使節
시절 경치 시인의 가슴에 모였다네	時景集騷襟
시권 속 신선의 말 놀라워	卷裏驚仙語
새장 안 학의 마음 일으키네	籠中起鶴心
산수 읊은 시 목청껏 읊노라니	高吟山水作
비바람이 빈 숲에 뿌리누나	風雨灑空林

160 김중문(金仲文) : 김익희(金益熙, 1610～1656)로, 본관은 광산(光山), 자는 중문, 호는 창주(滄洲), 시호는 문정(文貞)이다. 1651년 10월 강원 감사(江原監司)에 임명되었다. 저서로는 《창주유고(滄洲遺稿)》가 전한다.《藥泉集 第23 吏曹判書金公請諡行狀》 유계가 차운한 시는 《창주유고》 권3의 〈영월별유무중(寧越別兪武仲)〉이다.

강릉 부사 이춘장[161] 만영 이 물고기와 술을 보내준 데에 사례하다

謝江陵使君李春長 晩榮 惠魚酒

바닷가에서 푸른 새 날아오니	海上來青鳥
산중에 편지를 부쳤구려	山中寄素書
봉함 열어 다정한 선물에 절한 다음	開緘拜情貺
술 내오게 하고 맛난 물고기 안주 삼네	呼酒佐嘉魚
중추 다가오는 좋은 계절에	令節中秋近
가랑비 내린 뒤 약간 선선해졌네	微涼小雨餘
목란주 타고 경포 물줄기 거스르면	蘭舟溯鏡水
신선의 홍취 어떠한지 묻고 싶소	仙興問何如

161 이춘장(李春長) : 이만영(李晩榮, 1604~1672)으로, 본관은 전주(全州), 자는 춘장, 호는 설해(雪海)이다. 저서로는 《설해유고(雪海遺稿)》가 전한다. 1651년 강릉 부사(江陵府使)에 임명되었다. 《承政院日記 孝宗 2年 7月 11日》

정자 이만리[162]가 남쪽 골짜기의 새 거처에 찾아주어 사례하다

謝李正字萬里見訪南峽新居

높은 고개는 구름에 모두 가려 있고	大嶺雲全隔
거듭되는 강으로 길을 분간하지 못하네	重江路不分
섬계에서 배 돌리지 않고[163]	休回剡溪棹
멀리 옥천 문을 두드렸네	遠叩玉泉門
짧은 처마에 산 빛 스며들고	簷短山光滴
빈 창문에 나뭇잎 소리 들려오네	窓虛木葉聞
만나서 외로운 삶 위로하노라니	相逢慰離索
맑은 자리에서 문득 말을 잊었소	清坐却忘言

162 이만리(李萬里) : 이명익(李溟翼, 1617~1687)으로, 본관은 진보(眞寶), 자는 만리, 호는 반초당(反招堂)이다. 저서로 《반초당집(反招堂集)》이 있다. 1649년 4월 승문원 권지부정자(承文院權知副正字)에 임명되었다. 효종(孝宗)이 즉위한 뒤에 경연(經筵)에서 있었던 말을 누설하였다는 이유로 영월(寧越)에 유배되었다. 《樊巖集 卷49 通政大夫守忠淸道觀察使兼兵馬水軍節度使巡察使公州牧使李公墓碣銘》

163 섬계(剡溪)에서……않고 : 이명익이 험한 길을 마다하지 않고 찾아주었다는 말이다. 섬계는 중국 절강성(浙江省)에 있는 물 이름으로, 진(晉)나라 왕휘지(王徽之)가 폭설이 내린 밤에 술을 마시며 좌사(左思)의 초은(招隱)시를 읊다가 갑자기 섬계에 있는 친구 대규(戴逵)가 생각이 나서 밤새 배를 저어 그 집을 찾아가다가 흥이 다해 그냥 돌아왔다. 《世說新語 任誕》

빈 집에서 감회가 있어 태수가 전날 보내온 시에 차운하여 부치다

空齋有懷 就次太守前日見贈韻却寄

종일토록 고요한 빈 집	空齋終日靜
깊은 밤까지 단정히 앉아 있네	匡坐到宵分
낙엽 떨어져 더욱 오솔길 묻히고	葉落偏埋逕
바람 불어 절로 문이 닫힌다	風來自掩門
찬 물소리 산골 시내에서 보내오고	山溪寒響送
그윽한 향기 화분의 국화에서 맡아보네	盆菊暗香聞
생각건대 소주 자사 찾아오면	思屈蘇州駕
맑은 술 마시며 옛 담론 들어야지	清樽聽古論

시남집

제3권

詩시

이석이[1] 경억 의 시에 차운하다 계사년(1653, 효종4)

次李錫爾 慶億 韻

석이도 이제 막 유배지에서 돌아왔다.

온갖 죽을 고비 넘기고 내가 막 돌아왔는데 萬死吾初返
삼 년 동안 그대는 두 번 옮겼지[2] 三年子兩移
두루 다닌 것이 얼마이며 周行知幾里
유배 기간은 누가 더 많았던가 流迸孰多時
봄기운 같은 얼굴 그대로이나 春色顔依舊
서리 맞은 듯 귀밑털 유독 쇠하였네 秋霜鬢獨衰
가련하여라 병 앓은 지 오래되어 堪憐抱病久
맑은 시에 화답할 흥 없어라 無興和淸詩

1 이경억(李慶億) : 1620~1673. 본관은 경주(慶州), 자는 석이(錫爾), 호는 화곡(華谷), 시호는 문익(文翼)이다. 《西溪集 卷12 左議政李公墓碑銘》

2 삼 년……옮겼지 : 이경억은 1651년 귀인(貴人) 조씨(趙氏)와 김자점(金自點)의 역모 사건에 관련되어 파직된 대사헌 조석윤(趙錫胤)을 구하려고 간하다가, 효종의 노여움을 사서 경성(鏡城)에 안치되었다가 풀려났다. 그 후에 홍천(洪川)으로 옮겼다. 《孝宗實錄 2年 10月 29日》《明谷集 卷28 華谷李相國行狀》

석이가 앞의 운으로 다시 읊었기에 화답하여 부치다
錫爾復疊前韻 就和却寄

세태를 가는 곳마다 보고	世態隨方見
인정은 만나는 사람에 따라 변하니	人情逐面移
누가 청안[3]의 좋은 마음 가지고	誰將青眼好
함께 흰머리 될 때까지 보전할까	共保白頭時
마음 맞아 나이를 잊고 어울리면서	襟契忘年歲
염량세태와 영고성쇠엔 무관심하네	暄涼擺盛衰
그대가 옛날 의리 있음을 알기에	知君有古義
감동하며 〈각궁〉[4]을 읊조리네	感諷角弓詩
단경이 오랫동안 물에 떠 있음을 탄식하고	斷梗嗟長泛
외로운 뿌리 자주 옮겨 다님을 두려워했네[5]	孤根怕屢移

3 청안(青眼) : 진(晉)나라 죽림칠현(竹林七賢)의 한 사람인 완적(阮籍)이 예교에 얽매인 속된 선비가 찾아오면 백안(白眼)을 뜨고, 고결한 선비가 찾아오면 청안을 뜨고 대했다는 고사에서 유래한 말이다.《晉書 卷49 阮籍列傳》

4 각궁(角弓) : 《시경》 소아(小雅)의 편명으로 친족 간에 화목하지 못한 것을 풍자한 내용인데, 후대에는 형제처럼 지내는 개인이나 나라 간의 우의를 다질 때 〈각궁〉 시를 잊지 말자는 말로 인용되었다.

5 단경(斷梗)이……두려워했네 : 단경은 복숭아나무로 만든 인형인 도경(桃梗)을 뜻한다. 《전국책(戰國策)》 〈제책(齊策)〉에 "토우(土偶)가 도경에게 말하기를 '지금 그대는 동국(東國)의 도경으로 나무를 깎아서 사람 꼴을 만든 것이다. 그런데 비가 내려 치수(淄水)가 불어 그대를 떠내려 보내니, 그대는 표표히 떠서 장차 어디로 가려느냐?'

풍상고초를 이역에서 함께 겪었는데	風霜俱異域
우로를 다행히 동시에 입었도다[6]	雨露幸同時
사주가 막 익거든	社酒期初釃
강가의 꽃 시들지 않았을 때에 맞춰[7]	江花趁未衰
꽃 핀 교외에서 만나 일산 나란히 하고	芳郊會聯蓋
비단 주머니[8] 속의 시 다듬어야지	料檢錦囊詩

하였다."라고 하였다는 이야기가 나온다.

6 풍상고초를……입었도다 : 유계와 이경억이 유배된 후 이역(異域)에서 풍파를 겪고 함께 풀려난 것을 말한다.

7 사주(社酒)가……맞춰 : 입춘(立春) 후 다섯 번째 무일(戊日)을 춘사(春社)라 하고 입추(立秋) 후 다섯째 무일을 추사(秋社)라 하는데, 옛날 민속에 의하면 이날 토지신에게 제사하여 풍년을 기원하여 그 제사에 쓰고 남은 술을 사주라고 한다. 유배에서 풀려나 향토의 술을 맛보고 꽃구경할 수 있음을 표현한 말이다.

8 비단 주머니 : 원문의 금낭(錦囊)은 시를 뜻한다. 당나라 시인 이하(李賀)가 매일 아침 동료들과 나가 노닐 적에 하인에게 다 해진 비단 주머니를 등에 매고 따라오게 하면서 시제(詩題)를 기다리지도 않고 시상이 떠오르는 대로 써서 그 주머니 속에 넣었다가 뒤에 다시 꺼내어 시를 완성했다는 시재금낭(詩裁錦囊)의 고사가 전한다.《昌谷集 李長吉小傳》

또 앞의 운을 사용하다
又用前韻

고요한 창문에 매화 향기 스미고 窓靜梅香送
텅 빈 뜰엔 대나무 그림자 옮겨가네 庭虛竹影移
어찌 견디나 경물 대하는 곳에 那堪對景處
또다시 그대가 생각나는 때 更是憶君時
병이 나았건만 시상은 사라지고 病去吟情索
올해 들어 주량까지 줄었도다 年來飮量衰
도연명도 술을 끊고자 했으니[9] 淵明擬止酒
이제부터 시도 짓지 않아야지 從此竝休詩

젊어서는 참으로 어리석고 망녕되어 小少眞愚妄
산을 옮길 수 있다고 말하였지[10] 丘山謂可移
힘 다하여 죽음이 문턱에 이르러서도 力窮垂死日

9 도연명(陶淵明)도……했으니 : 진(晉)나라의 도잠(陶潛)은 술을 끊겠다고 하면서 "이제야 금주가 좋은 줄 알았으니, 오늘 아침부터 진정 끊으리라.〔始覺止爲善, 今朝眞止矣.〕"라고 읊었지만 평생 술을 즐겼다.《陶淵明集 卷3 止酒》

10 젊어서는……말하였지 : 젊었을 때에 어떤 곤란한 일도 강인한 의지로 극복하고 성취하려고 했다는 말이다. 북산(北山)의 우공(愚公)이 앞에 산이 가로막혀 통행이 불편하였으므로 가족들과 함께 산을 옮기려고 매일 흙을 퍼 나르기 시작하였는데, 처음에는 산신령이 비웃었으나 자자손손 대대로 이 일을 행하겠다는 우공의 뜻을 알고는 천제(天帝)에게 보고하였다. 이에 감동한 천제가 신력(神力)의 소유자인 과아씨(夸娥氏)를 내려보내 그 산을 등에 업고 다른 곳에 옮기게 했다고 한다.《列子 湯問》

마음만은 씩씩하게 살아 있었는데　心壯有生時
북해의 몸 완전히 늙었고[11]　北海身全老
동주의 꿈 또한 쇠하였다[12]　東周夢亦衰
여생에 할 일은　餘年底事業
좀 먹은 죽간에 남은 시나 점검하는 것이지　蠹簡點殘詩

다만 붉은 마음만 믿나니　只恃丹心在
어찌 흰머리 되었다고 바뀔 수 있으랴만　寧能白首移
모진 것과 둥근 것의 쓰임이 다른 건　方圓例異用
고금이 한 시대처럼 똑같아라　今古若同時
병든 학은 정신이 남아있으나　病鶴精神在
주린 매의 깃은 쇠잔하네　飢鷹羽翮衰
바야흐로 〈수초부〉 찾아서　方尋遂初賦
영원히 〈고반〉을 맹세하노라[13]　永矢考槃詩

11 북해(北海)의……늙었고 : 북해의 몸은 북산(北山)에 사는 우공(愚公)을 가리킨다.

12 동주(東周)의……쇠하였다 : 동주는 곧 주(周)나라의 도를 동방(東方)에 일으킨다는 뜻으로, 공자가 일찍이 계씨(季氏)의 가신으로서 계씨를 배반한 공산불요(公山弗擾)의 부름을 받고 가려고 했다. 자로(子路)가 이를 매우 못마땅하게 여기자, 공자가 이르기를 "나를 부르는 자가 어찌 공연히 부르겠느냐. 만일 나를 써 주는 자가 있기만 하면 내가 동주를 할 수 있으리라."라고 한 데서 온 말이다. 《論語 陽貨》

13 수초부(遂初賦)……맹세하노라 : 〈수초부〉는 진(晉)나라 손작(孫綽, 314~371)이 고양(高陽), 허순(許詢) 등과 함께 고상한 뜻을 품고 회계산(會稽山)에 은거하여 10여 년간 산수를 유람하면서 지은 글이다. 《世說新語 言語》 〈고반(考槃)〉은 《시경》의 편명으로 "산골 시냇가에서 한가히 소요하나니, 현인의 마음이 넉넉하도다."라고 하였는데, 산림에 은거하는 현자의 즐거움을 노래하고 있다.

강가에서 석이에게 주다

江上贈錫爾

남쪽 둑 아래에 작은 배 매니	繫艇南塘下
약속이라도 한 듯 매화가 피었네	梅花若有期
누대에 올라 우연히 술을 마시니	登臺偶得酒
경치 바라보며 어찌 시 없으랴	對景可無詩
해 지니 술잔 어지러이 돌리고	日落杯行亂
물결 잔잔한데 돌아가는 배 더디네	潮平棹返遲
우리들이 강호에 머무르니	江湖着吾輩
경치 또한 서로 어울리네	物色也相宜

기 자 운을 다시 사용하여 석이에게 답하다

再用期字韻 答錫爾

흥이 일면 때때로 혼자 가는데	興到時孤往
서로 만날 기약 필요 없네	相逢不用期
형체 잊고 이야기하며 마시고	形忘談是酒
붓 달리면 종이에 시가 되지	筆逸簡爲詩
사원에는 꽃 풍경 가득하고	淨界花光滿
선창에는 해 그림자 더디구나	禪窓日影遲
지팡이 나란히 하여 혜원을 방문하리니[14]	聯笻訪惠遠
한번 나오는 것도 괜찮겠지	一出也還宜

14 혜원(惠遠)을 방문하리니 : 혜원은 동진(東晉) 시대 여산 동림사(東林寺)의 고승 혜원법사(慧遠法師)를 가리킨다. 그가 여산에서 연사(蓮社)를 결성(結成)하고 도잠(陶潛), 육수정(陸修靜) 등과 어울려 놀았다고 한다.《廬山記》

황강에서 이별한 후에 백분[15] · 길보[16]가 각각 시를 지어 주었는데 모두 술자리를 후회하는 내용[17]이 있어 차운하여 부쳐 주다

黃江別後 伯奮吉甫各有詩相贈 竝有初筵之悔 就次却寄

고상한 언론은 그대 같은 이 적고	高論如君少
맑은 술 내게 권함 많았네	淸樽酌我多
동지들이야 이상하게 여기지 않겠지만	同人應不怪
옆에서 보는 자는 정녕 무어라 하던가	觀者定云何
궁해도 변함없음을 다만 사랑하노니	只愛窮無變
늙어서 더욱 견고해진 것을 누가 알겠나	誰知老更加
서로 만나서 경계해야 마땅하니	相逢合相戒
닭 잡고 기장밥 지어 다시 만나세[18]	鷄黍約重過

15 백분(伯奮) : 윤원거(尹元擧, 1601～1672)로, 본관은 파평(坡平), 자는 백분, 호는 용서(龍西)이다. 《龍西文集 附錄下》

16 길보(吉甫) : 윤선거(尹宣擧, 1610～1669)로, 본관은 파평, 자는 길보, 호는 노서(魯西) · 미촌(美村)이다. 《魯西遺稿 附錄下 成均生員贈通政大夫吏曹參議魯西先生尹公行狀》

17 술자리를 후회하는 내용 : 원문의 초연(初筵)은 〈빈지초연(賓之初筵)〉으로, 《시경》의 편명이다. 이 시는 잔치 자리에서 술 마시고 실수하는 행동을 경계한 시로 모두 5장(章)으로 이루어져 있다. 주희(朱熹)는 위 무공(衛武公)이 술을 마시고 취하였다가 술이 깬 뒤 후회하고 이 시를 지어 반성했다고 하였다. 여기에서는 황강의 모임에서 윤원거와 윤선거가 술자리를 후회하는 마음이 있었다는 말이다.

18 닭……만나세 : 계서(鷄黍)는 닭과 기장밥인데, 손님을 후하게 대접함을 의미한

다. 《논어》 〈미자(微子)〉에 하조장인(荷蓧丈人)이 공자의 제자 자로(子路)를 만류하여 묵게 하면서 "닭을 잡고 기장밥을 지어 대접하였다.〔殺鷄爲黍而食之〕"라는 내용이 있다. 또 후한(後漢)의 범식(范式)이 장소(張劭)와 헤어질 때, 2년 뒤 9월 15일에 시골집에 찾아가겠다고 약속을 하였으므로, 그날 장소가 닭을 잡고 기장밥을 지어 놓고 기다리자 과연 범식이 찾아왔다는 고사가 전한다. 《後漢書 卷81 獨行列傳 范式》

필아[19]의 관례일에 길보가 빈이 되어[20] 자리에서 증정하다
弼兒冠日 吉甫爲賓 席上有呈

백 리에서 존귀한 손님 맞이하여	百里邀尊客
작은 아이에게 삼가례[21] 행하네	三加敎小兒
성인의 도리를 진정 바라고[22]	成人眞有望
선행 쌓기를 부디 기대하네[23]	式穀庶堪期
대나무 창에 맑은 바람 가득하고	竹牖淸風滿
꽃 처마에 고운 풍경 지나가네	花簷麗景移
술 두 동이 마련된 오늘밤 길기도 할 테니	朋樽永今夕
느낌 일어 〈백구〉 읊어보네[24]	感諷白駒詩

19 필아(弼兒) : 유명필(兪命弼, 1640~1669)로, 본관은 기계(杞溪), 자는 직보(直甫)이다. 유계의 둘째 아들이다.

20 길보(吉甫)가 빈(賓)이 되어 : 길보는 윤선거(尹宣擧, 1610~1669)로, 본관은 파평, 자는 길보, 호는 노서(魯西)·미촌(美村)이다. 빈은 관례(冠禮)를 주관하는 사람이다.

21 삼가례(三加禮) : 관례(冠禮)를 행할 때, 세 차례 관(冠)을 바꾸어 쓰는 절차이다.

22 성인의……바라고 : 《소학(小學)》 〈가언(嘉言)〉의 주석에 "관례에는 성인의 도리를 책한다.〔冠以責成人〕"라고 하였다.

23 선행……기대하네 : 자식을 착한 데로 인도한다는 뜻이다. 《시경》 〈상유(桑柔)〉에 "대풍이 부는 길이 있으니 빈 큰 골짝으로 나오는도다. 오직 이 선량한 이는 소행을 선으로써 하지만, 저 불순한 자들은 어둡고 더러운 길로 다닌다."라고 하였다.

24 술……읊어보네 : 윤선거를 돌아가지 못하게 만류한다는 말이다. 《시경》 〈백구(白駒)〉에 "깨끗한 흰 망아지가 내 밭의 풀을 먹네, 붙잡아 매어 두고 아침 내내 잡아놓아, 바로 그분 여기에서 소요하게 하리라."라고 하였다.

참봉 이준성[25] 부자 만사

挽李參奉畯成父子

백옥루 완성된 날[26]	白玉樓成日
푸른 난새 타고서 세상 떠났네	靑鸞駕逝年
인간세상 참으로 꿈만 같으니	人間眞似夢
천상에서 진정 신선이 되었으리	天上定爲仙
훤초[27]는 난초 꽃과 함께 시들고	萱共蘭花悴
교나무는 재나무 따라 넘어졌네[28]	喬從梓樹顚
두 봉분을 쌓는다는 말 듣고[29]	聞封雙馬鬣

25 이준성(李畯成) : 본관은 한산(韓山), 자는 상로(祥老)이다. 김장생의 문인으로 참봉에 천거되었는데 일찍 졸하였다. 《沙溪全書 卷47 門人錄》

26 백옥루(白玉樓) 완성된 날 : 이준성이 갑자기 세상을 떠났음을 뜻하는 말이다. 이하(李賀)가 27세에 죽었는데 천상에서 붉은 옷을 입은 사람이 붉은 용을 타고 내려와 "상제(上帝)께서 백옥루를 완성하고 지금 그대를 불러다가 기문(記文)을 짓게 하라고 명하셨다."라고 하고 데려갔다 한다. 《昌谷集 李長吉小傳》

27 훤초(萱草) : 망우초(忘憂草)라고도 하는데, 옛날에는 이 풀을 주부(主婦)가 거처하는 곳인 북당(北堂)에 많이 심었으므로 어머니를 가리키게 되었다. 《시경》 〈백혜(伯兮)〉에 "어떻게 하면 훤초를 얻어, 이것을 북당에 심을까.〔焉得諼草, 言樹之背.〕"라고 하였다.

28 교(喬)나무는……넘어졌네 : 교나무와 재나무는 부자(父子)를 뜻하는 말이다. 주(周)나라 때 백금(伯禽)이 숙부인 강숙(康叔)과 함께 현인(賢人)인 상자(商子)를 만나니, 상자가 "교는 부도(父道)이고 재(梓)는 자도(子道)이다."라고 말해 준 고사가 있다. 《尙書大全 卷4》 여기서는 이준성 부자가 함께 세상을 떠났음을 표현한 말이다.

29 두……듣고 : 원문의 마렵(馬鬣)은 《예기(禮記)》 〈단궁 상(檀弓上)〉에 나오는 말

쇠잔한 눈물로 한바탕 수건 적시네　　衰涕一沾巾

로 봉분을 뜻한다. 원래 고대에 봉분의 모양이 아래는 넓고 위가 좁은 장방형으로 말의 갈기와 비슷하였기 때문에 마렵봉(馬鬣封)이라 불렀다. 여기에서는 이준성 부자의 무덤을 가리키는 말이다.

가을을 느끼다

感秋

죄폐인은 참다운 은일이 아닌데[30] 罪廢非眞逸
한가로운 삶 도리어 고상한 것 같구나 閒居却似高
숲 깊어 찾아오는 손님은 없고 林深無客到
문 닫아두니 문 두드리는 중만 있구나 門掩有僧敲
심은 화훼 가운데 국화를 편애하고 種卉偏憐菊
읽는 시로는 도잠의 것만 좋아한다네 看詩只愛陶
읊조리고 나서 해질녘 둘러보니 吟餘聊晩眺
시절의 경치는 날마다 쓸쓸하구나 時景日蕭騷

쓸쓸한 산골짜기 앙상하고 蕭森丹壑瘦
텅 빈 푸른 하늘 높구나 寥落碧天高
서리 맞은 국화는 아침에 황금빛 띠고 霜菊朝金委
바람 부는 대숲은 밤에 옥소리 내는구나 風篁夜玉敲
가을 모습 시로 쓰지 못하고 秋容詩不寫
그윽한 생각 술로 달래기 어렵네 幽思酒難陶
우연히 마음 같은 손님 마주해서 偶對同心客
맑은 소리로 초나라 〈이소〉를 읊노라[31] 商聲詠楚騷

30 죄폐인(罪廢人)은……아닌데 : 죄폐인은 죄를 지어 폐인(廢人)이 된 것으로, 진정한 은거를 하는 사람은 아니라는 말이다.

31 맑은……읊노라 : 원문의 상성(商聲)은 맑은 소리이며 가을 소리를 나타낸다. 오음(五音)의 상(商)은 오행(五行)의 금(金)에 해당하므로 처량(凄涼)한 청성(淸聲)이 된다. 한유(韓愈)의 〈노기증구양첨(駑驥贈歐陽詹)〉에 "마음이 같은 그대에게 시를 부치노니 나를 위해 상성의 노래 읊으라.〔寄詩同心子, 爲我商聲謳.〕"라고 하였다. 원문의 초소(楚騷)는 초(楚)나라 굴원(屈原)의 〈이소(離騷)〉를 말한다.

무한성[32] 길가에서 조사받으러 가는 민태초[33] 도 를 전송하다

無限城道上 送閔太初 燾 就對之行

한 말 술 들고 먼 길에 임해	斗酒臨長道
말없이 그저 바라만 보네	相看脈脈時
우리들 모두 노년이기에	吾儕俱晚境
이 이별 슬퍼할 만하여라	此別已堪悲
큰 들에는 봄바람 불어오고	大野春風轉
외로운 성에 석양은 옮겨 가네	孤城夕照移
남쪽으로 북쪽으로 총총히 가느라	悤悤南又北
운학과 쉬이 떨어지누나	雲鶴易參差

32 무한성(無限城) : 경기도 양성현(陽城縣) 남쪽 지점에 있는 석축 이름이다.《新增東國輿地勝覽 卷10》

33 민태초(閔太初) : 민도(閔燾, 1607~1684)로, 본관은 여흥(驪興), 자는 태초이다. 1664년에 평산 부사(平山府使)로 부임하였다. 유계의 둘째 아들 유명필(兪命弼)이 민도의 딸과 혼인하였다.《明齋遺稿 卷39 海州牧使閔公墓碣銘》

나령에서 비를 만나 안 상사의 별업에서 자고 출발할 때 남겨 주다

蘿嶺值雨 宿安上舍別業 臨發留贈

비 맞으며 산길에서 헤매다가	帶雨迷山徑
만난 사람에게 버들 촌을 물었네	逢人問柳村
백발로 고아한 모습 바라보고	白頭看古貌
반가운 눈으로 좋은 술 마주하네	青眼對芳樽
산 풍경은 아침 자리에 들어오고	嶽色朝侵座
시냇물 소리 밤에 처마에 들리네	溪聲夜到軒
돌아가는 길에 꽃 마침 피었으니	歸途花正發
다시 소나무 문 두드리고 싶구나	更擬款松門

무량산 아래 정필달의 집에 묵었는데, 정생은 곧 남쪽 지방에서 우거하는 사람이다

宿無量山下鄭生必達家 鄭卽南土寓客也

산은 연록빛 술을 머금은 듯	嫩綠山含酎
수면에는 붉은 노을 일렁이네	殘紅水泛霞
첩첩의 고개 숲을 지나서	行穿重嶺樹
시내 건너편 집을 멀리 찾아왔네	遠訪隔溪家
나그네 길에서 봄날 거의 지나고	客路春將盡
객지 시름 속에 해 지려 하네	羈愁日欲斜
서로 만나 신세 이야기하니	相逢話身世
정처 없이 떠다니며 각기 하늘 끝에 있구나	萍梗各天涯

비 오는 중에 윤여망의 증산 새 집[34]을 방문하다

雨中 訪尹汝望甑山新家

가랑비 오는 가을이 다 지난 날	小雨三秋盡
긴 모래섬 아홉 굽이도 넘는도다	長洲九曲賒
단풍나무 길을 뚫고 가서	行穿紅樹逕
옥인의 집을 방문하였네	訪到玉人家
병든 나그네의 시름 심하지만	旅病愁仍劇
친교의 정은 늙을수록 더욱 깊어가네	交情老更加
서로 만나 도리어 한바탕 웃고	相逢還一笑
막걸리 마시며 국화 마주하네	白酒對黃花

34 윤여망(尹汝望)의 증산(甑山) 새 집 : 윤여망은 윤문거(尹文擧, 1606~1672)로, 본관은 파평(坡平), 자는 여망, 호는 석호(石湖), 시호는 충경(忠敬)이다. 저서에 《석호유고(石湖遺稿)》가 있다. 윤문거는 1655년(효종6)에 벼슬을 그만두고 석성현(石城縣) 증산에 우거하였다.《石湖遺稿 卷7 年譜, 卷8 神道碑銘》 증산은 포(浦) 이름으로, 은진현(恩津縣) 서쪽에 위치했던 곳이다.《新增東國輿地勝覽 卷18 忠淸道》

길보[35]·수부[36]와 함께 더위에 길을 가는데 술 이야기를 했다가 길보의 조롱을 받고 해명하다

偕吉甫秀夫 暑行談酒 解吉甫嘲

더위 먹고 갈 길 먼 것 근심하지만	病暑愁行邁
좋은 벗 함께 노닐어 기쁘구나	良朋喜竝遊
바람 맞으며 높은 고개에서 쉬고	迎風憩高嶺
갈증 푸느라 맑은 물 손으로 쥐어 마시네	解渴掬淸流
얼음 품는 열기 면치 못하니	未免懷氷熱
시간 빨리 흐르기를 바라던 것과 같구나[37]	眞同視蔭偸
하삭의 생각 무단히 이어져	無端河朔念
부친 태주에게 거듭 부끄럽네[38]	重愧父台州

35 길보(吉甫) : 윤선거(尹宣擧, 1610~1669)로, 본관은 파평(坡平), 자는 길보, 호는 노서(魯西)·미촌(美村)이다. 《魯西遺稿附錄下 成均生員贈通政大夫吏曹參議魯西先生尹公行狀》

36 수부(秀夫) : 권준(權儁, 1610~1665)으로, 본관은 안동(安東), 자는 수부, 호는 월천(月川)이다. 윤선거의 매부(妹夫)이다. 《魯西遺稿 卷20 司䆃寺正月川權公行狀》

37 시간……같구나 : 시음(視蔭)은 해 그늘을 바라본다는 말로, 춘추 시대 진(晉)나라의 경(卿)인 조맹(趙孟)이 해 그늘을 바라보면서 "아침 그늘이 저녁까지 갈 수 없는데, 어찌 5년을 기다릴 수 있겠는가?"라고 하니, 후자(后子)가 나와서 사람들에게 말하기를 "조맹은 머지않아 죽을 것이다. 백성의 주인이 되어 세월을 허송하며 살 날짜를 탐하니, 그가 얼마나 살 수 있겠는가?"라고 한 말을 원용한 것이다. 《春秋左氏傳 昭公1年》

38 하삭(河朔)의……부끄럽네 : 하삭은 후한(後漢) 말기 유송(劉松)이 원소(袁紹)의 자제와 하삭에서 삼복(三伏) 무렵에 술자리를 벌이고 밤낮으로 정신없이 마셔댄

《남사(南史)》에 "심회문(沈懷文)[39]은 맑은 의표로 빛나는 사람이다. 사람들이 그를 대하기를 여름에 얼음을 품은 것처럼 여겼다."라고 하였다. 《진서(晉書)》에 "왕침(王忱)[40]이 형주 자사(荊州刺史)가 되었을 때 항상 심하게 취하니 그를 일러 상돈(上頓)[41]이라고 하였다. 부친 태주 자사(台州刺史) 탄지(坦之)가 편지를 주며 경계해 말하기를 "옛 사람은 술을 경계하였다. 네가 술잔을 물리치고 술잔을 버리기를 바라니, 의적(儀狄)을 우산(羽山)에서 죽이고, 두강(杜康)을 삼위(三危)로 쫓아내라."[42]라고 하였다.

고사에서 유래하였다. 《初學記 歲時部上 夏避暑飮》 대본에는 '祖台州'로 되어 있는데, 《진서(晉書)》 권75 〈왕탄지열전(王坦之列傳)〉에 의거하여 '祖'를 '父'로 바로잡아 번역하였다. 왕탄지(330~375)의 자는 문도(文度)로, 왕침(王忱)의 아버지이다. 본문 원주의 내용도 같다.

39 심회문(沈懷文) : 409~462. 자는 사명(思明), 오흥(吳興) 무강(武康) 사람이다. 《南史 卷34 沈懷文列傳》

40 왕침(王忱) : ?~392. 자는 원달(元達), 어렸을 때 자는 불대(佛大)이다. 동진(東晉) 사람으로, 형주 자사(荊州刺史)를 지냈고 만년에 술을 좋아하여 한번 술을 마시면 한 달 동안 깨지 않고 혹 나체로 노닐기도 하였다. 《文章志》

41 상돈(上頓) : 술을 많이 마시는 것을 지칭하는데, 왕침이 술을 좋아하여 상돈이라고 자호(自號)한 데서 유래하였다. 《天中記 卷44》

42 의적(儀狄)을……쫓아내라 : 의적은 우(禹) 임금 때에 술을 만들었던 사람이다. 이전까지는 감주(甘酒)만 있고 술은 없었는데, 우 임금 때에 이르러 의적이 술을 만들어서 바치자 우 임금이 맛을 보고 말하기를 "후세에 반드시 술 때문에 나라를 망치는 자가 있을 것이다."라고 하고 의적을 멀리했다고 한다. 두강(杜康) 역시 최초로 술을 빚었다는 전설상의 인물인데, 직접 술을 비유하는 말로 쓰이기도 한다. 우산(羽山)과 삼위(三危)는 순(舜) 임금 때 흉악한 사람을 처형한 장소와 유배지를 의미한다. 《서경》 〈순전(舜典)〉에 "공공(共工)을 유주(幽州)에 유배하고, 환도(驩兜)를 숭산(崇山)으로 내쫓고, 삼묘(三苗)를 삼위로 쫓아내고, 곤(鯀)을 우산에서 죽였다."라고 하였다. 여기서는 모두 술을 없애고 마시지 말라는 말이다.

광릉 산소에서 외숙[43]의 묘를 참배하고 백도[44]의 빈소에 곡하다

廣陵山所 拜舅氏墓 哭伯圖殯

묘에는 작년 풀이 묵었는데	墓宿前年草
동산에 오늘 명정이 머무르네	原留此日旌
구름 낀 산도 참담한 빛 띠었고	山容雲帶慘
바람 소리 물과 함께 우는구나	風響水俱鳴
어찌 장생하는 이치 있으랴마는	豈有長生理
남겨진 이들은 마음 가누기 어렵네	難堪後死情
나그네 길에 제수와 술 없으니	客行無奠酹
눈물만 강물처럼 쏟을 뿐이네	惟有淚河傾

43 외숙(外叔) : 남두첨(南斗瞻, 1590~1656)으로, 본관은 의령(宜寧), 자는 여앙(汝仰), 호는 성와(醒窩)이다. 부친은 남이신(南以信)으로, 유계의 외조부이다. 남두첨은 1656년(효종7) 5월 21일에 병으로 자택에서 향년 67세로 세상을 떠나 광주(廣州) 영장산(靈長山) 선영에 장사 지냈다.《雪峯遺稿 卷27 贈資憲大夫吏曹判書……行通政大夫兵曹參知南公墓碣銘》

44 백도(伯圖) : 남훤(南翧, 1609~1656)으로, 본관은 의령, 자는 백도, 호는 창명(滄溟)이다. 남훤의 부친은 남두첨은 1651년(효종2)에 황해도 관찰사(黃海道觀察使)를 지냈고 이후 승지(承旨)를 거쳐 1655년에는 경상도 관찰사(慶尙道觀察使)를 역임하였다. 저서로 《창명집(滄溟集)》이 있다. 남훤은 부친의 삼년상을 치르며 지나친 슬픔에 몸을 상해 같은 해 11월 4일에 죽었다.《竹堂集 卷14 通政大夫守慶尙道觀察使兼兵馬水軍節度使巡察使南公墓誌銘》

백강 이 상국[45] 만사

白江李相國挽

맑은 종묘에 금정 진열하고[46]	淸廟陳金鼎
가을 하늘에 옥형 걸려 있네[47]	秋天揭玉衡
지위 높아도 마음은 더욱 겸손하고	地高心轉下
시대 험난해도 도는 오히려 곧았도다	時蹇道猶貞
문장 고아함은 지금의 안석이요[48]	文雅今安石
풍류는 옛 광평이로다[49]	風流舊廣平

45 백강(白江) 이 상국(李相國) : 이경여(李敬輿, 1585~1657)로, 본관은 전주(全州), 자는 직부(直夫), 호는 백강·봉암(鳳巖), 시호는 문정(文貞)이다. 《宋子大全 卷157 白江李公神道碑銘 幷序》 이경여는 우의정과 영의정을 역임하였다.

46 맑은……진열하고 : 이경여가 조정에서 재상을 지냈다는 말이다. 금정(金鼎)은 재상을 상징한다.

47 가을……있네 : 이경여의 문장이 훌륭하고 명망이 높음을 뜻하는 말이다. 두보(杜甫)의 시 〈배 시주에게 부치다〔寄裴施州〕〉에 "금종과 대용이 동쪽 낭무에 달려 있고, 빙호와 옥형이 가을 하늘에 걸려 있네.〔金鐘大鏞在東序, 氷壺玉衡懸淸秋.〕"라고 한 것을 차용하였다. 《杜詩詳註 卷20》

48 문장……안석(安石)이요 : 안석은 진(晉)나라 사안(謝安, 320~385)의 자이다. 《진서(晉書)》 권79 〈사안열전(謝安列傳)〉에 "사안은 명성이 대단하여 당시 그를 흠모하는 자가 많았다.……그는 본래 낙하 서생(洛下書生)의 음영(吟詠)에 능했는데, 이는 콧병이 있어 소리가 둔탁한 것을 가리킨다. 당시 명류들은 그 음영을 흠모하나 따라갈 수가 없어서 손으로 코를 틀어쥐고 흉내 냈다."라고 하였다.

49 풍류는 옛 광평(廣平)이로다 : 광평은 당(唐)나라 현종(玄宗) 때의 재상 송경(宋璟, 663~737)의 자이다. 그가 일찍이 〈매화부(梅花賦)〉를 지었는데, 피일휴(皮日休)가 자신의 〈도화부서(桃花賦序)〉에 "내가 일찍이 재상 송광평(宋廣平)의 바르고 강직

왕실에 많은 공 세워 놓고 旂常紛紀績
끝내 이름 논하는 것 사양하셨지 終讓坐論名

태양 아래 구름이 상서로움 드러내니 日下雲呈瑞
태전의 명망 이미 높았도다 台躔望已隆
평소에는 참으로 온화한 기운이었고 平時儘和氣
움직이는 곳마다 맑은 바람이어라 動處即淸風
적국은 사마를 어려워했고[50] 敵國憚司馬
조정에서는 약옹을 중히 여겼는데[51] 朝廷重弱翁
해를 이어 진췌의 비통함 있으니[52] 連年殄瘁痛

한 자질을 사모해 왔으니, 그의 철석같은 심장으로는 아마도 유순하고 애교 넘치는 말을 토해낼 줄 모르리라고 여겼었는데, 그의 〈매화부〉를 보니, 말이 통창하고도 풍부하고 고와서 남조(南朝)의 서유체(徐庾體)를 얻었더라."라고 하였다.

50 적국(敵國)은 사마(司馬)를 어려워했고 : 사마는 춘추 시대 제 경공(齊景公)의 장수인 전양저(田穰苴)로, 사마양저(司馬穰苴)라고 한다. 양저는 진(晉)과 연(燕)이 침입했을 때 경공의 명을 받아 출정하면서 군령을 엄하게 했다. 경공이 총애하던 신하 장가(莊賈)가 회기(會期)를 어기자, 그의 신분을 돌아보지 않고 목을 베니, 진나라와 연나라가 군령이 엄숙하다는 말을 듣고 스스로 철수하였다.《史記 卷64 司馬穰苴列傳》 여기서는 이경여가 청나라를 강력하게 배척하며 심양에 억류되었던 행보로 인해 청나라가 어려워했다고 빗댄 것이다.

51 조정에서는……여겼는데 : 약옹(弱翁)은 한(漢)나라 위상(魏相, ?~기원전 59)의 자로, 제음(濟陰) 정도(定陶) 사람이다. 소제(昭帝) 때 현량(賢良)으로 천거되어 대책(對策)이 좋은 평가를 받아 무릉 영(茂陵令)이 되었다가, 어사대부로 발탁되었다.《漢書 卷74 魏相傳》 여기서는 위상과 마찬가지로 이경여가 여러 관직을 거치며 훌륭한 인재로 우선 발탁되었다는 말이다.

52 해를……있으니 : 진췌(殄瘁)의 비통함은 현인이 죽어 나라가 병들지 않을까 하는

쓸쓸히 조정이 텅 비었구나　　寂寞廟廊空

인간세상에서 오복을 갖추고　　人間備五福
천하에 삼달존[53]을 이루셨네　　天下達三尊
후세에 전한 업적 청사에 빛나고　　遺烈靑編重
남은 유풍은 옥나무 번성시키겠지[54]　　餘風玉樹繁
사공의 집에 닭이 울더니[55]　　鷄鳴謝公宅
이응의 문객들 흩어졌구나[56]　　客散李膺門

걱정을 말하는 것으로, 여러 해 동안 훌륭한 인물들이 세상을 떠났음을 뜻한다. 《시경》 〈첨앙(瞻仰)〉에 "선인(善人)이 죽었으니, 나라가 끊기고 병이 들리라."라고 하였다.

53 삼달존(三達尊) : 사람들이 공통적으로 높이는 세 가지, 즉 벼슬·덕·나이를 가리킨다. 《맹자》 〈공손추 하(公孫丑下)〉에 "천하에 공통으로 높이는 것이 세 가지가 있으니, 벼슬이 하나이고, 나이가 하나이고, 덕이 하나이다."라고 하였다.

54 남은……번성시키겠지 : 옥나무는 훌륭한 자제를 의미한다. 《세설신어(世說新語)》 〈언어(言語)〉에 진(晉)나라 사안(謝安)이 여러 자제들에게 어떤 자제가 되고 싶은지 묻자, 그의 조카인 사현(謝玄)이 대답하기를 "비유하자면 지란과 옥수가 뜰 안에 자라기를 바라는 것과 같습니다."라고 하였다.

55 사공(謝公)의……울더니 : 죽음의 징조를 뜻하는 말이다. 진나라 사안이 병이 위독하여 이르기를 "예전에 내 꿈에 환온(桓溫)의 수레를 타고 16리를 가다가 흰 닭 한 마리를 보고 멈춘 적이 있는데, 그로부터 지금 16년이 되었고 올해가 닭띠 해인 유년(酉年)이니 내 병이 아마 낫지 않을 것이다."라고 하더니, 얼마 후 과연 세상을 떠났다고 한다. 《晉書 卷79 謝安列傳》

56 이응(李膺)의 문객들 흩어졌구나 : 당시 재상인 이경여의 집에 사람들이 함께 어울렸다가 세상을 떠나자 사람들이 흩어졌다는 말이다. 후한(後漢) 환제(桓帝) 때에 이응(110~169)은 성품과 행실이 고상하여 그에게 접대를 받으면 용문(龍門)에 올랐다고 하였는데, 여기서는 이경여를 그와 같은 인물로 지칭한 것이다. 《後漢書 卷67 李膺列傳》

누가 알겠나 양담이 있어　　誰識羊曇在
서주에서 홀로 애간장 끊어지는 것을[57]　　西州獨斷魂

57 양담(羊曇)이……것을 : 양담은 동진(東晉) 사안의 생질이다. 그가 매우 총명하였으므로 사안이 생전에 무척 사랑하였다. 사안이 죽은 뒤 양담은 매우 슬퍼서 사안의 무덤이 있는 서문 쪽으로는 다니지 않았다. 어느 날 양담은 술에 취하여 자신도 모르는 사이 서문으로 가게 되었는데, 주위 사람들이 여기가 서문이라고 알려주자 "살아서 화려한 집에 머물더니, 죽어서는 산언덕에 돌아가네.〔生存華屋處, 零落歸山丘.〕"라는 삼국 시대 위(魏)나라 조식(曹植)의 〈공후인(箜篌引)〉을 높이 읊조리고 통곡하면서 가버렸다고 한다.《晉書 卷79 謝安列傳》 여기서는 유계가 양담처럼 이경여의 죽음을 슬퍼한다는 말이다.

청지 형[58]의 생일 자리에서 취하여 올리다

清之兄初度席上 醉呈

타지에서 함께 모이게 되니	異地成同會
옛 얼굴에 새 기쁨 많구나	新歡摠舊顔
봄 막걸리는 강한으로 변하고	春醪變江漢
축하하는 자리에서 구산처럼 장수하기를 빌도다	慶壽祝丘山
담박한 마음으로 담소 나누고	笑語沖襟裏
거문고와 노래 친밀한 자리에 퍼지네	琴歌密席間
고당에 촛불 아직 꺼지지 않았으니	高堂燭未跋
나그네 돌아가기를 재촉하지 말기를	不遣客催還

58 청지(淸之) 형 : 청지는 이유청(李惟淸, 1597~1659)으로, 자는 청지이다. 유계(兪棨)의 자형(姊兄)으로, 1653년 연기 현감(燕岐縣監)에 임명되었다.《承政院日記 孝宗 4年 3月 21日》

진천 현감 정안숙[59] 양 에게 주다
贈鎭川倅鄭晏叔 瀁

송강의 후손[60]으로 맑은 풍도 있어　松下淸風在
서로 만나니 가슴이 후련하구나　相逢爽滿襟
우연히 오늘 밤 이야기하며　偶然今夕話
친구의 마음을 거듭 보았네　重見故人心
숲 속의 새는 벗을 부르고　喚友林間鳥
산마루 그늘에 구름이 멈춰섰네　停雲嶺上陰
내일 아침 다시 남북으로 흩어지니　明朝更南北
백발의 나이에 이별의 시 준다오　皓首贈離吟

태백산 남북으로　太白山南北
일찍이 만 겹의 구름 바라보았지　曾瞻萬疊雲
그대 지금 이미 집을 지었고　君今已卜築
나도 그곳에 함께하기를 바라노니　我願與平分
흰머리로 만년을 도모하며　白首謀身晩

59 정안숙(鄭晏叔) : 정양(鄭瀁, 1600~1668)으로, 본관은 연일(延日), 자는 안숙, 호는 부익자(孚翼子)·포옹(抱翁), 시호는 문절(文節)이다. 《抱翁集 卷8 行狀》 《승정원일기》 효종 8년 12월 21일 기사에 정양을 진천 현감(鎭川縣監)으로 임명한 기록이 있다.

60 송강(松江)의 후손 : 송강은 정철(鄭澈, 1536~1593)로, 본관은 연일, 자는 계함(季涵), 호는 송강·임정(臨汀), 시호는 문청(文淸)이다. 정양은 정철의 손자이다.

가난한 선비는 어지러운 세상에 지쳤다오　　　　青袍厭世紛
여전히 아이들을 위한 계획 남았으니　　　　猶存兒女計
거듭 그대와 은근한 마음 맺노라　　　　重與結慇懃

돈암서원[61]에서 돌아와 증산에서 묵고 떠날 때[62] 여망[63]에게 주다

自遯院還宿甑山 留贈汝望

좋은 만남은 끝내 이별하게 되니	好會終成別
한가로운 행차도 절로 바쁘다네	閑行也自忙
갈림길에 임하니 시름은 세찬 비 내리는 듯	臨岐愁劇雨
더위 무릅쓰니 땀은 물병 쏟는 듯	觸熱汗翻漿
동쪽으로 가면서 푸른 산에 해가 졌는데	東去青山暮
서쪽으로 돌아올 땐 맑은 물 길기도 했지	西歸白水長
고명한 집에서 거듭 투숙하고	高齋重投瞑
새벽에 떠나려니 귀밑머리 하얗구려	明發鬢滄浪

이날 영보(英甫),[64] 길보(吉甫),[65] 태지(泰之)[66] 여러 사람들과 갈림길에서

61 돈암서원(遯巖書院) : 1634년 충청도 연산(連山)에 건립한 서원으로, 1660년(현종1)에 사액(賜額)되었으며, 김장생(金長生)・송시열(宋時烈)・송준길(宋浚吉)・김집(金集) 등을 배향하였다.

62 증산(甑山)에서……때 : 1658년 5월 유계는 송시열, 윤선거, 이유태와 함께 증산의 윤문거(尹文擧)를 방문하였다. 《市南年譜 戊戌年》 이 시는 윤문거를 방문하고 떠날 때 지어준 것이다.

63 여망(汝望) : 윤문거(1606~1672)로, 본관은 파평(坡平), 자는 여망, 호는 석호(石湖), 시호는 충경(忠敬)이다. 저서에 《석호유고(石湖遺稿)》가 있다. 《石湖遺稿 卷8 神道碑銘》

64 영보(英甫) : 송시열(1607~1689)로, 본관은 은진(恩津), 자는 영보, 호는 우암(尤庵)・우재(尤齋), 시호는 문정(文正)이다. 저서로는 《송자대전(宋子大全)》 등이

작별하였다.

있다. 《鳳谷集 卷5 祖考尤庵先生家狀》

65 길보(吉甫) : 윤선거(尹宣擧, 1610~1669)로, 본관은 파평, 자는 길보, 호는 미촌(美村)·노서(魯西)·산천재(山泉齋), 시호는 문경(文敬)이다.

66 태지(泰之) : 이유태(李惟泰, 1607~1684)로, 본관은 경주(慶州), 자는 태지, 호는 초려(草廬), 시호는 문헌(文憲)이다. 저서로는 《초려전집(草廬全集)》 등이 있다. 《草廬集 卷26 行狀》

길보가 찾아왔다가 금산을 향해 가니 취한 후에 써서 주다
吉甫歷訪 轉向金山 醉後書贈

비 그치고 살랑바람 부니	淡淡風收雨
화창한 풍경 더욱 빛나네	遲遲景更華
산은 봄이 간 뒤 짙푸르고	山濃春後樹
강에는 밤에 꽃잎 떠다니네	江泛夜來花
나그네 금산 가는 길 아득하고	客路金山遠
이별하는 아쉬움 속에 해 지는구나	離情白日斜
앞으로 어디에서 만날지 물으니	前期問何處
석포의 사찰이라네	石浦梵王家

세자궁에 올린 영상시[67] 기해년(1659, 효종10)

世子宮迎祥詩 己亥

종루가 다하자 하늘이 밝아오니　　漏盡天光白
해 뜬 하늘에 따뜻한 계절 돌아왔네　　暄回日道青
물결 더하니 작은 바다[68] 반짝이고　　添波潤小海
빛 드날리는 전성[69]이 상서롭구나　　揚彩瑞前星
우레 거듭되니 세상 다스리길 기약하고[70]　　重震期長世
장수하시기를 조정에서 축원하네　　千春祝大庭
주나라 대궐 꿈은 일컫기 부끄럽도다　　羞稱周殿夢
오히려 문왕의 수명[71] 줄인 것이라오　　猶是減文齡

67 영상시(迎祥詩) : 《효종실록》 9년 12월 22일 기사에 유계를 세자시강원 겸필선(世子侍講院兼弼善)에 임명한 기록이 실려 있다. 영상시는 문관(文官)이 설날에 지어 올리는 축하시로, 궁궐의 기둥에 써서 붙였다.

68 작은 바다 : 소해(小海)는 세자를 뜻한다. 송(宋)나라 섭정규(葉廷珪)의 《해록쇄사(海錄碎事)》 〈제왕(帝王)〉에 "천자는 대해(大海)에 비기고, 태자는 소해에 비긴다."라고 하였다.

69 전성(前星) : 천왕(天王)을 상징하는 심성(心星)의 앞에 있는 별을 말하는데, 여기서는 세자를 상징한다.

70 우레……기약하고 : 《주역》 〈진괘(震卦) 상(象)〉에 "우레가 거듭된 것이 진괘이니, 군자가 이것을 보고서 두려워하고 조심하여 행실을 닦고 반성한다."라고 하였다. 또 《주역》 〈설괘(說卦)〉에 "건(乾)은 하늘이기 때문에 아버지라 일컫고, 곤(坤)은 땅이기 때문에 어머니라 일컫고, 진(震)은 첫 번째로 구하여 아들을 얻었으므로 장남이라 한다."라고 하였다. 여기서는 특히 세자를 말한다.

71 문왕(文王)의 수명 : 주(周)나라 문왕이 아들 무왕(武王)에게 "네가 무슨 꿈을 꾸

었느냐?"라고 묻자, 무왕이 대답하기를 "꿈에 천제께서 제게 이 9개를 주었습니다.〔夢帝與我九齡〕"라고 하였다. 문왕이 이르기를 "옛날에 나이를 영이라 하였는데, 이 또한 영이다. 나는 1백 세이고 너는 90세이니, 내가 너에게 3을 주겠노라.〔古者謂年齡, 齒亦齡也. 我百爾九十, 吾與爾三焉.〕"라고 하였다. 실제로 문왕은 97세에, 무왕은 93세에 세상을 떠났다고 한다.《禮記 卷8 文王世子》

임 감사 부인 만사

任監司夫人挽

지아비는 금초의 요직[72]을 지내고	夫子金貂貴
어진 아들은 옥나무의 명성 있어	賢郎玉樹名
가문에 이제 막 경사 칭송했는데	門闌方頌慶
조물주께서 괴롭게도 가득 참을 시기하였네	造物苦猜盈
저녁 바다에 난새는 그림자를 감추고	夕海鸞沈影
아침 화장 상자의 거울 깨졌네	朝奩鏡破明
난초 향기 영원히 사라지고	蘭芬永消歇
쓸쓸히 무덤이 닫히는구나	寂寞閉佳城

72 금초(金貂)의 요직 : 금당(金璫)과 초미(貂尾)로 장식한 관(冠)으로, 고관을 비유한다.

채백창[73] 유후, 이함경,[74] 조중초[75] 여러 사람들과 만나 이야기하다

與蔡伯昌 裕後 李咸卿趙仲初諸人會話

집에서 빚은 나부춘[76] 익고	家釀浮春熟
화분의 매화 눈 속에 피었구나	盆梅壓雪開
좋은 밤에 좋은 손님 있으니	良宵仍好客
훌륭한 시구에 다시 술잔 기울이네	傑句更深杯
담소하는 즐거움 흡족한데	諧笑歡方洽
시간이 빨리 흘러 한스럽네	更籌恨苦催
맑은 향 완전히 사라지기 전에	淸香未全謝
아름다운 모임 다시 하기를 기약하세	佳會約重來

73 채백창(蔡伯昌) : 채유후(蔡裕後, 1599~1660)로, 본관은 평강(平康), 자는 백창, 호는 호주(湖洲), 시호는 문혜(文惠)이다. 저서로 《호주집(湖洲集)》이 있다. 《龍洲遺稿 卷13 祭蔡判書裕後文》

74 이함경(李咸卿) : 이일상(李一相, 1612~1666)으로, 본관은 연안(延安), 자는 함경, 호는 청호(靑湖), 시호는 문숙(文肅)이다. 《芝村集 卷23 伯父靑湖府君墓誌》

75 조중초(趙仲初) : 조복양(趙復陽, 1609~1671)으로, 본관은 풍양(豐壤), 자는 중초, 호는 송곡(松谷), 시호는 문간(文簡)이다. 김상헌(金尙憲)의 문인이다. 저서로 《송곡집(松谷集)》이 있다. 《松谷集 卷11 行狀》

76 나부춘(羅浮春) : 소식(蘇軾)이 나부산(羅浮山)이 보이는 혜주(惠洲)에서 술을 빚어 나부춘이라고 한 고사를 빗대어 표현한 것이다.

송성백[77] 기후 의 어머니 개장 만사

宋誠伯 基厚 慈夫人改葬挽

삼십 년 동안 비녀 나뉜 후 卅載釵分後

황천에서 검 합하는구나[78] 重泉劍合時

새로운 묘역으로 이장하니 玄堂啓新兆

해를 두고 맹세한[79] 예전 기약과 맞았네 皦日叶前期

피 쏟으며 자오새는 곡하고 血瀉慈烏哭

바람 부는 저물녘 나무에 구슬프네[80] 風纒暮樹悲

77 송성백(宋誠伯) : 송기후(宋基厚, 1621~1674)로, 본관은 은진(恩津), 자는 성백, 호는 문도재(聞道齋)이다. 송시열(宋時烈)의 당질이며 송시열과 송준길의 문인이다. 송기후의 부친은 송방조(宋邦祚, 1567~1618)의 아들 송시염(宋時琰)이고, 어머니는 정흔(鄭昕)의 딸로 일찍 세상을 떠났다. 《宋子大全 卷201 從姪掌令墓表》《宋子大全 卷190 釜山僉使贈判書鄭公墓表》

78 삼십 년……합하는구나 : 원문의 차분(釵分)은 부부나 연인의 이별을 비유하는 말이다. 여기서는 어머니가 30년 전 세상을 떠났고 개장하면서 부친과 합장한 것을 뜻한다. 검합(劍合)은 쌍검(雙劍) 고사로, 부부의 합장을 의미한다. 《晉書 卷36 張華列傳》

79 해를 두고 맹세한 : 교일(皦日)은 맹세하는 말을 뜻한다. 《시경》 〈대거(大車)〉에 "나를 믿지 못한다고 한다면, 저 환히 밝은 해를 두고 맹세하리라.〔謂予不信, 有如皦日.〕"라고 하였다.

80 피……구슬프네 : 효자들이 부모를 잃고 슬퍼한다는 말이다. 원문의 자오(慈烏)는 까마귀로, 부모의 은혜를 갚으려고 먹이를 물어다 어미에게 먹인다고 한다. 당나라 백거이(白居易)의 시 〈자오야제(慈烏夜啼)〉에 "자오가 어미를 잃고 나서, 까악까악 슬프게 울어 대네.〔慈烏失其母, 啞啞吐哀音.〕"라고 하였다. 원문의 풍전모수비(風纒暮樹悲)는 풍수지탄(風樹之歎)을 뜻하는 말로, 《한시외전(韓詩外傳)》에 "나무는 고요하고

징군은 성대한 명성 있으니[81] 徵君盛名在

남은 경사 밝게 나타나리라 餘慶驗昭玆

자 하여도 바람이 그치지 않고, 자식이 봉양하고 싶어도 어버이는 기다려 주지 않는다." 라고 한 것을 차용한 것이다.

81 징군(徵君)은……있으니 : 징군은 학덕이 높아 조정에서 벼슬로 초빙하였으나 거절하고 응하지 않은 은사를 말한다. 《현종개수실록》 즉위년 11월 7일 기사에 송기후를 학행이 뛰어나다고 하여 천거한 기록이 있다. 송기후는 여러 차례 벼슬에 임명되었으나 나아가지 않았다.

중의 시축에 쓰다
題僧軸

어젯밤 방장산 꿈을 꾸었는데	昨夜夢方丈
참됨 것 찾아 닫힌 문 두드렸지	尋眞叩上關
푸른 넝쿨 속에서 구름 헤치고	披雲碧蘿裏
맑은 연못에서 달 구경하였지	弄月淸潭間
잠자리에서 경치를 잃고서	枕席煙霞失
풍진 속 관직으로 돌아왔는데	風塵簪組還
오늘 우연히 그대를 만나	逢渠偶此日
명산에 고맙다고 말 전하네	寄語謝名山

이 남평 현감의 어머니 만사
李南平母夫人挽

덕을 쌓은 창녕의 집안에서	積德昌山閥
복된 가문에 시집왔네	于歸福慶門
중년에 난새 거울 끌어안았는데[82]	中年抱鸞鏡
만년에는 어헌을 타셨도다[83]	晩歲擁魚軒
〈동정부〉 아직 짓지 못했는데	未就東征賦
먼저 북쪽 섬돌의 훤초 시들었네[84]	先凋北砌萱
깊고 깊게 옥인을 묻은 곳	深深埋玉處
옛 무덤과 새 무덤 접하누나	舊壟接新原

82 중년에……끌어안았는데 : 모부인이 남편과 사별한 뒤 홀로 슬퍼하며 지냈다는 말이다. 원문의 난경(鸞鏡)은 고란조경(孤鸞照鏡)이라 하여 금실 좋던 부부가 배우자를 사별한 뒤 쓸쓸하게 지내는 것을 비유한다. 《太平御覽 卷916 鸞鳥詩序》

83 만년에는 어헌(魚軒)을 타셨도다 : 어헌은 제후의 부인이나 귀부인 등이 타는 어피(魚皮)로 장식한 수레로, 고관대작을 지낸 아들 덕분에 봉양을 받았다는 말인데 자세하지 않다.

84 동정부(東征賦)……시들었네 : 〈동정부〉는 반고(班固)의 누이동생인 반소(班昭)가 아들을 부임지로 전송하기 위해 동쪽으로 여행을 가면서 쓴 작품이다. 여기서는 아들의 부임지를 따라가기 전에 모부인이 세상을 떠났다는 말이다.

갑곶진[85]에서 내한 이광직[86]의 시에 차운하다

甲串津 次李 光稷 內翰韻

나루의 아전 이른 새벽 기다리니	津吏侵晨待
왕명 받들고 날마다 재촉해 가누나	王程趁日催
그저 취한 후에 흥이 나서	聊乘醉後興
잠시 포구 주변 누대에 오르네	暫上浦邊臺
철갑기마 어느 해에 건너왔으며	鐵騎何年渡
금우도를 누가 열게 했나[87]	金牛孰使開
상심하여도 물어볼 곳 없는데	傷心問無處
쓸쓸히 아침 조수 돌아오네	寂寞早潮回

85 갑곶진 : 강화도호부(江華都護府) 동쪽 10리 지점에 있다. 후에 동진(童津)이라 하였으며, 서울과 진의 큰 길로 통한다. 《新增東國輿地勝覽 卷12 京畿 江華都護府》 《시남연보(市南年譜)》 경자년(1660, 현종1) 12월 기사에 "왕명을 받들어 강도(江都)에 갔다."라고 하였다.

86 이광직(李光稷) : 1632~1664. 본관은 한산(韓山), 자는 자휘(子輝), 호는 희암(希菴)이다. 《北軒居士集 卷20 外王父通訓大夫行司憲府持平李府君行狀》 내한(內翰)은 조선 시대 예문관 검열(藝文館檢閱)을 가리키는 말로 사용되었다. 《승정원일기》 현종 1년 8월 18일 기사에 검열 이광직이 사은(謝恩)한 기록이 있다.

87 철갑기마……했나 : 병자호란 때 강화도가 청나라 군대에 함락된 것을 가리킨다. 금우도(金牛道)는 요새지를 말한다. 진 혜왕(秦惠王)이 촉(蜀)을 정벌하고 싶었으나 길이 없기에, 꾀를 내어 돌로 다섯 마리 소를 깎아 만들고 소의 항문 밑에 금을 놓아두었다. 촉 사람들이 과연 속아서 돌소가 황금 똥을 눈다고 여겨 다섯 사람의 역사 즉 오정역사(五丁力士)를 시켜서 돌소를 끌고 오게 하니, 이에 촉 땅으로 통하는 길이 생겼고 혜왕이 장의(張儀) 등을 파견하여 촉을 정벌했다. 《藝文類聚 卷7》

충렬사[88]에 참배하고 감회가 있어서

拜忠烈祠有感

텅 빈 산 몇 이랑 땅에	數畝空山地
천년 전해질 사당의 모습 새롭구나	千年廟貌新
당시에 죽음을 가벼이 여겼으니	當時輕一死
지나간 일 차마 다시 말할 수 있으랴	往事忍重陳
창졸간에 누가 절개를 온전히 하였나	倉卒誰全節
강상은 이분들의 도움을 입었구나	綱常賴有人
지난날의 모습 기억하며	儀形記疇昔
우러러 절하니 눈물이 수건에 가득하네	瞻拜涙盈巾

88 충렬사(忠烈祠) : 강화도에 있는 사당으로, 병자호란 때 순국한 김상용(金尙容), 이상길(李尙吉), 이시직(李時稷), 송시영(宋時榮) 등을 모셨다.

중의 시축에 쓰다

題僧軸

고해 속에서 오래 빠져 있으니	苦海沈淪久
명산 꿈꾸며 그리워하네	名山夢想中
지친 몸 죽궤에 기대고	形疲憑竹几
상쾌한 정신으로 임공[89] 마주하네	神爽對林公
용연에 뜬 달 황홀하고	恍挹龍淵月
학동의 바람 그립네[90]	思乘鶴洞風
참회를 말한 그의 설 따르니	從渠說懺悔
나를 위해 선옹에게 사례하여 다오	爲我謝仙翁

89 임공(林公) : 진(晉)나라 고승 지둔(支遁)으로, 자는 도림(道林), 본성은 관씨(關氏)인데 여항산(餘杭山)에 은거하여 도를 닦았다. 사안(謝安), 왕희지(王羲之) 등과 함께 가까이 지냈으며 학과 말을 좋아하였다 한다. 여기서는 지둔과 같은 고승을 가리키는 말로 사용되었다.

90 용연(龍淵)에……그립네 : 용연은 구룡연(九龍淵)을, 학동(鶴洞)은 청학동(青鶴洞)을 가리킨다. 허목(許穆)이 지은 〈청학동 구룡연기(青鶴洞九龍淵記)〉에 의하면 오대산 동쪽 기슭 백마산(白馬山)에 있는 골짜기를 가리킨다. 《眉叟記言 卷28》

부윤 박황[91] 만사

挽朴 潢 府尹

혁혁한 명문가의 자손[92] 赫赫名家胄
당당히 한 세대의 영재였네 堂堂一世英
청운에서 일찍 날개 떨치더니 青雲早刷翮
탄핵 상소문으로 명성 날렸도다[93] 白簡已蜚聲
고아한 명망은 정승 감으로 인정받았고 雅望歸台鼎
청아한 의표로 훌륭한 인품 떨쳤네 淸標振玉衡

91 박황(朴潢) : 1597～1648. 본관은 반남(潘南), 자는 덕우(德雨), 호는 나헌(懶軒)·췌옹(贅翁)이다.《宋子大全 卷184 大司憲朴公墓誌銘 幷序》《승정원일기》인조 25년 10월 3일 기사에 박황을 전주 부윤(全州府尹)으로 임명한 기록이 있다.

92 혁혁한 명문가의 자손 : 박황의 선조로는 고려 말에 박상충(朴尙衷)이 있고, 조선 시대 세종 때에 좌의정을 역임한 박은(朴訔), 기묘제현으로 추앙받은 증조 박소(朴紹), 조부 반성부원군(潘城府院君) 박응순(朴應順), 생부 관찰사 박동열(朴東說) 등 명망 있는 인물이 많다.

93 청운에서……날렸도다 : 박황이 관직에 일찍 나아가 출세하고, 상소문을 잘 지어 명성을 날렸다는 말이다. 인조가 모친 인헌왕후(仁獻王后)의 상(喪)을 융숭하게 치르려 하자 항소하여 반대하였다.《宋子大全 卷184 大司憲朴公墓誌銘幷序》

어렵고 힘든 때 군주의 정사를 보필했으며	艱危陪袞職
눈보라 치는 외로운 성에서 울었네[94]	風雪泣孤城
북쪽 감옥에서 억류되었던 몸[95]	北窖身仍縶
남관을 쓰고 몇 해나 보냈는가[96]	南冠歲幾更
신명이 마침 도와준 데다	神明會有相
충성과 신의 능히 행했도다	忠信果能行
뜻밖의 재앙은 참으로 무망[97]한 것이지만	奇禍眞無妄
하늘은 본래 살리기를 좋아하는 것이로다	皇天本好生
상강 가에서 결옥을 거두어[98]	湘潭收佩玦
풍패에서 깃발 잡았네[99]	豐沛擁麾旌

94 눈보라……울었네 : 1636년(인조14) 병자호란 당시 박황은 남한산성에서 임금을 호위하여 찬획사(贊畫使)를 겸임하였다.

95 북쪽……몸 : 박황은 볼모로 가는 소현세자(昭顯世子)를 모시고 심양(瀋陽)에 갔다가 돌아왔다.

96 남관(南冠)을……보냈는가 : 남쪽 지방의 관을 쓰고 오랫동안 구류되었다는 말로, 1637년에 소현세자를 따라가 구류되었고, 이듬해 풀려났다가 나중에 또 심양으로 끌려간 것을 말한다.

97 무망(無妄) : 《주역》의 괘 이름으로, 아무런 이유도 없이 재앙을 받는 것을 말한다. 《주역》 〈무망괘(无妄卦) 구오(九五)〉에 "무망의 병은 약을 쓰지 않아도 기쁜 일이 있으리라."라고 한 말에서 인용한 것이다.

98 상강(湘江)……거두어 : 상강은 전국 시대 초(楚)나라 굴원(屈原)이 쫓겨났던 곳이다. 그가 상강 가에서 배회하다가 멱라연(汨羅淵)에 빠져 죽었기 때문에 그 후로 상담은 귀양지를 의미하게 되었다. 《古文眞寶後集 卷1 離騷經》 원문의 패결(佩玦)은 결옥(玦玉) 즉 한쪽이 터진 옥고리를 찬다는 말로, 임금으로부터 버림받은 것을 뜻한다. 박황은 1644년(인조22)에 심기원(沈器遠)과 서로 친하게 지냈다는 이유로 연좌되어 김해(金海)로 유배되었다가 수년 만에 사면되었다.

노년의 경치 슬피 바라보면서	悵望崦嵫景
까마귀의 정성 기쁘게 펼치니[100]	懽伸烏鳥誠
노래자의 색동옷 밝게 나열하고[101]	萊衣明列綵
삼생[102]을 갖춰 부모 봉양 잘하였네	榮養備三牲
이제 막 완산의 인신 얻었는데	纔得完山信
갑자기 부음이 들려왔도다	俄聞逝水傾
반 백 년 세월 빨리도 흘렀고	光陰促半百
명위는 고경[103]에 오르지 못했네	名位嗇孤卿
풍채는 지금 어디에 있는가	風采今何有
공으로나 사로나 함께 애통하여라	公私痛所幷
인재 잃으니 시대의 불행이요	人亡時不祿
하늘이 늙어 이치 밝히기 어렵구나	天老理難明
충효를 다하지 못한 한이 남았고	遺恨賫忠孝

99 풍패(豐沛)에서 깃발 잡았네 : 풍패는 패군(沛郡) 풍읍(豐邑)으로, 한 고조(漢高祖)의 고향이었던 데서 전하여 제왕의 고향이라는 뜻으로 쓰인다. 박황이 1647년(인조 25) 전주 부윤(全州府尹)에 임명된 것을 말한다.

100 까마귀의……펼치니 : 까마귀는 반포지효(反哺之孝)의 고사가 전할 만큼 효조(孝鳥)로 알려져 있다. 박황이 어버이께 효도했다는 말이다.

101 노래자(老萊子)의……나열하고 : 춘추 시대 초(楚)나라의 노래자가 70세의 나이에도 부모님을 기쁘게 해드리기 위해 색동옷을 입고 재롱을 부렸다는 고사가 전한다. 《初學記 卷17 孝子傳》 여기에서는 박황이 형제들과 함께 효도를 다했다는 말이다.

102 삼생(三牲) : 소고기, 양고기, 돼지고기를 가리키는데, 이것으로 부모에게 공양하는 것을 지극한 효도로 여겼다.

103 고경(孤卿) : 삼공(三公) 밑의 소사(少師), 소부(少傅), 소보(少保)를 이른다. 조선 시대 의정부의 좌·우 찬성(贊成)과 육조(六曹)의 판서를 가리킨다.

오랜 슬픔이 형제에게 맺혔으며　長悲結弟兄
모친 얼굴은 누가 위로하며 풀어주랴　慈顔誰慰解
상께선 애도하면서 사후에 은전 내리셨네　聖澤軫哀榮
장사 지내는 날[104] 빨리 다가와　遠日催徂歲
외로운 명정 옛 선영으로 돌아가누나　孤旌返舊塋
공에게 살펴 줌 많이 받았고　辱知蒙省錄
막다른 길에서 서로 만났었는데　窮路得逢迎
바닷가에 오랫동안 누워 있느라　海國長依枕
천애에서 조문을 가지 못하였네[105]　天涯阻奠楹
평소 한 동이 술 마시면서　平生一樽酒
백년 우정에 감격하였는데　感激百年情
모습은 천고의 사람 되어　儀範成千古
구천에서나 만나게 되었구나　交期指九京
가을바람에 슬픈 만사 붙이며　秋風寄哀挽
재배하니 눈물이 마구 쏟아지네　再拜涕縱橫

104 장사 지내는 날 : 원문의 원일(遠日)은 장사를 치르는 날을 가리킨다. 《예기(禮記)》 〈곡례 상(曲禮上)〉에 "무릇 날짜를 점칠 때에는 열흘 이후의 날을 '먼 어느 날'이라고 하고, 열흘 안의 날을 '가까운 어느 날'이라고 한다. 상사(喪事)에는 먼 날을 먼저 점치고, 길사(吉事)에는 가까운 날을 먼저 점친다."라고 한 데서 나온 말이다.

105 바닷가에……못하였네 : 유계 자신이 무안 현감(務安縣監)으로 있었기 때문에 박황의 장례에 조문하지 못했다는 말이다.

윤여망의 대부인[106] 만사

尹汝望大夫人挽

도덕이 순박한 창녕 성씨 문벌이라	道素昌山閥
선대의 선비들이 대대로 추앙하였네	儒先奕世尊
풍모는 태어나면서 자질이 있어	令儀生有質
지극한 성품 가르침에 번거로움 없었네	至性教無煩
좋은 점괘로 좋은 날을 잡아	日叶從良筮
덕을 쌓은 가문으로 시집가니	天移積德門
규방에서 부녀자 법도를 공경하고	閨庭欽內則
종당에서는 말을 어김이 없었네	宗黨絶違言
군자는 모범을 드러내고	君子儀刑著
부인은 예법을 보존하니	夫人禮法存
금하의 높은 관작 받았고	金霞祟命秩
옥나무 같은 자손들 가득하였네[107]	玉樹富兒孫
낮에 곡하며 미망인은 애통해하나[108]	晝哭未亡痛

106 윤여망(尹汝望)의 대부인(大夫人) : 윤여망은 윤문거(尹文擧, 1606~1672)로, 본관은 파평(坡平), 자는 여망, 호는 석호(石湖), 시호는 충경(忠敬)이다.《石湖遺稿 卷8 神道碑銘》 윤문거의 모친은 창녕 성씨(昌寧成氏)로, 성혼(成渾)의 셋째 딸이다.

107 옥나무는……가득하였네 : 원문의 옥수(玉樹)는 옥수경지(玉樹瓊枝)의 준말로, 고귀한 가문의 자제를 일컫는 말이다.

108 낮에……애통해하나 : 대부인이 과부가 되어 남편의 죽음에 슬피 곡을 했다는 말이다. 원문의 주곡(晝哭)은 남편을 여읜 것을 말한다. 춘추 시대 경강(敬姜)이 남편

풍수지탄 속에 은혜 갚으려 하니	風枝欲報恩
〈동정부〉 새로 지었지만[109]	東征賦新就
서산으로 해지는 노년이었네	西迫景將昏
남쪽 수성의 빛 줄어들고[110]	彩蝕南躔壽
북당 섬돌의 훤초 시드니	榮凋北砌萱
대부인의 수레가 겨우 영남에 왔는데	安輿纔嶺路
상여 행차 갑자기 선산에 이르렀구나[111]	靈輴忽楸原
앞의 무덤 따라 쌍룡검 합하니[112]	龍合從前兆
명당이기에 후손들 경사 있을 것이며[113]	牛眠慶後昆

목백(穆伯)의 상을 당해서는 낮에만 곡을 하고, 아들 문백(文伯)의 상을 당해서는 주야로 곡을 하였는데, 공자가 이를 두고 예(禮)를 안다고 평했던 고사에서 나온 것이다. 《禮記 檀弓下》

109 동정부(東征賦) 새로 지었지만 : 〈동정부〉는 반고(班固)의 누이동생인 반소(班昭)가 지은 작품으로, 여기서는 대부인이 자식의 임지를 따라다니며 봉양을 받았다는 말이다. 《後漢書 卷84 烈女列傳 曹世叔妻》

110 남쪽……줄어들고 : 수성은 남극(南極) 노인성(老人星)을 가리키는데, 장수를 상징하는 별이다.

111 대부인의……이르렀구나 : 아들 윤순거가 안음 현감(安陰縣監)이 되어 성 부인(成夫人)을 모시고 갔는데 얼마 뒤에 관사에서 세상을 떠났다는 말이다. 《明齋遺稿 卷43 仲父童土府君行狀》

112 쌍룡검 합하니 : 고향 땅에 부부가 합장(合葬)된다는 말이다. 진(晉)나라 때 장화(張華)와 뇌환(雷煥)이 용천(龍泉)과 태아(太阿) 두 보검을 소유하고 있었는데, 그들이 죽고 나서 두 보검이 절로 연평진(延平津) 속으로 날아 들어가서 두 마리 용으로 바뀐 채 유유히 모습을 감추었다는 전설이 있다. 《晉書 卷36 張華列傳》

113 명당이기에……것이며 : 명당에 장사 지내므로 자손들에게 복이 이어질 것이라는 말이다. 원문의 우면(牛眠)은 장사 지낼 길지(吉地)를 의미한다. 《晉書 卷58 周訪列傳 周仲孫》

남은 복을 규방에서 증험하리니 餘休徵壼閫
가르침 남겨 마름과 쑥 알게 하였구나[114] 遺敎識蘋蘩
소자가 당에 올라 뵌 것은 小子升堂忝
여러 아들과 사귐이 도타워서였나니 諸郎執友敦
목계의 시구로 장수를 기원하였고 木鷄祈壽句
좋은 술로 헌수하였지[115] 松鶴祝年樽
니구산 땅에 잡풀 우거지고[116] 蕪沒尼丘地
금협촌[117]은 황량하여라 荒涼錦峽村
슬픈 만장 재배하며 짓고는 哀章再拜寫
남쪽 바라보며 두 줄기 눈물 흘리네 南望淚雙痕

114 남은……하였구나 : 원문의 빈번(蘋蘩)은 마름과 쑥이라는 뜻으로, 귀하지는 않아도 정성껏 올리는 제물(祭物)을 비유할 때 쓰는 표현이다.

115 목계(木鷄)의……헌수하였지 : 목계의 시구는 고려 시대 문충(文忠)이란 사람이 어머니의 늙어가는 것을 염려하여 나무를 깎아 목계를 만들고 목계가를 지어 불렀다는 고사에서 온 말이다. 여기서는 대부인을 축수하는 자리에 참석해서 목계 시구로 축수하고 술도 마셨다는 말이다. 그때 지은 시는 《시남집》 권7의 〈윤여망 대부인의 축수 자리에서 운자를 나누어 역 자를 얻다〔尹汝望大夫人壽席分韻得瀝字〕〉이다.

116 니구산(尼丘山)……우거지고 : 노성(魯城) 뒷산 이름이 니구산이고 그 아래가 윤씨의 고향이다.

117 금협촌(錦峽村) : 금산(錦山) 마하산(麻霞山)의 산천재(山泉齋)를 가리킨다.

장릉[118] 만장 기축년(1649, 인조27)

長陵挽章 己丑

보력이 중도에 쇠퇴한 날은　寶曆中衰日
금구가 다시 중흥할 때인지라[119]　金甌再造辰
도록에 응하여 훌륭한 인물 탄생하니[120]　膺圖誕異表
만물의 수장인 임금의 자질 보이셨네　首物見眞人
성조께서 신령한 감식안으로 알아보셨고　聖祖留神鑑
황천은 지극한 인을 돌아보셨지요　皇天眷至仁
음산한 기운이 어둡게 막힌 시대를　陰霾當晦塞
우레와 비를 보고 경륜을 마땅히 펼치셨네[121]　雷雨合經綸
기울어가는 사직을 손수 안정시키고　手奠將傾社

118 장릉(長陵) : 인조(仁祖)와 인열왕후(仁烈王后)의 능으로, 경기도 파주시 탄현면에 있다. 인조는 1649년에 승하하였다. 《燃藜室記述 卷27 仁祖朝故事本末 長陵》

119 보력(寶曆)이……때인지라 : 보력은 천자가 반포하는 책력(冊曆)으로, 전하여 임금의 지위를 뜻하니, 여기서는 광해군(光海君)을 가리킨다. 금구(金甌)는 금으로 만든 사발로 흠이 없고 견고하다 하여 강토(疆土)에 비유된다. 양 무제(梁武帝)가 일찍 일어나 무덕각(武德閣)에 이르러 혼잣말로 "나의 국토는 오히려 금구와 같아 하나의 상처도 흠도 없다."라고 한 데서 유래하였다. 《梁書 卷38 朱異列傳》 여기서는 인조가 인조반정을 일으켜 광해군을 축출하고 왕위에 올랐다는 말이다.

120 도록에……탄생하니 : 도록에 응하는 것은 응록수도(膺籙受圖)의 줄임말로, 도(圖)는 상서로운 그림인 하도(河圖) 따위를 이른다.

121 우레와……펼치셨네 : 《주역》 〈둔괘(屯卦) 상(象)〉에 "구름과 우레가 둔이니, 군자가 그것을 인하여 경륜한다.〔雲雷屯, 君子以, 經綸.〕"라고 한 데서 온 말이다. 구름과 우레는 험난한 시대를 말한 것이다.

이미 무너진 윤리를 몸소 붙들어　躬扶已斁倫
서궁에서 자물쇠를 열고　西宮開錮鎖
북궁에서 혼정신성으로 모셨네[122]　北掖奉昏晨
밝게 씻어내니 삼광이 바르고　昭洗三光正
청명하여 만물이 새로워지니　清明萬象新
기쁨의 소리 멀고 가까운 데서 들리고　歡聲騰遠邇
은택이 사람과 신에게 흡족하였지　霈澤洽人神
요 임금의 덕을 널리 베풀고　廣運唐堯德
하나라 우 임금처럼 부지런히 일하여　勤勞夏禹身
백성을 안정시키려고 자식처럼 은혜를 베풀고　懷綏殫子惠
하늘을 대함에도 공손과 정성을 다하셨네　對越盡恭寅
학문에 힘써서 정밀함을 더하고　典學功加密
형벌을 신중히 해서 굽은 것은 반드시 폈으며　欽刑枉必伸
포용은 땅의 두터움을 따르고　涵容儀厚載
덮어줌은 하늘을 모범으로 삼았네　覆燾法穹旻
교화는 바람 따라 눕는 풀과 같게 하고[123]　教偃從風草
인자함은 봄비처럼 베푸셨는데　仁施化雨春
주왕이 오랑캐의 노여움 풀지 못하여[124]　周王未殄慍

122 서궁(西宮)에서……모셨네 : 광해군(光海君)이 1618년 인목대비(仁穆大妃)를 서궁에 유폐하여 11년 동안 문을 막았는데, 인조가 반정한 뒤에 유폐된 인목대비를 맞아들인 것을 말한다.《仁祖實錄 25年 4月 25日, 仁祖大王行狀》

123 교화는……하고 : 봄바람처럼 온화한 덕으로 백성들을 감화시켰다는 말이다. 《논어》〈안연(顔淵)〉에 "군자의 덕은 바람이요, 소인의 덕은 풀이다. 풀에 바람이 가해지면 반드시 쓰러진다."라고 하였는데, 이를 원용하였다.

한나라 황제가 오히려 몽진하였네[125]	漢帝尙蒙塵
변란에 처해서도 왕업을 넓히고	處變能恢業
융통성 있게 대처해서 백성을 쉬게 하셨네	通權在息民
성스러운 세자[126] 얻으니 근심 없어라	無憂得聖嗣
힘입을 종묘사직의 경사로다	有慶賴宗禋
정일 전한 심법을[127]	精一傳心法
간곡히 거듭 당부하셨네	丁寧致命申
높은 산처럼 수하시기를 축원하였는데	崇岡方永祝
신선 수레 타고 갑자기 승하하시니	仙馭奄遐賓
왕위에 오른 지 이십칠 년이고[128]	舜載纔三九
문왕의 나이에서 사십이 적었네[129]	文齡減四旬
애통해 울부짖는 소리 온 나라에 가득하고	哀號窮八域

124 주왕(周王)이……못하여 : 주왕은 주나라 문왕(文王)으로, 여기서는 인조를 가리킨다. 《시경》 〈면(綿)〉에 "이에 오랑캐들이 성내는 것을 끊지는 못했어도, 또한 그 명성을 실추하지 않았다."라고 하였다. 오랑캐는 청나라를 가리킨다.

125 한(漢)나라……몽진(蒙塵)하였네 : 여기서는 인조가 도성을 버리고 남한산성으로 피난 갔던 일을 비유한 것이다. 《史記 卷110 匈奴列傳》

126 성스러운 세자 : 효종(孝宗)을 가리킨다.

127 정일(精一) 전한 심법(心法)을 : 순(舜) 임금은 우(禹)에게 왕위를 물려주면서 "사람의 마음은 위태롭고 도의 마음은 은미하니, 정밀하고 한결같이 하여야 진실로 그 가운데를 잡을 것이다."라고 하였다. 《書經 大禹謨》

128 왕위에……년이고 : 인조는 1623년부터 1649년까지 27년간 재위하였다.

129 문왕(文王)의……적었네 : 문왕은 97세에, 무왕은 93세에 세상을 떠났다. 《禮記 卷8 文王世子》 문왕이 운명한 나이 97세에서 40이 적은 57세에 인조가 세상을 떠났다는 말이다. 인조는 사실 55세에 승하했으니 여기서는 큰 수를 들어 말한 것이다.

어린애처럼 사모함이 궁궐에 맺혔네[130] 孺慕結重宸
오월에 능의 터를 잡고서 五月珠丘卜
모든 관료들 시위하여 늘어섰지만 千官羽衛陳
구름 낀 하늘 부질없이 바라보아도 雲天空在望
음성과 그림자 아득히 찾을 수 없구나 聲影杳無因
물시계 밤 시간을 재촉하고 玉漏催宵箭
금빛 명정은 새벽 상여 이끄네 金旌引曉輴
노둔한 자질로 과분한 자리 맡아 駑姿曾忝竊
세상을 다스리는 우악한 성은 입었네 鴻渥荷陶匀
천지가 만물 생성해 주는 은택이셨고 天地生成澤
군신은 부자처럼 친히 지냈는데 君臣父子親
수염을 잡는 영원한 애통함으로 攀髯終古痛
정호의 물가에서 애간장 끊어지네[131] 摧絶鼎湖濱

130 어린애처럼……맺혔네 : 인조가 승하하자 백성들이 어린아이가 부모를 그리워하듯 슬퍼했다는 말이다. 유약(有若)이 자유(子游)와 함께 어린애처럼 사모하는 자를 보고 자유에게 "나는 상중에 발을 구르는 의미를 전혀 몰라서 없애고자 한 지 오래였는데, 슬퍼하는 정이 발 구르는 데에 있음을 이제야 알겠다."라고 하였다. 《禮記 檀弓下》

131 수염을……끊어지네 : 인조가 세상을 떠나 애통하다는 말이다. 《사기(史記)》 권28 〈봉선서(封禪書)〉에 "황제(黃帝)가 수산(首山)에 있는 구리를 채취하여 형산(荊山) 밑에서 정(鼎)을 만들었는데, 정이 완성되자 용 한 마리가 수염을 길게 늘어뜨리고 땅으로 내려와 황제를 맞이하였다. 황제가 용에 올라타자, 여러 신하들과 후궁 70여 명이 따라 올라탔다. 용이 하늘로 올라가자, 나머지 신하들이 용에 타지 못하고 모두 용의 수염을 붙잡으니, 용의 수염이 뽑히고 황제가 지니고 있던 활이 지상으로 떨어졌다. 백성들이 우러러 바라보니, 황제가 이미 하늘로 올라갔으므로 백성들이 그 활과 수염을 안고 통곡하였다. 이 때문에 후세 사람들이 그곳을 정호(鼎湖)라고 이름하고, 그 활을 오호(烏號)라고 이름하였다는 고사가 전한다.

대사간 김유선[132] 만사

挽金大諫由善

말년에 온전한 사람 적은데	末路完人少
공 같은 사람 후배에는 없어라	如公後輩無
준마의 걸음은 특별하고	騏驎步趣別
난새 고니의 깃털 빼어났네	鸞鵠羽毛殊
중앙 관직에서 명성 처음부터 자자하니	省署聲初藉
정승감으로 이미 촉망받았는데	巖廊望已須
노중련이 수치스러워하는 산하가 되자[133]	山河魯連恥
임학에서 포초처럼 말라 죽으려 했네[134]	林壑鮑焦枯

132 김유선(金由善) : 김경여(金慶餘, 1596~1653)로, 본관은 경주(慶州), 자는 유선, 호는 송애(松崖), 시호는 문정(文貞)이다. 저서로 《송애집(松崖集)》이 있다. 《宋子大全 卷157 松崖金公神道碑銘幷序》 《승정원일기》 효종 1년 8월 28일 기사에 김경여를 대사간(大司諫)으로 임명한 기록이 있다.

133 노중련(魯仲連)이……되자 : 전국 시대 제(齊)나라의 고사(高士) 노중련이 신원연(新垣衍)으로부터 진(秦)나라를 황제의 나라로 받들자는 말을 듣고 분개하여 "저 진나라가 방자하게 황제를 자칭하고 죄악으로써 천하에 정치를 행한다면, 나는 차라리 동해에 빠져 죽을지언정, 내가 차마 그 백성은 될 수 없다."라고 한 고사를 인용하였다. 《史記 卷83 魯仲連列傳》

134 임학(林壑)에서……했네 : 포초(鮑焦)는 주나라 은사(隱士)로, 포초가 해진 옷을 입고 삼태기에 나물을 담고 있다가 자공(子貢)을 만났는데, 자공이 포초가 지닌 나물을 두고 나무라자, "아, 내가 들으니 현자는 나아가는 것을 어렵게 여기고 물러남을 가볍게 하며, 청렴한 자는 쉽게 부끄러워하고 죽음을 가볍게 여긴다고 하였소."라고 하고는, 이에 나물을 버리고 낙수(洛水) 가에 서서 말라 죽었다 한다. 《韓詩外傳 卷1》

콩이나 물로도 어버이 봉양 잘하였고[135] 菽水當榮養
만년의 벼슬살이 사양하였는데[136] 簪纓謝晩途
훌륭한 임금과 신하 만나는 세상 되니 昭融際明聖
감격하여 강호에서 일어났다오[137] 感激起江湖
하수와 제수를 장차 구분하고[138] 河濟思將辨
곤륜산을 손수 붙들려 하니 崑崙手欲扶
사간원에 이어 홍문관에 제수되었고 薇垣聯鳳掖
관찰사의 부절 찬란히 빛났네[139] 棠節映麟符
나아가나 물러오나 나라 걱정 어찌 다르겠는가 進退憂何異

여기서는 김경여가 1636년 병자호란이 일어나자 독전 어사(督戰御史)가 되어 왕을 호종하여 남한산성으로 피란하였다가 이듬 해 화의가 이루어지자 벼슬을 그만두고 회덕(懷德)으로 돌아가 생활한 것을 말한다.

135 콩이나……잘하였고 : 집안이 가난하더라도 어버이를 정성껏 봉양하는 것을 말한다. 공자(孔子)의 제자 자로(子路)가 집안이 가난해서 효도를 제대로 못한다고 탄식하자, 공자가 "콩을 끓여 먹고 물을 마시더라도 기쁘게 해 드리는 일을 극진히 행한다면, 그것이 바로 효이다."라고 위로했던 고사가 전한다. 《禮記 檀弓下》

136 만년의 벼슬살이 사양하였는데 : 김경여는 여러 차례 대간에 임명되고, 서장관(書狀官)으로 뽑혔으나 부임하지 않았기 때문에 금교역(金郊驛)에 유배되었다가 풀려났다. 1648년 승지로 발탁되었으나 끝내 사양하였다.

137 훌륭한……일어났다오 : 김경여는 인조가 승하하고 효종이 즉위하자 김집(金集)·송준길(宋浚吉) 등과 함께 명을 받고 대사성(大司成)에 임명되었다. 《孝宗實錄 卽位年 7月 14日》

138 하수(河水)와……구분하고 : 제수(濟水)는 황하에서 갈라져 나오므로 이렇게 말한 것이다.

139 관찰사의……빛났네 : 김경여가 1650년(효종1) 홍청도 관찰사(洪淸道觀察使)에 임명되어 선정을 베푼 것을 말한다.

행할 때나 숨을 때나 도를 반드시 갖추었도다　　行藏道必俱
이제 막 성상의 두터운 은혜 보아서　　方看恩渙渥
가는 길 기구하지 않았는데　　不是路崎嶇
빠른 세월에 꽃들이 시들어　　急景群芳歇
속절없이 오기가 흐르니[140]　　流光五紀徂
해가 진년과 사년에 해당됐구나[141]　　龍蛇當歲運
어진 사람 문득 저승으로 가셨네　　賢哲奄泉壚
임종할 때 정신이 편안하였고　　易簀神安定
남긴 글에는 심혈을 담았지만[142]　　遺章血寫輸
고당의 백발 노모와 영결하니[143]　　高堂辭鶴髮

140 속절없이 오기(五紀)가 흐르니 : 기(紀)는 세성(歲星)이 일주하는 12년을 말하므로, 오기(五紀)는 60년이다. 김경여가 60에 가까운 58세에 세상을 떠났으므로 이렇게 말한 것이다.

141 해가……해당됐구나 : 후한(後漢)의 정현(鄭玄)이 만년에 병이 들어 벼슬에서 물러나 집에 돌아와 지냈는데, 하루는 꿈에 공자(孔子)가 나타나 "일어나라, 일어나라. 올해는 용의 해이고 내년은 뱀의 해이다."라고 하였다. 정현은 꿈에서 깨어나 참언(讖言)으로 맞추어 보고는 자신의 천명이 다했음을 알았으며, 그해에 죽었다. 그 뒤 용사(龍蛇)에 해당하는 진년(辰年)과 사년(巳年)은 현인(賢人)에게 불행이 닥치는 흉년으로 일컬어졌다. 김경여가 죽은 해가 1653년 계사년(癸巳年)이고 그 이전 해가 임진년(壬辰年)이다. 《後漢書 卷35 鄭玄列傳》

142 남긴……담았지만 : 김경여는 세상을 떠나기 전에 유소(遺疏) 및 유계(遺戒)를 지었다. 《효종실록》 4년 5월 16일 기사에 김경여가 죽음에 임하여 작성한 유소의 대략이 기록되어 있다. 또한 송시열이 지은 〈송애유소유계첩발(松崖遺疏遺戒帖跋)〉을 통해 유소의 내용과 유계의 내용을 알 수 있다. 《宋子大全 卷149》

143 고당(高堂)의……영결하니 : 김경여의 부친은 김광유(金光裕)로, 김경여가 태어나기 전에 세상을 떠났고, 모친(1575~1659)은 송남수(宋枏壽)의 딸이다. 여기에서

까마귀의 봉양[144]에 긴 한탄 맺혔도다	長恨結烏哺
지하에서 도리어 알겠는가	地下還知否
인간세상이 이와 같다는 것을	人間有是夫
가업 전하는 건 사봉의 집과 같고[145]	傳家同謝鳳
새 무덤은 고향을 향한 여우와 다르다오[146]	新窆異丘狐
공으로부터 추천과 칭찬 받으며	推奬承風義
외람되이 친구의 대열에 끼었고	賓朋忝妄愚
강가 누각에서 만 리 길 이별하며[147]	江樓萬里別
영해[148]로 간 지도 사년이 흘렀구려	嶺海四年逾
쓸쓸하게 여생이 남았거니와	牢落餘生在
처량하게도 이 도는 외롭기만 하여라	凄涼此道孤
병이 깊은 데다 죽을죄까지 지어서	沈痾仍死罪

는 모친을 가리킨다.

144 까마귀의 봉양 : 반포지효(反哺之孝)로, 자식이 부모를 봉양하는 것을 말한다.

145 가업……같고 : 송(宋) 효무제(孝武帝)가 사봉(謝鳳)의 아들 초종(超宗)을 보고 감탄하며 자못 봉모(鳳毛)를 지녔다고 하였으므로, 후세 사람들이 남의 집안의 문채 있는 자손을 보면 봉모라고 예찬하였다. 《南史 卷19 謝超宗列傳》 여기서는 김경여의 자손들이 훌륭하다는 말이다.

146 새……다르다오 : 《예기》 〈단궁 상(檀弓上)〉에 "여우가 죽을 때 머리를 고향 언덕으로 돌린다.〔狐死正丘首〕"라고 하였다. 김경여가 죽은 뒤 고향인 회덕에 묻히지 않고 연기현(燕岐) 부동(釜洞)에 묻혔기 때문에 이렇게 말한 것이다.

147 강가……이별하며 : 1650년 유배갈 때 당시 홍청도 관찰사였던 김경여와 공주 공북루(拱北樓)에서 만났던 것을 가리킨다. 《시남집》 권1에 시 〈저물녘에 공북루에 올라 감사 김유선과 이별하다〔暮登拱北樓別金使相由善〕〉가 실려 있다.

148 영해(嶺海) : 큰 산과 바다에 인접한 고장으로, 궁벽한 귀양지를 가리키는 말로 쓰인다. 1650년 유계가 함경도 온성으로 유배된 적이 있다.

통곡하며 바라볼 뿐 생추 올리지 못하외다[149]　　　哭望負生蒭

149 생추(生蒭) 올리지 못하외다 : 생추는 말리지 않은 풀이라는 뜻으로, 조문을 의미한다. 후한(後漢)의 서치(徐穉)는 남주의 고사(高士)라 일컬어졌는데, 매우 가난하여 곽임종(郭林宗)의 어머니 상(喪)을 조문할 때 풀 한 다발을 집 앞에 두고 상주(喪主)를 보지 않은 채 돌아갔다고 한다.《後漢書 卷83 徐穉列傳》 여기서는 유계가 조문을 가지 못한다는 말이다.

연기 현감 이씨 자형[150]의 부친 만사

挽李燕岐姊兄尊府

어릴 때부터 통혼한 교분	少小通家誼
중년에는 찾아뵙지 못하다가	中年闕掃門
겨우 소식 들어서 기뻤는데	纔欣承動靜
갑자기 세상 떠나셔서 곡을 하네	奄哭隔泉原
도가 존재하니 가난한 게지 어찌 병든 것이랴[151]	道在貧何病
인덕의 징험으로 장수 누리셨는데[152]	仁徵壽却尊
모범이 되는 선배들 모두 떠나고	儀刑先輩盡
은택 입은 후손만 남아 있네	福澤後人存
뜰 앞의 재나무 늙었고[153]	樹老庭前梓

150 이씨(李氏) 자형(姊兄) : 이유청(李惟淸, 1597~1659)으로, 본관은 전주(全州), 자는 청지(淸之)이다. 《승정원일기》 효종 4년 3월 21일 기사에 이유청을 연기 현감(燕岐縣監)으로 임명한 기록이 있고, 6년 2월 24일 기사에 이유청이 부친상을 당했다는 기록이 있다.

151 도(道)가……것이랴 : 고인이 가난하게 살긴 했으나 도가 있는 삶을 살았다는 말이다. 공자(孔子)의 제자 원헌(原憲)이 가난하게 살면서도 초연하였는데, 원헌이 "지금 저는 가난할 뿐 괴롭지는 않습니다."라고 답한 것을 원용하였다. 《莊子 讓王》

152 인덕(仁德)의……누리셨는데 : 인덕이 있어 장수(長壽)하였음을 말한 것이다. 《논어》 〈옹야(雍也)〉에 "지자(知者)는 움직이고 인자(仁者)는 고요하며, 지자는 즐겁고 인자는 장수한다."라고 하였는데, 형병(邢昺)의 소(疏)에 "인자는 생각이 적고 욕심이 적어 본성이 항상 안정되어 있기 때문에 대부분 장수한다는 것을 말한다."라고 하였다.

153 재(梓)나무 늙었고 : 교(喬)나무와 재나무는 부자(父子)를 뜻하는 말로, 교나무

당에는 좌상의 술통이 비었구나　　堂空座上樽

푸른 넝쿨 우거진 봄 쓸쓸하고　　青蘿春寂寞

그윽한 무덤은 어둡기만 하여라　　幽坎夜沈昏

만가 소리 삼막[154]을 끄는데　　楚挽牽縿幙

슬픈 바람에 흰 깃발 펄럭이네　　悲風掣素旙

산길에 방초 우거졌는데　　山蹊芳草合

어느 곳에서 왕손을 조문할까[155]　　何處弔王孫

는 부도(父道), 재나무는 자도(子道)를 상징한다.《尙書大全 卷4》 여기서는 고인의 자식이 연로했다는 말이다.

154 삼막(縿幙) : 비단으로 만든 막으로, 관(棺)의 위를 덮는 것이다.《禮記 檀弓上》

155 산길에……조문할까 : 한(漢)나라 회남자(淮南子)가 소산(小山)으로 분류한 시 〈초은사(招隱士)〉에 "왕손께선 노니느라 돌아가지 않는데, 봄풀은 자라나서 우거졌도다.〔王孫遊兮不歸, 春草生兮萋萋.〕"라고 하였다.

포저 조 상국[156] 만사

浦渚趙相國挽

세 조정 정성스럽게 모신 원로이자	斷斷三朝舊
한결같은 덕으로 성심 다한 신하	肫肫一德臣
형용하기 어려운 혼금[157]의 그릇이요	渾金難狀器
절로 보배라고 부르는 양옥이었네	良玉自名珍
외진 땅에 온전한 기운 모여서	僻壤鍾全氣
지금 세상에서 옛사람을 보게 되니	今時見古人
모든 윤리는 원래 효를 근본하고	諸倫元本孝
모든 선은 인을 으뜸으로 하셨네	萬善只宗仁
독실한 행실 어찌 부족함이 있으며	行篤寧嗛已
순수한 정성 신명에게 질정할 만했지	誠純可質神
문장은 의리에 근본을 두고	文章根義理
도학은 경륜을 온축하셨네	道學蘊經綸
관각에 명성이 막 퍼지자마자	鸞掖聲初藉
붕새의 운명이 홀연 막혔으나	鵬程運忽屯
거센 물결 속에서 지주를 봤고[158]	波淪看砥柱

156 조 상국(趙相國) : 조익(趙翼, 1579~1655)으로, 본관은 풍양(豐壤), 자는 비경(飛卿), 호는 포저(浦渚), 시호는 문효(文孝)이다.《宋子大全 卷162 浦渚趙公神道碑銘并序》

157 혼금(渾金) : 정련하지 않은 금으로, 수식하지 않은 타고난 좋은 자질을 뜻한다.

158 거센……봤고 : 중국 삼협(三峽)의 지주산(砥柱山)을 말한다. 황하(黃河)의 급

서리 내린 뒤에 송죽의 모습이었네 霜落表松筠
명이의 날을 당해 천지가 막히더니[159] 閉塞明夷日
훌륭한 임금이 새로 즉위하자 昭融聖作辰
측근의 자리에서 원대한 계책 진달하고 訏謨資近密
보필하는 위치에서 임금을 바로잡으셨네 匡弼職臣隣
태학에서 모범이 되고 國子身儀範
이조에서 인재를 균등하게 선발하니 天官掌統均
온 조정이 기뻐하며 본받으려 하고 同朝喜矜式
온 세상이 훌륭한 국정 운영을 기대했네 擧世仰陶匀
밝은 태양이 끝내 빛을 돌리자 白日終回照
파리가 함부로 울타리에 앉았으나[160] 青蠅謾止榛
두 용이 낙수에서 일어난 초기에 二龍初起洛
오고가 곧바로 진나라를 부지하였네[161] 五羖倏扶秦

류 속에 우뚝 버티고 서서 거센 물결을 혼자 감당하고 있다는 지주중류(砥柱中流)의 고사에서 유래하여, 흔히 한 몸에 중책을 지고 난국을 수습하는 사람의 비유로 쓰인다.

159 명이(明夷)의……막히더니 : 명이는 《주역》 64괘 중의 하나로, 태양이 땅속에 들어간 형상을 취하고 있기 때문에 용렬한 임금의 조정에서 현자(賢者)가 뜻을 얻지 못한 채 소인의 참소를 당하며 고난을 받는 것의 비유로 많이 쓰인다. 여기서는 광해군이 집권한 시기를 가리킨다.

160 파리가……앉았으나 : 소인들이 떼를 지어 참소하며 헐뜯기 시작했다는 말이다. 《시경》 〈청승(青蠅)〉에 "윙윙거리는 쉬파리 떼가 울타리에 내려앉았네. 점잖으신 군자님이여, 부디 참소를 믿지 마시기를."이라고 하였다.

161 두……부지하였네 : 조익이 은거하다가 재상의 지위에 오른 것을 말한다. 윤선거(尹宣擧)가 지은 조익의 묘지명(墓誌銘)에 김상헌과 함께 조익을 이룡(二龍)이라고 언급하였다. 낙수(洛水)는 송나라 재상 사마광(司馬光)이 벼슬을 그만둔 뒤에 낙양(洛

진퇴는 나라의 치란과 관계되고 進退關治亂
행장은 봉황과 기린에 견줄 만했으며 行藏視鳳麟
재상의 지위였어도 한사의 절개였고 台階猶士節
녹봉이 후했어도 청빈한 생활이었지 膴祿尙淸貧
벼슬은 영의정에 이르지 못했고 進秩靳元揆
연세는 팔순에 모자랐는데 高年欠八旬
나라에 원로 한분 남겨두지 않으니 邦無憖一老
하늘이 이 백성을 불쌍히 여기지 않음이라 天不弔斯民
강호에서 임금을 오래도록 그리워하다 永結江湖戀
영원히 기미성[162]으로 돌아갔네 長歸箕尾身
청전은 예교를 보존하게 했고[163] 靑氈存禮敎
공훈은 종묘의 큰 솥에 기록될 것이며 鴻鼎紀宗禋

陽) 남쪽 교외에 은거한 곳으로, 정호(程顥)의 시 〈사마군실에게 주다〔贈司馬君實〕〉에 "두 마리 용이 낙수 가에 한가히 누웠네."라고 한 데서 유래하였다. 오고(五羖)는 오고대부(五羖大夫) 백리해(百里奚)를 가리키는데, 그가 춘추 시대 진(秦)나라에 와서 누더기를 걸치고 소 먹이는 일을 하고 있을 적에 목공(穆公)이 알아보고 크게 발탁하여 재상을 지내며 진나라를 부강하게 만든 일을 말한다. 《史記 卷68 商君列傳》

162 기미성(箕尾星) : 은나라 고종(高宗)의 재상이었던 부열(傅說)이 죽어서 하늘로 올라가 기미성에 올라탔다는 전설에서 유래하였다. 《莊子 大宗師》

163 청전(靑氈)은……했고 : 청전은 가업(家業)이라는 뜻으로, 조익이 가업으로 익힌 공부를 바탕으로 국가의 예교에 이바지했다는 말이다. 진(晉)나라 왕헌지(王獻之)의 집에 도둑이 들었는데, 다른 물건을 훔칠 때에는 그가 모르는 체하고 누워 있다가 도둑이 탑상(榻床)에 올라 푸른 털방석에 손을 대려 하자 "그 털방석은 우리 집안의 구물(舊物)이니 그냥 놔둘 수 없겠는가."라고 말하여, 도둑을 깜짝 놀라게 했다는 고사가 전한다. 《晉書 卷80 王羲之列傳 王獻之》

사업은 선조를 아름답게 빛내고 事業光前美
가풍은 후손에게 새로운 복을 주셨네 家風裕後新
인에 의지한 분과 다행히 세상 함께했으나 依仁幸竝世
순상처럼 이응의 수레 못 몰아 부끄럽네[164] 御李愧非荀
눈 내릴 때 저녁 침상 앞에 서 있었고[165] 雪立床前夕
훈훈한 봄바람 속에 앉아 있었는데[166] 風熏座上春
사문은 이제 적막하고 斯文今寂寞
우리 도는 마침내 액운 당했도다 吾道竟邅迍
충효 간직한 분 묻을 땅은 있지만 有地埋忠孝
참된 도 이을 사람 없구나 無人襲道眞
나라 걱정에 강물처럼 눈물 쏟아지니 河懸殄瘁淚
다만 친한 정분 때문만은 아니라오 不亶爲情親

164 인(仁)에……부끄럽네 : 《논어》 〈술이(述而)〉에 "도에 뜻을 두고 덕을 굳게 지키며 인에 의지하고 예의 세계에서 노닌다."라고 한 말을 인용한 것이다. 또 후한(後漢) 이응(李膺)의 풍도를 사모한 사대부들이 그의 접견을 받기만 해도 용문(龍門)에 올랐다면서 기뻐했는데, 순상(荀爽)이 그를 위해 수레를 몰고는 집에 돌아와서 "오늘 내가 비로소 이 선생님의 수레를 몰 수 있었다."라고 자랑했다는 고사가 있다. 《後漢書 卷67 黨錮列傳 李膺》

165 눈……있었고 : 송나라 유조(游酢)와 양시(楊時)가 처음 정이(程頤)를 찾아갔을 때 마침 정이가 눈을 감고 앉아 있으므로 두 사람은 인기척을 내지 않고 서서 기다렸는데, 정이가 눈을 떴을 때는 문밖에 내린 눈이 한 자 가량이나 쌓여 있었다. 문하에서 가르침을 받는 것을 의미한다. 《宋史 卷428 道學列傳 楊時》

166 훈훈한……있었는데 : 유조(1053~1123)가 스승 정호(程顥)가 있던 곳으로부터 와서 양시를 방문했을 때 양시가 그가 온 곳을 묻자, 유조가 "봄바람의 온화한 기운 가운데 석 달 동안 앉아 있다가 왔다."라고 대답하였다. 《宋元學案 卷14 明道學案》

송 집의 아내 만사
挽宋執義內子

지체 높은 명재상 가문에서	地峻名卿閥
예법이 으뜸인 집안으로 출가했네	天移禮法宗
금슬이 조화로워 안정되고 좋으며[167]	朱絃調靜好
단혈의 봉황 울음 화목했지[168]	丹穴和鏘噰
부부 인연 맺어 해로하려 했는데	結髮將偕老
중년에 문득 큰 재앙 만나서	中身奄鞠凶
옥가지 홀로 남아 슬펐으나	瓊枝悲孑立
옥 같은 자식의 경사 이에 모였네	玉子慶仍鍾
쌍 봉황의 비녀 영원히 갈라지고	永拆雙釵鳳
한 개의 용검이 먼저 잠기니[169]	先沈一劍龍
흐르는 여울 한스럽게 오열하고	鳴灘嗚咽恨
야대는 적막하구나[170]	寂寞夜臺封

167 금슬(琴瑟)이……좋으며 : 부부 금실이 좋다는 말이다. 《시경》 〈여왈계명(女曰鷄鳴)〉에 "금슬이 자리에 있는 것도 고요하고 아름답지 않음이 없도다."라고 하였다.

168 단혈(丹穴)의……화목했지 : 단혈은 봉황이 산다는 전설상의 단산(丹山)을 가리킨다. 《산해경(山海經)》 〈남산경(南山經)〉에 "단혈의 산에……새가 사는데, 그 모양은 닭과 같고 오색 무늬가 있으니 봉황이라고 한다."라고 하였다.

169 쌍……잠기니 : 송씨 부인이 먼저 세상을 떠났다는 말이다.

170 야대(夜臺)는 적막하구나 : 야대는 무덤을 가리킨다. 남조(南朝) 양(梁)나라 심약(沈約)의 〈상미인부(傷美人賦)〉에 "일찍이 아리따운 웃음을 펴지도 못했건만 홀연 몸이 야대에 빠지고 말았네.〔曾未申其巧笑, 忽淪軀於夜臺.〕"라고 하였다

윤 의령의 아내 만사

挽尹宜寧內子

한결같은 덕으로 집안 받드니	一德承家壼
훌륭한 거동에서 세금의 뜻 알겠네[171]	多儀識帨衿
훌륭한 아내들에 대해 옛날에 들었는데	閨英聞往古
여자 선비를 지금에 보았다오	女士見當今
집안에서 손님과 벗처럼 공경하고[172]	室有賓朋敬
금슬의 조화 안정되고 아름다웠는데[173]	琴諧靜好音
뿌리 상하여 훤초는 시들고	根傷萱謝背
계수나무 같은 아들 잃고 억장이 무너졌지	子落桂摧心
늙은 봉황의 보금자리 썰렁한 가을	鳳老秋棲冷
난새는 저녁 바다로 날아갔구나	鸞飛夕海深
슬프다 세 옥나무	堪悲三玉樹
시들어서 숲 이루지 못했네	凋瘁不成林

171 세금(帨衿)의 뜻 알겠네 : 금반(衿鞶)의 금은 작은 띠이고, 반은 작은 주머니이다. 딸을 시집보낼 때에 어머니가 작은 띠를 매 주고 수건을 매 주며 "힘쓰고 공경하여 밤낮으로 집안일을 어기지 말라."라고 훈계하였다. 《儀禮 士昏禮》

172 집안에서……공경하고 : 춘추 시대 진(晉)나라 기(冀) 땅의 극결(郤缺)이 밭에서 김을 매고 있을 적에 그의 아내가 들밥을 가지고 와서 먹이는데, 서로 손님을 대하는 것처럼 공경하는 모습을 사신으로 갔던 구계가 보고는, 진 문공(晉文公)에게 천거하여 대부(大夫)로 삼게 했던 고사를 말한다. 《春秋左氏傳 僖公33年》

173 금슬의……아름다웠는데 : 《시경》 〈여왈계명(女曰鷄鳴)〉에 "자리에 있는 금슬도 고요하고 좋지 않음이 없도다.〔琴瑟在御, 莫不靜好.〕"라고 하였다.

대제학 조윤지[174] 만사

挽趙太史胤之

등림에 좋은 재목이 빼어나듯	鄧野良材挺
곤륜산에 아름다운 옥 생겨난 듯	崑丘美玉生
문과에서 장원급제하였고[175]	龍頭先藝戰
소의 귀 잡고 문단의 맹주 되었네[176]	牛耳主文盟
국가의 성쇠에 따라[177] 영욕을 맛보고	否泰身榮辱
부침에 따라 세도가 변하였지	升沈道重輕
성상의 마음이 일월처럼 돌아와서	聖心回日月
당시 정승의 물망에 올랐는데	時望屬台衡
경륜을 펴지 못하고 황천으로 가서 한스러우나	黃壤經綸恨

174 조윤지(趙胤之) : 조석윤(趙錫胤, 1606~1655)으로, 본관은 배천(白川), 자는 윤지, 호는 낙정(樂靜), 시호는 문효(文孝)이다. 장유(張維)・김상헌(金尙憲)의 문인이다. 저서로는 《낙정집》이 있다. 《宋子大全 卷162 樂靜趙公神道碑銘幷序》 이 시의 첫 번째와 마지막 시는 윤문거(尹文擧)의 《석호유고(石湖遺稿)》 권1에 〈만인(挽人)〉이라는 제목으로 실려 있다.

175 문과에서 장원급제하였고 : 조석윤은 1628년(인조6) 별시 문과에 장원하였다.

176 소의……되었네 : 원문의 우이(牛耳)는 본래 회맹(會盟)할 때 소의 귀를 잡고 피를 받아 삽혈(歃血)하는 등 맹주(盟主)의 역할을 수행하는 것을 의미하는데, 여기서는 문단의 종장(宗匠), 즉 대제학의 역할을 수행하는 것을 가리킨다. 조석윤은 1650년(효종1)에 대제학에 임명되었다. 《承政院日記 孝宗 1年 6月 20日》

177 국가의 성쇠에 따라 : 원문의 비태(否泰)는 《주역》의 두 괘(卦) 이름으로, 천지가 교감하여 만물이 형통하는 것이 태(泰)이고, 천지가 교감하지 않아 만물이 폐색(閉塞)하는 것이 비(否)이다.

간쟁하는 명성 청천백일 같았다오	青天諫諍名
세상이 쇠퇴하고 혼탁함을 오래 슬퍼하니	長悲世衰濁
누가 다시 깨끗하고 맑게 하리오	誰復任澄淸

인간세상 한결같이 애통하니	一慟人間世
저 하늘에 묻지 말아야지	蒼蒼莫問天
태어날 땐 훌륭한 일을 할 듯이 보였는데	生來如有爲
끝내 목숨을 앗아감은 어째서인가	奪去竟胡然
참판의 지위는 어진 이의 벼슬 아니요	貳列非賢爵
중년이 어찌 유덕자의 수명이랴	中身豈德年
빙옥이 쉽게 사라지고 마모되며	消磨氷玉易
계수나무와 난초가 먼저 꺾였도다	摧折桂蘭先
국운이 어려운 날을 당해	運値艱虞日
사람들 진췌편[178]을 슬퍼하나니	人悲殄瘁篇
처량해라 요순의 도여	凄涼堯舜道
임금의 주변이 적막하구나	寂寞纊旒前

곧은 도가 세상에 용납되기 어려운 건	直道難容世
지금이나 옛날이나 마찬가지	今時似古時
남쪽으로 쫓겨나[179] 자리가 따뜻해지지 않았는데	南遷席未暖

178 진췌편(殄悴篇) : 《시경》 〈첨앙(瞻卬)〉을 이른다. 이 시에 "훌륭한 사람이 죽으니 나라가 고달파지리라.〔人之云亡, 邦國殄瘁.〕"라는 구절이 있다.

179 남쪽으로 쫓겨나 : 조석윤은 1651년 11월에 경기 감사(京畿監司) 유철(兪樹)을

서쪽으로 유배 가서[180] 날개 늘어뜨렸네 西配翼還垂
만 리 떨어진 수주로 가서는[181] 萬里愁州塞
삼 년 동안 임금 그리워하였네 三年戀闕思
은혜의 물결 물 따라 흘러갔으니 恩波俱逝水
죽는 날 바로 돌아왔구려 死日卽回期
묏자리는 부모님 근처요 墓兆爺孃近
가문을 부녀자들이 지탱하네[182] 家門婦女持
끝내 대를 이을 자식 없으니 終無數尺嗣
거듭 선한 사람 위해 슬퍼하네 重爲善人悲

갈대와 옥나무[183]의 사귐이었으니 葭玉交眞忝
금란지교를 감당할 수 있으랴[184] 蘭金義敢當

가벼이 논죄했다는 죄목으로 파직되어 전라도 부안(扶安)으로 유배되었다. 《孝宗實錄 2年 10月 29日》

180 서쪽으로 유배 가서 : 조석윤은 1652년 10월에 이조 판서 정세규(鄭世規)를 논척한 일로 평안도 강계(江界)에 유배되었다가 11월에 강원도 간성(杆城)으로 이배(移配)되었다.

181 만 리……가서는 : 《효종실록》 4년 9월 5일 기사에 조석윤을 종성 부사(鍾城府使)에 임명한 기록이 있다. 수주(愁州)는 종성의 다른 이름이다.

182 가문을 부녀자들이 지탱하네 : 조석윤의 아들 둘은 요절하고 딸 다섯을 두었다. 《樂靜文集 附錄 樂靜先生大司憲趙公家狀草》

183 갈대와 옥나무 : 두 사람의 풍모가 현격하게 차이가 난다는 뜻의 겸사이다. 삼국시대 위(魏)나라 명제(明帝) 때 하후현(夏侯玄)과 황후의 동생 모증(毛曾)이 함께 자리에 있는 것을 보고는 사람들이 "억새풀이 옥나무 옆에 기대어 있는 것과 같다.〔蒹葭倚玉樹〕"라고 평했다는 고사가 있다. 하후현이 일찍이 황문 시랑(黃門侍郞)의 벼슬을 지냈으므로 옥수라 칭하였다. 《三國志 卷9 魏書 夏侯玄傳》

여러 꽃들 시들어 감을 가여워해	群芳憐畹晩
한결같은 마음으로 풍상에서 보호했지	一意護風霜
하늘이 한 쌍의 새를 가두게 하고	天遣囚雙鳥
형체 나누어 타향에 머무르니	形分滯異鄕
글 짓는 모임 오랫동안 하지 못한 채	詞場曾契闊
옛 도의 마침내 사라졌구나	古道竟淪亡
그대 얼굴이 상자 가득한 시 속에 있고	面目詩盈篋
그대의 정신은 들보에 가득한 달빛이어라[185]	精神月滿樑
하늘 끝에 있는 백발의 이 몸	天涯頭白淚
홀로 강가에서 눈물 뿌리네	獨自灑江湘

184 금란지교(金蘭之交)를……있으랴 : 금란지교를 맺기에 자신이 부족해서 부끄럽다는 겸사이다. 《주역》 〈계사전 상(繫辭傳上)〉에 "두 사람이 마음을 같이 하면 쇠도 자를 수 있고, 그런 사람들의 말에서는 난초 향기가 풍겨 나온다.〔二人同心, 其利斷金, 同心之言, 其臭如蘭.〕"라고 하였다.

185 정신은……달빛이어라 : 친구에 대한 그리움을 형용하는 말이다. 당나라 두보(杜甫)가 이백(李白)을 그리워하며 지은 시 〈이백을 꿈꾸다〔夢李白〕〉 첫째 수에 "지는 달빛이 대들보에 가득하니, 그대 얼굴이 비추는지 외려 의심하노라.〔落月滿屋梁, 猶疑照顔色.〕"라고 하였다. 《杜少陵詩集 卷7》

시남집

제4권

詩시

서실에서 감회가 있어 벽에 쓰다 계해년(1623, 인조1)
書室有懷題壁 癸亥

남자의 몸으로 괴로움 많고 많아　男兒身世苦登登
구만 리 나는 붕새의 뜻 펼치지 못했네　九萬鵬圖展未能
부열이 어찌 판축만 하다 생을 마칠까[1]　傅說豈宜終板築
우경은 우산 메고 늙지 않았지[2]　虞卿端不老擔簦
가슴 속에 표략[3] 있는데 청운의 꿈 저물고　胸中豹略青雲暮

1 부열(傅說)이……마칠까 : 부열은 은(殷)나라 고종(高宗) 때의 어진 재상이다. 원문의 판축(版築)은 담장 쌓는 일을 말한다. 고종이 꿈에 성인(聖人)을 만나고 그 모습을 그려 찾게 하였는데, 마침내 부암(傅巖)의 성 쌓는 곳에서 일하고 있는 부열을 찾아 재상으로 삼자, 그 뒤로 은나라가 크게 다스려졌다. 《書經 說命上》

2 우경(虞卿)은……않았지 : 우경은 전국 시대 사람으로, 곤궁하게 살면서도 《우씨춘추(虞氏春秋)》를 저술하였다. 원문의 담등(擔簦)은 여기저기 돌아다니는 사람의 차림, 곧 여기저기 떠돌아다니는 것을 말한다. 《사기(史記)》 권76 〈우경열전(虞卿列傳)〉에 "우경이란 사람은 유세하는 선비이다. 짚신을 신고 우산을 메고 조(趙)나라 효성왕(孝成王)에게 유세하였다."라고 하였다. 사마천(司馬遷)은 "우경이 곤궁하게 생활하며 시름하지 않았다면 글을 지어 후세에 자신을 드러내지 못했을 것이다."라고 하였다.

3 표략(豹略) : 육도삼략(六韜三略)과 같은 말로, 군사적인 책략을 말한다.

상자 속의 용천검 자줏빛 뿜어내네[4] 匣裏龍泉紫氣騰
길게 휘파람 한번 부니 소리 격렬한데 長嘯一聲聲激烈
북창에 성긴 비 내리고 등잔불 깜빡이네 北窓疏雨耿殘燈

4 용천검(龍泉劍) 자줏빛 뿜어내네 : 진(晉)나라 때 장화(張華)가 오(吳) 땅에 자색 기운이 우수(牛宿)와 두수(斗宿) 사이로 뻗치는 것을 보고 용천검과 태아검(太阿劍) 두 검을 찾아냈다고 한다. 이후로 자색 기운이 뻗친다는 말은 훌륭한 인재를 상징하는 말로 사용되었다. 《晉書 卷36 張華列傳》

노성으로 윤백분을 찾아갔는데[5] 만나지 못하다
魯城 訪尹伯奮不遇

재주와 풍격 세속의 굴레에서 벗어남 아꼈는데	愛君才格拔塵羈
기이하게 수원에서 평상 붙이고 십 년간 함께했네[6]	隋社聯牀十載奇
이별한 후에 모든 일 다 겪었는데	萬事別來無不有
강호 밖에서 한 번의 술자리도 기약하기 어렵구나	一樽湖外亦難期
요컨대 취향이 같고 다름을 보고	要將臭味看同異
만남이 빠르고 늦음을 비교하지 말아야지	休把團圓較早遲
천 리에서 찾아와 만나지 못했으니	千里相尋違奉袂
내일 새벽 홀로 돌아갈 때 견딜 수 있을까	可堪明曉獨歸時

5 노성(魯城)으로 윤백분(尹伯奮)을 찾아갔는데 : 노성은 지금의 충청남도 논산시 노성면(魯城面)이다. 윤백분은 윤원거(尹元擧, 1601~1672)로, 본관은 파평(坡平), 자는 백분, 호는 용서(龍西)이다. 윤원거는 부친 윤전(尹烇)이 1636년(인조14)에 적병에게 피살된 후 이산(尼山)의 선영으로 돌아와 장사 지냈고, 상기를 마친 후 노성의 동쪽 계룡(鷄龍)의 서쪽에 살 자리를 마련하여 생을 마치려고 계획하였다.《明齋遺稿 卷44 堂叔父龍西先生行狀》

6 수원(水原)에서……했네 : 수사(隋社)는 경기도 수원의 고호인 수성(隋城)을 가리킨다.

민명윤[7]의 시에 차운하다

次閔明允韻

시원함은 산들바람이 대나무 창에 울리는 듯	爽似輕飆韻竹窓
밝기는 비단을 가을 강물에 빠는 듯	明如瑞錦濯秋江
이미 시풍에 놀라 대적할 이 전무한데	已驚詩調全無敵
풍모까지 있어 또한 짝할 이 드물구나	更有風標亦尠雙
이야기는 보배로운 구슬 옥가루 날리고	談苑瓊琚霏玉塵
시단에서 기와 북은 무지개다리 솟은 듯[8]	騷壇旗鼓峙虹杠
훗날 눈을 비비고 청운의 길에서	他時拭目靑雲路
높은 명망 온 나라에 떨침을 많이도 보겠지	剩見高名振大邦

7 민명윤(閔明允) : 민진량(閔晉亮, 1602~1671)으로, 본관은 여흥(驪興), 자는 명윤, 호는 구졸(九拙)·난가(爛柯)이다. 《宋子大全 卷178 楊州牧使閔公墓碣銘幷序》

8 이야기는……듯 : 원문의 담원(談苑)은 이야기하는 말재주를 말하고, 기고(旗鼓)는 전쟁터의 북소리와 깃발로 문장의 형세를 당당한 전진(戰陣)에 견주어 말한 것이다. 시단에서 뛰어난 문재를 발휘했음을 뜻하는 말이다.

최 수재[9]익 만사

挽崔秀才 瀷

그대 지금 스물인데 이렇게 되었으니	君今二十至於斯
하늘은 어찌하여 차마 이렇게 만드는가	天意胡然忍此爲
삼대가 인을 행했으나 삼대가 화를 입으니[10]	三世行仁三世禍
한 시대가 칭송하다가 한 시대가 비통해하네	一時稱道一時悲
강은 오열하며 새로운 아픔에 흐느끼고	江流嗚咽啼新痛
들보의 달 환히 빛나자 옛 모습 떠오르네[11]	梁月分明識舊儀
형제처럼 지낸 정의가 가장 많았기에	最是弟兄情義在
눈물 흘리며 애사 쓰자니 견디기 힘들어라	不堪和淚寫哀詞

9 최 수재(崔秀才) : 최익(崔瀷, 1617~1637)으로, 본관은 해주(海州)이다. 유계의 자형(姊兄) 이유청(李惟清)의 사위이다.《市南集 卷23 先考墓誌文》 장유(張維)와 이식(李植)의 만시(挽詩)에 의하면 해주 목사(海州牧使)를 지낸 최기(崔沂, 1553~1616)의 손자로, 스승을 따라 강을 건너다가 익사하였다고 한다.《澤堂集 卷6 崔瀷挽詞》《谿谷集 卷31 挽崔瀷》

10 삼대가……입으니 : 최익의 부친과 조부까지 삼대가 불행했음을 말한 것이다. 조부인 최기는 1616년 해주 목사로 있으면서 이른바 '해주옥(海州獄)'을 다스렸는데, 이이첨(李爾瞻) 일파인 박희일(朴希一)과 박이빈(朴以彬)을 무고죄로 처형하여 이이첨의 미움을 받은 나머지 남형죄(濫刑罪)로 투옥되어 고문을 받고 옥사했으며, 뒤에 다시 대역죄로 몰려 멸문(滅門)의 화를 당하면서 부관참시(剖棺斬屍) 되었다. 부친 최유석(崔有石)은 이때 연좌되어 죽었다.《淸陰集 卷24 觀察使崔公神道碑銘幷序》

11 들보의……떠오르네 : 두보(杜甫)가 이백(李白)을 그리워하며 "들보 위에 가득히 기우는 저 달빛이여, 그대의 얼굴을 비춰 주는 듯하네.〔落月滿屋樑, 猶疑照顏色.〕"라고 하였다.《杜少陵集 卷7 夢李白》

온양 길가에서 우연히 짓다 정축년(1637, 인조15)

溫陽路上偶占 丁丑

오르고 오르는 비탈길은 구불구불	登登長坂路回縈
필마타고 만난 사람에게 길을 물었네	匹馬逢人問去程
골짜기 새는 나그네 한을 아는지 지저귀고	谷鳥解吟遷客恨
바위 꽃은 쫓겨난 신하를 앞다퉈 비웃네	巖花爭笑逐臣行
산하를 둘러보니 풍경은 구슬프지만	山河擧目悲風景
천지간에 목숨 보전했으니 성은에 감동하네	天地全生感聖明
본래 장사는 나쁜 땅 아니니	自是長沙非惡土
가의가 일찍 농사짓기에 알맞으리[12]	賈誼端合早躬耕

12 장사(長沙)는……알맞으리 : 가의(賈誼)는 한(漢)나라 때 젊은 나이에 등용되어 문제(文帝)에게 당시 정치 제도를 신랄하게 비판하고 국가 정책을 근본적으로 개혁해야 한다는 소장을 올렸다. 권신(權臣)들의 미움을 사서 장사왕 태부(長沙王太傅)로 좌천되자 마음이 울적하고 지세(地勢)도 낮고 습하여 건강마저 나빠져 33세의 나이에 죽었다.《漢書 卷48 賈誼傳》여기서는 유계가 임천(林川)에 유배된 자신의 처지를 가의에 비유한 것이다. 유계는 병자호란 후 척화를 주장한 죄로 임천에 유배되었다.

유배지에서 회포를 쓰다

謫居書懷

유배의 삶 쓸쓸히 사립문 닫았는데	幽居悄悄掩衡茅
한가로운 생활 조소가 끊기니 점차 기뻐라	漸喜身閑絶笑嘲
텅 빈 누각 맑은 밤에 삽살개 달 보며 짖고	虛閣淸宵狵吠月
짧은 처마 긴 해에 새들은 둥지를 다투네	短簷長日鳥爭巢
꼬리를 무는 나그네 근심에 귀밑머리 허예지니	羈憂歷歷侵雙鬢
하고많은 세상사 한 번 던져 버리노라	世事悠悠付一拋
서울의 옛 친구들 서신 끊어지고	京洛舊遊書信斷
시골 아이 마을 노인과 새롭게 사귀네	野童村老托新交

조자현[13]과 자장[14]이 빗속에 찾아와 준 것을 사례하다

謝趙子玄子章雨中見訪

그대 집안의 쌍옥 모두 훌륭한 재주라	君家雙璧摠高才
매번 나로 하여금 마음과 눈 열어 주네	每見令人心眼開
호서 고을 풍진 속에서 처음 알게 되어	湖郡風塵初識面
반교[15]에 꽃 피고 달 뜬 옛날 술잔 머금었지	泮橋花月舊含杯
시골 길 채찍 나란히 하고 아침에 찾아와	聯鞭野逕乘朝訪
비 내리는 강촌에 밤 되어 돌아가는구려	帶雨江村入夜回
이별 후 푸른 등 켜진 서실 고요한데	別後青燈書室靜
처마의 풍경 울릴 때마다 근심을 부르네	簷鈴一一喚愁來

13 조자현(趙子玄) : 조전소(趙全素, 1601～?)로, 본관은 풍양(豐壤), 자는 자현, 호는 후포(后浦)이다. 1639년(인조17) 식년시에 급제하였고, 필선(弼善)을 지냈다.

14 자장(子章) : 조견소(趙見素, 1611～1677)로, 본관은 풍양, 자는 자장, 호는 성강(星江)이다. 《西坡集 卷23 金溝縣令趙公墓碣銘》

15 반교(泮橋) : 성균관 다리를 말한다.

적소에서 감회를 쓰다

謫中書懷

크나큰 성상의 은혜 천지처럼 넓으니	聖澤汪洋天地寬
외로운 신하 감동하여 절로 눈물 흘리네	孤臣感涕自闌干
양왕은 본래 추자를 어여쁘게 여겼고[16]	梁王本是憐鄒子
한제는 애초에 백란에게 박하게 하지 않았지[17]	漢帝初非薄伯鸞
쓸데없이 근심한 십 년 동안 귀밑머리 하얘졌지만	憂杞十年雙鬢素
해바라기처럼 천 리에서도 일편단심이네[18]	傾葵千里一心丹
굶주리면 바로 먹고 한가하면 잠자니	飢須卽食閑須睡
임금의 은혜 말하려 해도 말하기 어렵구나	欲說君恩說得難

16 양왕(梁王)은……여겼고 : 추자(鄒子)는 한나라 문제(文帝)와 경제(景帝) 때의 문인 추양(鄒陽)을 가리킨다. 애초에 섬기던 오왕(吳王) 유비(劉濞)의 반란 계획을 알고 간하였으나 실패하자 양왕 유무(劉武)에게로 귀순하였으며, 한때 무고를 받아 처형될 뻔했으나 글을 올려 양왕을 감복시켰다. 《史記 卷83 鄒陽列傳》

17 한제(漢帝)는……않았지 : 백란(伯鸞)은 양홍(梁鴻)의 자이다. 장제(章帝) 때의 은사로 아내 맹광(孟光)과 함께 패릉산(覇陵山)에 은거하여 농사와 길쌈으로 생계를 삼았다. 장제가 그를 찾았으나 성명을 바꾸고 오 땅으로 떠나 끝내 뜻을 이루지 못했다. 《後漢書 卷83 梁鴻列傳》

18 해바라기처럼……일편단심이네 : 조식(曹植)의 글에 "마치 해바라기가 잎새를 기울여도 태양이 비록 되돌아 비치지는 않으나 끝내 향하는 것은 정성스러움이다."라는 말이 있다. 《三國志 卷19 魏書 陳思王植傳》 여기에서는 유계가 유배지에서 변함없이 군왕을 사모하는 마음을 표현한 말이다.

가랑비 부슬부슬 밤 되어 쏟아지나니 小雨廉纖入夜多
나그네 근심 고요한 가운데 어찌 견디랴 羈愁不柰靜中何
고향으로 가는 북쪽 길엔 산이 천 겹이요 家鄕北去山千簇
남쪽에 온 신세는 나뭇가지에 앉은 새와 같네 身世南來鳥一柯
상수 가에 꽃 뽑으니 두약 어여쁘고[19] 湘浦搴芳憐杜若
신정에서 술 마시고 강물처럼 눈물 쏟네[20] 新亭對酒泣江河
이제부터 한가로이 지낼 계획 이루어 從今儻遂投閑計
영원히 안개 낀 물가에서 저물녘 도롱이 걸치리 永向煙洲拂晩簑

19 상수(湘水)……어여쁘고 : 상수는 전국 시대 초(楚)나라 굴원(屈原)이 귀양 갔던 곳이고, 두약(杜若)은 향초(香草)의 일종이다. 《초사(楚辭)》 권2 〈산귀(山鬼)〉에 "산중의 사람이 두약을 따며, 바위틈의 물을 마시고 송백의 그늘에서 쉬도다.〔山中人兮芳杜若, 飮石泉兮蔭松柏.〕"라고 하였다. 여기에서는 유계가 귀양 와 있으므로 차용한 것이다.

20 신정(新亭)에서……쏟네 : 신정은 본래 강소성(江蘇省)에 있는 정자 이름이다. 진(晉)나라가 강동(江東)으로 밀려났을 때 당시 명사(名士)들이 신정에 모여 술을 마시곤 하였는데, 쇠약한 국운을 염려하였다. 이에 승상(丞相) 왕도(王導)가 "함께 힘을 합쳐서 신주(神州)를 회복할 생각은 하지 않고, 어찌하여 초나라 죄수들처럼 서로 마주 보며 눈물만 흘리는가."라고 꾸짖었다는 고사가 전한다. 《世說新語 言語》

북쪽으로 돌아가는 가림 군수 이각을 전별하다
別嘉林李使君 恪 北歸

떠나는 말 이미 문에 있는 것 슬퍼하며	怊悵驪駒已在門
아이들과 노인들 함께 끌채 잡고 따르려 하네[21]	欲隨髫白共攀轅
이 세상 만나고 헤어짐 원래 정해진 게 없으니	人間聚散元無定
강호에서 단란하게 만날 날 또한 있으리라	湖外團圓數亦存
칼집 벗어두고 한밤중에 속마음 터놓았는데	劍脫中宵相照膽
술잔 기울이는 해질녘에 홀로 혼 녹누나	杯傾落日獨銷魂
늦가을 강가에 난초와 혜초 풍성하니	江潭秋晚饒蘭蕙
그윽한 향초 모아서 증별의 말 갈음하네	掇拾幽香當贈言

21 떠나는……하네 : 선정(善政)을 베푼 수령이 떠날 때 고을 백성들이 수레를 붙잡고서 만류하는 것을 말한다. 후한(後漢) 회양왕(淮陽王) 원년에 조정에서 사신을 보내 회양 태수(淮陽太守) 후패(侯霸)를 불러들이자 백성들이 서로 사신의 수레를 붙잡고 곡을 하며 사신의 수레를 막거나 길에 드러누워 1년 더 유임시켜 주기를 청했던 고사가 있다.《後漢書 卷56 侯霸列傳》여기서는 임천 군수 이각이 떠남을 백성들이 슬퍼한다는 말이다.

용연사[22]에서 민명윤[23]을 찾아가 술 마시며 마음대로 짓다
龍淵寺 訪閔明允 對酒漫成

빽빽한 나무 성긴 숲 곳곳엔 매미 울음	密樹疏林處處蟬
먼 산은 빗 기운에 안개 일어나려하네	遙山雨氣欲成煙
남포에서 좋은 모임이 있다는 편지 받고	傳書南浦佳期在
말 가는 대로 오니 중교에 저물녘 흥취 이네	信馬中郊晩興牽
성도와 용연사는 속세 밖 세상이요	猩島龍庵塵境外
푸른 강 푸른 산 속은 옥인이 사는 곳이네	碧江青嶂玉人邊
서로 만나 한바탕 웃고 도리어 말이 없어져	相逢一笑還無語
술 마시고 시 읊고선 둘이 멍하니 있네	對酒哦詩兩窅然

22 용연사(龍淵寺) : 충청남도 덕산현(德山縣) 가야산(伽倻山)에 있던 절이다.《新增東國輿地勝覽 卷19》

23 민명윤(閔明允) : 민진량(閔晉亮, 1602~1671)으로, 본관은 여흥(驪興), 자는 명윤, 호는 구졸(九拙)·난가(爛柯)이다.《宋子大全 卷178 楊州牧使閔公墓碣銘幷序》

금강의 조 서산 어른의 시에 차운하다

次金江趙瑞山丈韻

금강 강가 어르신의 오두막	金江江上丈人廬
강산이 있는 곳에 특별히 집을 지으셨네	句斷江山別作居
푸른 산 구름 자욱한 숲에서 저물녘 새 보고	靑嶂雲林看暮鳥
푸른 강 안개 낀 못에서 아침 물고기 잡네	翠汀煙罩覓朝魚
좋은 밤 달 대하며 자주 술 부르고	良宵對月頻呼酒
석양에 바람 맞으며 홀로 책 펼치네	晚日迎風獨展書
한가함 속에 풍요로운 경치 전해 들으니	聞說閑中饒勝槩
흰머리에도 초심을 저버리지 않으시겠네	白頭端不負心初

대조사[24] 사마회[25] 자리에서 남의 시에 차운하다

大鳥寺司馬會席上 次人韻

글 짓는데 어찌 반드시 상중을 비교하는가	文字何須較上中
술에 취했나 깼나에 따르는 것이 공평하네	從他醒醉酒爲公
아득한 긴 밤에 산의 달빛 머금고	迢迢遙夜銜山月
끊임없이 청담 나누는 자리엔 바람이 가득	亹亹淸談滿座風
반가운 사람들 오늘 모두 함께 만나	靑眼卽今俱會面
백련사 당시처럼 모두 공을 거두었네[26]	白蓮當日摠收功
가위의 시[27] 대적할 사람 없음이 사랑스러우니	惟憐賈尉詩無敵
먼 지역에서 자유롭게 사는 한 늙은이라네	漫浪天涯一禿翁

이때 회인 현감(懷仁縣監) 이견봉(李堅峯)[28]이 좌석에 있었기 때문에 말하였다.

24 대조사(大鳥寺) : 현재 충청남도 부여군 임천면 성흥산(聖興山)에 있는 삼국 시대에 창건된 사찰이다.

25 사마회(司馬會) : 진사시에 함께 합격한 사람들의 모임을 말한다.

26 백련사(白蓮社)……거두었네 : 동진(東晉)의 고승 혜원(惠遠)이 여산(廬山)의 동림사(東林寺)에서 유유민(劉遺民)·뇌차종(雷次宗) 등 명유(名儒)를 비롯하여 승속(僧俗)의 18현(賢)과 함께 염불 결사(念佛結社)를 맺고, 백련사라고 일컬었다는 고사가 전한다. 《蓮社高賢傳 慧遠法師》 여기서는 대조사에서의 만남을 비유한 것이다.

27 가위(賈尉)의 시 : 이견봉(李堅峯)이 지은 시를 가리킨다. 가위는 누구를 가리키는지 미상이다.

28 이견봉(李堅峯) : 《승정원일기》 인조 10년 3월 7일 기사에 회인 현감(懷仁縣監) 이견봉이 하직한 기록이 있다.

남의 시에 차운하여 김자만[29]을 전송하고 아울러 윤이원[30]에게 보이다

次人韻 送金子晚 兼示尹而遠

혀 있어도 당시에 잡아주는 이 없었는데[31]	有舌當年笑莫捫
지금 와서는 시비가 남아 있지 않네	卽今非是兩無存
시 짓는데 삼매를 다할 필요 없으니[32]	攻詩不必窮三昧
술 생기면 하룻밤 취하는 것만 하겠나	得酒爭如醉一昏
세상의 영고는 모두 외부의 물건	人世榮枯都外物
예로부터 근심과 기쁨은 본래 하나의 문이었지	古來憂喜本同門
그대 돌아가 조만간 윤이원 만나거든	君歸早晚逢而遠
내가 책만 보고 말은 하지 않는다고 이야기하소	說我臨書却忘言

29 김자만(金子晚) : 인적사항은 미상이다.

30 윤이원(尹而遠) : 윤명은(尹鳴殷, 1601~1646)으로, 본관은 파평(坡平), 자는 이원, 호는 사정(思亭)이다.《宋子大全 卷168 全羅監司尹公神道碑銘幷序》

31 혀……없었는데 : 춘추 시대 위 무공(衛武公)의 고사를 들어 과거에 유계가 말조심을 하지 않았다고 말한 것이다. 무공은 95세에 사람들에게 자신을 일깨울 좋은 말을 해 달라고 당부했다 한다. 무공이 스스로를 경계하며 지은 시에 "말을 함부로 하지 말아서, 구차히 하지 말지어다. 내 혀를 잡아 주는 이가 없는지라, 말을 함부로 해서는 안 되느니라.〔無易由言, 無曰苟矣. 莫捫朕舌, 言不可逝矣.〕"라고 하였다.《詩經 抑》

32 시……없으니 : 시 짓는 것에 집중할 필요가 없음을 뜻한 말이다. 삼매(三昧)는 불교 용어로, 잡념을 제거하고 혼란하지 않은 마음으로 어느 한 곳에 집중함을 의미하는데, 오묘한 경지를 뜻하기도 한다.

권호연[33]의 시에 차운하다

次權浩然韻

시대와 어긋나 누가 불쌍히 여기랴만	抹摋於時孰見憐
그래도 정 깊은 동년 친구가 있도다	情深獨有舊同年
풍진 속에 하찮은 벼슬살이로 고생하다가	酸辛薄宦風塵日
영해에서 쇠잔한 넋으로 영락하였네	零落殘魂嶺海天
냉채도 불어 먹는다는 말 잊은 내가 우습지만[34]	笑我忘言吹虀後
그대는 뒤집힌 수레 보고 경계하기를 바라네[35]	期君知戒覆車前
어찌하면 서창의 촛불 함께 돋우며[36]	何當共翦西窓燭
아계[37]가 책상 앞에서 꾸벅꾸벅 졸던 일 이어볼까	穩續丫溪對榻眠

33 권호연(權浩然) : 권성원(權聖源, 1602~1662)으로, 본관은 안동(安東), 초명은 기원(起源), 자는 호연이다. 《宋子大全 卷178 善山府使權公墓碣銘 幷序》

34 냉채도……우습지만 : 부혁(傅奕)이 한왕(漢王) 양(諒)에게 "끓는 죽에 덴 자는 냉채를 불어 마시고, 화살에 상한 새는 굽은 나무를 보고도 놀란다.〔懲沸羹者吹冷虀, 傷弓之鳥驚曲木.〕"라고 하였다. 《新唐書 卷107 傅奕列傳》 여기서는 화란을 겪은 사람은 매사에 조심해야 하는데 유계 자신은 그러하지 못했다는 말이다.

35 그대는……바라네 : 유계를 거울삼아 경계하라는 말이다. 《한서(漢書)》 권48 〈가의전(賈誼傳)〉에 "속담에 '앞 수레가 뒤집힘에 뒷 수레가 경계한다.' 하였으니, 삼대(三代)가 장구할 수 있었던 까닭을 이미 지나간 일에서 볼 수 있다."라고 하였다.

36 서창(西窓)의……돋우며 : 밤새 함께 이야기하던 일을 그리워한다는 말이다. 전촉(翦燭)은 촛불이 오래타서 덮여진 그릇을 자르고 심지를 돋우는 것을 말한다. 당나라 이상은(李商隱)의 〈야우기북(夜雨寄北)〉에 "그 언제나 함께 서창의 촛불 심지 돋우며, 도리어 파산의 밤비 내리던 때를 얘기할거나."라고 하였다. 《全唐詩 卷539》

37 아계(丫溪) : 미상이다.

북쪽으로 돌아가는 사람과 이별하다 무인년(1638, 인조16)
別人北歸 戊寅

왕손의 방초 푸르러 우거진 계절	王孫芳草綠成堆
이별 정자에서 바라보니 한을 누르지 못하네	極目離亭恨不裁
그대를 천 리 길 보내는데 나는 나그네	千里送君余作客
함께 왔다가 그대 먼저 돌아가네	一時同到子先回
위성의 아침 비 집집마다 버들잎 푸르고[38]	渭城朝雨家家柳
강촌엔 봄바람 부는데 곳곳에 매화 폈어라	江國春風處處梅
잡아 꺾어도 이별의 눈물 금하기 어려우니	攀折已難禁別淚
망향대에 어찌 거듭 오를 수 있겠는가	可堪重上望鄕臺

38 위성(渭城)의……푸르고 : 당(唐)나라 왕유(王維)의 시 〈안서로 가는 원 이사를 전송하다〔送元二使安西〕〉에 "위성의 아침 비 가벼운 먼지 적시니, 객사에는 푸릇푸릇 버들 빛도 싱그럽네. 그대에게 권하노니 다시 한 잔 드시오. 서쪽으로 양관을 나서면 친구가 없다오.〔渭城朝雨浥輕塵, 客舍青青柳色新, 勸君更進一杯酒, 西出陽關無故人.〕"라고 한 것을 차용하였다.《王右丞集 卷5》

작은 정자에서 봄날 우연히 읊다

小亭春日偶占

봄빛이 바쁘게도 삼월을 향하니	春事悤悤月向三
작은 정자 남쪽 울긋불긋 어우러졌네	翠交紅影小亭南
꽃이 나부끼는 주렴에서 아침 술 깨고	花飄簾幕朝醺醒
풀 우거진 연못에서 낮잠이 달콤하네	草滿池塘午夢酣
시구 게을리 읊어도 스스로 만족하고	詩句懶尋聊自適
풍경을 많이 차지해도 탐욕이 아니로다	風光多取也非貪
무성한 만물은 생기로 가득한데	欣欣萬物渾生意
무슨 일로 심휴문은 야윔을 견디지 못했던가[39]	緣底休文瘦不堪

39 심휴문(沈休文)은……못했던가 : 휴문은 남조(南朝) 양(梁)나라 심약(沈約, 441~513)의 자이다. 심약이 친구 서면(徐勉)에게 보낸 편지에서 몸이 야위어 허리띠를 자주 조여 맸다고 하였다.《梁書 卷13 沈約列傳》

봄날 도사 유동수[40]를 방문한 자리에서 짓다

春日 訪柳 東秀 都事 席上有得

홑 겹옷 지어 입자 햇살도 길어지니　　單裌衣成麗日長
저물녘 파리한 말 타고 신선의 별장 찾았네　　晩鞭羸馬訪仙莊
봄 단장한 먼 산은 울긋불긋한데　　春粧遠岫勻丹碧
바람 부는 교외에서 풍광 비교하네　　風獵平郊較景光
시 흥취에 읊조리느라 어깨 으쓱이고[41]　　詩興上肩吟轉聳
몸 적셔주는 마을 술은 묵어도 향긋하네　　社醽沾骨宿猶香
단란하게 오래 앉아 모두 돌아가길 잊으니　　團欒坐久都忘返
서쪽 봉우리에 석양이 지는 줄도 몰랐네　　不覺西峯已夕陽

40 유동수(柳東秀) : 《승정원일기》 인조 19년 12월 25일 기사에 유동수를 의금부 도사(義禁府都事)로 임명한 기록이 있다.

41 시……으쓱이고 : 소식(蘇軾)의 시에 당나라 시인 맹호연(孟浩然)이 눈 속에서 나귀를 타고 시를 읊던 모습을 일러 "그대는 못 보았나? 눈 속에서 나귀 탄 맹호연이, 눈썹 찌푸리고 시 읊느라 산처럼 어깨 으쓱인 것을.〔君不見雪中騎驢孟浩然, 皺眉吟詩肩聳山.〕"이라고 하였다. 《蘇東坡詩集 卷12 贈寫眞何充秀才》

한 사또와의 자리에서 신군필[42]의 시에 차운하다
韓使君席上 次申君弼韻

부평초와 쑥처럼 천 리를 떠도는 신세	萍蓬飄轉身千里
호해에서 단란히 모여 술 한 잔 마시네	湖海團圓酒一樽
예부터 시인에게는 괴로운 한 많으니	從古騷人多苦恨
지난 날 나그네 등 얼마나 혼을 녹였던가	向來遊子幾銷魂
풍류 있는 형주는 구면이고[43]	風流舊識荊州面
문자로는 사위의 논변에 새로 놀랐네[44]	文字新驚謝尉論
모든 일들 이제 그만 입 다물고	萬事秖今徒結舌
어서 종일토록 몽롱하게 취해보세	徑須終日醉昏昏

42 신군필(申君弼) : 신익륭(申翊隆, 1602~1657)으로, 본관은 평산(平山), 자는 군필, 호는 호량(濠梁)이다. 김상헌(金尚憲)의 문인이다. 《宋子大全 卷179 侍直申公墓碣銘 幷序》

43 형주(荊州)는 구면이고 : 한 사또를 가리킨다. 이백(李白)이 한조종(韓朝宗)에게 준 편지에 "살아서 만호후에 봉해짐은 굳이 원하지 않고 다만 한 번 한 형주를 면식하기를 바랄 뿐이다."라고 하였다. 그가 당시 형주 자사로 있었기 때문에 쓴 말이다. 《古文眞寶後集 卷2 與韓荊州書》

44 문자로는……놀랐네 : 사위(謝尉)는 남제(南齊) 때의 시인 사조(謝朓)로, 자는 현휘(玄暉)이다. 글씨를 잘 썼고 문장을 잘 지었는데 위위(衛尉)의 일을 겸한 적이 있으므로 사위라고 말한 것으로 보인다. 《南齊書 卷47 謝朓列傳》

군필[45]의 시에 차운하다
次君弼韻

물가의 가을바람 저물녘에 서늘하고	水國金風送晩涼
가을빛 어린 갈대는 무성하기도 해라[46]	蒹葭秋色正蒼蒼
삼경의 달 밝고 벌레 소리 괴로우며	三更月白蟲聲苦
만 리 하늘 높고 학의 그리움 길도다	萬里天高鶴戀長
부섭은 운명을 슬퍼할 만했거늘[47]	傅燮秖堪悲性命
추양은 어떻게 군왕을 감동시켰는가[48]	鄒陽安得感君王
외롭게 읊조리며 마음속 일을 쏟아 내려니	孤吟欲寫心中事
쓸쓸한 귀밑머리에 서리가 내렸구나	斗覺蕭蕭鬢着霜

45 군필(君弼) : 신익륭(申翊隆, 1602~1657)으로, 본관은 평산(平山), 자는 군필, 호는 호량(濠梁)이다.

46 가을빛……해라 : 만나고 싶은 사람을 만나지 못해 애석하다는 말이다. 《시경》 〈겸가(蒹葭)〉에 "긴 갈대 푸른데 흰 이슬 서리되었네. 저기 바로 저 사람이 물 저편에 있도다. 물길 거슬러 올라가나, 험한 길이 멀기도 하네."라고 하였다.

47 부섭(傅燮)은……만했거늘 : 부섭은 후한(後漢) 사람으로, 자는 남용(南容)이다. 한양 태수(漢陽太守)로 재직할 때 적병이 한양을 포위하고 부섭을 고향으로 보내려고 하였는데, 부섭이 개연히 탄식하며 말하기를 "내가 어디로 간단 말인가. 나는 반드시 이곳에서 죽을 것이다."라고 하고 군대를 거느리고 나가 싸우다가 전사하였다. 《後漢書 卷58 傅燮列傳》

48 추양(鄒陽)은……감동시켰는가 : 추양은 전한(前漢) 문제(文帝)와 경제(景帝) 때의 문인이다. 모함을 받고 구금된 뒤에 양효왕(梁孝王)에게 옥중에서 상서를 하여 억울한 심정을 진달하자, 양효왕이 이에 감동하여 석방해주고 상객(上客)으로 삼았다는 고사가 있다. 《史記 卷83 鄒陽列傳》

고부 현감 김적[49] 만사

挽金古阜 迪

하늘 끝에서 만나 문득 형체 잊어버리고	天涯邂逅便忘形
술 마시며 만나 반가워했던 일 몇 번인가	樽酒逢迎眼幾靑
두 대에 걸쳐 교류한 정 만년에 깊었는데	兩世交情深晩景
백년 인생의 삶과 죽음 갑자기 새벽별 같네[50]	百年存沒劇晨星
남긴 풍도는 많은 이들이 동향으로 칭송하고[51]	遺風萬口桐鄕頌
남은 경사는 쌍 난새가 옥나무에 머무네[52]	餘慶雙鸞玉樹停

49 김적(金迪) : 《승정원일기》 인조 11년 10월 9일 기사에 고부 현감(古阜縣監) 김적이 하직한 기록이 있다.

50 새벽별 같네 : 원문의 신성(晨星)은 새벽에 드문드문 남은 별처럼 몇 남지 않은 벗을 가리킨다. 당(唐)나라 시인 유우석(劉禹錫)의 〈과거 보러 가는 장관을 전송하는 시 서문〔送張盥赴擧詩序〕〉에 "옛날에 함께 급제했던 벗들과 어울려 노닐 적에는 말고삐를 나란히 하고서 마치 병풍처럼 대로(大路)를 휩쓸고 돌아다녔는데, 지금 와서는 마냥 쓸쓸하기가 새벽 별빛이 서로들 멀리서 바라보는 것 같기만 하다.〔今來落落, 如晨星之相望.〕"라고 하였다. 《劉賓客文集 卷28》

51 남긴……칭송하고 : 김적이 지방관으로 정사를 잘하여 백성들에게 칭송받음을 비유하는 말이다. 한(漢)나라 주읍(朱邑)이 동향 색부(桐鄕嗇夫)로 있으면서 선정을 베풀었는데, 그가 죽은 뒤에 그곳 백성들이 그의 묘 옆에 사당을 짓고 세시(歲時)에 향사를 올렸던 고사에서 유래하였다. 《漢書 卷89 循吏傳 朱邑》

52 남은……머무네 : 김적의 두 자제가 출중한 인재라는 말이다. 한유(韓愈)의 글에 "내가 소부를 보건대, 푸른 대와 벽오동에 난새와 고니가 우뚝 멈춰 서 있는 것 같았으니, 그는 선대의 사업을 지킬 만한 사람이었다.〔退見少傅, 翠竹碧梧, 鸞鵠停峙, 能守其業者也.〕"라고 하였다. 《東雅堂昌黎集註 卷33 殿中少監馬君墓誌》 옥나무 역시 남의 훌륭한 자제를 지칭한다.

어버이 여읜 인생 해로가를 차마 짓겠는가[53] 孤露忍堪題薤曲
선인의 옛 친구들 날로 세상 떠나네 先人舊契日凋零

53 어버이……짓겠는가 : 해로가(薤露歌)는 부추 위에 맺힌 이슬처럼 덧없이 지는 인생을 슬퍼하는 노래로, 초상 때 부르던 만가이다. 유계의 부친 유양증(兪養曾)은 1627년에 세상을 떠났고, 어머니 의령 남씨(宜寧南氏)는 1623년에 세상을 떠났다.《市南集 卷23 先考墓誌文》

참판 김반[54] 만사

挽金 槃 參判

우리 선생의 후손으로 공이 있으니[55]	吾先生後有吾公
도학의 순수한 명문가로 온 세상에서 으뜸이지	道素名家擧世宗
이조와 홍문관에 연이어 나아갔고	銓署鑾坡聯步武
사간원과 사헌부에서 참으로 차분하였지	薇垣柏府儘從容
훗날 아름다운 명성 전할 자손들 남겨두고	傳芳異日兒孫在
지하에 묻힌 자식과 어미를 따랐어라[56]	埋玉重泉子母從
육십 평생 한 조각 꿈처럼 처량하니	怊悵六旬同片夢
푸른 산 만 겹으로 쌓인 언덕에 묻히누나	靑山萬疊一丘封

54 김반(金槃) : 1580~1640. 본관은 광산(光山), 자는 사일(士逸), 호는 허주(虛舟)·허주(虛州)이다. 김장생(金長生)의 아들이며 김집(金集)의 아우이다.《淸陰集 卷29 贈領議政行吏曹參判金公神道碑銘 幷序》

55 우리……있으니 : 선생은 김장생을 가리킨다.

56 지하에……따랐어라 : 병자호란 때에 강화도에서 김반의 아내 서씨가 자결하자 아들 한 명과 딸 한 명도 따라 죽었다.《淸陰集 卷29 贈領議政行吏曹參判金公神道碑銘 幷序》

시어 성백첨이 시를 보내면서 홍산 현감 이월여[57]·서천 군수 윤이원[58]·한산 군수 이자화[59]·완산 통판 박계연[60]에게도 함께 알리고는 장차 바닷가 정자에서 만나기로 약속했다는데, 더위를 먹고 침상에 누워 있었기에 붓 가는 대로 빨리 화답하다

成侍御伯詹惠詩 兼報鴻山李使君月如舒川尹使君而遠韓山李使君子和完山朴通判季淵 將約會海亭云 病暑伏枕 信筆走和

꿈속에 갈증으로 잠깐 사이 모든 냇물 마셨는데	渴夢斯須吸百川
꿈 깨니 목구멍은 타들어가 연기가 나려 하네	覺來喉吻欲生煙
중천에 뜬 여름 태양에 소처럼 헐떡거리는데	中天畏景同牛喘
남쪽 포구의 좋은 기약을 새가 전해 주니	南浦佳期有鳥傳
매령을 적시는 비와 같이 더위 씻기고[61]	滌暍似霑梅嶺雨

57 이월여(李月如) : 이지항(李之恒, 1605~1654)으로, 본관은 전주(全州), 자는 월여이다. 《승정원일기》 인조 15년 9월 20일 기사에 이지항을 홍산 현감(鴻山縣監)으로 임명한 기록이 있다.

58 윤이원(尹而遠) : 윤명은(尹鳴殷, 1601~1646)으로, 본관은 파평(坡平), 자는 이원, 호는 사정(思亭)이다. 《승정원일기》 인조 17년 6월 20일 기사에 윤명은을 서천 군수(舒川郡守)로 임명한 기록이 있다.

59 이자화(李子和) : 이시매(李時楳, 1603~1667)로, 본관은 전주, 자는 자화, 호는 육은재(六隱齋)이다. 《승정원일기》 인조 18년 윤1월 23일 기사에 이시매를 한산 군수(韓山郡守)로 임명한 기록이 있다.

60 박계연(朴季淵) : 박순(朴淳)으로, 본관은 반남(潘南)이다. 1627년 진사시에 합격하였다. 《久堂集 卷1 送朴季淵淳之扶餘》

61 매령(梅嶺)을……씻기고 : 매령은 중국 강서성(江西省) 대유현(大庾縣)에 있는

섬계로 가는 배를 탄 듯 정신이 번쩍 들었네[62] 醒魂擬上剡溪船
어느 때 검은 일산 펼쳐 나란히 말을 탈까[63] 何時皁蓋聯驄馬
저물녘 강가에서 괴로이 갈망하네 日夕江干望苦懸

고개 이름으로 대유령(大庾嶺)이라고도 한다. 당(唐)나라 장구령(張九齡)이 이곳에 많은 매화나무를 심었기 때문에 붙여진 이름이다.

62 섬계(剡溪)로……들었네 : 진(晉)나라 왕휘지(王徽之)가 눈 덮인 달 밝은 밤에 산음(山陰)에서 홀로 술을 마시다가, 불현듯 섬계에 있는 친구 대규(戴逵)가 보고 싶어지자, 밤새도록 배를 몰고 그 집 앞에까지 갔다가 그냥 돌아와서는, 흥이 일어나서 찾아갔다가 흥이 다해서 돌아온 고사가 전한다. 《世說新語 任誕》

63 검은……탈까 : 검은 일산은 검은 비단으로 만든 수레 위에 치는 일산(日傘)으로 지방 관원의 행차를 뜻한다. 《후한서(後漢書)》 〈여복지 상(輿服志上)〉에 "중 2천 석과 2천 석은 모두 수레 덮개를 흑색으로 한다.〔中二千石, 二千石, 皆皁蓋.〕"라고 하였다. 군수(郡守)는 연봉 2천 석이다. 유계가 바닷가에 가기로 한 약속을 지키지 못하므로 이렇게 말한 것이다.

김 고부 아내 만사
挽金古阜內子

일찍이 백씨 중씨 따라 당에 오르려 했나니　曾隨伯仲擬升堂
일찍부터 규방의 훌륭한 규범 알았지　早識萱闈壼範良
낮에 곡하며 해 넘기는 고통 감당 못했는데[64]　晝哭未堪經歲痛
저 세상에서 끝내 함께 묻히게 되었구나　夜臺終共百年藏
구슬 가지 빼어나 남은 경사 이어지겠지만[65]　瓊枝挺秀綿餘慶
저물녘 나무 바람에 흔들리면 길이 아파하리라[66]　暮樹搖風結永傷
타향에 한 쌍의 봉분 처량하니　怊悵異鄉雙馬鬣
효성스런 까마귀 울며 천 줄기 피눈물 흘리네[67]　慈烏啼盡血千行

64 낮에……못했는데 : 아내가 남편의 죽음을 슬퍼하며 곡한다는 말이다. 춘추 시대 경강(敬姜)이 남편 목백(穆伯)의 상을 당해서는 낮에만 곡하고, 아들 문백(文伯)의 상을 당해서는 주야로 곡하였는데, 공자가 예(禮)를 안다고 평하였다. 《禮記 檀弓下》

65 구슬……이어지겠지만 : 구슬 가지는 옥수경지(玉樹瓊枝)의 준말로 귀가(貴家)의 현재(賢才)를 가리키는 말이고, 남은 경사는 후손들에게 경사가 있을 것이라는 말이다. 《주역》 〈곤괘(坤卦) 문언(文言)〉에 "선행을 쌓은 집안에는 반드시 남은 경사가 있다."라고 하였다.

66 저물녘……아파하리라 : 효자들이 부모를 여의어 슬퍼한다는 말이다. 《한시외전(韓詩外傳)》 권9에 "나무는 고요하고자 하여도 바람이 그치지 않고, 자식이 봉양하고 싶어도 어버이는 기다려 주지 않는다."라고 하였다.

67 효성스런……흘리네 : 까마귀는 부모의 은혜를 갚으려고 먹이를 물어다 어미에게 먹인다고 한다. 당나라 백거이(白居易)의 시 〈자오야제(慈烏夜啼)〉에 "자오가 어미를 잃고 나서, 까악까악 슬프게 울어 대네."라고 하였는데, 자녀들을 지칭한 것이다. 《白香山詩集 卷1》

심양으로 가는 사서 조자현[68]을 송별하며

送別趙司書子玄赴瀋中

술 잔 앞에서 초조하여 즐겁지 않으니	當杯草草不成歡
취한 후에 등불 켜고 검 꺼내 보았네	醉後挑燈脫劍看
지금 병란의 먼지 천하에 가득하니	卽事兵塵寰宇滿
예부터 인간 세상 이별하기 어려웠지	古來人世別離難
연산의 길은 몇 겹 관문으로 험하고	燕山道路重關阻
학야의 바람서리 팔월에도 추우리라[69]	鶴野風霜八月寒
이 행차 언제 마칠지 알지 못하니	此役未知何日了
하늘 끝에서 헤어지며 가슴 아프구나	天涯分手一辛酸
역참의 기병 재빠르게 새벽 행장 단속하고	驛騎翩翩戒曉裝
봉성 서쪽으로 떠나니 변방 하늘 길구나	鳳城西去塞天長
압록강을 경계로 바람 기운 다를 테고	江分鴨綠殊風候
낭황지역 근접하면 눈서리 밟으리라	地接狼荒足雪霜
주군 욕보였으니 어찌 만 번 죽을 고통 사양하겠나	主辱寧辭萬死苦

68 조자현(趙子玄) : 조전소(趙全素, 1601~?)로, 본관은 풍양(豐壤), 자는 자현, 호는 후포(后浦)이다. 《승정원일기》 인조 18년 10월 19일 기사에 소현세자(昭顯世子)를 따라 심양(瀋陽)으로 가는 신하들 중에 사서(司書) 조전소를 함께 보낼 것을 청한 기록이 있다.

69 연산(燕山)의……추우리라 : 연산은 심양으로 가는 길목의 지명이다. 학야(鶴野)는 요양(遼陽)에 있는 학야현(鶴野縣)을 말한다. 《해동역사 속집 제9권 지리고》

벼슬의 영광은 도리어 한 몸 바쁘게 하는 것이지 官榮還覺一身忙
멀리서 가여워하노니 여관에서 돌아올 생각에 遙憐旅館思歸處
남관 쓴 사람들 모두 귀밑머리 하얗겠네[70] 箇箇南冠鬢髮蒼

병이 많아 어찌 이 행차 견디겠나 多病那堪作此行
만 리 요동성으로 가는 나그네 가련하구나 憐君萬里客遼城
변방의 뜰에 해 지고 누런 구름 덮이며 邊庭日暮黃雲合
오랜 변새엔 가을 깊어 흰 기러기 날아가리 古塞秋深白雁橫
호언은 떠돌다가 끝내 진나라를 패자가 되게 하고[71] 狐偃周流終霸晉
춘신군은 서쪽으로 들어가 또한 형주 지켰네[72] 春申西入亦存荊
남아의 사업은 원래 정해지지 않았으니 男兒事業元無定
갈림길에서 석별의 정 나눌 필요 없어라 不必臨岐愴別情

70 남관(南冠)……하얗겠네 : 남관은 춘추 시대 초(楚)나라 악공(樂工)인 종의(種儀)의 고사에서 온 말로 포로라는 뜻이다.《春秋左氏傳 成公9年》 여기서는 심양(瀋陽)으로 소현세자(昭顯世子)를 따라가는 여러 신하들을 가리킨다.

71 호언(狐偃)은……하고 : 호언은 춘추 시대 때 진(晉)나라 사람으로, 자가 자범(子犯)인데 문공(文公)의 외삼촌이므로 구범(舅犯)이라고도 한다. 문공이 된 진나라 공자(公子) 중이(重耳)가 일찍이 어려운 처지에 빠져 적(狄) 땅으로 도망갈 적에 호언은 그를 따라갔다. 문공이 19년 동안 망명 생활을 할 적에 고락(苦樂)을 함께하며 제후의 패자(霸者)가 되게 하였다.《春秋左氏傳 僖公24年》

72 춘신군(春申君)은……지켰네 : 춘신군의 이름은 황헐(黃歇)로, 전국 시대 초나라의 재상이다. 당시 초나라 태자 완(完)과 함께 진(秦)나라에 인질로 잡혀 있었는데, 초나라 경양왕(頃襄王)의 병이 위독하였다. 그러나 진나라가 태자를 보내 주지 않자 황헐이 꾀를 써서 태자를 초나라의 사신으로 변복시켜 진나라에서 탈출시키고 자기는 남아서 뒷수습을 하였다. 결국 태자는 무사히 초나라에 들어가 즉위하여 고열왕(考烈王)이 되었고, 황헐은 춘신군에 봉해졌다.《史記 卷78 春申君列傳》

목계[73]로 돌아가는 신군필[74]을 전송하다

送申君弼歸木溪

가을 회포 쓸쓸하여 슬픔 견디지 못하는데	秋懷慘慄不堪悲
하물며 타향에서 돌아가는 객 전송하는 것이랴	況是他鄕送客歸
시와 술 즐기며 한 때 단란히 이야기했는데	詩酒一時團勝晤
산천이 천 리 떨어져 앞으로 만날 기약 아득하네	海山千里杳前期
부평초는 잠시 모였다 끝내 흩어지고	浮萍暫聚終流散
운학은 서로 만났다가 도리어 등지고 날아가네	雲鶴相逢却背飛
이별하면서 주는 시는 공연히 지은 게 아니니	臨別贈言非偶爾
세한의 심사 어긋남이 없게 하시기를[75]	歲寒心事莫差池

73 목계(木溪) : 충청북도 충주시 엄정면 목계리이다.

74 신군필 : 신익륭(申翊隆, 1602~1657)으로, 본관은 평산(平山), 자는 군필, 호는 호량(濠梁)이다.《宋子大全 卷179 侍直申公墓碣銘 幷序》

75 세한(歲寒)의……하시기를 : 역경에도 신익륭이 지조를 지키며 잘 지내라는 말이다.《논어》〈자한(子罕)〉에 "날씨가 추워지고 나서야 소나무와 측백나무가 뒤늦게 시듦을 알게 된다."라고 하였다.

서울에서 이함경[76]을 만나 술자리에서 써서 주다

洛下 逢李咸卿 酒席書贈

당시 함경은 관서 지방에 있다가 이제 막 석방되는 은혜를 입었다.

외로운 성 풍설 속에 혼자 떨어져 있으니	孤城風雪一離群
위북의 나무 강동 구름 보며 오랫동안 혼 끊겼지[77]	渭樹江雲久斷魂
세 번 쫓겨나도 어찌 곧은 도를 버리겠는가[78]	三黜何曾抛直道
사년 지난 지금 비로소 도성문 들어왔네	四年今始入脩門
귀밑머리 쓸쓸히 새로 난 흰머리 많아졌고	鬢毛蕭颯新霜重
시와 술로 흐트러지는 옛 습관 그대로네	詩酒顚狂舊習存
천지간에 지금 우리들 있는데	天地卽今吾輩在
서로 만나서 모두 말을 잊었네	相逢且合兩忘言

76 이함경(李咸卿) : 이일상(李一相, 1612～1666)으로, 본관은 연안(延安), 자는 함경, 호는 청호(靑湖), 시호는 문숙(文肅)이다. 《芝村集 卷23 伯父靑湖府君墓誌》 병자호란 당시 척화를 주장하였다가 영암(靈巖)으로 유배되었고, 다시 평안북도 위원(渭源)으로 이배되었다가 풀려났다. 《승정원일기》 인조 17년 5월 4일 기사에 이일상을 석방하라는 전교를 내린 기록이 있다.

77 위북(渭北)의……끊겼지 : 위북은 위수 북쪽을 말한다. 당나라 두보(杜甫)가 위북에 있을 때 강동(江東)에 있는 이백(李白)을 그리워하며 "위수 북쪽에는 봄 하늘의 나무요, 강 동쪽에는 해 저문 구름이로다. 언제나 한 동이 술을 마시며, 다시 함께 자세히 글을 논해볼꼬."라고 읊었다. 《杜少陵詩集 卷1 春日憶李白》

78 세 번……버리겠는가 : 춘추 시대 노(魯)나라의 유하혜(柳下惠)가 사사(士師)로 있다가 세 번이나 쫓겨나자 사람들이 왜 나라를 떠나지 않느냐고 물었는데, 이에 대해 유하혜가 "도를 곧게 지키면서 벼슬을 한다면, 어디를 간들 세 번쯤 쫓겨나지 않겠는가.〔直道而事人, 焉往而不三黜.〕"라고 한 것을 차용한 것이다. 《論語 微子》

향림사[79]에서 인매 상인에게 주다

香林寺 贈印梅上人

암자에 머무는 손이 절 빗장 여니	庵中宿客啓禪扃
밤눈이 산을 덮어 옥 봉우리 되었네	夜雪埋山矗玉稜
깊은 골짜기에 천 길의 나무 얼어 꺾이고	窮谷凍摧千丈樹
작은 시내는 얼어붙어 한 조각 얼음 되었네	小溪凝斷一條氷
연기 사라진 향불[80]은 다 타버렸고	煙沈寶篆銷殘燼
냉기 든 포단에 입정하는 승려 움츠렸구나	冷透蒲團縮定僧
마주하자 고요하여 아무 일 없어서	相對蕭然無箇事
밝은 창가에서 종일토록 불법을 말하네	明窓終日說傳燈

79 향림사(香林寺) : 충청남도 임천군(林川郡) 천등산(天燈山)에 있는 절이다.《新增東國輿地勝覽 卷17 忠淸道》

80 향불 : 보연(寶篆)은 훈향(熏香)의 미칭으로, 향 연기가 피어오를 때 그 형상이 전서(篆書)처럼 꼬불꼬불하다고 하여 붙여진 것이다.

고운사[81]에서 묵고 쌍흘 상인에게 이별하며 주다
宿孤雲寺 留別雙屹上人

저물녘 시내 소리 따라 홀로 누각에 오르니	暮踏溪聲獨上樓
구름 속 중이 맞이하여 유람을 이야기하네	招邀雲衲話天遊
속세에 있는 나는 새장 속 새와 같아 우습고	塵寰笑我同羈鳥
불가의 그대는 물에 뜬 갈매기 같아 사랑스러워라	淨界憐渠似泛鷗
뽕나무 아래에서 어찌 더 머물 미련 없겠나[82]	桑下豈無留宿戀
설경 주변에 도리어 이별의 근심으로 괴롭네	雪邊還惱別離愁
다른 해에 산을 찾아 빚을 갚는다면	他年會償搜山債
당신의 단풍 언덕을 제일 먼저 방문하리다	訪爾楓厓第一頭

81 고운사(孤雲寺) : 충청남도 연산현(連山縣) 천호산(天護山)에 있던 절이다.《新增東國輿地勝覽 卷18 忠淸道》《송자대전(宋子大全)》 부록 권5에 "고운사에 들어가 사계 선생의 유고를 교정하고, 이 초려(李草廬)도 와서 함께 교정하였다."라는 기록으로 보아, 연산현 고운사에서 충청 오현들이 자주 교유한 것으로 보인다.

82 뽕나무……없겠나 : 고운사에 계속 머물고 싶은 미련이 남는다는 말이다.《후한서(後漢書)》 권30 〈양해열전(襄楷列傳)〉에 "승려는 뽕나무 아래에서 사흘 밤을 묵지 않는다. 오래 머물며 은애가 생기게 하지 않으려는 것이니, 정진이 지극한 것이다.〔浮屠不三宿桑下, 不欲久生恩愛, 精之至也.〕"라고 하였다.

군필[83]이 보내온 시에 차운하다
次君弼見贈

나는 이미 시름 부칠 창자도 없는데	我已無腸可着愁
그대는 근래 머리가 백발이 되었다지	聞君近復雪盈頭
관하는 막막하여 모래 바람에 막히고	關河漠漠風沙阻
천지는 아득하여 세월만 흘러가네	天地悠悠日月流
요동의 학 그림자 돌아올 날 어느 해인가	遼鶴影歸知幾歲
변방의 기러기 서신 끊기고 또 올 가을이네	塞鴻書斷又今秋
호산에서 멀리 바라보니 한 해가 저물려는데	湖山極目時將暮
홀로 강가 누대에 기대어 북쪽만 바라보네	獨倚江干望北樓

83 군필(君弼) : 신익륭(申翊隆, 1602~1657)으로, 본관은 평산(平山), 자는 군필, 호는 호량(濠梁)이다.

무주 길가에서 입으로 부르다 신사년(1641, 인조19)

茂朱道上口占 辛巳

이 아래의 시는 금산(錦山)에 살 때[84] 지은 것이다

어지럽게 남쪽으로 왔다가 다시 북쪽으로 돌아가니	擾擾南征復北歸
풍진 세속 많은 일들을 마부도 알리라	塵寰多事僕夫知
천지는 넓고 넓어 내 몸 기생하는 듯하고	乾坤納納身如寄
세월은 바삐 흘러 머리칼 세려 하네	歲月悤悤鬢欲絲
나그네 길 외로운 구름이 하늘 다한 곳에 떠있고	客路孤雲天盡處
객지 시름 속에 해는 어지러운 봉우리로 넘어가네	羈愁亂嶂日西時
깊은 골짜기에서 시 읊조리는데 행인은 적으니	吟鞭窮峽行人少
술에 취해 그저 완적의 슬픔 느끼노라[85]	倚醉聊成阮籍悲

84 금산(錦山)에 살 때 : 유계는 1640년(인조18) 유배에서 풀려나 1641년 금산으로 거처를 옮겨 살았다.

85 깊은……느끼노라 : 죽림칠현(竹林七賢)의 한 사람인 완적(阮籍)은 천성이 얽매이지 않아 때로는 마음 내키는 대로 수레를 타고 가다가 길이 막히면 통곡하고 돌아왔다 한다.《晉書 卷49 阮籍列傳》여기서는 유계 자신의 처지를 빗대어 차용한 것이다.

이태지[86] 유태 와 윤천경[87]과 함께 덕유산을 유람하고 불화사에서 묵다

偕李泰之 惟泰 尹天卿遊德裕山 宿佛化寺

높고 험한 산봉우리 하늘 끝에 솟았는데	嶒崚太岳揷天端
돌길은 숲을 뚫고 구불구불 뻗었네	石逕穿林勢屈盤
단풍나무 등 넝쿨 우거진 골짜기에 해 저물고	紅樹蒼藤群壑暮
흐린 구름 성긴 비 산허리 서늘하네	淡雲疏雨半山寒
나그네 마음 쓸쓸한데 늦가을 만나고	客懷憀慄當秋抄
중의 이야기는 발길 붙잡아 늦은 밤까지 이어지네	僧話淹留到夜闌
우스워라 명승을 탐한 청련거사여	還笑靑蓮耽勝境
명고산을 그저 꿈속에서만 보았구나[88]	鳴皐秖得夢中看

86 이태지(李泰之) : 이유태(李惟泰, 1607~1684)로, 본관은 경주(慶州), 자는 태지, 호는 초려(草廬), 시호는 문헌(文憲)이다. 저서로는 《초려전집(草廬全集)》 등이 있다. 《草廬集 卷26 行狀》

87 윤천경(尹天卿) : 윤민거(尹民擧, 1610~?)로, 본관은 파평(坡平), 자는 천경이다. 윤황(尹煌)의 서자(庶子)이다. 《魯西遺稿 續集 卷2 庶兄參奉民擧文》

88 우스워라……보았구나 : 명승지를 찾아다니기 좋아했던 이백(李白)도 유계처럼 직접 가보지는 못했을 거라며 의기양양해 하는 것이다. 청련(靑蓮)은 당(唐)나라 시인 이백으로, 〈명고가봉전종옹청귀오애산거(鳴皐歌奉餞從翁淸歸五厓山居)〉에 "어젯밤 명고산으로 돌아가는 꿈이여, 맑은 연못에서 흰 달을 손으로 희롱하였네.〔憶昨鳴皐夢裏還, 手弄素月淸潭間.〕"라고 하였다. 《分類補註 李太白詩 卷七 歌吟條》

덕운암[89] 뒷산에 오르다

登德雲庵後峯

층층의 봉우리에 올라오니 풍경 상쾌한데	徙倚層峯景爽哉
백제 신라의 경계가 한 눈에 열렸네	濟羅疆埸望中開
방장산 바라보니 천 겹으로 푸르고	平臨方丈千重碧
저 멀리 인간 세상은 한 점의 티끌이어라	逈軼人寰一點埃
찬 비 내려 폭포수는 큰 골짜기에 쏟아지고	寒雨瀑流長谷下
흰 구름의 가을 풍경 절간에 찾아왔네	白雲秋色上方來
평소 씩씩한 지기는 쓸쓸한 생각과 겹쳐	生平壯志兼愁思
해 저무는 서풍에 온 골짜기 애처롭구나	日暮西風萬壑哀

89 덕운암(德雲庵) : 덕유산에 있는 암자로, 1641년 지은 시 〈빗속에 덕운암에 오르다〔帶雨上德庵〕〉가 《시남집》 권2에 실려 있다.

마하산 새 거처[90]에서 윤여망[91]과 길보[92] 형제에게 부쳐 화답을 구하다

麻霞新居 寄尹汝望吉甫聯璧求和

나의 신세 모두 물 위의 부평초 같았는데	身世都來水上萍
그윽한 거처에서 우연히 만나 형체를 잊었네	幽棲邂逅此忘形
남북으로 나뉜 산봉우리에 구름 이어지고	山分南北雲連岫
문이 동서로 마주보는 집의 뜰에 달빛 비추네	門對東西月一庭
깊은 골짜기 눈서리 내려 하늘 깜깜한데	窮谷雪霜天慘黯
절벽의 소나무 측백나무 저물녘에 푸르구나	斷厓松柏暮蒼靑
이제부터는 많은 일 없을 것이니	從今便覺無多事
온종일 거문고 서책 즐기며 성령을 기르리라	鎭日琴書養性靈

90 마하산(麻霞山) 새 거처 : 유계는 1641년(인조19)에 금산(錦山)으로 거처를 옮겨 마하산 산천재(山泉齋)에서 강학과 예론에 전념하였다.《市南集 附錄 卷1 有明朝鮮嘉善大夫吏曹參判……市南兪公行狀》

91 윤여망(尹汝望) : 윤문거(尹文擧, 1606~1672)로, 본관은 파평(坡平), 자는 여망, 호는 석호(石湖), 시호는 충경(忠敬)이다. 저서에 《석호유고(石湖遺稿)》가 있다.

92 길보(吉甫) : 윤선거(尹宣擧, 1610~1669)로, 본관은 파평, 자는 길보, 호는 노서(魯西)·미촌(美村)이다.《魯西遺稿 附錄下 成均生員贈通政大夫吏曹參議魯西先生尹公行狀》

무주 임재숙[93]의 시냇가 정자 벽 위의 시에 차운하다
次茂朱林載叔溪亭壁上韻

밝은 시내 한 줄기 산을 안고 흐르는데	淸溪一道抱山來
첩첩 산중에 눈 내려 달빛 밝구나	山面層屛雪月皚
나그네 난간에 기대니 흥이 많아지고	客子憑闌興不淺
주인이 골짜기 독차지했어도 시기함 없도다	主翁專壑意無猜
정신은 물외에 노니니 연기와 노을 속이요	神遊物外煙霞窟
꿈속에도 인간세상 잊으니 금옥의 언덕이네	夢斷人間錦玉堆
현주의 심사 문득 우습나니	却笑玄洲底心事
화로 끌어안고 종일 홀로 재 위에 글씨 썼구나[94]	擁爐終日獨書灰

93 임재숙(林載叔) : 임담(林墰, 1596~1652)으로, 본관은 나주(羅州), 자는 재숙, 호는 청요(淸曜)·청구(淸癯)이다. 1641년 무주현(茂朱縣) 서쪽에 정자를 짓고 잠시 산수를 즐기며 은거하였다.《西溪集 卷11 吏曹判書林公神道碑銘》

94 현주(玄洲)의……썼구나 : 현주는 이소한(李昭漢, 1598~1645)의 호이다. 이소한이 임담의 별장에 묵으며 임담의 시에 차운하여 "말이 끝나고 문득 나랏일 생각하니, 근심스레 마주 앉아 재 위에 글씨 쓴다오.〔語罷却思家國事, 悄然相對坐書灰.〕"라고 읊었다.《玄洲集 卷2 還官時爲省病姑取路茂朱歷宿林載叔別墅次載叔韻應索》

안심사에서 묵다

宿安心寺

가벼운 구름 석양 무렵 생기는데	掩冉輕雲薄暮生
종소리 어딘가에서 이따금 들리네	林鍾何處送疏聲
영롱한 시냇물이 줄 없는 거문고소리 쏟아내고	玲瓏溪瀉無絃曲
우뚝한 산은 세상에 드문 자태 드러내누나	偃蹇山呈不世情
십 년의 행장 짧은 계책에 의지했기에	十載行裝憑短策
등불 앞에 시름겨워 깊은 밤에 앉았노라	一燈愁思坐深更
풍진 속에서 내 신세 한탄스러우니	堪嗟身世風塵裏
머리털 희끗희끗한데 이룬 것 무엇인가	鬢髮滄浪底所成

《명심보감》 책 뒤에 써서 옥탁 선사에게 주다

題明心寶鑑卷後 贈玉琢禪師

《명심보감》에는 격언이 많은데 뜻은 오로지 죄복(罪福)에 있다.

배워서 마음을 밝히는 이론 틀리지 않으니	學到明心說匪訛
선 공부와 유학의 실천은 본래 같은 과정이네	禪工儒行本同科
수양이 나에게 달려 있다는 방법은 바르지만	修爲在我門方正
죄복으로 사람을 모는 방도는 어긋나네	罪福驅人道卽差
의도의 시비를 모두 묻지 말고	用意是非都莫問
편집의 득실 또한 따지지 말라	編書得失且休訶
격어를 부지런히 마음에 스며들게 한다면	要將格語勤澆灌
너희들 누가 석가가 못됨을 근심하겠는가	爾輩誰憂不釋迦

앞의 운을 다시 써서 권수부[95]가 보내준 시에 화답하다
再用前韻 和權秀夫見贈

마음은 바람에 날리는 깃발 같고 자취 부평초 같아	心似風旌迹似萍
몇 년이나 남북으로 서로 헤어짐을 원망했던가	幾年南北怨分形
계룡산에 해 지니 구름은 나무에 걸렸고	鷄岑日暮雲停樹
금산은 봄에도 쌀쌀해 눈이 뜰에 가득하네	錦峽春寒雪滿庭
이별한 뒤 강가 하얀 달을 함께 꿈꾸고	別夢共懸江月白
그윽한 회포 산봉우리 푸른 소나무에 부치네	幽襟同托嶺松靑
궁벽한 길에 가난과 병은 일상의 일이니	窮途貧病尋常事
근심에 빠져 성령 상하지 마세	遮莫沈憂損性靈

95 권수부(權秀夫) : 권준(權儁, 1610~1665)으로, 본관은 안동(安東), 자는 수부, 호는 월천(月川)이다. 윤선거의 매부(妹夫)이다.《魯西遺稿 卷20 司藁寺正月川權公行狀》

길보[96]와 태지[97]의 횡천 별장이 완성되었다는 소식을 듣고서 길보의 시에 차운하다

聞吉甫泰之橫川別業成 仍次吉甫韻

듣자니 그대가 자진처럼 함께 농사지으려고	聞君同作子眞耕
봄이 온 곡구에 작은 집 완성했다지[98]	谷口春來小築成
농사 배우는 것은 담백해야 마땅하나	學稼縱然宜淡泊
박달나무 베는 일에 힘쓰지 않을 수 있겠는가[99]	伐檀能不費經營
화양에는 오래전 도랑을 낸 자취 있고[100]	華陽舊有穿渠迹

96 길보(吉甫) : 윤선거(尹宣擧, 1610~1669)로, 본관은 파평(坡平), 자는 길보, 호는 미촌(美村)·노서(魯西)·산천재(山泉齋), 시호는 문경(文敬)이다.

97 태지(泰之) : 이유태(李惟泰, 1607~1684)로, 본관은 경주(慶州), 자는 태지, 호는 초려(草廬), 시호는 문헌(文憲)이다.

98 자진(子眞)처럼……완성했다지 : 자진은 한(漢)나라 정박(鄭樸)의 자(字)이다. 정박은 성제(成帝) 때 대장군 왕봉(王鳳)의 초빙에도 응하지 않은 채 곡구(谷口)에 집을 짓고 살면서 암석 아래에서 농사를 지었고, 곡구라 자호(自號)한 뒤 도를 닦자 명성이 자자했다고 한다. 《漢書 卷72 王貢兩龔鮑傳》《法言 問神》 여기서는 횡천 별업을 가리킨다.

99 박달나무……있겠는가 : 벼슬하며 노력과 수고 없이 녹만 축내는 것을 경계한다는 말이다. 《시경》〈벌단(伐檀)〉에 "수렵하지 않으면, 어찌 너의 뜰에 담비가 매여 있으리오. 저 군자여 공밥을 먹지 않도다.〔不狩不獵, 胡瞻爾庭有縣貆兮, 彼君子兮, 不素餐兮.〕"라고 하였다.

100 화양(華陽)에는……있고 : 도홍경(陶弘景)의 은거를 지칭하는 것으로 보인다. 도홍경은 양(梁)나라 때 은사(隱士)로, 자호는 화양은거(華陽隱居)이다. 일찍이 제고제(齊高帝) 때에 제왕시독(諸王侍讀)을 지냈고 뒤에 구곡산(句曲山)에 은거하였다. 《南史 卷76 陶弘景列傳》

무협엔 일찍이 세상 벗어난 명성 전했지[101]　武峽曾傳度世名
조만간 어부의 배 타고 꽃 흐르는 물 따라　早晩漁舟逐花水
원컨대 나도 그곳 백성으로 의탁하고자 하네[102]　願將身契托編氓

101 무협(武峽)엔……전했지 : 주희(朱熹)가 무이정사(武夷精舍)를 짓고 강학하던 무이산(武夷山)을 말한 것이다. 빼어난 경치로도 유명하며 주희는 〈무이구곡가(武夷九曲歌)〉를 짓기도 하였다. 《晦菴集 卷9》

102 어부의……하네 : 진(晉)나라 무릉(武陵)의 어부가 무릉도원(武陵桃源)을 찾아갔다가 복사꽃이 흘러 내려오는 물길을 따라 거슬러 올라갔다가 진秦)나라의 난리를 피해 들어온 사람들을 만났는데, 그곳이 워낙 선경(仙境)이라서 바깥세상의 변천과 세월의 흐름도 잊고 살았다는 내용이 도잠(陶潛)의 〈도화원기(桃花源記)〉에 실려 있다.

동토 큰형[103]의 시에 차운하다

次童土大兄韻

한 개의 지팡이와 한 쌍의 신으로	一枝藜杖一雙鞋
남북 산천 곳곳을 함께 다녔네	水北山南處處偕
형상 밖에서 너와 나를 잊기로 기약했으니	象外共期抛物我
가슴속에 어찌 간격 남겨 두려 하겠는가	胸中寧許置畦厓
술잔 맞이하여 진솔한 마음 터놓고	招邀杯酒追眞率
시편을 주고받으며 세상과 어긋난 일 떠올리네	酬和篇章憶打乖
마음의 일 반드시 번거롭게 말할 것 없으니	心事莫須煩頰舌
깊은 골짜기 난초 주워 함께 가슴 가득 품으세[104]	掇蘭幽澗共盈懷

103 동토(童土) 큰형 : 윤순거(尹舜擧, 1596~1668)로, 본관은 파평(坡平), 자는 노직(魯直), 호는 동토이다. 성문준(成文濬)에게서 문장을, 강항(姜沆)에게서 시를, 김장생(金長生)에게서 예를 배웠다. 병자호란 때에 아버지 윤황(尹煌)이 척화한 죄로 귀양 가자 학문에만 전념하였다. 저서로는 《동토집(童土集)》, 《노릉지(魯陵志)》가 있다. 《明齋遺稿 卷40 仲父童土府君神道碑銘》

104 마음의……품으세 : 골짜기 난초는 세상이 알아주지 않지만 홀로 향기를 내뿜는 재야의 군자를 의미한다. 전국 시대 초(楚)나라 굴원(屈原)의 〈이소(離騷)〉에 "때는 어둑어둑 날이 지려 하는데, 그윽한 난초 묶고 우두커니 서 있네.〔時曖曖其將罷兮, 結幽蘭而延佇.〕"라고 하였다.

거듭 앞의 운으로 짓다

再疊前韻

당시에 산을 유람하자고 약속했는데 이루지 못하였다.

마하산에 사는 선비 미투리 신고	麻霞居士踏麻鞋
조용한 사람과 함께 여산 오르려 했지[105]	擬陟匡廬靜者偕
봄에 푸른 산 유람하지 못해 한스러우나	縱恨春遊違碧嶂
가을에 붉은 절벽 구경은 할 수 있으리라	不妨秋眺送丹厓
도리어 맑은 빚 거듭 갚을 마음 남았으나[106]	還留淸債重收償
좋은 기약 또다시 어긋날까 두렵네	却恐佳期再着乖
구름 자욱한 암자에 홀로 가지 말지니	莫遣雲庵成獨往
하늘 끝 옥인을 아득히 내가 그리워하네	玉人天末渺余懷

105 조용한……했지 : 정자(靜者)는 청정한 도를 깊이 터득하여 세상에 초연한 사람으로, 보통 은사(隱士)나 승려를 가리킨다. 광려(匡廬)는 광려산(匡廬山)으로 여산(廬山)의 별칭인데, 여기서는 윤순거(尹舜擧)와 함께 산을 오르기로 약속한 일을 가리킨다.

106 맑은……남았으나 : 원문의 청채(淸債)는 청정채(淸淨債)의 준말로, 좋은 경관을 보면 좋은 시를 지어 보답해야 하는 빚을 말한다. 소식(蘇軾)의 시에 "새로운 시로 이번 유람 기념하지 않는다면, 산속에 청정한 시 빚을 지게 될까 두렵네.〔不將新句紀茲游, 恐負山中淸淨債.〕"라고 하였다.《蘇東坡詩集 卷19 與胡祠部游法華山》

세 번째로 앞의 운으로 짓다

三疊前韻

정원의 푸른 이끼는 신발을 덮을 듯 庭院蒼苔欲沒鞋
우연히 흥이 나서 어른과 아이 함께하네 偶然乘興冠童偕
시내 꽃 석양에 떨어져 붉은빛 물결에 보태고 溪花晩落紅添浪
산 비 막 그쳐 푸른 언덕 씻어주었네 山雨初收翠沐厓
고요한 곳 깊은 마음 남이 알지 못하지만 靜處襟期人莫識
한가로이 둘러보매 경물은 어긋남이 없어라 閑中偃仰物無乖
근래에 백옥이 일찍 그름을 알았노니 年來伯玉知非早
오십에 비로소 거두고 감출 필요 있겠나[107] 五十何須始卷懷

위는 한가하게 지내며 즉흥적으로 지은 것이다.

황폐한 길 걷다가 돌에 신발 찢기고 漫步荒蹊石齧鞋
나무꾼 노래 목동의 피리 앞뒤로 들리네 樵歌牧篴後先偕
숲속 새는 나그네 반기며 지저귀고 林禽款客啼深樹
들판 사슴은 인기척에 놀라 먼 벼랑으로 달아나네 野鹿驚人竄絶厓
농사일로 날마다 쟁기 든 사람을 따라서 나오니 田事日隨携耒出

107 근래에……있겠나 : 유계가 50세가 되기 전에 지난날의 잘못을 알고 은거했다는 말이다. 백옥(伯玉)은 춘추 시대 위(衛)나라의 대부 거백옥(蘧伯玉)으로, 나이 50세에 49년의 잘못을 알았다는 말이 있다. 여기서는 유계 자신을 가리킨다. 거두고 감춘다는 것은 《논어》 〈위령공(衛靈公)〉에 "군자답다. 거백옥이여. 나라에 도(道)가 있으면 벼슬하고, 나라에 도가 없으면 거두어 속에 감추어 두는구나."라고 한 말을 인용하였다.

세상 물정을 오랫동안 타호와 함께 어긋났도다[108] 世情長與唾壺乖
이웃 노인 소매에 책 넣고 어디서 왔나 隣翁袖卷來何自
밭갈이 제쳐두고 밤새도록 감회를 말하네 竟夕休耕話所懷

위는 마하산 들판에서 모인 것이다.

108 세상……어긋났도다 : 진(晉)나라 때 왕돈(王敦)은 술에 취하면 언제나 비분강개하여, "늙은 천리마 구유에 엎드려 있으나 뜻은 천리 밖에 있고, 열사(烈士)는 늙어도 씩씩한 마음은 다하지 않노라."라는 노래를 부르며 산호로 만든 타호(唾壺)를 두드려 타호가 모두 부서졌다 한다.《晉書 卷98 王敦列傳》 여기서는 유계가 초야에서 은둔하다 보니 세상 물정에 어두워졌다는 말이다.

우연히 〈초당 완화〉 시[109]를 보다가 화 자를 얻어 시내 서쪽 세 벗에게 드리다

偶閱草堂浣花詩 得花字 呈溪西三益

그윽하게 사는 금강 남쪽 가에	幽居錦水水南涯
경치는 의구하여 완화계와 같네	物色依然似浣花
봄 다 지났지만 나무엔 꽃 남았고	春盡斷紅棲谷樹
비온 후에 초록빛 물가를 덮었네	雨餘輕綠沒汀沙
아침엔 소나무 언덕에서 풍경을 구경하고	朝迎松塢隨風景
저물녘엔 사립문에서 달빛을 함께 하도다	暮送柴門帶月華
알지 못하겠네 소릉[110]의 이웃에도	不識少陵隣竝地
시내를 사이에 두고 옥인의 집이 있었는지	隔溪還有玉人家

109 초당(草堂) 완화(浣花) : 완화는 두보(杜甫)가 초당을 짓고 살았던 성도(成都)의 완화계(浣花溪)를 가리킨다.

110 소릉(少陵) : 당(唐)나라 시인 두보(杜甫)의 호이다.

앞의 시에 첩운하여 두 형이 보내 준 시에 화답하다
疊前韻 和兩兄見贈

바람이 보리밭에 일렁이니 푸른 빛 끝없고　風翻麥浪翠無涯
비온 뒤 시냇가 찔레나무에 사월 꽃이 피었네　雨後川荊四月花
나무 베고 김매어 화재를 막고　伐木薅田防遠燒
시냇물 끌고 경작하며 모래에 묻힐까 두려워라　灌溪耕稻怕沈沙
사는 이치를 되돌림이 누가 되는 삶인 줄 아노니　知生爲累還生理
세월 빠름 모두 잊고 풍년을 바란다　望歲都忘促歲華
산에 살면 일 줄어든다고 누가 말했는가　誰道山居解省事
호미 매고 종일토록 집에 돌아오지 못한다네　荷鋤終日不歸家

위는 농가잡영(田家雜詠)이다.

죽도[111]에서 물고기잡이를 구경하다가 중간에 비를 만나다
竹島觀漁 中路遭雨

산속 비 시내 바람에 저물녘 추우니	山雨溪風吹晩寒
파리한 말 몰고서 앞으로 나가기 힘드네	短鞭羸馬前途難
구름 이어진 골짜기 녹음 감상할 만하고	連雲谷樹翠堪翫
물에 비친 바위의 붉은 꽃 지려 하네	映水巖花紅欲殘
겹겹 산봉우리 둘러싸 하늘은 작아졌고	疊嶂逼圍天面少
들판 굽이쳐 끊긴 곳에 강물은 드넓구나	一郊回斷江心寬
물가에서 오랫동안 기다렸던 어부가	漁翁遙待滄浪上
그물을 들어 올리는 모습 기쁘게 바라보네	笑指苔磯擧網看
산 트인 강굽이 거울 빛처럼 차가우니	山開江曲鏡光寒
시선을 끄는 좋은 경치 감상하기 어렵네	勝境撩人接應難
물결에 뛰노는 잉어의 은비늘 깨끗하고	潭鯉躍波銀甲淨
비속에 지저귀는 새의 푸른 깃 쓸쓸하네	渚禽啼雨翠毛殘
동남쪽 구름과 나무 천 겹으로 합쳐지고	東南雲樹千重合
서북쪽 바위 병풍은 한 면이 드넓구나	西北巖屛一面寬
이제부터 고깃배 헤매지 않아서	從此漁舟不迷路
흥취 일어나면 다시 와서 볼 수 있을까	可能乘興再來看

111 죽도(竹島) : 충청도 결성현(結城縣) 서쪽 30리 지점에 있는 섬이다.《新增東國輿地勝覽 卷20》

그물 펼치매 차가운 물 뿌리고	施罛潑潑灑輕寒
여울물 거세어 설치하기 어려워라	石瀨波豪截得難
요동치는 물결에 붉은 꽃 그림자 부서지고	花影蘸搖紅瑣碎
그물에 걸린 하얀 물고기 옥빛이 쇠하였네	雪鱗粘擺玉凋殘
구름 생기는 골짜기 입구엔 날이 저물고	雲生谷口愁天暝
비 지나간 산꼭대기에서 불은 물에 놀라네	雨過山頭訝水寬
촌 아이 불러 작은 횃불을 묶어 놓고	呼取村童縛小炬
다시 밤중에도 다시 보려 하네	相將更擬夜中看

위는 투망을 설치하고 물고기 잡는 것을 구경한 것이다.

거듭 앞의 운을 써서 시내 서쪽의 여러 형이 부쳐온 시에 화답하다

再用前韻 和溪西諸兄見寄

추운 절기 찾아온 울창한 옥나무 숲	玉樹瓊林鬱竝寒
원방과 계방 누가 못하고 나으랴[112]	元方何讓季方難
예원에 함께 올라 어긋남이 없고	聯鑣藝苑無顚步
문학의 유파 함께 연구하며 남기지 않았지	共酌文波不遺殘
노성의 누추한 골목에서 안빈낙도하다가[113]	魯巷安貧居獨陋
금성의 너른 들에서 함께 지내네	錦城携手野偏寬
못난 내가 다행히 금란의 교제[114] 맺었으니	疏庸幸托金蘭契
훌륭한 형제의 시에 화답하노라	要和塤箎伯仲看

112 추운……나으랴 : 옥나무는 우수한 자제(子弟)를 일컫는 말이다. 후한(後漢) 때 진식(陳寔)에게 훌륭한 아들 둘이 있었는데, 동생 진심(陳諶)은 자가 계방이고 형 진기(陳紀)는 자가 원방이니, 두 사람이 모두 서로의 우열을 가릴 수 없을 정도로 총명하고 효성스러웠다. 이에 진식이 "원방은 형 되기 어렵고 계방은 아우 되기 어렵다."라고 하였다. 《後漢書 卷62 陳寔列傳》 여기서는 윤황의 아들인 윤문거 형제를 가리킨다.

113 노성(魯城)의……안빈낙도(安貧樂道)하다가 : 《논어》 〈옹야(雍也)〉의 "어질다, 안회(顔回)여. 한 그릇 밥과 한 표주박 물을 마시며 누항(陋巷)에 사는 것을 사람들은 근심하며 견디지 못하는데, 안회는 그 즐거움을 바꾸지 않으니, 어질도다, 안회여."라는 말을 원용한 것이다. 윤씨 형제들의 거처가 노성에 있었다.

114 금란(金蘭)의 교제 : 지극히 친밀한 교분을 나누었다는 말이다. 《주역》 〈계사전상(繫辭傳上)〉에 "군자의 도가 혹은 나아가고 혹은 처하며, 혹은 침묵하고 혹은 말하나, 두 사람이 마음을 함께 하니 그 날카로움이 쇠를 끊는다. 마음을 함께 하는 말은 그 향기로움이 난초와 같다."라고 한 데서 온 말이다.

길보[115]가 용서[116]에게 준 시에 차운하다

次吉甫贈龍西韻

세상일을 누가 근원까지 헤아릴까	誰將世事測窮源
화복은 원래 쉽게 논할 수 없다네	倚伏從來未易論
변방의 화 말 때문이었다는 얘기[117] 예전에 들었고	塞禍舊聞緣得馬
숲이 불탄 건 때론 도망간 원숭이 때문이었다지[118]	林焚時或坐亡猿
손등은 고결한 행동 없지 않았고[119]	孫登不是無危行
숙야는 어찌 겸손한 말 배웠겠나[120]	叔夜何曾學遜言

115 길보(吉甫) : 윤선거(尹宣擧, 1610~1669)로, 본관은 파평(坡平), 자는 길보, 호는 미촌(美村)·노서(魯西)·산천재(山泉齋), 시호는 문경(文敬)이다.

116 용서(龍西) : 윤원거(尹元擧, 1601~1672)로, 본관은 파평, 자는 백분(伯奮), 호는 용서이다.

117 변방의……얘기 : 새옹지마(塞翁之馬) 고사를 말한 것이다. 《회남자(淮南子)》〈인간훈(人間訓)〉에 변방의 노인이 키우던 말과 관련된 이야기가 있는데, 일의 성패(成敗)와 득실(得失), 인생의 길흉화복(吉凶禍福)은 상황에 따라 변하여 기약할 수 없음을 말한 것이다.

118 숲이……때문이었다지 : 망원(亡猿)의 화(禍)를 말하는 것으로, 사소한 것을 추구하다가 큰 것을 잃을 수 있다는 말이다. 《회남자》〈설산훈(說山訓)〉에 "초왕(楚王)이 도망간 원숭이를 찾으려고 하여 숲이 이 때문에 잔멸되었다."라고 하였다.

119 손등(孫登)은……않았고 : 손등은 위진(魏晉) 시대의 은사(隱士)이다. 진(晉)나라 때 완적(阮籍)이 일찍이 소문산(蘇門山)에 올라가 은사 손등을 만나서 여러 가지 얘기를 해 보았으나 전혀 대꾸하지 않았다. 그가 마침내 휘파람을 길게 불면서 내려가는데 산 중턱쯤 내려갔을 때 마치 난봉(鸞鳳) 같은 아름다운 소리가 암곡(巖谷)에 울려 퍼졌는데 그 소리는 바로 손등의 휘파람 소리였다는 고사가 있다. 《晉書 卷49 阮籍列傳》

120 숙야(叔夜)는……배웠겠나 : 숙야는 진(晉)나라 때 죽림칠현(竹林七賢)의 한

깨끗하고 한산한 산수 있는 땅이라면　　　　隨處溪山淨散地
물고기 잡고 땔나무 하며 우리가 살기 딱이지　　　　漁樵政合我乾坤

사람인 혜강(嵇康)의 자이다. 역시 죽림칠현의 한 사람이었던 산도(山濤)가 자신이 맡고 있던 선조랑(選曹郎) 자리의 후임을 정할 때 혜강을 추천하였다. 그러자 혜강이 산도에게 절교(絶交)의 편지를 보내면서 사양하였다. 그 글에서 혜강은 "반드시 감당하지 못하는 것 일곱 가지와 매우 불가한 것 두 가지가 있다.〔有必不堪者七, 甚不可者二.〕"라고 하여 자신이 관직에 나가지 못하는 점을 열거하였다. 《嵇中散集 卷2 與山巨源絶交書》

가림[121]에 도착하여 홍산[122]·한산[123]·서천[124] 세 사또에게 부치다

到嘉林 寄鴻韓舒三使君

눈 오는 달밤 절에서 어울리지 못했는데	禪窓雪月欠從容
봄바람 부는 금각[125]에서 다시 만날 기회 놓쳤구나	琴閣春風失再逢
깃 떨어진 그대 오히려 가시나무에 있어 가련하고[126]	落羽憐君猶枳棘
부평초처럼 이리저리 떠도는 나는 우습기만	羈蹤笑我任萍蓬
홍산을 서쪽으로 바라보니 강에 저물녘 구름 떠 있고	鴻岑西望江雲暮
말머리 동쪽으로 돌리니 고개의 나무 빽빽하여라	馬首東回嶺樹重
한가로이 방문할 수 있다고 말하지 마시게	莫道閑行可相訪

121 가림(嘉林) : 임천군(林川郡)의 옛 이름이다.

122 홍산(鴻山) : 홍산 현감(鴻山縣監) 이지항(李之恒, 1605~1654)으로, 본관은 전주(全州), 자는 월여(月如)이다.

123 한산(韓山) : 한산 군수(韓山郡守) 이시매(李時楳, 1603~1667)로, 본관은 전주(全州), 자는 자화(子和), 호는 육은재(六隱齋)이다.

124 서천(舒川) : 서천 군수(舒川郡守) 윤명은(尹鳴殷, 1601~1646)으로, 본관은 파평(坡平), 자는 이원(而遠), 호는 사정(思亭)이다.

125 금각(琴閣) : 수령이 정사하는 곳으로, 금당(琴堂)이라고도 한다. 옛날 복자천(宓子賤)이 선보(單父) 고을을 다스릴 때 거문고를 타면서 마루 아래에 내려온 일이 없었으나 선보가 잘 다스려졌다는 고사에서 유래하였다.《呂氏春秋 察賢》

126 깃……가련하고 : 이지항이 홍산 현감의 작은 고을 지방관을 지낸다는 것이 안타깝다는 말이다. 후한(後漢) 때 고성 영(考城令) 왕환(王渙)이 정장(亭長) 구람(仇覽)을 평가하여 "가시나무는 난봉(鸞鳳)이 깃들 곳이 아니니, 백리 고을이 어찌 대현이 있을 곳이리오."라고 한 고사가 전한다.《後漢書 卷106 仇覽列傳》

공무가 도리어 농사일보다 급하지 않다네　　簿書還未急耕農

위는 월여(月如)에게 부친 것이다.

한번 헤어진 후 계절 바삐 흘러　　一別悠悠節序忙
호수 남쪽 경물은 기후 달라졌네　　湖陰物色變暄涼
천등 산 이름 에 눈 내리던 밤 이야기 나눴는데　　千燈白雪前宵話
풀 우거진 칠저 포구 이름 를 오늘 바라보네　　七渚靑蕪此日望
높은 누각에서 좋은 술 마시는 만남 어긋나　　高閣芳樽違奉袂
짧은 채찍으로 먼 길을 돌아가려 재촉했지　　短鞭長路促歸裝
수레 타고 가서 기쁘게 정담 나눌 때 언제이랴　　何當命駕拚淸晤
가을에 병든 몸 건강해지길 기다린다오　　會待秋風病骨强

위는 자화(子和)에게 부친 것이다.

물가와 산속에서 지내며 옛 놀이 막히니　　水國山居隔舊遊
이후로 이별과 만남 모두 아득하구나　　向來離合兩悠悠
사년 동안 공문서 처리하느라 그대는 늙었을 테고　　四年簿牒君應老
백묘의 굶주림과 추위를 나는 근심하지 않네　　百畝飢寒我不憂
남쪽에서 벼슬하며 세월 여러 차례 바뀌고　　南渡衣冠時屢改
북쪽으로부터 오는 소식에 눈물 흘릴 만해라　　北來消息涕堪流
어찌해야 풍진이 개는 것 보고서　　如何得見風塵霽
술 가지고 함께 재조루에 오르려나　　把酒同登再造樓

서천 성문에 재조루(再造樓)가 있는데, 이원(而遠)이 이름을 붙였다.

위는 이원에게 부친 것이다.

강가에서 다시 물고기 잡는 것을 구경하고 강촌에서 이틀 묵다

江上再觀打魚 信宿江村

물고기 구경은 먹을 물고기 없어서가 아니라	觀魚非爲食無魚
선경을 찾아 살 집을 알아보기 위해서지	爲訪仙源訊卜居
양쪽 언덕 층층의 병풍에 푸른 숲 빽빽하고	兩岸層屛靑簇簇
한줄기 강물엔 가랑비 부슬부슬 내리네	一江微雨淨疏疏
저녁 내내 시 읊지만 원활하지 못하고	吟筇竟夕詩全澁
한밤중 그물 올리니 흥 넉넉하구나	擧網中宵興有餘
안개 자욱한 물가 나그네에게 웃으며 묻노니	笑問煙波磯上客
이제부터 기심 잊는 건[127] 어떠한가	忘機從此意何如

127 기심(機心) 잊는 건 : 기심은 자기의 사적인 목적을 이루기 위하여 교묘하게 꾀하는 마음을 말한다. 바닷가에 사는 어떤 사람이 매일 아침 수백 마리의 물새와 벗하며 어울려 노닐었는데, 그의 아버지가 데리고 놀 수 있도록 잡아 달라고 부탁하자, 그 다음 날 아침에는 한 마리도 내려와 앉지 않았다는 이야기가 전한다.《列子 黃帝》

다시 앞의 운을 사용하여 동토가 농담으로 보낸 시에 화답하다

再用前韻 和童土見戲

호량의 물고기 즐거움 안다 말하지 마오[128]	濠梁休說子知魚
기이한 강산에 나는 살고 싶다네	奇貨江山我欲居
순챗국과 농어 생각한 장한의 마음 속되지 않고[129]	張翰蓴鱸心不俗
대와 누에 좋아한 천수의 계획[130] 어찌 어리석으랴	天隨篁繭計寧疏
해오라기 갈매기 사귀며 새로 정들고	鷺鷗交契新情慣
수중생물과 인연 맺어 관계가 넉넉하리	鱗介饞緣宿習餘
바닷가 늙은이 당일의 일 알지 못하겠으니	不識海翁當日事
낚시질도 아니고 그물질도 아니면 무엇이던가[131]	非綸非網定何如

128 호량(濠梁)에서……마오 : 장자(莊子)가 친구인 혜시(惠施)와 함께 호량을 거닐다가 피라미가 한가롭게 노니는 것을 보고, "이것이 물고기의 즐거움이다."라고 하자, 혜시가 "그대는 물고기가 아닌데, 물고기의 즐거움을 어떻게 안단 말인가."라고 하였다. 《莊子 秋水》

129 순챗국과……않고 : 순로(蓴鱸)는 순챗국과 농어회로, 진(晉)나라 장한(張翰)이 가을바람을 맞고는 그 맛이 생각나자, 벼슬을 그만두고 고향으로 내려간 고사가 있다. 《晉書 卷92 文苑列傳 張翰》

130 대와……계획 : 당나라 시인 육구몽(陸龜蒙, ?~881)의 자가 천수자(天隨子)이다. 육구몽의 《보리집(甫里集)》 권17 〈산인가(散人歌)〉에 "손으로 외로운 대나무 잡고 차가운 누에고치 끌고, 입으로는 태곳적 창랑의 노래 부르네."라고 하였다.

131 바닷가……무엇이던가 : 해옹(海翁)이 평소 갈매기와 친했는데, 어느 날 갈매기를 잡으려는 마음을 먹자 갈매기가 날아가 버렸다고 한다. 《列子 黃帝》

동토 삼형제와 함께 산 서쪽 불사를 찾았다가 모임을 만들어 공부할 마음이 생기다

偕童土三聯璧 尋山西佛舍 仍有結社藏修之意

산은 광려와 물은 호계와 같으니	山似匡廬水虎溪
동림의 모임 어지러운 봉우리 서쪽이로다[132]	東林精社亂峯西
뜨거운 여름에는 성긴 처마 맑은 바람 불어오고	疏簷朱夏淸風引
푸른 등라 우거진 좁은 길 대낮에도 어둡네	狹逕蒼藤白晝迷
차가운 물 흐르는 벼랑에 폭포 떠올리고	厓面寒流思瀑布
그윽한 새 우는 숲 속은 원숭이 울음소리 상상하네	樹陰幽鳥想猿啼
만약 도를 함께 닦는 벗과 강학하게 된다면	如將道侶論多少
세 사람의 웃음이 어찌 네 벗과 같겠나[133]	三笑爭能四友齊

한가하게 말 타고 산과 시내 두루 지나	閑來信馬遍山溪

132 산은……서쪽이로다 : 광려(匡廬)는 광려산(匡廬山)으로 여산(廬山)의 별칭이다. 은(殷)나라 말기 주(周)나라 초기에 광속(匡俗)의 형제 7명이 이곳에다 집을 짓고 살았기 때문에 그렇게 일컬은 것이다.《廬山記略》 호계(虎溪)는 진(晉)나라의 고승 혜원(慧遠)이 머물던 여산 동림사(東林寺) 앞 골짜기를 말한다. 혜원이 동림사에 있으면서 자신의 명망을 듣고 찾아온 여러 승도(僧徒) 및 명유(名儒)들과 함께 미륵불상 앞에서 맹세하고 수도하기 위한 모임을 만들었다.《蓮社高賢傳》

133 만약……같겠나 : 호계삼소(虎溪三笑)의 고사 때보다 동토 삼형제와 자신이 더 의미 있게 어울릴 것이라는 말이다. 혜원이 손님을 전송할 때에도 앞 시내인 호계를 건너지 않았는데, 도잠(陶潛)과 육수정(陸修靜)을 배웅하며 자신도 모르게 호계를 건넜으므로, 세 사람이 크게 웃으며 헤어졌다는 호계삼소의 고사가 전한다.《蓮社高賢傳》

소나무 고개 서쪽에서 우연히 외로운 암자 찾았네 偶得孤庵松嶺西
백록동 연하인 듯 하늘이 오래도록 감춰둔 곳 白鹿煙霞天久祕
무이의 바위 골짜기인가 나그네 처음에 헷갈렸다오[134] 武夷巖洞客初迷
장차 현송으로 선패를 돌려놓길 바라니[135] 期將絃誦回禪唄
강학하는 소리에 새 울음소리 섞이리라 要遣吟哦雜鳥啼
무엇보다도 학문을 익히기에는 조용하여 마땅하니 最是藏修宜靜閴
몽학들의 시끄러움 속에서 벗어나겠구나 免教蒙學楚咻齊

134 백록동(白鹿洞)……헷갈렸다오 : 백록동은 여산(廬山)의 오로봉(五老峯) 아래에 있다. 송나라 때 주희(朱熹, 1130~1200)가 남강군(南康軍)의 수(守)가 되어 이곳에서 강학(講學)하였다. 무이(武夷)는 무이산(武夷山)으로, 주희가 무이정사(武夷精舍)를 짓고 강학하던 곳이다. 여기에서는 주희가 강학한 곳의 경치에 비유하여 말한 것이다.

135 현송(絃誦)으로……바라니 : 현송은 현가(絃歌)와 같은 말이다. 옛날 《시경》을 배울 적에 거문고와 비파 등 현악기에 맞추어 노래로 불렀는데 이를 현가라고 한다. 그리고 악기의 반주 없이 낭독하는 것을 송(誦)이라고 하는데, 이 둘을 합하여 현송이라고 칭한다. 곧 수업하고 송독하는 것을 말한다. 선패(禪唄)는 불교를 말하는데, 시남은 이 불사가 유학을 공부하는 자리가 되기를 바란다는 뜻이다.

권수부[136]에게 주다

贈權秀夫

금강과 계룡산 아득히 떨어지니	錦水鷄山隔杳茫
이후의 자취 각자 삼상과 같구나[137]	向來蹤迹各參商
맑은 바람 불 때마다 나의 현도를 생각하고[138]	淸風每憶吾玄度
장맛비 오면 병든 자상 멀리서 가여워하네[139]	霖雨遙憐病子桑
분수가 정해졌으니 구복 도모할 필요 없으며[140]	分定不須謀口腹
시국이 어려우니 출처를 점칠 수 없다오	時艱無可卜行藏

136 권수부(權秀夫) : 권준(權儁, 1610~1665)으로, 본관은 안동(安東), 자는 수부, 호는 월천(月川)이다.

137 각자 삼상(參商)과 같구나 : 서로 멀리 떨어져 만나지 못한다는 말이다. 삼성(參星)은 동쪽 하늘에 있고 상성(商星)은 서쪽 하늘에 있어서, 각각 뜨고 지는 시각이 달라 영원히 서로 만날 수가 없는 데서 유래하였다. 《春秋左氏傳 昭公元年》

138 맑은……생각하고 : 현도(玄度)는 동진(東晉)의 명사 허순(許詢)의 자(字)로, 지둔(支遁), 왕희지(王羲之), 사안(謝安) 등과 교류하며 산수를 즐긴 인물이다. 여기에서는 권준을 빗대어 한 말이다.

139 장맛비……가여워하네 : 자여(子輿)와 자상(子桑)은 친구로 지내고 있었다. 그런데 장마가 열흘이나 계속되자 자여가 "자상은 가난해 굶주려 병이 났을지도 모르겠군." 하고서는 밥을 싸 가지고 가서 먹이려 했다. 자상의 문 앞에 이르자 거문고를 뜯으며 읊조리는 소리가 들려 그 연유를 묻자, "자신을 가난하게 한 것은 운명일 것이다."라고 대답했다. 《莊子 大宗師》 여기서는 권준을 가난한 자상에 비유하였다.

140 분수가……없으며 : 《맹자》 〈진심 상(盡心上)〉에 "군자의 본성은 비록 크게 행해지더라도 더 보태지지 않으며, 비록 궁하게 살더라도 줄어들지 않으니, 분수가 정해져 있기 때문이다."라고 하였다.

한가한 삶이 마음 거두기에 적합하니　　閑居政合收心地
서적이 분명 약방문 되리라　　黃卷分明是藥方

폭우로 앞 들이 물에 잠겨 회포를 쓰다
暴雨 前郊墊沒 書懷

북창 아래서 한가로운 잠을 깬 거사가	居士閑眠罷北窓
일어나 바라보니 평원이 강으로 변했네	起看平陸忽成江
천 이랑 볏논이 마구 매몰되고	橫埋禾壟雲千頃
언덕의 소나무 몇 그루만 여기저기 보이누나	點露松原翠數幢
자상호는 병들어 부질없이 악곡 연주하고[141]	桑戶病來空奏曲
초당엔 인적 끊겨 발자국 소리 들리지 않네	草堂人斷寂聞跫
해마다 가뭄 들고 잇따라 수해 만나니	年年枯旱仍昏墊
한밤중 나라 걱정으로 가슴 적시는구나	中夜沾膺爲大邦

141 자상호(子桑戶)는……연주하고 : 자여(子輿)는 자상호와 친한 친구였는데, 10일 동안이나 장마가 지자 자여는 "자상호가 병들었을 것이다." 하고는 밥을 싸가지고 갔는데 자상호의 문에 이르니, 그는 노래하는 듯 우는 듯 거문고를 타고 있었다 한다. 《莊子 大宗師》 여기서는 유계가 자신의 처지를 빗대어 말한 것이다.

윤유녕[142]이 세상을 떠났다는 소식을 듣고

聞尹孺寧觀化

인간 세상 슬픔과 기쁨 본래 한 가지인데　人世悲歡本一途
십 년 동안 생사 참으로 잠깐사이로다　十年存沒劇斯須
평생 사귄 벗 살아 있는 이 누구인가　平生交友何人在
쓸쓸한 천지간에 이 도가 외롭구나　牢落乾坤此道孤
진장은 애통해하며 옥수를 묻었고[143]　眞長痛深埋玉樹
준충은 시름속에 황로를 지나갔지[144]　濬沖愁絶過黃壚
아계의 바람과 달 오래도록 그대로인데　丫溪風月長依舊
매화 창가에서 누구와 웃으며 이야기할까　誰與梅窓笑語俱

어젯밤 분명 거경의 꿈 꾸더니[145]　昨夜分明夢巨卿

142 윤유녕(尹孺寧) : 미상이다.

143 진장(眞長)……묻었고 : 진장은 유담(劉惔)이고, 옥수는 뛰어난 인물을 가리키는 말로, 여기서는 유담의 친구 왕몽(王濛)을 가리킨다. 왕몽이 죽자 유담은 빈소에 찾아와 오랫동안 애통해하였다. 《晉書 卷93 王濛列傳》

144 준충(濬沖)은……지나갔지 : 준충은 진(晉)나라 왕융(王戎)의 자이다. 왕융이 상서령(尙書令)이 되어 공복(公服)을 입고 수레를 타고 황공주로(黃公酒壚) 앞을 지나다가 뒷 수레에 탄 사람을 돌아보면서 "내가 옛날 혜강, 완적 등과 함께 이 주점에서 술을 마시면서 죽림의 놀이에도 그 말석에 참여했었다. 혜강과 완적이 세상을 떠난 후로 시무에 묶여 지내다가 오늘 이곳을 보니 거리는 비록 가까우나 아득하기가 산하가 가로놓인 듯하네."라고 하였다는 고사가 전한다. 《晉書 卷43 王戎列傳》

145 어젯밤……꾸더니 : 거경(巨卿)은 중국 후한(後漢)의 범식(范式)의 자이다. 범

아침에 침문 밖에서 우리 형을 곡하네[146] 朝來寢外哭吾兄
백 년 동안 영원히 교칠처럼 지내려 했는데[147] 百年永擬投膠漆
한 번 이별한 후 생사 갈릴 줄 누가 알았겠나 一別誰知判死生
범선이 노모를 남겨두었다는 말 들었고[148] 聞道范宣遺老母
신통한 자식 아직 어리니 가련하여라 可憐靈產尙孩嬰
세상의 골육들 모두 유명을 달리했으니 人間骨肉同歸盡
지극한 즐거움 도리어 구천에 있으리라 至樂還應在九京

식은 장소(張劭)와 절친한 사이였고 서로 신의가 돈독하였다. 장소가 죽은 뒤 거경의 꿈에 나타나서, 아무 날에 죽어서 아무 날에 저승으로 간다고 일러 주었다는 일화가 있다.《後漢書 卷81 范式列傳》

146 침문(寢門)……곡하네 : 침문은 거실의 문을 가리키는데, 침문지통(寢門之痛)은 친구의 죽음을 슬퍼하는 것을 말한다. 공자(孔子)의 말에 "스승의 경우에는 내가 침에서 곡하고, 친구의 경우에는 내가 침문 밖에서 곡한다.〔師, 吾哭諸寢, 朋友, 吾哭諸寢門之外.〕"라고 하였다.《禮記 檀弓上》

147 백 년……했는데 : 교칠(膠漆)은 부레풀과 옻나무의 칠처럼 뗄 수 없는 교분이 두터운 우정을 가리킬 때 쓰는 표현이다. 후한(後漢)의 진중(陳重)과 뇌의(雷義)가 돈독한 우정을 발휘하자, 사람들이 "교칠이 굳다고 하지만, 진중과 뇌의의 우정만은 못하다.〔膠漆自謂堅, 不如雷與陳.〕"라고 칭찬했던 고사가 전한다.《後漢書 卷81 獨行列傳 陳重》

148 범선(范宣)이……들었고 : 범선은 동진(東晉) 때 사람으로, 자는 선자(宣子)이다. 범선이 여덟 살 때 후원(後園)에서 채소를 뜯다가 잘못 손을 다치고 크게 울기에, 곁에 있던 사람이 "아파서 우느냐?"라고 묻자, 범선이 "아파서가 아니라 부모로부터 받은 신체발부(身體髮膚)를 감히 훼손할 수 없기에 운다."라고 대답하였다.《晉書 卷91 儒林列傳 范宣》 여기에서는 효자였던 윤유녕이 모친보다 먼저 죽었다는 말이다.

낙전[149]의 시에 차운하여 휘 상인의 책 끝에 쓰다

次樂全韻 書徽上人卷末

북종에서 받은 의발 남쪽으로 전해지니	北宗輸與鉢衣南
계정하는 암자에서 입으로 짓는 죄업 비웃네[150]	口業貽譏戒定庵
신수가 말한 보리는 원래 객의 물건이요	神秀菩提元客物
도림의 화려함이 어찌 상서로우랴[151]	道林葩藻豈優曇

149 낙전(樂全) : 신익성(申翊聖, 1588~1644)으로, 본관은 평산(平山), 자는 군석, 호는 낙전당(樂全堂)·동회거사(東淮居士), 시호는 문충(文忠)이다. 선조의 딸 정숙옹주(貞淑翁主)와 결혼하여 동양위(東陽尉)에 봉해졌다. 《淸陰集 卷26 東陽尉申公神道碑銘 幷序》

150 북종(北宗)에서……비웃네 : 북종은 불교 선종(禪宗)의 종파로서, 선종의 시조 달마(達磨) 이후에 남·북 두 파로 나뉘어졌는데, 영남(嶺南)에서 혜능(慧能)이 전한 것이 남종이 되고, 영북(嶺北)에서 신수(神秀)가 전한 것이 북종이 되었다. 선종의 제 6조 혜능 선사가 일찍이 황매산(黃梅山)으로 가서 제 5조 홍인 선사(弘忍禪師)를 뵙자 홍인 선사가 그에게 몇 마디 말을 물어보고는 대견하게 여겨 행자(行者)로 삼았는데, 얼마 후에 홍인 선사가 의발(衣鉢)을 전할 때가 왔음을 알고 대중을 모아 놓고는 각기 득법(得法)한 게(偈)를 쓰게 하니 당시 홍인 선사의 상좌(上佐)였던 신수(神秀)가 쓰기를 "몸은 바로 보리수요, 마음은 명경대와 같으니, 때때로 부지런히 닦아서 먼지가 일지 않게 하라.〔身是菩提樹, 心如明鏡臺, 時時拂拭勤, 勿使惹塵埃.〕"라고 하였다. 이에 혜능 선사가 "내가 얻은 것은 이와 다르다." 하고는 한밤중에 벽 사이에 한 게를 쓰기를 "보리는 본디 나무가 아니요, 명경은 또한 대가 아니니 본래 한 가지 물건도 없거늘 먼지가 어디서 일어난단 말인가.〔菩提本非樹, 明鏡亦非臺, 本來無一物, 何處惹塵埃.〕"라고 하였으므로, 홍인 선사가 마침내 그에게 의발을 전수하고 인하여 남방으로 가서 은거하게 했던 고사에서 온 말이다. 뒤에 혜능 선사는 조계(曹溪)라는 곳에 보림사(寶林寺)를 짓고 선풍(禪風)을 크게 드날렸다. 《湖廣通志》

많은 화려한 말들 도리어 뉘우쳐 막아야하고	多生綺語還懺障
한 마디 말 잊는 것이 묘리에 참여하는 것이네	一箇忘言是妙參
마침내 교연과 영철의 무리들이	畢竟皎然靈徹輩
풍월을 읊은 것은 모두 공허한 말이라오[152]	談風談月摠空談

151 도림(道林)의……상서로우랴 : 백거이(白居易)가 항주 자사(杭州刺史)로 부임하여 조과(鳥窠) 도림 선사(道林禪師)에게 불법의 대의를 물었을 때, "악을 짓지 말고 선을 봉행하라."라고 대답하였는데, 백거이가 "그런 대답은 세 살 먹은 아이도 다 아는 것이다."라고 하였다. 이에 선사가 "세 살 먹은 아이도 말할 수 있지만, 팔십 먹은 노인도 행할 수 없는 것이다."라고 하니, 백거이가 탄복하며 귀의했다는 이야기가 전한다.

152 마침내……말이라오 : 영철(靈徹)은 당나라 때의 시승(詩僧)으로, 늘 교연(皎然)과 교유하면서 포길(包佶), 이서(李紓)의 지우를 얻어 장안에 이름을 떨쳤는데, 승도(僧徒)가 질시하여 참소한 나머지 정주(汀州)로 귀양간 적이 있다. 《宋高僧傳 卷15》

중양일에 여망[153]과 길보[154]에게 부치다

重陽日 寄汝望吉甫

이날 일이 있어서 모임에 참석하지 못하였다.

윤달이 든 해 중양절에 국화 아직 피지 않았는데	閏歲重陽菊未開
객의 마음 쓸쓸하여 게을리 누대에 올랐네	客懷愁寂懶登臺
마하산 외진 곳에 누가 안부 물어주나	麻霞境僻人誰問
진악산 높은 봉우리에 기러기 홀로 돌아가네	進樂峯高雁獨廻
천 리의 형제들 편지 왕래 드물고	千里弟兄稀翰墨
이웃한 친구들도 술자리 못하도다	竝隣交友隔樽杯
시 지으며 동쪽 울타리 거니는데	詩成謾繞東籬步
온 골짜기 서풍 부니 나뭇잎 떨어져 슬프구나	一壑西風落木哀

153 여망(汝望) : 윤문거(尹文擧, 1606~1672)로, 본관은 파평(坡平), 자는 여망, 호는 석호(石湖), 시호는 충경(忠敬)이다.

154 길보(吉甫) : 윤선거(尹宣擧, 1610~1669)로, 본관은 파평, 자는 길보, 호는 노서(魯西)・미촌(美村)이다.

박여도[155] 세모 가 골짜기를 나가는 것을 전송하다
送朴汝度 世模 出峽

말세의 우정 누가 처음 마음 보전하는가	末路交情孰保初
허심탄회하게 남을 대하는 그대를 사랑하노라	愛君襟抱向人虛
북풍 불 때 좋아하는 사람과 친밀히 기약했는데	北風惠好期何密
남쪽 골짜기에서 경영하는 계획 도리어 엉성하네	南峽經營計却疏
떠돌이 신세 우연히 흘러가고 멈추다가	萍梗偶然流坎聚
바다와 산 있는 수운향[156] 끝내 막혔구나	海山終隔水雲居
왕손이 떠나간 후 봄에 쓸쓸하여	王孫去後春無賴
방초 긴 들판에 한스러움 많으리라	芳草長郊恨有餘

155 박여도(朴汝度) : 박세모(朴世模, 1610~1667)로, 본관은 반남(潘南), 자는 여도이다. 《西溪集 卷13 禮曹參判朴公墓碣銘》

156 수운향(水雲鄕) : 은자가 사는 맑고 그윽한 지방을 가리킨다.

고산 도중에 큰 눈을 만나니 때는 3월 2일이다

高山道中 遇大雪 時三月初二也

청명 지나 봄이 저물어 갈 때	淸明過了春將暮
곳곳에 향긋한 화초 숲에 가득했는데	處處芳菲花滿林
하룻밤 거센 바람에 눈 휘몰아치더니	一夜風飆驅虐雪
오양 천지가 갑자기 궁음이 되었네[157]	五陽天地忽窮陰
큰 소나무 가지 꺾여 시절 변한 것 애처롭고	長松挫節哀時變
새싹 보리 상하여 한 해 농사 망칠까 두렵네	嫩麥傷心恐歲侵
조화롭게 다스리는 낭묘에 달렸으니	燮理固知廊廟在
촌부는 일 없이 옷깃에 눈물 흘리네	野夫無事浪沾襟

157 오양(五陽)……되었네 : 동짓달에 일양(一陽)이 생겨 봄 3월이면 오양(五陽)이 된다. 3월에 해당하는 택천쾌괘(澤天夬卦)를 말한 것이다. 궁음(窮陰)은 음(陰)이 꽉 찬 상태인 음력 10월을 뜻한다. 봄날 눈보라로 인해 겨울이 된 것 같다는 말이다.

길보의 시[158]에 차운하다

次吉甫韻

세월을 덧없이 객지에서 보내다가	鼎鼎光陰客路抛
근래 겨우 이 산 아래에 정착하였네	年來纔泊此山郊
생활하는 것을 감히 〈이괘〉 초효를 따르겠나[159]	經營敢擬頤初畫
신세는 다만 〈여괘〉 상효와 같구나[160]	身世端如旅上爻
오직 천명 즐기고 성명을 따라야 하지만	除是樂天循性命
어찌 안주하면서 처지의 좋고 나쁨을 안 따지겠나	詎能安土謝肥磽
오히려 은거하던 선현의 뜻에 부끄러우니	尙慙衡泌先民志
나의 높은 뜻도 사실은 높지 않다오[161]	道我嘐嘐也未嘐

158 길보(吉甫)의 시 : 길보는 윤선거(尹宣擧, 1610~1669)로, 본관은 파평(坡平), 자는 길보, 호는 노서(魯西)·미촌(美村)이다. 유계가 차운한 시는 《노서유고(魯西遺稿)》 속집 권1의 〈무중에게 보여주다〔示武仲〕〉이다.

159 생활하는……따르겠나 : 《주역》 〈이괘(頤卦) 초구(初九)〉에 "그대의 신령스러운 거북을 버리고 나를 보고서 턱을 움찍거리니 흉하다.〔舍爾靈龜, 觀我, 朶頤, 凶.〕"라는 말이 있다. 자기의 본심을 버리고 외물에 끌린다는 뜻인데, 유계가 이를 경계한다는 말이다.

160 신세는……같구나 : 《주역》 〈여괘(旅卦) 상구(上九)〉에 "새가 둥지를 불태운 격이니, 나그네가 먼저는 웃고 뒤에는 울부짖는다. 이는 소 같은 성품을 잃고 함부로 해서 그런 것이니, 흉하다."라는 말이 나온다.

161 나의……않다오 : 맹자가 증석(曾晳), 즉 증점(曾點)을 공자의 이른바 광(狂)의 대열에 포함시키고는 "광이란 뜻이 하도 높아서 옛사람을 곧잘 말하곤 하지만, 객관적으로 그의 행동을 돌아보면 말과 일치하지 않는 그런 사람을 말한다."라고 평하였다. 《孟子 盡心下》

조중초[162]의 시에 차운하다

次趙仲初韻

횃불로 오히려 태양 돕기를 바랐지만	爝火猶希補大明
광언으로 원래 헛된 명성 요구하지 않았다네	狂言元不要虛名
하늘 걱정하는 그릇된 견해로 옛것 고수했을 뿐[163]	憂天謬見株仍守
보국하려는 초심 있으나 작은 공도 세우지 못했네[164]	報國初心草未橫
가시나무에서 머무는 그대 마음 알겠고[165]	枳棘棲遑知子意
임천[166]에서 쓸쓸하게 내 생애 마치려네	林泉落魄了吾生
인간 세상 시비가 지금 어디에 있는가	人間是非今何有
함께 지껄이면서 억지로 마음 말하지 마세나	莫與呶呶強說情

162 조중초(趙仲初) : 조복양(趙復陽, 1609~1671)으로, 본관은 풍양(豐壤), 자는 중초, 호는 송곡(松谷), 시호는 문간(文簡)이다.《松谷集 卷11 行狀》

163 하늘……뿐 : 원문의 주수(株守)는 수주대토(守株待兎)를 줄인 말로, 상황에 따라 변통할 줄 모르는 어리석음을 비유하는 말이다. 춘추 시대 송(宋)나라의 한 농부가 밭을 갈고 있었는데, 마침 토끼 한 마리가 달아나다가 밭 가운데 있는 나무 그루터기에 부딪혀 목이 부러져 죽자, 농부는 일손을 놓고 그루터기만 지켜보며 토끼가 다시 와서 죽기를 기다렸다고 한다.

164 보국하려는……못했네 : 원문의 횡초(橫草)는 군대가 행군하다 보면 풀이 밟혀서 저절로 옆으로 눕게 된다는 뜻으로, 보잘것없이 미미한 군공(軍功)을 말한다.

165 가시나무……알겠고 : 훌륭한 인재가 작은 고을에 제수되었다는 말이다. 후한의 고성 영(考城令) 왕환(王渙)이 구람(仇覽)을 주부(主簿)로 임명하려다가 그의 그릇이 매우 큼을 보고 "가시나무는 봉황이 깃들 곳이 아니다. 백 리의 지역이 어찌 대현이 밟을 땅이리오."라고 하였다.《後漢書 卷106 循吏列傳 仇覽》

166 임천(林泉) : 은거하는 곳을 말한다.

적상산성[167] 북문 누각에 오르다

登赤裳山城北門樓

우뚝한 적상산 바위 절반은 하늘로 들어갔고	矗矗裳巖半入霄
벼랑에 서린 오솔길 터럭보다 가늘구나	盤厓一逕細於毫
산하의 형세 뛰어난 관방은 웅장하고	山河形勝關防壯
신라와 백제 전쟁하던 세월 아득하여라	羅濟分爭歲月遙
저물녘 난간에 기대니 붉은 봉우리 빼곡하고	危檻晩憑丹嶂簇
가을 산사 바라보매 흰 구름 높기도 하지	上方秋眺白雲高
적성과 현포 원래 서로 가까우니	赤城玄圃元相近
이참에 바람 타고서 가고 싶네[168]	便欲因之駕迅飆

167 적상산성(赤裳山城) : 전라북도(全羅北道) 무주(茂朱)에 있는 산성(山城)으로 1614년(광해군6)에 사고(史庫)를 설치하였으며, 인조(仁祖) 때 순검사(巡檢使) 박황(朴潢)의 건의에 따라 수축(修築)하여 선원각(璿源閣)을 세웠다. 우리나라 오대 사고(五大史庫) 중의 하나이다.

168 적성(赤城)과……싶네 : 적성은 도교에서 말하는 적성산동(赤城山洞)으로, 선경(仙境)의 하나이고, 현포(玄圃)는 곤륜산 꼭대기에 있다는 신선세계이다. 여기에서는 적성산성의 글자를 줄이면 적성과 글자가 같으므로 해학적으로 표현한 것이다.

이튿날 하산하여 길에서 입으로 읊다
翌日下山 道上口占

산문을 걸어 나오며 걸음마다 멈추고	行出山門步步停
선경을 돌아보매 마음을 금할 수 없네	洞天回首不禁情
봉우리는 미녀의 온갖 아름다운 자태 같고	峯如美女千般媚
시냇물은 맑은 거문고 한 가닥 소리 같구나	溪似淸絃一道鳴
지금 여악의 진면목을 알게 되었고[169]	廬岳秖今眞識面
예부터 무릉도원의 헛된 명성 들어왔지	武陵從古浪聞名
향로봉에 저물녘 눈 내리니 흥이 물씬	香爐暮雪堪乘興
복사꽃 피고 봄물 불기를 기다릴 필요 없네	莫待桃花春水生

적상산에 향로봉(香爐峯)이 있다.

169 지금……되었고 : 소식(蘇軾)의 시 〈서림벽에 쓰다〔題西林壁〕〉에 "여산의 진면목을 알아볼 수 없으니, 내가 이 산속에 있기 때문이라네.〔不識廬山眞面目, 只緣身在此山中.〕"라고 하였는데, 이를 원용한 것이다. 여기에서는 적상산의 진면목을 보았다는 말이다.《蘇東坡詩集 卷23》

봄날 산재에서

春日山齋

근래 병 많아 세상의 시끄러움 사양하고	年來多病謝塵囂
고요히 텅 빈 산에 누워 만사를 잊노라	靜臥空山萬事抛
아름다운 풍경 화창하니 붉은 산 향기롭고	麗景晴薰紅錦嶂
온화한 바람 적당히 초록 들판에 불어오네	和風穩轉綠綾郊
동관 따라갈 근력이 없어 부끄러우나	愧無筋力隨童冠
막걸리에 부칠 회포는 있다오	尙有襟懷托酒醪
문 닫아건 봄날 사람은 이르지 않고	門掩一春人不到
작은 처마에 종일토록 새만 오가는구나	小簷終日鳥交交

태지[170] · 길보[171]와 함께 옥천을 가다가 길보가 노상에서 지은 시에 차운하다

偕泰之吉甫赴沃川 次吉甫道上韻

당시 여망(汝望)과 영보(英甫)가 옥천에 있었다.[172]

겹겹의 험한 산에 물은 동서로 흐르는데　亂山重疊水西東
물가 길은 돌고 돌아 굽이마다 통하네　溪路盤回曲曲通
예전 벼랑집 아래엔 붉은 꽃 시들고　昔日殘紅厓广下
하늘에 닿을 듯한 돌병풍은 녹음이 짙어라　漫天濃綠石屛中
해낭[173] 찬 흥취 넘쳐 맑은 풍경에 기뻐하고　奚囊興溢撩晴景
홑 옷 가벼워 저녁 바람에 나부끼네　單袂衣輕弄晩風
가는 채찍 재촉하여 늦지 말아야지　催擧征鞭莫遲暮
옥인은 우리 기다려 웃으며 함께 시 지으려 하리　玉人須我笑吟同

170 태지(泰之) : 이유태(李惟泰, 1607～1684)로, 본관은 경주(慶州), 자는 태지, 호는 초려(草廬), 시호는 문헌(文憲)이다.

171 길보(吉甫) : 윤선거(尹宣擧, 1610～1669)로, 본관은 파평(坡平), 자는 길보, 호는 노서(魯西) · 미촌(美村)이다.

172 여망(汝望)과……있었다 : 여망은 윤문거(尹文擧)의 자이고, 영보(英甫)는 송시열(宋時烈)의 자이다.

173 해낭(奚囊) : 시초(詩草)를 넣는 주머니이다. 당(唐)나라 시인 이하(李賀)가 명승지를 돌아다니며 지은 시를 종인 해노(奚奴)가 가지고 다니는 주머니에 넣었던 고사가 전한다.《新唐書 卷203 李賀列傳》

여망과 영보 자녀의 혼례[174]를 축하하며
賀汝望英甫昏禮

기쁜 기운이 가문에 넘쳐나니[175]	湛湛喜氣溢門闌
단정한 이가 사귄 벗 단정하다 앞 다퉈 말하네[176]	爭道端人取友端
지금 세상에 누가 옛 예법 행할 수 있는가	今世誰能行古禮
오랜 정의가 다시 새 기쁨과 합해지네	舊情還復叶新歡
맑은 빛 자리를 비추니 얼음 구슬 나란한 듯	淸光映座聯氷璧
정다운 담소 밤까지 이어지니 눈과 난초 퍼지는 듯	良晤侵宵灑雪蘭
아마도 선을 쌓아 얻는 보답은	料得善餘收報地
옥밭에 무한하게 낭간이 생장하리[177]	玉田無限長琅玕

174 자녀의 혼례 : 윤문거의 장남 윤박(尹搏)이 송시열의 둘째 딸과 혼인한 것을 말한다.

175 기쁜……넘쳐나니 : 두보(杜甫)의 시 〈이감댁(李監宅)〉에 "가문에 즐거운 기색 많으니, 사위가 근래 용을 탔다네.〔門闌多喜色, 女婿近乘龍.〕"라고 한 것을 차용한 것이다. 《杜少陵詩集 卷1》

176 단정한……말하네 : 《맹자》 〈이루 하(離婁下)〉의 "저 윤공지타는 단정한 사람이니, 사귄 벗도 반드시 단정할 것이다.〔夫尹公之他, 端人也, 其取友必端矣.〕"라는 구절을 인용한 것이다.

177 옥밭에……생장하리 : 선을 쌓은 가문이라서 훌륭한 자손들이 계속 태어날 것이라는 말이다. 낭간(琅玕)은 봉황이 쪼아 먹는다는 죽실(竹實) 혹은 경실(瓊實)을 말하는데, 여기서는 모두 훌륭한 인재를 상징하는 말로 사용되었다.

영보와 군필[178]이 신안사에 도착하니 길보와 함께 비를 무릅쓰고 찾아가다[179]

英甫君弼到新安寺 與吉甫冒雨訪之

오랜 약속이었다.

멈춘 구름[180] 막막하고 비는 부슬부슬	停雲漠漠雨霏微
두 분의 맑은 향기 꿈속에서도 그리웠지[181]	二妙淸芬入夢思
여윈 말 타고 동시에 계곡 길로 들어오니	羸馬一時吟谷路
옥인은 어느 절에서 함께 머무는가	玉人何處竝禪扉
아호에서 책 상자 지고 처음 약속 이루거든[182]	鵝湖負笈初尋約

178 군필(君弼) : 신익륭(申翊隆, 1602~1657)으로, 본관은 평산(平山), 자는 군필, 호는 호량(濠梁)이다. 김상헌(金尙憲)의 문인이다.《宋子大全 卷179 侍直申公墓碣銘幷序》

179 영보(英甫)와……찾아가다 : 1644년 송시열의 딸과 윤문거의 아들이 혼인한 뒤에, 유계는 송시열 등과 서대산(西臺山) 신안사(新安寺)에 모여서《심경(心經)》을 강독하였다.《石湖遺稿 卷7 附錄上 年譜 甲申》

180 멈춘 구름 : 벗을 그리워하는 마음을 비유한다. 도잠(陶潛)의《도연명집(陶淵明集)》권1에〈정운〉이라는 작품이 있는데, 자서(自序)에 "정운은 친한 벗을 그리워하는 것이다.〔停雲, 思親友也.〕"라고 하였다.

181 두 분의……그리웠지 : 청분(淸芬)은 맑은 향기라는 말인데, 여기서는 송시열과 신익륭의 고상한 인품을 상징하는 말로 사용되었다.

182 아호(鵝湖)에서……이루거든 : 1175년에 주희(朱熹)와 육구령(陸九齡) 및 그의 아우 육구연(陸九淵)이 여조겸(呂祖謙)의 주선으로 신주(信州) 광신현(廣信縣)에 있는 아호사(鵝湖寺)에서 사흘 동안 논쟁을 벌였다. 여기에서는 자신들의 신안사 모임을 말하는 것이다.

녹동에서 침상 마주하기를 다시 기약해야지[183] 鹿洞聯牀更可期
내일 아침 비 개어 날씨 좋으면 待得明朝晴景好
동관을 따라서 시 읊조리며 돌아가리라 欲隨童冠詠而歸

장차 영보를 초대해서 산재(山齋)[184]로 돌아가려 하였다.

183 녹동(鹿洞)에서……기약해야지 : 녹동은 백록동서원(白鹿洞書院)으로, 본래 당(唐)나라 이발(李渤)이 형 이섭(李涉)과 함께 강남성 여산(廬山)에 은거하여 독서했던 곳인데, 송나라 주희(朱熹)가 1180년에 남강 태수(南康太守)로 부임하여 허물어진 서원을 중건하고 학규(學規)를 제정하여 강학하였다. 여기에서는 금산(錦山) 마하산(痲霞山)의 산천재(山泉齋)로 자리를 옮겨 함께하기를 바란 것이다.

184 산재(山齋) : 산천재로, 유계와 윤선거가 제자들과 함께 강학했던 서재이다. 《市南集 卷19 山泉齋記》《農隱遺稿 卷4 題市南兪先生山泉齋記後》

영보와 태지가 함께 산천재에 와서 열흘을 머물고 가다

英甫泰之偕到山泉 留一旬而散

초목 우거진 고요한 산방에	岑寂山居草樹深
훌륭한 친구 멀리서 찾아왔네	賁然高駕遠來尋
소나무 창가에 함께 앉아 많은 이야기 나누고	松窓竝席言盈耳
난초 향기 방에서 형체 잊으며 마음 환히 비췄네	蘭室忘形鏡照心
천리마에 붙따름[185] 더 일찍 못함 부끄럽지만	附驥當年慙不早
망아지 매어두고 밤새니[186] 기쁨은 지금부터로다	縶駒終夕喜從今
꾀꼬리 울며 교목으로 옮겨가기 바라니[187]	嚶鳴庶遂遷喬願
비바람 그치지 않기를 오랫동안 기약하네	風雨長期不輟音

185 천리마에 붙따름 : 선배나 명사의 뒤에 붙어 명예를 이루는 것을 비유한다. 《사기(史記)》 권61 〈백이열전(伯夷列傳)〉에 "백이와 숙제(叔齊)가 비록 어질었으나 공자를 만나서 이름이 더욱 드러났고, 안연(顏淵)이 비록 학문에 독실했으나 천리마 꼬리에 붙어서 행실이 더욱 드러났다."라고 한 데서 유래하였다. 여기서는 송시열과 이유태에게 의지하여 명성을 얻었다는 말이다.

186 망아지 매어두고 밤새니 : 손님을 오래 머물게 함을 말한다. 《시경》 〈백구(白駒)〉에 "깨끗한 흰 망아지가 내 밭의 풀을 먹네, 붙잡아 매어 두고 아침 내내 잡아 놓아, 바로 그분 여기에서 소요하게 하리라.〔皎皎白駒, 食我場苗. 縶之維之, 以永今朝. 所謂伊人, 於焉逍遙.〕"라고 하였다.

187 꾀꼬리……바라니 : 《시경》 〈벌목(伐木)〉의 "깊은 골짜기에서 나와 높은 나무로 날아가네.〔出自幽谷, 遷于喬木.〕"라는 말을 원용한 것으로, 벗을 구하는 것을 뜻한다.

서울에서 회포를 쓰다 갑신년(1644, 인조22)

洛中書懷 甲申

잠시 나갔다가 도리어 평소 뜻 어겨 놀라니	暫出還驚素志違
세상의 때 물들려고 연잎 옷[188]을 찢었구려	緇塵欲染破荷衣
친구들은 정성스레 취향 함께하기 바라고	流儕款款要同趣
산에 사는 벗은 돌아오지 않는다고 원망하네	山友招招怨不歸
호해의 저물녘 구름 바라보니 아득히 멀고	湖海暮雲瞻望遠
금산의 가을 풍경 꿈속에서 찾아가누나	錦溪秋色夢魂飛
인생을 뜻에 맞게 사는 일 참으로 어려워라	人生適意良難得
장한이 어찌 일찍이 기미를 본 것이겠나[189]	張翰何曾爲見機

188 연잎 옷 : 은자의 옷을 말한다.

189 장한(張翰)이……것이겠나 : 진(晉)나라 강동(江東)의 오중(吳中) 사람 장한이 제왕(齊王)의 동조 연(東曹掾)으로 있다가 고향의 순챗국과 농어회가 생각나 벼슬을 그만두고 돌아가며 "인생은 뜻에 맞게 사는 게 귀한데, 어찌 수천 리 밖에서 벼슬하며 명예와 작록을 구하겠는가."라고 말하였는데, 그 후 얼마 뒤 제왕이 패(敗)하였다. 이에 당시 사람들은 제왕이 망할 조짐을 보고 떠난 것이라고 말했다.《世說新語 識鑑》

산천재에서 밤에 앉아 입으로 읊다
山齋夜坐口占

속인도 아니고 중도 아닌 내 인생	生涯非俗亦非僧
다섯 가지 재주로 아무것도 못하는 신세 되었네[190]	五技翻成百不能
북쪽 대궐 청운의 꿈은 끊어지고	北闕靑雲論議絶
남산 눈 속에서 병들고 가난 이어지니	南山白雪病貧仍
당시의 뜻과 사업은 성현을 바랐는데	當年志業希賢聖
만년의 공정은 붕우에게 부끄럽구나	晩歲功程愧友朋
궁벽한 골짜기 고요한 긴긴밤	窮谷悄然遙夜靜
창가에 비바람이 쇠잔한 등불 때리네	小窓風雨打殘燈

190 다섯……되었네 : 재주는 많으나 한 가지도 정밀하지 못함을 가리킨다. 《순자(荀子)》 〈권학(勸學)〉에 "등사(螣蛇)는 발이 없어도 날고 날다람쥐는 다섯 가지 재주로도 궁하다.〔螣蛇無足而飛, 鼯鼠五技而窮.〕"라고 하였다.

동토[191]가 두보의 작품에 화운한 시에 차운하여 수성[192]의 형제에게 부치다

次童土和杜韻 寄隋城兄弟

십 년 동안 몰락한 호남의 나그네	十年零落客湖洲
양쪽 귀밑머리 성글고 온갖 근심 모였네	雙鬢飄蕭集百憂
객사에 자라는 방초에 매번 놀라고	芳草每驚生旅舍
산머리 곳곳에 핀 매화 문득 바라보네	寒梅忽見遍山頭
봄 기러기 신의 있어 남쪽에서 떠나고	春鴻有信辭南土
강물은 무심하게 북쪽으로 흘러가누나	江水無情解北流
무슨 일로 구름 바라보며 홀로 슬퍼하는가	何事看雲獨悄悵
목후가 토우 타고 지체하는 것과 같다오[193]	沐猴猶自滯騎牛

191 동토(童土) : 윤순거(尹舜擧, 1596~1668)로, 본관은 파평(坡平), 자는 노직(魯直), 호는 동토이다. 저서로 《동토집(童土集)》, 《노릉지(魯陵志)》가 있다. 《明齋遺稿 卷40 仲父童土府君神道碑銘》

192 수성(隋城) : 수원(水原)의 옛 지명으로, 유계가 태어난 곳이다.

193 목후(沐猴)는……같다오 : 유계가 실의하여 낮은 지위에서 전전하는 형편을 말한 것이다. 당나라 이백(李白)의 시에 "자네가 함양에서 찾아와, 나에게 어찌면 그리도 고생하는가 묻네. 원숭이가 갓을 쓴 것은 말할 가치도 없거니와, 토우 타고 동로에 지체하는 신세로세.〔爾從咸陽來, 問我何勞苦. 沐猴而冠不足言, 身騎土牛滯東魯.〕"라고 한 것을 차용하였다. 《全唐詩 卷175 單父東樓秋夜送族弟沈之秦》 목후는 원숭이가 목욕하고 관을 쓴다는 흔히 권력에 빌붙어 명예나 지위를 훔치는 사람을 풍자한다. 토우(土牛)는 흙으로 만든 소로 전하여 승진이 더딘 것을 비유하는 뜻으로 쓰인다. 내용상으로 보아 유계가 무안 현감으로 재직할 때 지은 것으로 보인다.

호남과 한강은 아득히 머니	湖嶺迢迢漢水深
하늘 끝에서 생각하매 귀밑머리 하얘지네	天涯相憶鬢霜侵
봄 연못의 푸른 풀이 한밤중 꿈에 보이고	春塘青草三更夢
늙은 기러기 구름 사이로 만 리를 나는 마음이네	老雁重雲萬里心
해 바뀌니 나그네의 감회 더 많아지고	歲換偏多游子感
병들어 월나라 사람의 신음 오래 연주하네[194]	病來長奏越人吟
시 지어 마음속 일을 쏟아내려는데	吟成欲寫胸中事
야윈 몸에 엄습한 추위로 괴로움 금치 못하네	瘦骨縈寒苦不禁

전쟁 먼지 소용돌이 어둠 속에 꽃피었으나	兵塵澒洞暗中華
나그네 봄 되어도 집에 가지 못하네	遊子春來未到家
떠돌이 신세 토우인에 부끄러움 견디지 못하고[195]	萍梗不堪羞土偶
진흙 속에 나부끼는 꽃 한스러움 견디지 못하네	泥塗無耐恨風花
왕찬이 오랫동안 나그네 된 것 가련하고[196]	可憐王粲長爲客

194 병들어……연주하네 : 병이 들어 고향을 그리워한다는 말이다. 전국 시대 월(越)나라 사람 장석(莊舃)이 초(楚)나라에서 벼슬하여 현달(顯達)하였는데 병이 나서 누워 있게 되자, 초왕(楚王)이 "장석은 예전에 월나라에서 미천한 사람이었는데, 지금 초나라에서 높은 벼슬을 하고 부귀하니, 월나라를 생각하지 않겠지."라며 사람을 시켜 살펴보게 하였더니 여전히 월나라 소리로 앓고 있었다 한다.《史記 卷70 張儀列傳》

195 떠돌이……못하고 : 옛날 토우인(土偶人)이 복숭아나무로 만든 장승〔桃梗〕에게 "나는 폭우가 쏟아져서 무너지면 본래의 흙으로 되돌아가 이 땅에 있지만, 자네는 탁류에 휩쓸려 떠내려가서 장차 어디로 갈지 알 수 없다."라고 말했다는 우화(寓話)에서 나온 것이다.《戰國策 齊策3》

196 왕찬(王粲)이……가련하고 : 왕찬은 삼국 시대 위(魏)나라 산양(山陽) 사람으로 자는 중선(仲宣)이다. 박식하고 문장이 뛰어나 건안칠자(建安七子) 중 하나로 꼽힌다.

소평은 오히려 오이 심었다는 말 들었지[197] 聞道邵平尙種瓜
예로부터 남아는 이와 같았으니 從古男兒有如此
떨어져 있어도 괴롭게 탄식하지 말아야지 違離遮莫苦相嗟

한 헌제(漢獻帝) 때 난리를 피해 형주(荊州)의 유표(劉表)에게 15년 동안 의탁해 있다가 조조(曹操) 밑으로 들어가 시중(侍中) 벼슬까지 지냈는데, 형주에 있을 때 성루(城樓)에 올라가 시사를 한탄하고 고향을 그리는 뜻으로 〈등루부〉를 지었다. 《文選 卷11 登樓賦》 여기서는 유계가 자신을 왕찬에게 견준 것이다.

197 소평(邵平)은……들었지 : 진(秦)나라 소평이 일찍이 동릉후(東陵侯)에 봉해졌는데, 진나라가 멸망한 뒤에는 스스로 평민의 신분이 되어 장안성(長安城)의 청문 밖에다 오이를 심어 가꾸며 조용히 은거하였다. 그런데 특히 그 오이가 맛이 좋기로 유명하여 당시 사람들로부터 동릉과(東陵瓜)라고 일컬어졌다. 《史記 卷53 蕭相國世家》

길보가 꿈을 기록하여 농담으로 보낸 시[198]에 차운하다

次吉甫記夢見戱

늙으니 주공을 꿈꾸려는 마음[199] 사라지고	老去無心復夢周
타향에서 한단의 꿈[200]도 줄어들었네	邯鄲一枕倦羈遊
이미 세상일은 원래 환상임을 알았으니	已知世界元來幻
공명 추구하는 것 망령되이 도모하지 않네	不向名場妄作謀
쇠 절구공이를 먹는 상상[201] 어찌 했으리	鐵杵可啖寧有想

198 길보(吉甫)가……시 : 길보는 윤선거(尹宣擧, 1610~1669)이다. 윤선거가 보낸 시는 《노서유고(魯西遺稿)》 권1의 〈무중이 임금의 특별한 은혜를 받아 조정에 들어가는 꿈을 꾸고 재미 삼아 읊다〔夢武仲有特恩赴朝戱吟〕〉이다.

199 주공(周公)을 꿈꾸려는 마음 : 공자가 젊어서는 주공의 도를 행하려는 의지가 강했기 때문에 간혹 꿈속에서 주공을 만나기도 하였으나, 노쇠하여 도를 행할 가망이 없어지면서 그런 꿈도 꿀 수 없게 되자 "내가 너무도 쇠해졌구나. 꿈속에서 주공을 다시 뵙지 못한 지 오래되었으니.〔甚矣吾衰也, 久矣吾不復夢見周公.〕"라고 탄식한 내용을 차용한 것이다. 《論語 述而》

200 한단(邯鄲)의 꿈 : 인생의 덧없음을 말한 것이다. 황량몽(黃粱夢)과 같은 말이다. 당나라 개원(開元) 연간에 도사(道士) 여옹(呂翁)이 한단(邯鄲)에서 소년 노생(盧生)을 만났는데, 노생이 여옹에게 자기 신세를 한탄하자, 여옹은 노생에게 베개를 주면서 "이것을 베면 부귀영화를 뜻대로 누릴 것이다." 하였다. 그리고 나서 여옹은 기장으로 밥을 짓고, 노생은 베개를 베고 잠이 들었는데, 꿈속에서 일평생의 부귀영화를 실컷 누리고 그 꿈을 깨어 보니 아직 기장밥이 익지 않았었다는 이야기가 있다. 《太平廣記 卷82 呂翁》

201 쇠……상상 : 진(晉) 나라 때 위개(衛玠)가 악광(樂廣)에게 꿈이 무엇인가 묻자, 악광이 "생각에서 온 것이다."라고 하니, 위개가 "형신(形神)이 아무 사물을 접하지 않고 꾸는 꿈은 무엇입니까?"라고 물으므로 악광이 "이것은 원인〔因〕에서 온 것이다.

관속의 시체 얻더라도 부끄러울 뿐이네[202] 棺屍縱得秖堪羞
봄 잠 자는 한가로운 초당에 草堂春睡閑閑地
도리어 풍진이 생각 속으로 들어오겠나 還許風塵入思不

일찍이 수레를 타고 쥐구멍에 들어가서 철저(鐵杵)를 씹는 꿈을 꾸어 보지 못했다." 하였는데, 이는 곧 아무 생각도 없고 원인도 없기 때문이라는 데서 온 말이다.《世說新語 文學》

202 관속의……뿐이네 : 벼슬을 하는 것은 부끄럽다는 말이다. 진(晉)나라 때 어떤 사람이 은호(殷浩)에게 벼슬 할 때와 재물 얻을 때의 꿈에 대해 묻자 은호가 말하기를, "벼슬은 본디 썩은 냄새가 나는 것이기 때문에 벼슬을 얻게 될 때에는 널의 시체를 꿈꾸게 되고, 재물은 본디 똥거름 준 흙에서 나오는 것이기 때문에 재물을 얻게 될 때에는 똥을 꿈꾸게 되는 것이다.〔官本是臭腐, 所以將得而夢棺屍, 財本是糞土, 所以將得而夢穢汚.〕"라고 한 것을 인용한 것이다.《世說新語 文學》

영보[203]와 태지[204]가 산에 가기로 약속하였으나 오지 않았다
英甫泰之有約尋山 不至

좋은 기약 끊어진 금강 물가	望斷佳期錦水濱
아름다운 봄 경치 즐기려던 약속 어긋났네	一春煙景負尋眞
다정한 골짜기 새도 오히려 친구를 찾고	多情谷鳥猶求友
지지 않은 바위 꽃 분명 사람보고 웃겠지	未謝巖花定笑人
남은 생 좋은 일 없어 몹시 한스러워라	剛恨餘生無好事
뜬세상에서 한가한 몸 몇이나 있는가	可憐浮世幾閑身
호량의 늦은 흥취로 보상할 만하니[205]	濠梁晩興還堪償
부디 이날 함께 동행해 주었으면	儻許吟笻竝此辰

대산(大山)을 가기로 한 것은 이미 소용없게 되었기 때문에 다시 죽도(竹島)에 물고기를 구경하러 가자고 계획한 것이다.

203 영보(英甫) : 송시열(宋時烈, 1607~1689)로, 본관은 은진(恩津), 자는 영보, 호는 우암(尤庵)·우재(尤齋), 시호는 문정(文正)이다. 저서로는 《송자대전(宋子大全)》 등이 있다. 《鳳谷集 卷5 祖考尤庵先生家狀》

204 태지(泰之) : 이유태(李惟泰, 1607~1684)로, 본관은 경주(慶州), 자는 태지, 호는 초려(草廬), 시호는 문헌(文憲)이다.

205 호량(濠梁)의……만하니 : 《장자(莊子)》 〈추수(秋水)〉에, 장자가 친구인 혜시(惠施)와 함께 호량을 거닐다가 피라미가 한가롭게 노니는 것을 보고, 물고기의 즐거움에 대해 이야기 한 고사를 차용한 것이다. 아래 주석에 죽도 물고기 구경을 가기로 한 것을 가리킨 것이다.

병아[206] 후에 명윤으로 개명했다.의 관례일에 길보[207]의 시에 차운하여 보여주다
丙 後改命胤 兒冠日 次吉甫韻示之

못난 나 다만 선열 욕되게 하여 부끄러우니	不肖徒慙忝前烈
대대로 전해진 충효 우리 집 가풍이네	靑氈忠孝我家風
관례는 아름다움을 중시하고	冠醮所以重嘉事
예법은 원래 바른 용모로 시작하네	禮儀從來始正容
언행은 마땅히 가르침 따라야 하고	言行秪宜遵爾訓
게으름은 삼가 이 아비 배우지 말지어다	疏慵愼莫學而公
경서 한 권이 천금을 남겨주는 것보다 더 크니[208]	一經可博千金遺
기이한 재주로 용 잡으려 하지 말거라[209]	不要奇才便捕龍

206 병아(丙兒) : 유계의 맏아들 유명윤(兪命胤, 1629~1669)을 말한다.

207 길보(吉甫) : 윤선거(尹宣擧, 1610~1669)로, 본관은 파평(坡平), 자는 길보, 호는 노서(魯西)·미촌(美村)이다.

208 경서……크니 : 한(漢)나라 때 추로(鄒魯)의 대유(大儒)라고 일컬어졌던 위현(韋賢)이 네 아들을 잘 가르쳐 모두 현달하게 하였으므로, 당시에 "황금이 가득한 상자를 자식에게 물려주기보다는 경서 한 권을 제대로 가르치는 것이 훨씬 낫다."라는 말이 유행했다고 한다. 《漢書 卷73 韋賢傳》

209 기이한……말거라 : 유종원(柳宗元)이 지은 〈한유가 지은 모영전을 읽은 뒤에 쓰다〔讀韓愈所著毛穎傳後題〕〉에 "문세가 용을 사로잡고 호랑이를 때려잡아 급박하게 싸우느라 잠시라도 사력을 다하지 않을 수 없는 것과 같은 그런 느낌이었으니, 사실 한유의 글은 괴이하였다."라고 하였다. 기이한 문장 짓는 것에 힘쓰지 말라는 말이다. 《唐大家柳柳州文抄 卷9》

정진경 만사

挽鄭晉卿

혼인 맺은 뒤로 오랜 세월 흘렀나니	姻好成來歲月深
젊은 시절 즐겁게 마음 모두 터놓았지	少年讙謔摠開心
분유[210]에서 집이 서로 붙어 있었고	枌楡舊社曾連棟
눈보라 치는 외로운 성에서 이불 함께 덮었는데	風雪孤城更共衾
천 리에서 동야의 부고 소식에 놀라고[211]	千里書驚東野報
한결같이 애통하니 언선의 거문고 끊어졌네[212]	一哀絃斷彥先琴
약한 풀 같은 인생 오래가기 어려움을 알지만[213]	輕塵弱草知難久
유명 달리한 슬픔에 눈물 금하지 못하네	存沒悲涼涕不禁

210 분유(枌楡) : 분유는 느릅나무로, 고향을 가리킨다. 한 고조(漢高祖) 유방(劉邦)이 자기 고향인 풍(豐)에다 느릅나무 두 그루를 심어 토지(土地)의 신(神)으로 삼은 고사에서 유래하였다.

211 천 리에서……놀라고 : 동야는 맹교(孟郊, 751~814)의 자로 맹동야가 죽었다는 부고를 말한다. 매욱은 46세가 되어서야 겨우 진사 시험에 급제해 각지의 변변찮은 관직을 맡았고, 가정적으로 불우하여 빈곤 속에서 죽었다. 한유(韓愈)와 망형지교(亡形之交)를 맺었으며, 맹교가 벼슬에서 물러나 떠날 때 〈송맹동야서(送孟東野序)〉라는 명문을 써서 주었다.

212 언선(彥先)의……끊어졌네 : 언선은 고언선(顧彥先)으로, 《세설신어(世說新語)》 〈상서(傷逝)〉에 "고언선이 평소에 거문고를 좋아하였는데, 죽고 나자 집안사람들이 내내 거문고를 영상 위에 올려놓았다."라고 하였다.

213 약한……알지만 : 황보밀(皇甫謐)의 《열녀전(列女傳)》에 "인생이란 연약한 풀에 서린 가벼운 먼지 같은 것이다.〔人生世間, 如輕塵棲弱草耳.〕"라는 표현이 있다

전라도 관찰사 윤이원[214]에게 주다

贈湖南使相尹而遠

휘황찬란한 옥 부절 금부 비추니	煌煌玉節映金符
고삐 잡은 명성 바닷가에 진동하네	攬轡風聲振海隅
자사는 국방과 민생 겸하는 임무 크고	剌史兵民兼任大
감사의 직책은 문무 두 가지 재주 필요하네	藩宣文武兩才需
위엄은 포자같이 피폐한 백성 불쌍히 여기고[215]	威如暴子憐疲瘵
인자함은 은후[216] 같이 구휼을 걱정하였네	仁似殷侯怕呴濡
엄함과 너그러움으로 다스림이 진정한 교화이니[217]	濟猛濟寬眞政化
나는 귀 기울여 그대를 칭송하는 노래 들으리라	野夫傾耳聽新謳

214 윤이원(尹而遠) : 윤명은(尹鳴殷, 1601~1646)으로, 본관은 파평(坡平), 자는 이원, 호는 사정(思亭)이다. 윤명은은 1645년에 전라도 관찰사에 제수되었다.《宋子大全 卷168 全羅監司尹公神道碑銘 幷序》

215 위엄이……불쌍하고 : 한 무제(漢武帝) 때에 수의 어사(繡衣御史) 포승지(暴勝之)가 황제가 내린 부월을 쥐고 군국(郡國)의 도적떼를 일망타진했던 고사가 있다. 왕명을 받들고 지방에 나가서 난리를 평정하고 민심을 안정시킨 것을 말한다.《漢書 卷66 王訢傳》

216 은후(殷侯) : 진(晉)나라 장평(長平) 사람 은호(殷浩)로, 자는 심원(深源)이다.《晉書 卷77》

217 엄함과……교화이니 : 공자가 이르기를 "훌륭하도다. 정치가 관대하면 백성이 완만해지나니 완만해지면 엄격함으로 규찰하고, 정치가 엄격하면 백성이 피폐해지나니 피폐해지면 관대함을 베풀어 주어, 관대함으로 엄격함을 돕고, 엄격함으로 관대함을 도우니, 정치가 이 때문에 평화로워진 것이다."라고 하였다.《春秋左氏傳 昭公20年》

공주 노상에서 길보가 지은 옛 시에 차운하다
公州道上 次吉甫舊韻

근래 열 가지 계획 중 여덟아홉은 어긋나고	十計年來八九非
반평생 흑백 뒤섞인 속세에 염증나네	半生緇素厭塵衣
한가한 구름 산에 걸렸다가 바람에 떠나가고	閑雲在岫還吹去
피곤한 새 숲속에 있다가 다시 날아가네	倦鳥投林却再飛
나라에 마음 쓰여 양 귀밑머리 하얗고	家國關心雙鬢皓
천지에 유랑하는 이 한 몸 미천하네	乾坤浪迹一身微
마하산 도의 맺은 친구 응당 웃을 것이니	霞山道侶應相笑
지금 세상에 여유 있게 은둔하는 이[218] 누구인가	今世何人是遯肥

218 여유……이 : 《주역》 〈둔괘(遯卦) 상구(上九)〉에 "여유 있는 은둔이니, 이롭지 않음이 없다.〔肥遯, 无不利.〕"라고 하였다.

또 길보가 보내온 시에 차운하다
又次吉甫見贈韻

출사는 내 뜻 아니고 물러나기도 어려우니	進旣非心退亦難
고달픈 인생 어느 곳에서 한가롭게 머물까	勞生何處可投閑
회상하는 오늘날의 주소가 부끄럽고[219]	回頭此日慙周邵
코를 가렸던 당시의 사안이 우습구나[220]	掩鼻當年笑謝安
몸은 머나먼 길에서 잘린 쑥대를 뒤쫓고	身逐斷蓬長路上
꿈은 소산 사이에서 계수나무 부여잡네[221]	夢攀叢桂小山間

219 회상하는……부끄럽고 : 유계가 주소(周邵)처럼 벼슬하러 나온 것을 후회한다는 말이다. 동진(東晉)의 은사(隱士) 주소가 여산(廬山)에 은거하고 있을 때, 권신(權臣) 유량(庾亮, 289~340)이 그를 출사시키고자 찾아갔으나 그때마다 주소는 뒷문으로 도망쳤다. 어느 날 유량이 갑자기 방문하여 주소에게 음식을 요구하자 주소는 어쩔 수 없이 거친 밥을 내어 주었고, 유량은 즐겁게 먹으면서 세상 물정에 대해 이야기를 나누며 주소를 추천하여 이끌어 주겠다고 약속하였다. 후에 주소가 출사하여 2천 석의 장군이 되었으나, 마음에 맞지 않자 한밤중에 "대장부가 유원규에게 팔리고 말았구나."라고 탄식하였다. 《世說新語 尤悔》

220 코를……우습구나 : 원문의 엄비(掩鼻)는 착비(捉鼻)와 같은 말로, 고상한 시문을 짓는다는 뜻이다. 옛날 낙양(洛陽) 서생들의 음영(吟詠)하는 성조는 그 음색이 본디 무겁고 탁했는데, 동진(東晉) 때 사안(謝安)은 본래 비질(鼻疾)로 인해 음성이 탁해져서 낙양 서생들의 성조에 능했다. 당시 명사들이 대부분 그 성조를 좋아하면서도 따를 수가 없었으므로, 혹자는 손으로 코를 쥐고 읊조려서 그 성조를 흉내 내기도 했던 데서 온 말이다. 《晉書 卷79 謝安列傳》

221 꿈은……부여잡네 : 꿈속에서 은거를 꿈꾼다는 말로, 유계가 벼슬을 떠나 전원으로 돌아가고픈 마음을 읊은 것이다. 한(漢)나라 때 회남(淮南) 소산(小山)의 무리가 초(楚)나라 굴원(屈原)을 동정하며 〈초은사(招隱士)〉라는 시를 지었는데, 그 첫머리에

적성의 가을 유람을 간절히 약속했으니	赤城秋眺丁寧約
잠깐 지팡이 멈추고 천천히 구경해야지	少住吟笻遲我看

"계수나무 더부룩하게 무더기로 난 그윽한 산속〔桂樹叢生兮山之幽〕"이라는 내용이 나온다.

서울 집에서 병으로 누워 있으며 감회가 있어
洛舍病伏有懷

어찌 이번 행차 올 해 있을 것을 기약했겠나	那期此役又今年
부질없는 세상 뜨고 잠김은 누가 시켜서인가	浮世漂沈孰使然
명예는 헤진 솜옷 입고 가시밭에 있어 근심하고	敗絮身名愁棘裏
자취는 뿌리 잘린 쑥대 바람 앞에서 겁내네	斷蓬蹤迹怯風前
자연에서 맑은 감상 늘 어긋나니	煙霞每爾乖清賞
진토와 묵은 인연 있는 것 같네	塵土還如有宿緣
저무는 고향의 가을 멀리서 떠올리느라	遙想故林秋色晚
등불 밤새도록 밝힌 채 잠 못 이루네	一燈終夕耿無眠

객사에서 해 보내니 머리털 세려 하는데	客舍徂年鬢欲皤
요즈음의 심사 어떠하겠는가	邇來心事問如何
쥐의 간이든 벌레 팔뚝이든 모두 조화 따를 뿐[222]	鼠肝蟲臂都從化
말이라 하던 소라 하던 저들에게 맡겨 두리라[223]	馬應牛呼亦任他

222 쥐의……따를 뿐 : 원문의 충비(蟲臂)와 서간(鼠肝)은 《장자(莊子)》 〈대종사(大宗師)〉에 "위대하도다. 조화여! 너를 장차 무엇으로 만들려는가? 너를 쥐의 간으로 만들 것인가, 너를 벌레의 팔뚝으로 만들 것인가?〔偉哉造化, 又將奚以汝爲將奚以汝適, 以汝爲鼠肝乎, 以汝爲蟲臂乎.〕"라고 한 말에서 나온 것이다.

223 말이라……두리라 : 호우호마(呼牛呼馬)라고도 한다. 시비(是非)는 다른 사람의 평가에 맡기고 자신은 상관하지 않음을 뜻한다. 《장자》 〈천도(天道)〉에 "나를 소라고 부르면 소라고 하고, 나를 말이라고 부르면 말이라고 한다.〔呼我牛也, 而謂之牛, 呼我馬也, 而謂之馬.〕"라고 하였다.

세상밖엔 꿈에 그리는 보금자리가 있고	物外有棲長夢想
속세에는 풍파가 멈출 날 없어라	世間無地息風波
임금의 은혜 갚지 못한 채 병만 많으니	君恩未報身多病
〈탄협가〉 한밤중에 호탕하게 부른다네[224]	彈鋏中宵一浩歌

224 탄협가(彈鋏歌)……부른다네 : 객지에서의 불우한 생활을 뜻한다. 탄협은 칼을 두드린다는 의미로, 전국 시대 제(齊)나라 풍환(馮驩)이 손잡이를 노끈으로 감은 칼을 두드리며, 맹상군(孟嘗君)에게 처우 개선을 요구했던 고사가 있다. 그 노래에 "장협이여 돌아가야 할까보다. 밥에 고기반찬이 없구나.〔長鋏歸來乎, 食無魚.〕"라고 하였다. 《史記 卷75 孟嘗君列傳》

길에서 찌는 더위에 운자를 부르며 짓다 병술년(1646, 인조24)

道上苦熱呼韻 丙戌

이 아래는 무안(務安)에 부임했을 때[225] 지은 것이다.

붉은 까마귀 불을 머금고 한밤에 날아오르니[226]	赤烏含火翥中宵
큰 화로 속 같은 대지 누가 감히 달아날까	大地洪爐孰敢逃
땀이 옷을 적시니 몸 상할까 의심하고	汗漬衣裳疑體潰
연기 목구멍에서 피어오르니 장 녹을까 두렵네	煙生喉吻怕腸銷
차가운 물 구하려 해도 어찌 얻을 수 있으랴	乞爲寒玉焉能得
비록 단단한 쇠라도 또한 저절로 녹겠네	縱是頑金也自燒
바닷가에는 장독도 있다는 말 들었는데	聞說海國兼瘴毒
병든 몸으로 어찌 견딜지 더욱 걱정일세	那堪病骨更煎焦

225 무안(務安)에 부임했을 때 : 유계는 1646년 4월에 무안 현감(務安縣監)에 임명되었다.

226 붉은……날아오르니 : 주(周)나라 무왕(武王)이 주(紂)를 치기 위해 맹진(孟津)을 건너간 뒤에 불기운이 왕의 막사에 흘러들어와 붉은 까마귀로 변했는데 다리가 셋이었다는 고사가 전한다. 《史記 周本紀》《尙書大傳 卷2》 여기서는 뜨거운 태양을 비유하는 말이다.

한호 임동야[227] 어른의 강가 정자에 쓰다

題林東野閑好丈江亭

여러 해 북극과 남명으로 떨어져 원망했는데	長年北極怨南溟
기우와 침린 다행이 함께 어울리게 되었구나[228]	羈羽沈鱗幸合幷
미치광이 산간은 오만한 관리라서	山簡顚狂還傲吏
숲 속 정자 습가지에서 노닐며 감상하네[229]	習池遊賞卽林亭
예전부터 익숙한 밝은 달빛 가슴에 가득 차고	盈襟舊契江蟾素
처음 보는 바닷가 푸른 산 눈에 가득하구나	滿眼新知海嶽靑
묵묵히 마주하며 세속의 말 없으니	相對窅然無俗語
해질녘 심사 형체를 잊으려하네	暮途心事欲忘形

227 임동야(林東野) : 임연(林堜, 1589~1648)으로, 본관은 나주(羅州), 자는 동야, 호는 한호(閑好)이다. 저서에 《한호유고(閑好遺稿)》가 전한다.

228 여러……되었구나 : 원문의 기우(羈羽)와 침린(沈鱗)은 《장자(莊子)》 〈소요유(逍遙遊)〉에 나오는 붕(鵬)이라는 새와 곤(鯤)이라는 물고기를 가리키는데, 한유(韓愈)의 시에 "북극에는 홀로 날아가는 새 한 마리, 남명에는 깊이 숨은 큰 물고기 한 마리. 대륙의 강물 줄기 그 사이를 가로막아, 그림자도 못 보고 메아리도 안 들리네. 그러나 바람 구름 한번 만나면, 변화해서 한 몸뚱이 합쳐지누나. 거리가 멀다고 누가 말할까, 감동하여 격발하면 귀신처럼 빠른 것을.〔北極有羈羽, 南溟有沈鱗, 川源浩浩隔, 影響兩無因, 風雲一朝會, 變化成一身, 誰言道里遠, 感激疾如神.〕"이라는 표현을 차용한 것이다. 《韓昌黎集 卷2 北極一首贈李觀》

229 산간(山簡)은……감상하네 : 진(晉)나라 때 산간은 술을 매우 좋아했는데, 일찍이 양양 태수(襄陽太守)로 있을 적에 현산(峴山) 아래 위치한 습가지(習家池)의 경치가 좋아서 매일 그곳에 나가 온종일 술을 마시고 곤드레가 되어 돌아오곤 했다. 《晉書 卷43 山濤列傳 山簡》

조카 명석의 관례일에 이택지[230] 형제에게 써서 주다
家姪命錫冠日 書贈李澤之兄弟

지금 사람 이미 옛 사람 기대에 미치기 어렵거니와	今人已難昔人期
문헌[231]이 어찌 일찍이 변방 지역에 있으리오	文獻何曾在僻陲
길례가 마침 오늘 저녁 있어 모였는데	吉禮正當今夕會
훌륭한 손님 하물며 해를 넘겨 만났구나	佳賓況值隔年時
옛 의식 따르니 어쩌면 그리도 볼 만한가	儀唯遵舊何觀美
인정을 참작한 절차 합당함을 귀하게 여겼네	節要參情貴合宜
아득히 산천재[232]의 작년 일 떠오르니	遙想山泉前歲事
백미께서 진중히 좋은 충고 해주셨지[233]	白眉珍重惠良規

230 이택지(李澤之) : 이유택(李惟澤, 1600~1668)으로, 본관은 경주(慶州), 자는 택지, 호는 유곡(柳谷)이다. 초려(草廬) 이유태(李惟泰)의 큰형이다.《草廬集 卷22 伯氏柳谷李公行狀》

231 문헌(文獻) : 견문이 넓어 전고에 밝은 사람으로, 여기서는 이유택 형제를 가리킨다. 《논어》 〈팔일(八佾)〉에 "문헌이 부족하기 때문인데, 문헌만 충분하다면 내가 실증할 수가 있다.〔文獻不足故也, 足則吾能徵之矣.〕"라는 말이 있다.

232 산천재(山泉齋) : 금산(錦山) 마하산(麻霞山)에 있다. 이곳에서 유계와 윤선거(尹宣擧)가 《가례원류(家禮源流)》를 공저하였다.《明齋遺稿 卷26 答露峯院儒》

233 백미(白眉)께서……해주셨지 : 백미는 여러 형제 중 가장 뛰어난 사람을 말하는데, 여기서는 이유택을 가리킨다.

대사헌 유백증[234] 족숙에 대한 만사

挽兪 伯曾 都憲族叔

임금 사랑하고 나라 걱정하는 마음 특출하여　愛君憂國出尋常
혼자서 거친 물결 헤쳐나감을 임무로 삼았네[235]　隻手狂瀾任激揚
남쪽으로 건너간 조정에는 백기 필요한데[236]　南渡朝廷須伯紀
서경에서 절개 있는 중랑을 배척하였구나[237]　西京氣節擯中郎

234 유백증(兪伯曾) : 1587～1646. 본관은 기계(杞溪), 자는 자선(子先), 호는 취헌(翠軒)이다. 시호는 충경(忠景)이다. 《승정원일기》 인조 15년 10월 27일 기사에 유백증을 대사헌(大司憲)에 임명한 기록이 있다.

235 혼자서……삼았네 : 원문의 격양(激揚)은 격탁양청(激濁揚淸)의 준말로, 악한 부류를 배척하고 선한 사람들을 뽑아 올리는 것을 임무로 삼는다는 말이다. 광해군 때 유백증은 임숙영(任叔英)이 바른 말을 하다가 삭과(削科)된 것은 잘못이라고 상소하였고, 인목대비(仁穆大妃) 폐모론(廢母論)에 반대하여 사직하고 낙향하였다. 인조 때에도 여러 차례 조정 신하들의 잘못을 탄핵하였는데 이러한 강직한 성품을 가리키는 것이다. 《藥泉集 第18 杞平君忠景兪公神道碑銘》

236 남쪽으로……필요한데 : 백기(伯紀)는 송(宋)나라 때의 명상 이강(李綱)의 자이다. 금(金)나라가 쳐들어왔을 때 항전(抗戰)을 주장하다가 귀양 갔고, 고종(高宗)이 남도한 뒤에 불러 정승으로 삼자, 군대를 정비하여 국토 회복에 진력하였다. 《宋史 卷358 李綱列傳》

237 서경에서……배척하였구나 : 급암(汲黯)은 한 무제(漢武帝) 때 청렴하고 직간(直諫)을 잘했던 인물이다. 무제가 유자(儒者)들을 불러 향후 하고자 하는 바를 말하자 급암이 "폐하께서는 속으로는 욕심이 많으시면서 겉으로만 인의를 베푸시니, 무엇으로 당우(唐虞)의 다스림을 본받고자 하십니까."라고 대답한 일화가 있다. 이 일로 인하여 무제의 입에서 "심하도다. 급암의 우직함이여."라는 말이 나왔다. 훗날 무제가 급암을 회양 태수(淮陽太守)로 임명하자, 급암은 외직보다 내직에 있으면서 임금의 부족함을

변치 않는 산하를 두고 맹세하여 공신이 되고[238]	勳盟不改山河誓
간언의 소장 길이 일월과 빛을 다투네	諫疏長爭日月光
푸른 강직한 인물 묻혀 안타까워라	惆悵青山埋直道
가을바람 부는 하늘 끝에서 눈물이 치마 적시네	秋風天末淚沾裳

간언하겠다고 부임하기를 주저하였다. 급암은 10년 동안 회양 태수로 있다가 임소(任所)에서 죽었다. 《史記 卷120 汲黯列傳》《史略 卷2 西漢》

238 변치……되고 : 인조반정 뒤 정사 공신(靖社功臣) 3등으로 기평군(杞平君)에 봉해진 것을 말한다.

교외에 가서 밭을 조사하다가 비를 만나 법천사에 들어가 시를 남기고 돌아오다

行郊覆田 遭雨入法泉寺 留題而歸

교외로 나갈 땐 산에 가려던 것 아닌데	行郊初不爲尋山
산 비가 사람을 이곳에 오게 했구나	山雨驅人到此間
아마도 땅의 신령이 나의 번뇌를 꾸짖느라	應是地靈嗔苦惱
속세의 발길 사찰에 잠시 머물게 했나보네	故敎塵躅暫淸閑
시내 구름은 하얗게 빛추며 쇠한 머리털과 섞이고	溪雲映素侵衰鬢
골짜기 숲은 붉게 물들어 나그네 얼굴 비추네	澗樹凝丹照客顔
반평생 마음과 자취 어긋난 것 부끄러우니	慙愧半生心迹舛
다시 재촉해 말 타고 아침에 돌아가네	更催鞍馬趁朝還

택지[239]가 북으로 돌아가게 되어 부채 한 면에 써서 태지[240]·영보[241]·명보[242]·여망[243]·길보[244] 여러 형들에게 부치다

因澤之北歸 書扇面 寄泰之英甫明甫汝望吉甫諸兄

문회당에서 예전에 어울린 일 추억하며	文會堂中憶舊遊
함께 시구를 창주에 부치노라	兼將詩句寄滄洲
회천에 사는 도려는 병이 없을 것이고	懷村道侶能無病
봉래의 한적한 이 분명 근심 없겠지	蓬島閑人定不憂
갈류에서 괴로우니[245] 입 숭상한 것 부끄럽고	困到葛藟慙尙口

239 택지(澤之) : 이유택(李惟澤, 1600~1668)으로, 본관은 경주(慶州), 자는 택지, 호는 유곡(柳谷)이다. 《草廬集 卷22 伯氏柳谷李公行狀》

240 태지(泰之) : 이유태(李惟泰, 1607~1684)로, 본관은 경주, 자는 태지, 호는 초려(草廬), 시호는 문헌(文憲)이다. 이유택의 아우이다.

241 영보(英甫) : 송시열(宋時烈, 1607~1689)로, 본관은 은진(恩津), 자는 영보, 호는 우암(尤庵)·우재(尤齋), 시호는 문정(文正)이다.

242 명보(明甫) : 송준길(1606~1672)로, 본관은 은진, 자는 명보, 호는 동춘당(同春堂), 시호는 문정(文正)이다.

243 여망(汝望) : 윤문거(尹文擧, 1606~1672)로, 본관은 파평(坡平), 자는 여망, 호는 석호(石湖), 시호는 충경(忠敬)이다. 저서에 《석호유고(石湖遺稿)》가 있다.

244 길보(吉甫) : 윤선거(尹宣擧, 1610~1669)로, 본관은 파평, 자는 길보, 호는 노서(魯西)·미촌(美村)이다.

245 갈류(葛藟)에서 괴로우니 : 《주역》 〈곤괘(困卦) 상육(上六)〉에 "칡넝쿨과 위태로운 곳에 곤함이니, 동할 때마다 뉘우침이 있을 것이라 하여 뉘우치는 마음을 두면 감에 길하다.〔困于葛藟, 于臲卼, 曰動悔, 有悔, 征吉.〕"라고 하였다.

속세에 깊이 번뇌하며 몰두할까 두렵구나　　惱深塵土怕埋頭
우리들 풍파의 기로에서 돌아와　　風波岐路還吾輩
노년에 갈매기와 어울리자고 기약했지　　遲暮心期有白鷗

문회(文會)는 태지(泰之)의 당(堂) 이름이다.[246] 창주(滄洲)는 영보가 사는 곳이다. 명보는 회천(懷川)[247]에 있고, 길보는 봉래(蓬萊)에 산다. 여망이 새로 소장을 올렸다가 구설에 올라 시끄러워지자 스스로 속세의 일에 골몰한 것을 가련히 여기며 인하여 예전에 강호에서 노닐기로 한 약속을 추억하며 차례로 말하여 마음을 시에 드러내었다.

246 문회(文會)는……이름이다 : 《시남집》 권19에 〈문회당기(文會堂記)〉가 실려 있다.

247 회천(懷川) : 송준길이 살던 회덕(懷德)의 이칭이다.

송영보가 보내 준 시에 차운하다

次宋英甫見贈韻

당시 영보가 복성(卜姓)[248]을 위해 면주(綿州)에 도착하였다.

산 나그네 표연히 옥천에서부터 오니	山客飄然自沃州
먼 지방에서 옛 친구 푸른 눈으로 맞았네[249]	殊方青眼舊同流
그윽한 난초 예부터 남방에 많았고	幽蘭從古饒南國
밝은 달은 원래 바닷가 모퉁이에 떠오르지	明月元來產海陬
꽃 구경하는 것이 좋은 일이라 믿지 않으니	未信尋芳緣好事
옥 심는 것이 좋은 계획임을 누가 알리오	誰知蒔玉是良謀
진장은 끝내 경박함 싫어하지 않으니	眞長了不嫌輕薄
현도가 더 머물다 간들 무슨 상관이랴[250]	玄度何妨更少留

248 복성(卜姓) : 첩을 얻을 때에 동성(同姓)을 피하는 것을 말하는데, 보통 첩을 얻는 것을 의미한다.

249 푸른……맞았네 : 원문의 청안(青眼)은 매우 반가워하는 눈길을 뜻한다. 진(晉)나라 명사(名士) 완적(阮籍)은 세속의 법도에 구애받지 않고 지내면서 속사(俗士)를 만나면 흰자위〔白眼〕를 드러내어 경멸하는 뜻을 보여 주고, 의기투합하는 사람을 만나면 검은 눈동자로 대하여 반가운 뜻을 드러냈다. 《晉書 卷49 阮籍列傳》

250 진장(眞長)은……상관이랴 : 진장은 진(晉)나라 유담(劉惔)으로, 자는 진장이다. 《세설신어(世說新語)》 〈총례(寵禮)〉에 "허현도가 도읍에 한 달 머무는 동안 유담이 매일같이 그를 찾아갔는데, 탄식하며 말하기를 '그대가 얼마 있다 떠나지 않으면 나는 경박한 영윤이 되고 말 것이오.' 하였다."라고 하였다. 현도(玄度)는 진나라의 명사 허순(許詢)의 자로, 지둔(支遁)・왕희지(王羲之)・사안(謝安) 등과 교류하며 산수를 즐긴 인물이다. 여기서는 유담을 유계에, 허순을 송시열에 빗대어 유계가 송시열에게 더 오래 머물기를 권한 것이다.

영보와 서호 임한호[251] 어른을 찾아갔는데, 이날 큰 눈이 내렸다

偕英甫訪西湖林閑好丈 是日大雨雪

약속하고 천리에서 반갑게 맞이해	佳期千里好相邀
서호로 함께 가며 옥 같은 눈 밟는다	竝馬西湖踏玉瑤
즐거운 흥에 왕자의 노 돌리지 않았고[252]	逸興未回王子棹
시 읊는 혼 먼저 맹생의 다리에서 요동치네[253]	吟魂先蕩孟生橋
푸른 언덕의 대나무는 겨울에 빼어나고	蒼蒼塢竹當冬秀
아름다운 강 매화는 추위 속에 어여쁘네	灼灼江梅鬪冷嬌
계륜이 술에 흠뻑 취한 일 참으로 우습구나[254]	剛笑季倫能酩酊

251 임한호(林閑好) : 임연(林埏, 1589~1648)으로, 본관은 나주(羅州), 자는 동야(東野), 호는 한호이다.

252 즐거운……않았고 : 왕자는 진(晉)나라 왕자유(王子猷)를 말한다. 그가 산음에 살면서 눈 내리는 밤, 불현듯 섬계(剡溪)에 있는 벗 대안도(戴安道)가 생각나서 작은 배를 타고 노를 저어 찾아갔다가 정작 그곳에 도착해서는 문 앞에서 다시 돌아오기에 그 까닭을 물었더니, "내가 본래 흥에 겨워 왔다가 흥이 다하여 돌아가는 것이니, 대안도를 보아 무엇 하겠는가."라고 하였다. 《世說新語 任誕》

253 시……요동치네 : 맹생은 성당(盛唐)의 시인인 맹호연(孟浩然)을 가리킨다. 맹호연이 눈발이 휘날리는 패교(霸橋) 위를 나귀 타고 지나갈 때 가장 멋진 시상(詩想)이 떠올랐다고 하는데, 소식(蘇軾)의 시에 "또 보지 못했는가, 눈 속에 나귀 탄 맹호연이 시 읊느라 찌푸린 눈썹과 산처럼 솟은 두 어깨를."이라고 하였다. 《蘇東坡詩集 卷12 贈寫眞何充秀才》

254 계륜(季倫)이……우습구나 : 계륜은 진(晉)나라의 산간(山簡)의 자이다. 일찍이 양양(襄陽)을 다스리면서 습가지(習家池)라는 못에서 술을 마시며 놀았는데 술에

갈강이 어찌 소산의 〈초은사〉와 같으리오[255]　　　　葛强爭似小山招

취하지 않은 채 돌아간 적이 없었으며, 그때마다 모자를 삐딱하게 쓰고 돌아갔다고 한다. 《晉書 卷43 山濤列傳 山簡》

255 갈강(葛强)이……같으리오 : 갈강은 진(晉)나라 때 정남장군(征南將軍)을 지냈던 산간(山簡)이 매우 아끼던 장수로서, 술에 취한 산간을 말에 태워 다녔다. 《晉書 卷43 山簡列傳》 한(漢)나라 때 회남왕 안(淮南王安)이 천하의 준걸들을 모아 시를 짓게 한 뒤 《시경》의 소아(小雅)와 대아(大雅)를 본떠 소산(小山)과 대산(大山)으로 시를 분류하였다. 소산에 속하는 〈초은사(招隱士)〉는 은자를 부른다는 뜻으로, 여기서는 유계와 송시열이 은자인 임연과 어울리는 즐거움을 나타낸 것이다. 《楚辭 卷8 招隱士》

영주 노상에서 영보와 헤어지며 주다

瀛洲道上 與英甫分岐 有贈

필마 타고 머나먼 영해 주유하는데	匹馬周遊嶺海遙
이 행차 너무 쓸쓸하지 않았다네	玆行殊不太蕭條
나부산에서 취하여 꿈속에서 매화와 말하고[256]	羅浮醉夢梅和語
외로운 봉우리에서 시 읊조리며 눈 함께 맞았지	孤岫吟魂雪共飄
서석산에서 고색창연한 풍경 바라보고	磅礴瑞山看古色
우뚝한 월악산 고고한 표상 느꼈네	崢嶸月嶽撫高標
돌아가는 길에 또 영주에서 비를 만났지만	歸裝又帶瀛洲雨
가시나무 사립문 쓸쓸히 닫은 것과 어찌 같겠는가	何似柴荊掩寂寥

영보가 면주(綿州)에서 첩을 얻었는데, 서호(西湖)에서 임씨 어른을 방문하고 월악산(月嶽山)에 들러 신백거(愼伯擧)[257]를 만났으며 서석산(瑞石山)을 지나며 은봉(隱峯) 어른[258]을 배알하였다. 떠날 때에 시로 지난 이력을 기록하기를 청하였으므로 함련과 경련에서 말하였다.

256 나부산(羅浮山)에서……말하고 : 수(隋)나라 개황(開皇) 연간에 조사웅(趙師雄)이 나부산의 매화촌에 있는 주점에서 소복(素服)으로 단장한 미인을 만나 함께 술을 마시고 잠이 들었다가 깨어 보니, 큰 매화나무 밑에 누워 있었다. 이미 달은 지고 삼성(參星)은 기울었으며 위에서는 비취(翡翠)가 지저귈 뿐이었다고 한다. 《古今事文類聚後集 卷28 花卉部 梅花》

257 신백거(愼伯擧) : 신천익(愼天翊, 1592~1661)으로, 본관은 거창(居昌), 자는 백거, 호는 소은(素隱)이다. 전라남도 영암에 은거하였다.

258 은봉(隱峯) 어른 : 안방준(安邦俊, 1573~1654)으로, 본관은 죽산(竹山), 자는 사언(士彦), 호는 은봉·우산(牛山), 시호는 문강(文康)이다. 저서로는 《은봉전서(隱峯全書)》가 있고, 편저로 《항의신편(抗義新編)》 등이 있다.

열흘 동안 만나며 구일이 바빴는데	十日相逢九日忙
세상의 인사는 참으로 미치광이 같구나	世間人事劇如狂
긴 여정에 엎어지고 자빠지며 몸은 병나고	長程顚頓身仍病
만년에 헤어지려니 마음이 더욱 상하네	晩景分離意更傷
화복은 참으로 말 얻는 것과 같음을 아니[259]	倚伏固知同得馬
시비는 어찌 감히 양을 잃은 것과 같은가[260]	是非安敢等亡羊
산으로 돌아가 혹시 남쪽으로 오는 사람 있으면	還山儻有南來使
나에게 신령한 단약 환골할 처방 구해주길	乞我靈丹換骨方

259 화복은……아니 : 세상의 일이 새옹지마(塞翁之馬)와 같아 얻고 잃음이 일정하지 않다는 말이다.

260 시비는……같은가 : 다기망양(多岐亡羊)이란 고사를 차용한 것으로, 세상의 시비가 갈림길이 많은 것을 말한 것이다. 《列子 說符》

3월 16일에 산양 사또 홍대이[261] · 기성 사또 윤중경[262] · 상사 이일경[263]과 약속하여 한호[264]의 강 누각에서 만나 달밤에 배를 띄우고 새벽이 되어서 돌아오다

三月旣望　約山陽使君洪大而箕城使君尹重卿李上舍一卿　會閑好江樓泛月中流　侵曉而還

봄 경치 아직 저물지 않았는데 옥인이 왔으니	韶華未暮玉人來
호숫가에서 멋진 기약으로 웃음꽃 피었네	湖上佳期笑語開
천리에서 온 나그네와 벗 모두 옛 친구	千里賓朋渾是舊
강물의 물고기와 새 저절로 시기함 없구나	一江魚鳥自無猜
처마 돌며 시구 찾으니 꽃은 붓에 날리고	巡簷索句花縈筆
난간에 기대 막걸리 마시니 달빛 술잔에 드네	憑檻斟醪月入杯
홍이 일어나 함께 작은 배에 올라타고서	乘興相將登小艇
옷에 바람과 이슬 가득 안고 깊은 밤에 돌아오네	滿衣風露夜深廻

261 홍대이(洪大而) : 홍명하(洪命夏, 1607～1667)로, 본관은 남양(南陽), 자는 대이, 호는 기천(沂川), 시호는 문간(文簡)이다. 1646년 화순 현감(和順縣監)에 임명되었다.《宋子大全 卷162 沂川洪公神道碑銘幷序》산양(山陽)은 전라도 화순의 옛 이름이다.

262 윤중경(尹重卿) : 윤세임(尹世任, 1596～?)으로, 본관은 파평(坡平), 자는 중경이다. 기성(箕城)은 전라도 함평(咸平)의 옛 이름이다.

263 일경(一卿) : 이정기(李廷夔, 1612～1671)로, 본관은 한산(韓山), 자는 일경, 호는 귀천(歸川)이다.《滄溪集 卷17 故嘉善大夫吏曹參判李公行狀》

264 한호(閑好) : 임연(林堜, 1589～1648)으로, 본관은 나주(羅州), 자는 동야(東野), 호는 한호이다.

중양절에 기성 현감 윤중경과 감악산에 오르기로 약속하였는데, 박자수[265] 등 여러 사람이 모두 함께 하였다. 취한 후에 두 편의 율시를 짓다

九日 約箕城守尹重卿登紺嶽 朴子秀諸人咸與 醉後得二律

부용꽃 우뚝한 바닷가 봉우리에	參削芙蓉海上岑
좋은 절기에 응하여 애써 올랐네	爲酬佳節强登臨
북쪽 끝으로 머리 돌리니 천문은 아득하고	頭回北極天門遠
남쪽 바다 멀리 바라보니 지세는 깊구나	眼盡南溟地勢深
물에 뜬 부평초처럼 우연히 천리에서 만나	萍水偶成千里會
거문고 타고 노래하며 함께 백년의 마음 쏟아내네	琴歌共寫百年心
훗날에 좋은 자취는 기억될 것이니	他時勝迹猶堪記
술통 앞에서 한번 읊조리는 것 아까워 말아야지	莫惜樽前一費吟

좋은 날 술 가지고 높은 누대 오르니	良辰携酒上高臺
남국의 서리 늦어 국화 피지 않았네	南國霜遲菊未開
비는 가을 풍경 씻어내 생생한 그림 그려내고	雨洗秋容呈活畫
바람은 취한 소매에 나부껴 가벼운 먼지 털어내네	風飄醉袂軼輕埃
노랫소리 아스라이 구름을 뚫고 가고	歌聲縹緲穿雲去
저녁 빛 창망하게 바다 건너 오누나	暮色蒼茫渡海來

265 박자수(朴子秀) : 박유준(朴惟儁, 1596~?)으로, 본관은 상주(尙州), 자는 자수이다.

고금의 풍류 도리어 일치하여	今古風流還一致
용산의 옛 일[266]처럼 술잔 함께 하네	龍山舊事卽同杯

266 용산(龍山)의 옛 일 : 진(晉)나라 맹가(孟嘉)가 중양절에 정서장군(征西將軍) 환온(桓溫)이 베푼 용산의 주연(酒宴)에 참군(參軍)의 신분으로 참석했다가, 국화주에 취한 나머지 바람에 모자가 날아가는 것도 알아채지 못했던 고사가 있다.《世說新語 識鑑》

이달 19일에 중경[267]·자수[268]와 함께 한호의 강 누각에 방문하였는데 이는 '19일과 29일 모두 9일이니, 9월 9일로 정한 때가 없다'라는 뜻[269]을 취한 것이다. 이날 유숙하면서 취기에 한호옹에게 시를 지어 드리니 진퇴운을 사용하였다
是月十九日 偕重卿子秀訪閑好江樓 蓋取十九廿九皆是九九月九日無定時之意也 是日留宿 醉後呈閑好翁 用進退韻

한 쌍의 일산 나란히 펼치고 강 교외 도착하니	聯翩雙蓋到江郊
세속 벗어난 한옹의 의표 사랑하기 때문이지	爲愛閑翁拔俗標
호수와 산 끝은 바라보는 경계 되고	句斷湖山爲眼界
바람과 달 맞이하여 마음의 벗으로 삼네	招邀風月作心交
그윽한 달빛 희미한데 삼추 다하고	流光曖曖三秋盡
취흥이 무르익어 하룻밤 길구나	醉興迢迢一夜遙
늙어가는 생애 서로 의탁하려는데	遲暮生涯欲相托
동향에 거처 마련하게 허락하실는지[270]	桐鄉還肯許誅茅

267 중경(重卿) : 윤세임(尹世任, 1596~?)으로, 본관은 파평(坡平)이다.

268 자수(子秀) : 박유준(朴惟儁, 1596~?)으로, 본관은 상주(尙州)이다.

269 19일과……뜻 : 북창(北窓) 정렴(鄭磏, 1506~1549)의 시에 "十九廿九皆是九, 九月九日無定時."라는 구절이 있다.

270 동향(桐鄕)에……허락하실는지 : 유계가 임연이 다스렸던 고을에 거처를 정하고 싶다는 말이다. 동향은 한(漢)나라 주읍(朱邑)이 동향 색부(嗇夫)로 있으면서 선정을 베풀었는데, 그가 죽은 뒤에 그곳 백성들이 그의 묘 옆에 사당을 짓고 세시(歲時)에 향사를 올렸던 고사에서 유래하였다.《漢書 卷89 循吏傳 朱邑》

만휴당[271]에서 벽 위 강절의 〈용문도중〉[272] 시에 차운하여 한호옹에게 드리다

晩休堂 次壁上康節龍門途中韻 呈閑好翁

푸른 산 둘러싸여 물 맑고 투명하니	青山環擁水澄明
이곳에서 살며 참으로 일생 마칠 만하네	活計眞堪了一生
동쪽에서 떠오른 흰 달은 평소 회포 열어주고	白月東來開素抱
서쪽으로 흐르는 맑은 강물에 헛된 명성 보내노라	淸江西去送浮名
한가한 중에 술 익으면 좋은 손님 이르고	閑中酒熟佳賓至
취한 후에 시 지으매 온 좌중이 놀라네	醉後詩成滿座驚
풍광을 거두어 노년의 삶에 제공하니	收拾風光供晩景
파도치는 세상으로 나아감이 우습구나	浪濤人世笑前行

271 만휴당(萬休堂) : 장유(張維)의 《계곡집(谿谷集)》 권33 〈임동야를 위해 지은 만휴당 십육영〔晩休堂十六詠 爲林東野賦〕〉에 의하면 임연과 관련된 집임을 알 수 있다.

272 강절(邵康節)의 용문도중(龍門途中) : 강절은 북송(北宋)의 사상가 소옹(邵雍, 1011~1077)으로, 자는 요부(堯夫), 시호는 강절이다. 이정지(李挺之)에게서 도가(道家)의 학문을 배웠고 상수학(象數學)을 정립하여 역학(易學)의 대가가 되었다. 시는 《격양집(擊壤集)》 권3의 〈용문도중작(龍門途中作)〉이다.

순천 부사 김광현[273] 어른에 대한 만사

挽金順天 光炫 丈

재상 가문의 청백은 이 집안의 가업	相門淸白是裘箕
선배들 중에 모범이 되셨네	先輩人中見表儀
인덕이 두터운데 하수[274]에 그친 건 슬프고	德厚年悲下壽嗇
명성 높은데도 참판에 머물러[275] 한스러워라	名高官恨貳卿卑
구름 낀 하늘에 쌍 부석 돌아오지 못하고[276]	雲霄未返雙鳧舃
장기의 바다에 부질없이 팔마비 남았구나[277]	瘴海空留八馬碑

273 김광현(金光炫) : 1584~1647. 본관은 안동(安東), 자는 회여(晦汝)·회여(晦如), 호는 수북(水北)이다. 김상용(金尙容)의 아들이다. 《淸陰集 卷29 大司憲金公神道碑銘竝序》《승정원일기》 인조 24년 2월 7일 기사에 김광현을 순천 부사(順天府使)에 임명한 기록이 있다.

274 하수(下壽) : 하수는 60세를 이른다. 《장자(莊子)》〈도척(盜跖)〉에 "사람의 상수는 100세이고 중수는 80세이고 하수는 60세이다."라고 하였다.

275 참판에 머물러 : 김광현은 1644년 이조 참판에 제수되었다. 《承政院日記 仁祖 22年 3月 21日》

276 쌍……못하고 : 김광현이 순천 부사 재직 중에 세상을 떠난 것을 말한다. 부석(鳧舃)은 지방관원의 행차를 말한다. 후한 현종(顯宗) 때에 왕교(王喬)가 섭현(葉縣)의 수령이 되었는데 신술(神術)이 있었다. 그가 매달 초하루와 보름에는 반드시 와서 조회하니 명제(明帝)는 그가 자주 오는데도 거마(車馬)를 볼 수 없으므로, 태사(太史)를 시켜 지켜보게 했다. 쌍 오리가 남쪽에서 날아오기에 그물로 잡았는데 한 쌍의 신〔舃〕을 얻었다는 고사가 있다. 《後漢書 卷111》

277 팔마비(八馬碑) 남았구나 : 팔마비는 고려 충렬왕(忠烈王) 때 승평 부사(昇平府使)를 지낸 최석(崔碩)의 청렴을 기리는 비석이고, 승평은 순천의 옛 이름이다. 최석이 임기를 마치고 돌아갈 때에 이전 승평부(昇平府)의 관례대로 떠나는 최석에게 말 여덟

십년 전 뵈었는데 이제 천고에 이별하니　十載容顔千古別
가을바람 부는 하늘 끝에서 눈물 줄줄 흘립니다　秋風天末淚漣洏

필을 주었는데 최석은 이를 사양하였고 서울로 타고 온 말까지 돌려보냈다. 고을 사람이 이를 받지 않자 최석은 상경 도중에 낳은 망아지까지 딸려 보냈다. 이에 고을 사람들이 그의 덕을 칭송하여 비석을 세워 팔마비라고 불렀다. 그 후로는 이 고을에서 수령에게 말을 주는 폐단이 없어졌다고 한다.《新增東國輿地勝覽 卷40 全羅道 順川都護府 古跡》 여기에서는 김광현이 순천 부사를 역임하면서 선정을 베풀었기 때문에 순천 백성들이 세운 송덕비가 남아 있다는 말이다.

정언 기시가[278]가 마침 현재에 들렀는데 기성 현감 윤중경[279]이 술을 가지고 와서 모였다. 이날 저녁에 운을 불렀다

奇正言時可適過縣齋 箕城尹使君重卿載酒來會 是夕呼韻

하늘 끝에서 약속이나 한 듯 상봉해서	天末逢迎似有期
흰머리 마주 대하니 각기 늘그막이네	白頭相對各衰遲
창에 비친 흰 달 정청한 곡조 같고	縈窓素月泠泠曲
가득 술 따르니 누런 국화가 잔에 떠다니네	滿酌黃花泛泛巵
시와 술로 오늘 밤 모임을 이루리니	文酒且諧今夕會
십 년간 애환일랑 말하지 마오	悲歡莫說十年時
풍진 밖의 끊임없는 이야기도	風塵膜外悠悠話
술동이 앞에서 한 수의 시만 못하다네	未抵樽前一首詩

278 기시가(奇時可) : 기만헌(奇晩獻, 1593~?)으로, 본관은 행주(幸州), 자는 시가이다. 1637년 단천 군수(端川郡守)에 임명되었고, 1646년 사간원 정언(司諫院正言)에 임명되었다.《承政院日記 仁祖 15年 8月 29日, 24年 2月 24日》

279 윤중경(尹重卿) : 윤세임(尹世任, 1596~?)으로, 본관은 파평(坡平), 자는 중경이다. 기성(箕城)은 전라도 함평(咸平)의 옛 이름이다.

눈 오는 밤 면주 여관에서 해운 판관 홍원구[280] 석기 의 시에 차운하다

雪夜綿館 次洪漕臺元九 錫箕 韻

그대의 훌륭한 문장 일찌감치 알았나니　當代詞華早識君
술동이 놓고 다시 옛 시를 가지고 논하네　一樽重把舊詩論
오늘 밤 바닷가에서 반갑게 만나 기쁘고　今宵海曲欣青眼
몇 해나 강가 하늘에서 저물녘 구름 원망했던가[281]　幾歲江天怨暮雲
눈 오는 밤 찬 등불 앞에 처음에 무릎 맞댔는데　亂雪寒燈初促膝
황량한 성 희미한 피리 소리에 문이 열렸네　荒城殘角已開門
형양의 나그네[282] 다시 남쪽으로 가는데　衡陽客路還南邁
짧은 날개 어긋나 함께 하지 못하네　短翼差池不及群

당시 원구(元九)가 장차 월출산(月出山)과 천관산(天冠山)을 유람하려고 하면서 나를 맞이하여 동행하려 하였는데 관직에 얽매여 갈 수 없었다. 그러므로 낙구에서 말하였다.

280 홍원구(洪元九) : 홍석기(洪錫箕, 1606~1680)로, 본관은 남양(南陽), 자는 원구, 호는 만주(晩州), 시호는 효정(孝定)이다. 1645년 정언(正言)으로 재직 중 만언소(萬言疏)를 올려 시사(時事)를 논했다가 해운 판관(海運判官)으로 좌천되었다.《承政院日記 仁祖 24年 7月 20日》

281 몇……원망했던가 : 홍석기는 해운 판관으로 나갔다가 파면된 후 실의하기를 거의 십년이나 하였다고 한다.《寒水齋集 卷26 參議洪公錫箕墓碣銘幷序》

282 형양(衡陽)의 나그네 : 형양은 중국 남방지역을 말하는데, 여기서는 남쪽 지방을 가리킨다.

승지 변효성[283] 만사

挽邊承旨 孝誠

온화한 풍모와 정신 구슬처럼 빛나니 蘊藉風神映璧圭
젊은 시절 명성 조정에 마땅하였지 少年聲價當金閨
안탑에 이름 올린 나이 어찌도 늦었는가[284] 登名雁塔齡何晩
승정원에서 근무했지만 지위가 낮았다오 分務銀臺位却低
저물녘 나무에서 까마귀는 피눈물 쏟고[285] 暮樹啼殘烏鳥血
가을 오동나무에 깃든 봉황새 날아가 썰렁하구나[286] 秋梧飛冷鳳凰棲

283 변효성(邊孝誠) : 1571~? 본관은 원주(原州), 자는 행원(行源)이다. 《승정원일기》 인조 23년 12월 21일 기사에 변효성이 분승지(分承旨)로서 중궁전에 문안한 기록이 있다.

284 안탑(雁塔)에……늦었는가 : 변효성이 늦은 나이에 과거에 급제했다는 말이다. 변효성은 1637년에 67세의 나이로 급제하였다. 안탑은 당(唐)나라 도성인 장안(長安)의 남쪽 자은사(慈恩寺)에 있는 탑인데, 새로 진사에 급제한 자들은 곡강(曲江)에서 잔치한 다음 그들의 이름을 안탑에 기록한 것에서 유래하였다. 《唐摭言 慈恩寺題名游賞賦詠雜記》

285 저물녘……쏟고 : 노년에 변효성이 돌아가신 어버이를 그리워하며 슬퍼했다는 말이다. 까마귀의 피눈물은 효도하고자 하는 자식의 마음을 비유한다. 까마귀 새끼가 자란 다음에 어미에게 먹이를 먹여 주며 은혜를 갚는다고 한다. 《古文眞寶 後集 卷1 陳情表》

286 가을……썰렁하구나 : 변효성의 죽음을 완곡하게 표현한 것이다. 당나라 두보(杜甫)의 시 〈추흥팔수(秋興八首)〉에 "향도의 남은 싸라기는 앵무가 쪼던 싸라기요, 벽오의 늙은 가지는 봉황이 깃든 가지로다.〔香稻啄餘鸚鵡粒, 碧梧棲老鳳凰枝.〕"라고 하였다. 《杜少陵詩集 卷17》

연진에서 검 합하고 무덤은 닫히니[287] 延津劍合佳城閉
하늘 끝에서 애사 지으며 눈물 흘리네 天末哀詞和淚題

287 연진(延津)에서……닫히니 : 변효성이 죽어 아내와 합장(合葬)하게 되었다는 말이다. 연진검합(延津劍合) 또는 연진지합(延津之合)이라 하여 부부가 사후에 서로 무덤을 달리했다가 합장하는 경우에 주로 쓰인다.《晉書 卷36 張華列傳》변효성은 아내와 동시에 죽었기 때문에 이렇게 표현한 것이다.《竹所集 卷3 邊承旨孝誠挽》

이함경[288]이 금성에 부임했다는 소식을 듣고 수레를 타고 찾아가 술을 마시고 취한 후에 써서 주다

聞李咸卿莅任錦城 趣駕相訪 握手取醉 醉後書贈

북으로 가고 남쪽으로 오면서 멈추지 못하니	北去南來了不停
우리들 진정 헛된 이름 때문일세	吾儕端爲坐虛名
십 년 동안 추방당해 머리 완전히 세었고	十年放逐頭全皓
천 리에서 만나니 거듭 반가워라	千里逢迎眼重靑
꽃 가득 핀 금성의 봄 경치 바다 같고	花滿錦城春似海
촛불 깜빡이는 연각엔 밤이 깊어가네	燭殘蓮閣夜催更
취한 중에 몸이 하늘 끝에 있음을 잊고서	醉中忘却身天末
오히려 당시 궁궐에 있을 때를 기억하네	猶記當時鎖禁扃

288 이함경(李咸卿) : 이일상(李一相, 1612~1666)으로, 본관은 연안(延安), 자는 함경, 호는 청호(靑湖), 시호는 문숙(文肅)이다. 《芝村集 卷23 伯父靑湖府君墓誌》《승정원일기》 인조 26년 2월 20일 기사에 이일상을 금성 현감(錦城縣監)에 임명한 기록이 있다. 금성은 나주(羅州)의 옛 이름이다.

헤어지고 열흘 뒤에 함경이 시를 주었기에 대강 입으로 불러 율시 두 수를 지어 사례하다

別後一旬 咸卿以詩投贈 率口得二律酬謝

취하고 헤어진 지 어느새 열흘	醉別居然隔十宵
정원의 핀 꽃 쓸쓸하고 숲은 절반이 시들	庭花悄悄半林凋
멀리 떨어져 있을 땐 마음이 노상 달려갔는데	關河契闊神長往
지척으로 보이는 거리에도 길은 또다시 멀구려	咫尺瞻望路更遙
백 리 고을에 머물며 늙어감이 서글퍼라	百里棲遲傷老大
봄날의 비바람에 붉은 꽃잎 보내네	三春風雨送紅嬌
습가지는 오히려 감상할 만하니[289]	習家池沼猶堪賞
초대 기다리지 말고 흥취 일면 때때로 오시게	乘興時來莫待招

시 읊조리느라 한밤중 되는 것도 몰랐구나	沈吟不覺到中宵
평소의 뜻 어긋나고 건장한 머리털 시들었네	素志蹉跎壯髮凋
문서 처리에 바쁘니 마음이 어지럽고	忙裏簿書心緖亂
책속에 있는 성현의 사업은 아득하기만	卷中賢聖事功遙
초객[290]이 비파에 능함 자랑함이 길이 부끄러우니	長慙楚客誇工瑟

289 습가지(習家池)는……만하니 : 진(晉)나라 때 산간(山簡)이 술을 매우 좋아했는데, 일찍이 양양 태수(襄陽太守)로 있을 적에 현산(峴山) 아래 위치한 습가지의 경치가 좋아서 매일 그곳에 나가 온종일 술을 마시고 곤드레가 되어 돌아오곤 했다. 《晉書 卷43 山濤列傳 山簡》 유계가 머무는 곳을 빗대어 말한 것이다.

290 초객(楚客) : 일반적으로 초(楚)나라의 굴원(屈原)을 가리키지만 여기에서는 불

어찌 궁녀가 부질없이 질투하는 것을 배우겠나　　肯學宮娥謾妬嬌
삼경은 황폐해지는데 돌아갈 계획 늦어져[291]　　三逕就荒歸計晚
고향 숲 옥인의 초대를 저버리네　　故林孤負玉人招

우한 유계 자신을 빗댄 것이다.

291 삼경(三逕)은……늦어져 : 삼경은 세 오솔길로, 은거함을 뜻한다. 서한(西漢) 말에 장후(蔣詡)가 은거한 뒤 집 안 정원에 세 갈래 오솔길을 만들어 놓고는 오직 양중(羊仲)과 구중(求仲) 두 사람과만 교유하며 두문불출했던 고사가 있다. 《三輔決錄 逃名》

함경이 대이[292]에게 준 시에 화운하다

和咸卿寄大而韻

서석산이 금성산과 접하여 푸른데[293]	瑞石山連錦岫青
동쪽을 바라보니 봄 하늘 나무는 아득하네[294]	春天東望樹冥冥
음성과 모습 아득히 천 리나 떨어진 사람 같지만	音容杳若人千里
마음만은 저 멀리 달이 뜬 정원에 함께 있다오	襟抱遙同月一庭
꽃 핀 객관에서 좋은 경치보며 시 짓고	好景詩成花裏館
대숲 정자에서 맑은 바람 쐬며 거문고 연주하리	清風琴弄竹間亭
장기의 바다에 오랫동안 쇠하고 병든 나 가련해라	自憐瘴海長衰疾
술동이 내버리고 맨 정신으로 견디고 있다네[295]	抛却樽罍耐獨醒

292 대이(大而) : 홍명하(洪命夏, 1607~1667)로, 본관은 남양(南陽), 자는 대이, 호는 기천(沂川), 시호는 문간(文簡)이다. 1646년 화순 현감(和順縣監)에 임명되었다. 《宋子大全 卷162 沂川洪公神道碑銘幷序》

293 서석산(瑞石山)이……푸른데 : 서석산은 광주시 북구와 전라남도 화순 및 담양 남쪽으로 걸쳐 있는 무등산(無等山)의 다른 이름이다. 금성산(錦城山)은 나주에 있다. 화순과 나주에 있는 홍명하와 이일상을 비유적으로 표현한 것이다.

294 봄……아득하네 : 그리운 벗이 멀리 있다는 말이다. 두보(杜甫)의 시 〈춘일억이백(春日憶李白)〉에 "위수 북쪽엔 봄 하늘에 우뚝 선 나무, 강 동쪽엔 저문 날 구름.〔渭北春天樹, 江東日暮雲.〕"이라고 하였다.

295 술동이……있다네 : 전국 시대 초나라 굴원(屈原)의 〈어부사(漁父辭)〉에 "온 세상이 흐린데 나만 홀로 맑고, 뭇사람들은 모두 취했는데 나만 홀로 깨어 있다."라는 말을 원용한 것이다. 《古文眞寶 後集 卷1》

임한호[296]의 강가 정자에서 사상의 행차를 이별하고 일경[297]과 함께 정관당[298]에 도착하여 지었다

林閑好江亭 別使相之行 與一卿偕到靜觀堂 有成

피리와 북소리 푸른 물굽이에 울리고	簫鼓喧喧殷碧灣
번득이는 깃발 앞산으로 사라지네	旌旗閃閃轉前山
마음은 달밤의 피리와 도롱이에 깃드는데	心棲月篴煙蓑外
몸은 수레 먼지 말발굽 사이에 머무네	迹滯車塵馬足間
강가 정자에서 멀리 돌아갈 객 떠나보내고	江榭遠將歸客去
바윗길에서 그저 옥인과 짝해 돌아오네	巖蹊聊伴玉人還
정사에 들러 맑은 정담 나누니	因過精舍拚淸晤
수고로운 생애에 반나절 한가로움 얻었구나	恰得勞生半日閑

296 임한호(林閑好) : 임연(林堜, 1589~1648)으로, 본관은 나주(羅州), 자는 동야, 호는 한호이다.

297 일경(一卿) : 이정기(李廷夔, 1612~1671)로, 본관은 한산(韓山), 자는 일경, 호는 귀천(歸川)이다. 《滄溪集 卷17 故嘉善大夫吏曹參判李公行狀》

298 정관당(靜觀堂) : 이정기의 무안(務安) 별업으로, 승달산(僧達山) 자락에 있었다. 《市南集 卷19 靜觀堂記》

일경의 운자를 사용하여 정관당에 쓰다

用一卿韻 題靜觀堂

고상하게 누워 자유로이 노니는 그대 부러워라	羨君高臥得天遊
남쪽 호수 십 리 물가를 독차지하였네	龍斷南湖十里洲
문 열면 푸른 병풍처럼 산이 들판에 펼쳐지고	排戶蒼屛山點野
주렴 가득 비추는 차가운 달빛이 물위에 두둥실	滿簾寒鏡月當流
조수 밀려드는 물가엔 갈매기떼 날아오고	潮生浦溆群鷗近
노송이 뿌리 내린 암대로 오솔길이 그윽하네	松老巖臺一逕幽
마주하고 조용히 경관을 바라보니	相對窅然觀物態
계수나무 떨기 잡고서 잠깐 머물고 싶구나[299]	欲攀叢桂乍淹留

299 계수나무……싶구나 : 경치 좋은 곳에서 은거하고 싶다는 말이다. 반계수(攀桂樹)는 계수나무를 부여잡는다는 말로, 《초사(楚辭)》 〈초은사(招隱士)〉에 "계수나무 가지를 부여잡으며 편히 오래 머무른다네.〔攀援桂樹兮聊淹留〕"라고 한 데서 유래하여 산중에 머물러 사는 것을 의미한다.

함경[300]이 보내 준 시에 차운하다

次咸卿見贈

이름난 도회지 다스리는 데 넉넉하여 製錦名都力有餘
백정의 여유로운 칼 놀림과 같으리라[301] 恢恢游刃到頭虛
꽃 핀 객관에 손님 이르면 술동이에 술이 가득하고 客來花館盈樽酒
연꽃 핀 서재에는 업무 마치고 책 수북하겠지 衙罷蓮齋滿案書
사마의 찬란한 문장은 궁할수록 더욱 씩씩하고[302] 司馬文瀾窮益壯
원룡의 호기는 늙을수록 사라지기 어려워라[303] 元龍豪氣老難除

300 이함경(李咸卿) : 이일상(李一相, 1612~1666)으로, 본관은 연안(延安), 자는 함경, 호는 청호(靑湖), 시호는 문숙(文肅)이다.

301 이름난……같으리라 : 이일상이 고을 수령으로 부임하여 훌륭한 정사를 펼칠 것이라는 말이다. 포정(庖丁)이 문혜군(文惠君)을 위해 소를 잡는데, 소 잡는 솜씨가 매우 뛰어나 문혜군을 감탄하게 하였다. 포정이 소 잡는 도(道)를 말하면서 "두께가 없는 칼을 두께가 있는 틈새에 넣으니, 널찍하여 칼날을 움직이는 데에 있어 반드시 여유가 있습니다."라고 한 데서 유래하였다. 《莊子 養生主》

302 사마(司馬)의……씩씩하고 : 한(漢)나라 사마천(司馬遷)이 일찍이 흉노(匈奴)에게 항복한 이릉(李陵)을 변호하다가 무제(武帝)의 노여움을 사서 궁형(宮刑)을 당하고는, 여기에 분격(憤激)한 나머지 무려 20년의 세월을 들여서 마침내 130권의 《사기(史記)》를 저술하였다. 《漢書 卷62 司馬遷傳》

303 원룡(元龍)의……어려워라 : 원룡은 삼국 시대 위(魏)나라 사람 진등(陳登)의 자이다. 후한(後漢) 말 국사(國士)의 칭호를 받던 허사(許汜)가 진등을 찾아가서 소인이나 꺼낼 말을 했다가 진등에게 무시를 당한 나머지 형편없는 대우를 받고 나와서는, 유비(劉備)를 만나 진등에 대해서 "진원룡은 강호 사이에서 호협하게 노니는 인물이라서 아직도 거친 호기가 없어지지 않았다.〔陳元龍, 湖海之士, 豪氣不除.〕"라고 호소하며 불평했던 고사에서 나온 것이다. 《三國志 卷7 魏書 陳登傳》

성산의 옛 일이 오늘날 다시 돌아왔으니[304]	盛山舊事還今日
한 편의 〈양춘곡〉[305]을 나에게 불러주시게	一曲陽春實倡予

304 성산(盛山)의……돌아왔으니 : 이일상이 금성 현감으로 부임하여 왔으니 훌륭한 시를 지을 때를 만났다는 말이다. 성산은 당(唐)나라 위처후(韋處厚)가 고공부랑(考功副郎)으로 있다가 좌천된 고을로, 산수를 유람하면서 읊은 〈성산십이시(盛山十二詩)〉를 지었다. 이 시에 당대의 명사인 원진(元稹), 백거이(白居易) 등이 차운하였는데, 이에 〈성산십이시〉와 그 차운시가 세상에 크게 유포되었다.

305 양춘곡(陽春曲) : 〈양춘곡〉은 〈백설곡(白雪曲)〉과 함께 초(楚)나라의 2대 명곡으로 일컬어지는데, 여기서는 훌륭한 시가(詩歌)를 말한 것이다. 《文選 宋玉對楚王問》

일경이 현재에 찾아와 사흘 묵고 돌아갔다. 다음 날 편지와 시를 보내왔는데 함경·대이·약수가 배를 타고 풍호에서 출발하여 이산에서 모인 뒤 나를 맞이하여 정관당[306]에서 기다리기로 했다는 내용이 들어 있기에 편지를 대하고 신속히 화운하다

一卿來訪縣齋 三宿乃歸 翌日送書與詩 報咸卿大而若水將乘船 自楓湖會梨山 邀余相待于靜觀堂 臨書率和

객을 전송하고 한가로이 자니 봄날 길고	送客閑眠春日長
먼지 낀 책이 텅 빈 책상에 덮여 있네	素塵箱帙掩空牀
바람 부는 관청 버들개지 온통 눈처럼 날리고	風前官柳渾成雪
비온 뒤 마당의 회화나무 절반은 누렇게 바랬네	雨後庭槐半褪黃
대나무 누각에서 다행히 마주 앉아 이야기했지만	竹閣幸拚聯榻話
산 속 집에서는 화로의 향불 함께하지 못했네	山齋未共一爐香
그래도 내일 밤의 기약 있으니	心期尙有來宵在
잔잔한 호수에 밝은 달 뜨기를 기다린다오	留待平湖霽月光

306 정관당(靜觀堂) : 이정기(李廷夔, 1612~1671)의 무안(務安) 별업으로, 승달산(僧達山) 자락에 있었다.《市南集 卷19 靜觀堂記》

다음 날 정관당에 도착하여 금·화·남 세 사또[307]를 오랫동안 기다렸는데, 이날 저녁 끝내 오지 않았다. 대이가 이전에 지은 시의 운자를 사용하여 창망한 마음을 말하다

翌日 赴靜觀堂 苦待錦和南三使君 是夕竟不至 因用大而前韻 以道悵惘之懷

나룻가에서 아픈 몸으로 멀리 나와 맞이하는데	津頭扶病遠相迎
누가 좋은 기약 다시 이루지 못하게 하였는가	誰遣佳期再不成
시문과 술은 원래 우리들의 일이지만	文酒自來吾輩事
강산은 세속 사람과 함께 평론하기 어려워라	江山難與俗人評
기약한 듯 호수의 물 잔잔하고 깨끗하며	如期水信湖平白
친구 부르는 새소리 골짜기에 맑게 퍼지네	喚友禽聲谷應清
긴 모래톱 끝까지 바라보니 돛 그림자 사라지고	極目長洲帆影斷
아득한 먼 숲에는 저녁 안개 피어오르네	蒼蒼遠樹暝煙生

307 금·화·남 세 사또 : 앞의 시 제목으로 살펴보면, 금성 현감(錦城縣監) 이일상(李一相), 화순 현감(和順縣監) 홍명하(洪命夏, 1607~1667)이다. 약수(若水)가 자인 또 한 사람의 인적사항은 미상이다.

다음 날 함경·대이·약수가 식영당[308]에 배를 대었다. 이에 작은 술자리를 열었는데 한호옹이 종이를 주고 시를 재촉하니 함경이 먼저 완성하고 따라서 화운하다

翌日咸卿大而若水舟泊息營 因開小酌 閑好翁授簡催詩 咸卿先成 從而和之

말년에 떠도는 나그네 시름 비슷한데	末路萍蓬等客愁
호숫가 산에 텅 빈 배 타고 고요히 마주했네	湖山靜對一虛舟
시상은 바람 앞 노에 일렁이고	詩情搖漾風前棹
취흥으로 꽃밭 너머 누각은 희미하구나	醉興依微花外樓
먼 포구에 저물녘 조수 가득 차오르고	極浦暮潮看欲滿
강 하구 외로운 봉우리는 물에 뜬 것 같네	下江孤岫望疑浮
맑은 담화 온종일 기심 없으니[309]	淸談竟日無機事
문득 그로 인해 백구와 친해지려 하네	便欲因之狎白鷗

308 식영당(息營堂) : 임연(林堜, 1589~1648)의 정자이다. 임연의 본관은 나주(羅州), 자는 동야(東野), 호는 한호(閑好)이다. 승지를 역임하였다. 벼슬을 그만두고 영산강 가에 식영당을 지어 유유자적하게 지냈다. 장유(張維)의 《계곡집(谿谷集)》 권8 〈식영당기(息營堂記)〉에 임연이 나주에 만휴당(晩休堂)을 지었다가 더 깊고 한적한 곳을 찾아 나주 동쪽에 식영당을 지었다는 기록이 있다.

309 맑은……없으니 : 세상의 영예와 이욕(利慾)에는 관심이 없다는 말이다. 기심(機心)은 순수하지 못한 마음이나 물아(物我)의 이해를 따지는 마음을 말한다. 공자의 제자 자공(子貢)이 일찍이 초(楚)나라를 유람하고 진(晉)나라로 가면서 한수의 남쪽을 지나다가 만난 노인에게 용두레 사용을 권하자, 그 노인이 "기계를 사용하는 경우에는 기심이 생긴다."라고 한 데서 유래하였다. 《莊子 天地》

함경의 시에 차운하여 도로 부쳐주다

次咸卿韻 却寄

마음은 온통 거울 같은 하늘을 대한	襟抱渾如對鏡空
하늘 끝 한 쌍의 새가 거센 바람 함께 만난 것 같네	天涯雙鷁共驚風
반평생의 기개 어찌 꺾이리오	半生氣槪寧容下
백년의 세월이 이미 중간에 접어들었네	百歲光陰已近中
다만 이 마음을 항상 스스로 간직하니	但使此心常自在
우리 도 문득 길이 끝날 것이라 말하지 말게	莫言吾道便長終
부끄러운 건 병든 후에 시상이 메말라	還慙病後吟魂索
몇 번이나 시를 받고도 저버린 걸세	虛負來詩定幾筒

대이의 시에 차운하여 금성과 화순의 두 사또[310]에게 도로 부치다
次大而韻 却寄錦和兩使君

관아 고요하고 한적하여 교외 집 같은데	鈴齋閴寂似郊扉
병으로 독서 폐하니 게으름 더욱 마땅하지	病廢看書懶更宜
질그릇 술잔에 홀로 팽택의 술 맛보고[311]	瓦缶獨斟彭澤酒
우편의 대통에 때로 성산의 시를 얻는구나[312]	郵筒時得盛山詩
쇠잔한 몸은 남쪽 바다 생활에 익숙하여	殘骸已慣居蠻海
맑은 꿈에서 봉지에 도달하는 일 없다네[313]	淸夢無緣到鳳池
봄날 바람 부는 난간에서 언뜻 잠을 깨니	遲日乍驚風檻睡
뜰 가득 푸른 나무에서 꾀꼬리 지저귀네	滿庭濃翠囀黃鸝

310 두 사또 : 금성 현감(錦城縣監) 이일상(李一相)과 화순 현감(和順縣監) 홍명하(洪命夏)를 가리킨다.

311 홀로……맛보고 : 팽택(彭澤)은 진(晉)나라 때 팽택 영(令)이 되었으나 벼슬살이에 뜻이 없어 〈귀거래사(歸去來辭)〉를 읊고 고향으로 돌아간 도잠(陶潛)을 가리킨다. 도잠이 술을 매우 좋아하였지만 가난하여, 술이 익으면 평소 쓰고 다니던 갈건으로 걸러 마셨다고 한다.《宋書 卷93 隱逸列傳 陶潛》

312 우편의……얻는구나 : 금성 현감과 화순 현감 두 사람이 훌륭한 시를 보내준다는 말이다. 성산(盛山)의 시는 당(唐)나라 위처후(韋處厚)가 고공부랑(考功副郞)으로 있다가 성산이라는 외진 고을로 좌천되어 산수를 유람하면서 읊은 〈성산십이시(盛山十二詩)〉를 가리킨다.

313 맑은……없다네 : 유계 자신이 꿈속에서도 대궐에 돌아간 꿈을 꾸지 못했다는 말이다. 봉지(鳳池)는 봉황지(鳳凰池)의 준말로, 대궐 안에 있는 못을 가리킨다.

정관당으로 일경을 방문하고 돌아오는 길에 시를 지어 도로 부쳐주다

靜觀堂 訪一卿 歸路有得 却寄

푸른 물가 굽어보는 거사의 띳집	居士茅齋俯碧潯
공무의 나머지에 시권 들고 한번 찾아갔지	公餘携卷一相尋
큰 물결 땅에 부딪히며 조수 소리 웅장하고	洪波刮地潮聲壯
짙은 안개 산에 가득해 비가 쏟아질 듯	積霧漫山雨意深
고요히 만물의 자태를 즐겨 바라보니	靜對好觀群物態
운치 있는 모임 평생의 마음과 부합하네	幽期眞愜百年心
소나무 창가에서 이틀 머물고 작별하고 가는데	松窓信宿和南去
구름과 나무 아득하고 골짜기 길 그늘졌네	雲樹蒼蒼谷路陰

대이의 〈차군정〉[314] 시에 차운하다

次大而此君亭韻

들판으로 가늘게 통하는 아름다운 연못	原頭玉井細通池
못가엔 긴 대나무 푸르게 울타리 둘렀네	池上脩篁翠擁籬
그림자 부서지는 성긴 숲에 관청 문서 깨끗하고	影碎疏林淸案牘
색깔 어린 차가운 잎은 술잔에 두둥실	色凝寒葉泛樽巵
곱고 고운 자태 안개 속에서도 보이고	嬋姸意態煙中見
그윽하고 빼어난 마음 눈 온 뒤 아노라[315]	幽絶襟期雪後知
사또의 정신이 가장 잘 모인 곳이니	最是使君神會處
시냇가 바람은 달과 어울려 깊은 밤 불어오네	溪風和月夜深吹

314 대이(大而)의 차군정(此君亭) : 대이는 홍명하(洪命夏)의 자로, 당시 화순 현감(和順縣監)으로 있었다. 차군정은 화순현(和順縣) 관아에 있던 정자 이름이다. 차군(此君)은 왕휘지(王徽之)가 대나무를 몹시 사랑하여, 단 하루도 차군이 없으면 안 된다고 했다는 고사에서 유래한 것으로, 대나무를 지칭한다.《晉書 卷80 王羲之列傳 王徽之》

315 곱고……아노라 : 대나무의 지조와 절개를 기린 말이다. 백거이(白居易)의 〈화죽가(畫竹歌)〉에 "아리따워라 균분의 자태를 잃지 않고, 삽상해라 풍연의 정취를 얻었고녀.〔嬋娟不失粉態, 蕭颯盡得風煙情.〕"라는 구절이 나온다.《白樂天詩集 卷12》 설후지(雪後知)는 《논어》 〈자한(子罕)〉에 "한 해가 다하여 날씨가 추워진 뒤에야 소나무와 측백나무가 뒤에 시드는 것을 안다."라고 한 것을 차용한 것이다.

장마의 피해로 밤에 앉아 회포를 쓰다
霖潦成災 夜坐書懷

열흘 동안 반나절이라도 갠 적 없으니	十日全無半日晴
하늘에서 황하를 기울인 듯 장대비[316] 쏟아졌지	漫空銀竹似河傾
동쪽 들은 불어난 물로 바다가 되려 하고	東郊漲潦將成海
남쪽 골짝은 거센 물살에 성이 잠길 지경	南澗奔流欲沒城
촌락에서 밥 짓는 연기 보이지 않고	墟落未看煙火氣
정원에선 개구리 소리 지겹게 들리네	階庭厭聽黽鼃聲
적막한 관사에서 근심이 병이 되어	官齋寂寞愁仍病
한가닥 맑은 향 피우고 새벽까지 앉았노라	一炷淸香坐到明

316 장대비 : 원문의 은죽(銀竹)은 굵은 빗줄기를 표현하는 시어이다. 참고로 이백(李白)의 시에 "겨울 산을 비춰 주며 내려오는 하얀 비, 흩뿌리는 그 모습 은빛 대와 흡사하네.〔白雨映寒山, 森森似銀竹.〕"라는 구절이 있다.《李太白詩集 卷21 宿鰕湖》

대이의 〈동각에서 더위를 피하다〉 시에 차운하다

次大而避暑東閣韻

장기 어린 비 부슬부슬 바다 기운 어두운데	瘴雨霏微海氣昏
늦게 문서 거두고서 빈 동헌에서 잠자네	晩收文牒睡空軒
몸에는 깊은 함정에서 달아날 날개 없으나	身無羽翼逃深阱
꿈속에서는 강호에 큰 술잔 띄운다오[317]	夢入江湖泛大樽
환상에서 잠시 뜻 맞아 기뻐하다가	幻境暫時欣趣適
깨어난 뒤 종전처럼 세속의 번뇌에 시달리네	覺來依舊惱塵煩
〈격양가〉[318] 마음껏 부르는 것이 나의 직분이니	狂歌擊壤眞吾分
반드시 벼슬해야만 은혜 갚는 것 아니라네	不必縻官是報恩

나무에 새 지저귀고 해는 뉘엿뉘엿	禽聲在樹日西昏
하인들 해산시키고서 작은 관헌에 기댔네	散遣僮胥凭小軒
홀로 벗님의 시 찾아서 읊조리고	獨詠故人詩入把
새로 담은 술 술잔 가득 연거푸 따르네	連斟新釀酒盈樽

317 꿈속에서는……띄운다오 : 꿈속에서 유게 자신의 포부를 펼친다는 말이다. 장자(莊子)가 혜자(惠子)에게 말하기를 "지금 자네에겐 닷 섬들이 바가지가 있는데, 어찌하여 그것을 큰 통으로 만들어 강호에 띄울 생각은 하지 못하고, 그것이 너무 커서 쓸 데가 없다고 걱정만 하는가?"라고 한 데서 온 말이다. 《莊子 逍遙遊》

318 격양가(擊壤歌) : 태평성대를 노래하는 것을 말한다. 요(堯) 임금 때 어느 노인이 지었다는 〈격양가〉에 "해가 뜨면 일어나고 해가 지면 쉬면서, 내 우물 파서 물 마시고 내 밭을 갈아서 밥 먹나니, 임금님의 힘이 나에게 도대체 무슨 상관이랴?"라고 하였다. 《論衡 藝增》

고을살이는 처자식 생계 위함 아니었고[319]	棲遲未是妻孥計
귀거래는 관직의 번거로움 때문도 아니라오	歸去非關職事煩
병이 깊어져 관청 일 다스리지 못하니	一病轉深官不理
성상의 은혜 저버려 길이길이 부끄럽네	長慙孤負聖明恩

319 고을살이는……아니었고 : 유계가 무안 현감에 부임한 것은 처자식 생계를 위해서가 아니라는 말이다.

병으로 사직을 청하자 대이가 나를 방문하겠다면서 시 한 수를 보냈기에 빨리 화답하여 도로 부치다

呈病後 大而有來訪之意 惠以一詩 走和却寄

오는 것 누가 다그치고 가는 것 누가 말리겠나	來誰敦迫去誰留
흰머리로 푸른 적삼 일찍 그만두는 것 합당하네[320]	白髮青衫合早休
면주의 바닷가 더위는 찌는듯하고	炎瘴敲蒸綿海曲
금산 시냇가의 전원은 풀 무성하구나	田園蕪沒錦溪頭
삼경의 달빛아래 거문고 소리 끊어져 원망하고[321]	瑤琴怨斷三更月
가을날 잎 하나 금정에 날리어 놀라네[322]	金井驚飛一葉秋
아름다운 글 빨리 화답하여 역리에게 보내니	催和瓊章憑驛使
그저 친구와 술 마실 날 기다리네	深杯聊待故人酬

320 흰머리로……합당하네 : 청삼(青衫)은 품계가 낮은 관원의 복장을 가리킨다. 보통 실의에 빠진 하급 관리를 비유할 때 쓰는 말이다.

321 삼경(三更)의……원망하고 : 요금(瑤琴)은 구슬로 장식한 거문고이다. 증극(曾極)이 채원정(蔡元定)에게 부친 시에 "거문고만 공연히 갑에 들어 있을 뿐, 줄이 끊어져 소리는 들을 수가 없네그려.〔瑤琴空寶匣, 絃斷不堪聽.〕"라고 하였다.《詩人玉屑 卷19》

322 가을날……놀라네 : 금정(金井)은 우물 난간을 아로새겨 꾸민 것을 말한다. 이백(李白)의 시 〈강남으로 가는 아우 사인 대경에게 주어 전별하다〔贈別舍人弟臺卿之江南〕〉에 "오동잎이 금정에 떨어지니, 잎 하나 은상에 날리누나.〔梧桐落金井, 一葉飛銀床.〕"라고 한 것을 차용하였다.《全唐詩 卷171 贈別舍人弟臺卿之江南》

돌아갈 마음을 결정하자 금성·산양 두 사또[323]가 약속하고 오는 중이었는데, 함경이 시를 부쳐 뜻을 말하니 빨리 화답하여 도로 부치다

歸意旣決 而錦城山陽兩使君 有約未至 咸卿寄詩言志 走和却寄

맑은 유람 습가지에서 한 번 헤어지고서	淸遊一散習家池
흰머리로 긴긴 여름 그리워하였지	長夏相思耐鬢絲
좋은 경치 함께 다닌 일 떠오르고	勝地過從當日事
가을바람에 송별하며 내년을 기약하네	秋風送別隔年期
시는 뜻을 말하니 어찌 기교 필요할까	詩能道意何須巧
만나서 술 취하는 것 의심하지 마세나	酒到逢場醉莫疑
속히 알리노니 산양의 수레 나란히 오면	催報山陽聯皁蓋
그대 위해 달빛 맞이해 금술잔 들리라	爲君延月動金巵

323 두 사또 : 금성 현감(錦城縣監) 이일상(李一相)과 화순 현감(和順縣監) 홍명하(洪命夏)를 가리킨다.

책 속의 김회경[324] 시에 차운하여 화사 전충효[325]에게 주다
贈畫師全忠孝 次卷上金會卿韻

구름과 산의 자취를 속세에 떨어뜨리니	雲山蹤跡落風埃
아름다운 경치 모두 거두어 가져왔네[326]	籠絡煙霞入抱來
어지러운 돌과 넓적한 바위는 왕악의 기세요[327]	亂石盤根王岳勢
평탄한 숲 아득한 봉우리는 곽희의 재주로다[328]	平林遠岫郭熙才
경영하고 구상한 것이 붓끝에 나타나고	經營意匠毫端見
조화와 정신이 종이 위에 펼쳐졌네	造化精神紙上開
단풍 든 벼랑의 진면목을 보지 못했으니	未得楓崖眞面目
그대 열흘 더 머물러 돌아가지 못하게 하리	留君十日不敎廻

324 김회경 : 인적사항은 미상이다.

325 전충효(全忠孝) : 조선 후기의 서화가로, 호는 묵호(墨豪)이다. 출신 배경이나 생애에 대하여 알려져 있지 않은데, 영모(翎毛)와 절지(折枝)에 능하였다고 한다. 조속(趙涑)의 제자로, 스승의 사의적(寫意的)인 수묵화조화풍(水墨花鳥畫風)을 따른 〈수작도(水鵲圖)〉 등이 전한다.

326 구름과……가져왔네 : 전충효가 화첩 속에 아름다운 산수 그림을 가득 담아왔다는 말이다.

327 왕악(王岳)의 기세요 : 왕악은 명나라 때 사람으로 벼슬이 사예감 태감(司藝監太監)을 지냈다. 강직하여 유근(劉瑾)에게 해를 입었다. 《明史 卷304》

328 곽희(郭熙)의 재주로다 : 곽희는 송대(宋代)의 화가로, 그의 산수화 기법에는 특히 귀신 얼굴 같은 돌〔鬼面石〕, 어지러이 뒤섞인 구름의 주름〔亂雲皴〕 등을 잘 표현했다고 하며, 소식(蘇軾)은 특히 돌 주름〔石皴〕을 잘 표현했다고 한다. 《格古要論 卷上》

소명을 받고 북으로 돌아가는 홍대이[329]를 전송하다. 이때 나도 현감을 그만두고 떠나게 되었다

送洪大而承召北歸 時僕亦投紱作行

올 땐 차이 있었으나 갈 땐 약속한 듯 같이 가니	來差先後去如期
쓸쓸한 가을바람 부는 백로의 절기라네	憀慄秋風白露時
하늘 끝에서 만나는 운수가 있었지만	天末逢迎應有數
세상의 만남과 이별은 본래 갈림길 많아라	世間離合本多岐
하늘로 날아가는 한 쌍의 오리[330] 아득히 바라보고	遙瞻霄漢雙鳬迅
구름 자욱한 숲에서 머무는 새 한 마리 보이네	却望雲林獨鳥遲
이 행차에 내가 노잣돈 주지 않을 수 있겠나	可使此行無我贐
천금에 해당하는 한 편의 시를 주려네	千金當贈一篇詩

329 소명을……홍대이(洪大而) : 홍대이는 홍명하(洪命夏, 1607～1667)로, 본관은 남양(南陽), 자는 대이, 호는 기천(沂川), 시호는 문간(文簡)이다. 1646년 화순 현감(和順縣監)에 임명되었다가 1648년 부수찬(副修撰)에 임명되었다.《承政院日記 仁祖 26年 6月 22日》

330 하늘로……오리 : 홍명하가 서울로 올라가는 것을 표현한 말이다. 쌍부(雙鳬)는 한 쌍의 오리라는 뜻으로, 현령(縣令)을 비유하는 상투적인 표현이다. 동한(東漢)의 왕교(王喬)가 섭 현령(葉縣令)에 부임한 뒤에 서울에 올 때마다 두 마리의 들오리를 타고 왔는데, 그 들오리를 잡고 보니 옛날 상서성(尙書省)에 있을 적에 하사받은 신발 한 짝만 남아 있었다는 전설에서 유래한 것이다.《後漢書 卷82上 方術列傳 王喬》

함경[331]이 창랑정[332] 아래에서 배를 띄우고 맞이하여 함께 작별하기로 했는데 병 때문에 가지 못하였다. 다음 날 〈창랑정기〉 한 편을 보내서 이별의 마음을 말하려니 매우 서글펐다. 출발할 때에 슬픈 마음을 이기지 못하고 율시 한 편을 지어 속히 올리다

咸卿泛舟滄浪亭下 邀與作別 以病不克赴 翌日 送滄浪亭記一篇 以道別情 甚悽惋 臨發 不勝悵然傷懷 走呈一律

창랑정 기문이 마치 취옹정[333]과 같고	滄浪記似醉翁亭
동파 노인의 마음 글자마다 새겼구나[334]	坡老心期字字銘
인간 세상 몇 년이나 격랑의 자취 함께했나	人世幾年俱浪迹
하늘가에서 오늘 또 몸은 헤어지는구나	天涯此日又分形
강다리에서 석양 질 때 안개는 나무에 자욱하고	河橋晩色煙和樹

331 함경(咸卿) : 이일상(李一相, 1612~1666)으로, 본관은 연안(延安), 자는 함경, 호는 청호(靑湖), 시호는 문숙(文肅)이다.

332 창랑정(滄浪亭) : 나주(羅州) 회진(會津)의 영산강 가에 있던 정자로, 임탁(林恈, 1566~1610)이 지은 것이다. 임탁의 자는 자정(子定), 호는 해옹(海翁)·죽오당(竹梧堂)이다.《疎齋集 卷1 贈別李生茂叔》

333 취옹정(醉翁亭) : 북송(北宋)의 구양수(歐陽脩)가 저주 지사(滁州知事)로 있을 때, 저주가 강호를 끼고 있는 절경인 데다 정사(政事)가 한가로웠으므로 취옹정이라는 정자를 지어 놓고 백성과 함께 즐기며 〈취옹정기(醉翁亭記)〉를 지었다.

334 동파(東坡)……새겼구나 : 파로(坡老)는 호가 동파인 소식(蘇軾)을 가리킨다. 소식이 황주(黃州)로 폄척되어 나가 있을 때 적벽(赤壁) 아래 강에서 손과 함께 배를 타고 노닐며 〈적벽부(赤壁賦)〉를 지었다.

호수의 배로 돌아가는 행장은 물에 뜬 부평초여라	湖舫歸裝水泛萍
이별 자리에 만나지 못하여 서글퍼라	怊悵離筵阻摻手
가을바람에 고개 돌리매 눈물만 흐르는구려	秋風回首淚飄零

지은이 **유계(兪棨)**

1607(선조40)~1664(현종5). 조선 중기의 인물로, 본관은 기계(杞溪), 자는 무중(武仲), 호는 시남(市南)이다. 1630년(인조8) 진사과에 합격하고, 1633년 식년문과에 급제하였다. 1636년 병자호란 때 시강원 설서로서 척화를 주장하다가 화의가 성립되자 임천(林川)에 유배되었다. 1639년에 풀려났으나 벼슬을 단념하고 금산(錦山)의 마하산(麻霞山)에 산천재(山泉齋)를 짓고 은거하여 학문에 전념하였다. 1646년 무안 현감이 되었다. 1649년 인조 사후에 인조의 묘호를 정하는 일에 반대하여 선왕을 욕되게 했다는 죄로 효종의 노여움을 사 1650년(효종1) 온성(穩城)에 유배되었다가 영월(寧越)로 이배되었다. 1652년 유배에서 풀려난 뒤 다시 등용되어 대사간・대사성・부제학・대사헌・이조 참판・도승지 등 여러 관직을 역임하였다. 시호는 문충(文忠)이다. 저서로는 《시남집(市南集)》, 《가례원류(家禮源流)》, 《여사제강(麗史提綱)》이 전한다. 송준길(宋浚吉)・송시열(宋時烈)・이유태(李惟泰)・윤선거(尹宣擧)와 더불어 충청오현(忠淸五賢)으로 일컬어졌다.

옮긴이

이재숙(李在淑)

1975년 대전에서 태어났다. 충남대학교 한문학과를 졸업하고 동 대학원에서 석사학위, 고려대학교에서 박사학위를 취득하였다. 아당 이성우 선생에게 한문을 배웠다. 현재 충남대학교 한자문화연구소 선임연구원으로 재직 중이다. 공역으로 《기려수필》, 《두타초》, 《승암시화》, 《좌계부담》, 《해동사부》, 《면불일기》, 《설봉유고》, 《잠야집》이 있고, 저서로 《호서의 큰 고을, 홍주이야기》가 있다.

오승준(吳承峻)

1979년 충북 청주에서 태어났다. 충남대학교에서 박사과정을 수료하였다. 학산 조종업 선생, 아당 이성우 선생에게 한문을 배웠다. 현재 충남대학교 한자문화연구소 선임연구원으로 재직 중이다. 공역으로 《옥오재집》, 《동주집》, 《두타초》, 《설봉유고》, 《잠야집》이 있다.

한국고전번역원 권역별거점연구소협동번역사업

충남대학교 한자문화연구소 연구진

연구책임자 이향배(충남대학교 한문학과 교수)
공동연구원 정만호(충남대학교 한문학과 교수)
자문위원 이성우(한국고전번역원 자문위원)
책임연구원 황교은
선임연구원 이재숙
오승준
연 구 원 이상수
임현정

시남집 1

유계 지음 | 이재숙 · 오승준 옮김
2022년 12월 16일 초판 1쇄 발행
편집 · 발행 문진 | 등록 2002. 5. 6. 제2006-000011호
주소 (34168) 대전광역시 유성구 대학로 31 한진리조트오피스텔 2004호
전화 042-933-6510 | 팩스 042-367-5510

값 30,000원

ISBN 979-11-87638-81-0 94810
979-11-87638-80-3 (세트)